KB091236

복지국가와 사회의 질

복지국가의 새로운 패러다임

복지국가와 사회의 질

복지국가의 새로운 패러다임

2018년 6월 22일 초판 1쇄 찍음
2018년 6월 29일 초판 1쇄 펴냄

지은이 지은구
펴낸이 윤철호
펴낸곳 (주)사회평론아카데미
편집 김지산
마케팅 이승필

등록번호 2013-000247(2013년 8월 23일)
전화 02-2191-1128
팩스 02-326-1626
주소 03978 서울특별시 마포구 월드컵북로 12길 17
이메일 academy@sapyoung.com
홈페이지 www.sapyoung.com
ISBN 979-11-88108-67-1 93330
ⓒ 지은구, 2018

복지국가와 사회의 질

복지국가의 새로운 패러다임

지은구 지음

사회평론아카데미

머리말

복지국가는 사회의 질(social quality)을 보장하고 개선하기 위해 노력하는 국가이다. 특정 국가의 사회의 질 수준이 높음은 사회의 질을 구성하는 다양한 요소들이 질적인 수준에서 충족되어야 함을 나타내고 이는 곧 국민의 삶의 질을 향상시키는 결정적인 요소로 작동한다. 국민의 삶의 질은 개인적 측면에서 주로 다루어지지만 삶의 질을 결정짓는 중요한 결정 구조는 바로 국민이 소속된 특정 국가 또는 사회의 질이 일정 수준으로 유지 및 보장되어야 가능하다.

사회의 질은 개인적 정황과 맥락이 아니라 개인적 정황을 포함한 사회적 정황과 맥락에서 사회가 보다 좋은 사회로 발전하고 개선되기 위해서 필요한 수준으로 정의될 수 있다. 보다 구체적으로 사회의 질은 국민이 안정적 생활을 유지할 수 있는 삶의 질의 조건을 기본으로 하며 삶의 질 구축과 함께 개인이 사회 속에서 인간으로서 기본적 대접을 받으면서 다른 사람이나 조직들과 함께 관계를 맺으면서 사회, 경제, 정치, 문화적 활동에 참여하는 데 필요한 조건, 즉 자기실현과 사회참여활동을 할 수 있는 사회적 조건이라고 할 수 있다. 삶의 질이 다양한 수준에서 결정되는 것과 같이 사회의 질 역시 다양한 영역 또는 요소들에 의해서 그 수준이 결정된다고 할 수 있다.

본 연구에서는 사회의 질에 대해 본격적으로 다룬다. 특히 복지국가를 유지·발전시키기 위한 중요한 토대이자 사회체계로서 사회의 질을 다룬다. 국가의 복지 수준은 복지국가의 수준이나 정도를 나타내는 기준이라고 할 수 있다. 하지만 본 연구에서는 복지 수준만으로는 복지국가의 성격이나 수준을 규명하는 것이 부족하다는 인식하에 복지국가의 성격 및 수준이나 정도를 확인하고 이해하기 위한 새로운 기준으로 사회의 질을 제시한다. 특히, 사회의 질이 사회적 임금, 사회적 노동, 사회적 재생산구조 그리고 사회자본으로 구성되어 있는 다면적 개념이라고 인식하고 각각의 요소에서 사회의 질을 측정할 수 있는 사회지표들을 제시하기 위해 노력하였다.

본 연구에서는 복지국가의 성격을 규명하는 기준으로 제시된 사회의 질의 구성요소별 지표들을 활용하여 복지국가를 유형화하고 한국 복지국가의 수준을 비교·분석하였다. 분석 결과 한국의 복지국가 수준은 멕시코, 칠레와 같은 집단으로 유형화되었으며 한국 사회의 질의 수준을 향상시키기 위한 사회적 임금 및 사회적 재생산의 수준 향상 그리고 사회적 노동과 사회자본 향상을 위한 국가의 정책적 노력이 더욱 필요함을 나타내주었다. 한국과 비슷한 수준의 경제력(GNI 및 GDP 기준)을 가진 스페인, 이탈리아, 이스라엘 그리고 뉴질랜드가 사회의 질 수준 향상을 위해 지출하는 사회적 지출 및 복비관대성비율이 한국과 비교하여 전반적으로 높다는 것은 한국 정부가 사회의 질 향상을 위해 '사회적 분야'의 재정지출을 더욱 확대하여야 할 필요성이 있음을 나타내주었다.

본 연구가 한국 복지국가의 성격 및 특성을 이해하는 데 새로운 전환점이 되기를 희망하며, 특히 현 시점에서 한국 사회의 질의 개선 및 향상을 위한 정책적 토대를 구축하기 위해 조금이나마 도움이 되기를 기대해본다. 연구를 수행함에 있어 자료 수집을 포함하여 많은 도움을 준 본교 사회과학연구소의 오승재, 이영광 연구원에게 깊은 감사를 표하며, 특히 연구결과의 출간에 도움을 주신 사회평론의 윤철호 대표님에게 감사의 뜻을 전한다.

2018년 3월
지은구

차례

제3장 사회의 질의 이론적 배경

제6장 사회의 질의 구성요소

제7장 삶의 질, 탈상품화 그리고 사회의 질의 측정

제8장 사회의 질의 측정

제1장

서론[1]

제1절 연구의 목적

1. 문제제기

사회의 질은 무엇이고 왜 중요할까? 사회의 질의 구성요소는 무엇이며 복지국가의 사회의 질은 어떠한 관계를 가지고 있을까? 좋은 질을 가지고 있는 사회가 곧 행복한 사회라고 한다면 사회의 질의 향상은 곧 사회구성원의 행복을 유지 보장하기 위해 노력하는 사회의 일차적인 성취 목적일 수 있다.

인간의 행복과 번영을 복지라고 정의하고 내가 행복한가라는 질문에 대한 대답을 찾는 것이 복지라고 한다면 내가 속해 있는 우리 사회는 행

....
1   본 연구는 2017년도 계명대학교 연구기금으로 이루어졌음.

복한 사회인가 그리고 행복한 사회는 무엇인가라는 질문에 대한 대답을 찾는 것은 우리 사회가 갖는 기본적 질문이라고 할 수 있다. 우리는 행복한가? 그리고 우리 사회는 행복을 추구하는 사회인가? 우리 사회는 행복한 사회인가? 우리가 행복한 사회를 추구한다면 과연 행복한 사회는 어떠한 사회이고 사회의 행복은 무엇으로 규정할 수 있을까? 즉, 사회의 행복 수준은 무엇으로 채워질 수 있으며 행복 수준은 어떻게 측정할 수 있을까? 행복한 사회 그리고 사회의 모든 구성원이 행복하도록 노력하는 사회의 질은 무엇으로 구성되어 있을까? 상품의 질이 상품의 모든 것을 표현하고 대변해준다고 한다면 사회의 질은 곧 행복한 사회의 모든 것을 잘 표현해주는 또는 대변해주는 용어임에 틀림없다. 즉, 좋은 질로 구성된 사회는 당연히 행복을 추구하는 또는 행복한 사회임에 틀림없을 것이다. 결국, 인간의 행복이나 번영을 위한 사회적 지원체계를 사회복지라고 한다면 사회의 질은 바로 우리가 살고 있는 사회의 행복의 정도를 나타내는 용어라고 할 수 있다. 따라서 나만이 아니라 나를 포함한 전체 사회구성원에게 영향을 주는 사회의 질은 특정 사회의 행복의 상태를 나타내준다.

2000년대 들어와 국제사회는 꾸준히 행복이나 삶의 질 그리고 삶의 만족 등을 사회적 수준이나 개인적 수준에서 인지하는 측정도구(척도와 지수)를 개발하여 제시하여왔다. 예를 들어 삶의 질 지수나 생활만족지수 그리고 행복지수 등은 모두 개인적 수준과 사회적 수준에서 다양한 질문과 사회지표를 통해 특정 사회구성원의 행복의 정도를 측정한다. 한편 사회배제지수나 사회건강성지수 등은 전체 사회구성원의 배제의 정도나 사회의 건강성 정도를 사회지표를 중심으로 측정하는, 사회의 상태를 나타내주는 대표적인 사회지수이다. 사회구성원 전체가 행복한 사회를 만들기 위한 사회의 질에 대한 연구는 그 중요성이 인정된 2000년대 이후 유럽을 중심으로 이루어져왔지만 아직 대표성을 갖는 객관적이고 타당한 사회의 질 측정도구는 개발되어 있지 않다(Beck, et al., 1997, 2001; Abbott and Wallace, 2010; Abbott et al., 2011; Nussbaum and Sen, 1993; Sen, 1999, 1993; European Council, 2004; Bouget, 2006; Van der Maesen and Walker, 2012). 특히 한국에서 사회의 질에 대한 연구는 아직까지 활발히 이루어지지 않았다. 한국 사회의 질에 대한 가장 대표적이고 유일한 연구는 이재열과 장덕진(Lee and Chang, 2009)에 의해서 이루어졌다. 이들은 한국에서 급속하게 이루어진 경제성장이 높은 사회의 질을 수반하지 않았음을 입증하였다.

이는 국제적으로나 국내적으로 사회의 질 개념에 대한 합의와 이를 통한 구체적인 사회의 질의 구성요소에 대한 연구 그리고 이를 측정하기 위한 측정도구의 연구가 여전히 진행 중이고 필요하다는 점을 나타내준다. 특히 복지국가의 수준을 측정하기 위해 제시되었던 Esping-Anderson(1990)의 탈상품화지수는 지수 자체의 한계점으로 인해 복지국가의 수준을 측정하는 지수로 보편화하고 객관화할 수 없다는 약점을 지닌다. 이는 탈상품화지수가 사회의 행복 정도나 복지국가의 수준, 나아가 사회의 질의 정도를 측정하는 유일한 지수가 아니라 사회의 복지수준이나 사회의 질의 수준을 측정하는 측정도구를 보충하는 보충지수로 작동하여야 함을 나타내는 것이다.

사회의 질에 대한 최초의 연구는 Beck과 동료들(1997)에 의해서 이루어졌는데 이들은 사회의 질 개념을 정의하고 사회의 질 측정을 위한 사회지표들을 제시하였다. 그 후 Van der Maesen과 Walker(2012) 등이 제시한 사회의 질 측정도구는 Beck과 동료들(1997)의 연구보다 진일보하였지만 여전히 사회의 질의 구성요소들에 대한 논란은 지속적으로 이루어지고 있다. 이에 본 연구는 주로 유럽에서 이루어진 사회의 질에 대한 연구의 연장선상에서 비교문헌조사를 통해 사회의 질을 개념화하고 개념된 정의를 바탕으로 사회의 질의 구성요소들을 제시하며 이를 측정하기 위한 도구를 도출한 후 복지국가의 사회의 질 측정도구를 최종적으로 제시할 것이다. 특히 개발된 사회의 질 측정도구를 한국 사회에 적용하여 한국 사회의 질의 정도를 측정하기 위해 노력할 것이며 이를 위한 사전작업으로 사회의 질을 규정하고 복지국가의 성격을 설명하는 한국식 사회모델을 규명할 것이다. 한국 복지국가의 성격을 설명해주는 한국식 사회모델의 규명을 위해 본 연구는 한국 복지국가의 유형화를 시도한다.

2. 연구의 질문

본 연구는 복지국가의 질의 구성요소인 사회의 질에 대한 탐색적이고 실증적인 연구이다. 사회의 질은 특정 사회의 복지 수준을 넘어 '사회의 바람직성'을 위한 토대로 작동한다. 특히 본 연구는 복지국가의 토대이자 조건인 사회의 질은 무엇이고 무엇으로 구성되는가라는 기본 질문에 대한 대답을 구하기 위해 비교문헌조사를 통해 다면적인 해석을 중심으로 사회의 질을 개념화하고 이를 구성하는 요소들을 제시하기 위해 노력할 것이다. 사회의 질의 수준을 국민이 인식하기 위해서 또는 사회의 질 수준을 비교하기 위해서는 당연히 사회의 질을 측정할 수 있는 도구가 필요하므로 본 연구는 사회의 질을 측정할 수 있는 지표와 지수를 개발하고 제시하기 위하여 또한 노력할 것이다.

본 연구의 질문은 크게 2개로 이루어진다. 첫 번째는 사회의 질은 무엇이며 어떻게 구성되어 있는가이고 두 번째는 사회의 질은 무엇으로 측정할 수 있는가이다. 이러한 연구 질문에 대한 대답을 중심으로 본 연구는 복지국가의 수준을 결정지을 수 있는 사회의 질 지수 또는 지표들을 통해 복지국가의 유형화를 시도할 것이며 이를 통하여 한국 사회의 질의 정도나 수준을 구체적으로 확인할 것이다.

제2절 연구의 과정 및 방법

1. 연구과정

본 연구가 설정한 사회의 질 개념에 따른 사회의 질의 구성요소 도출과 이를 측정할 수 있는 사회의 질 측정도구의 개발 그리고 측정도구의 적용을 통한 복지국가의 사회의 질에 따른 수준별 분류 및 유형화와 한국 사회의 질의 수준을 확인하기 위한 연구의 과정은 〈그림 1-1〉과 같다.

2. 연구방법

사회의 질 개념 및 구성요소 그리고 측정도구의 개발 및 적용을 통해 한국 사회의 질의 수준을 평가하기 위한 본 연구의 목적을 성취하기 위하여 본 연구에서는 먼저 사회의 질을 포괄적으로 이해할 수 있도록 도움을 주는 이론적 틀을 선행연구와 문헌조사를 통해 고찰한 후에 제시하고 사회의 질 개념 및 구성요소를 도출하기 위해 비교문헌조사를 통한 분석을 시도한다. 특히, 사회의 질 측정도구 개발을 위해 기존의 사회적 수준의 측정도구로 제시된 사회배제지수와 행복지수, 사회건강성지수 그리고 Beck과 동료들(1997) 및 Van der Maesen과 Walker(2012) 등이 제시한 사회의 질 측정도구에 대한 내용분석(contents analysis)을 통해 본 연구에서 제시한 사회의 질 구성요소에 적합한 측정도구를 도출한다. 그리고 사회의 질을 규정하는 복지국가의 사회모델을 분석하기 위하여 문헌조사를 통해 한국식 사회모델을 도출한다. 이를 위하여 복지국가의 유형화 작업을 진행하며 수집된 자료들을 활용하여 군집분석(cluster analysis)을 시도한다. 마지막으로, 도출된 사회지표를 통해 한국 복지국가의 사회의 질 수준을 평가하기 위하여 OECD 자료를 포함한 각종 국제기구의 자료와 정부통계자료를 통한 사회지표분석과 이차자료분석을

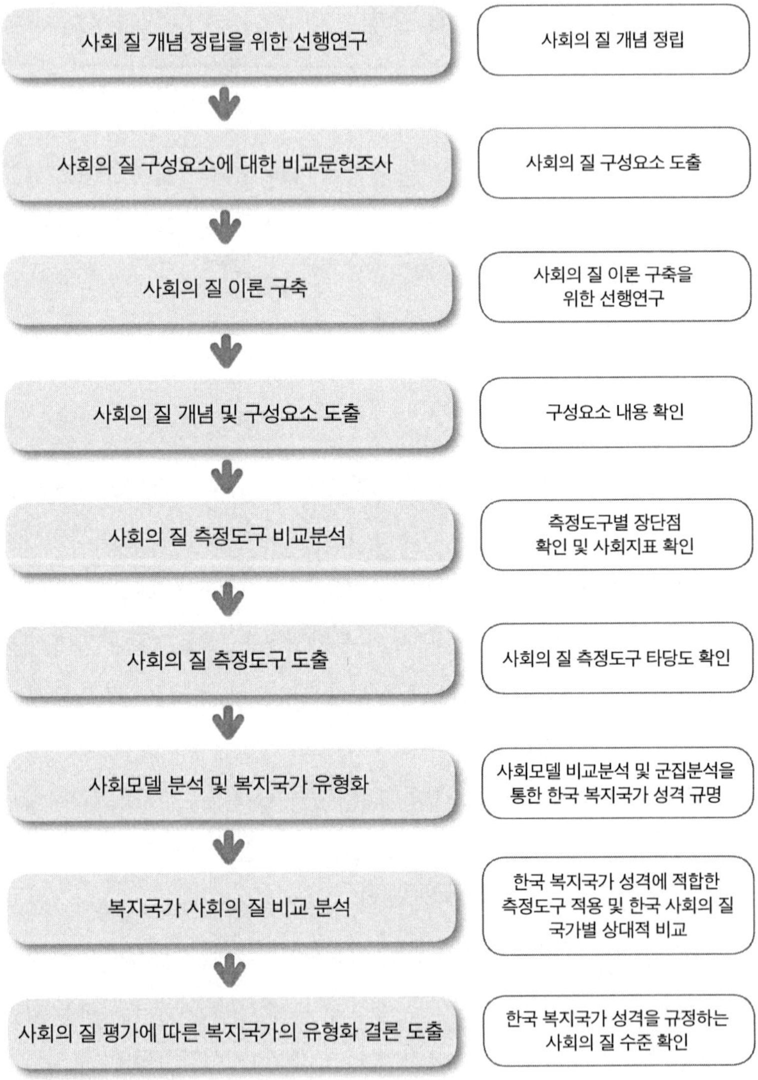

사회 질 개념 정립을 위한 선행연구	사회의 질 개념 정립
사회의 질 구성요소에 대한 비교문헌조사	사회의 질 구성요소 도출
사회의 질 이론 구축	사회의 질 이론 구축을 위한 선행연구
사회의 질 개념 및 구성요소 도출	구성요소 내용 확인
사회의 질 측정도구 비교분석	측정도구별 장단점 확인 및 사회지표 확인
사회의 질 측정도구 도출	사회의 질 측정도구 타당도 확인
사회모델 분석 및 복지국가 유형화	사회모델 비교분석 및 군집분석을 통한 한국 복지국가 성격 규명
복지국가 사회의 질 비교 분석	한국 복지국가 성격에 적합한 측정도구 적용 및 한국 사회의 질 국가별 상대적 비교
사회의 질 평가에 따른 복지국가의 유형화 결론 도출	한국 복지국가 성격을 규정하는 사회의 질 수준 확인

그림 1-1 연구의 과정

병행하여 실시하도록 한다.

제2장
사회의 질의 등장과 개념

제1절 사회의 질의 등장

1. 사회의 질의 등장 배경

사회의 질은 1990년대 후반에 주로 유럽연합의 학자들에 의해서 제시된 새로운 개념이라고 알려져 있다(Beck et al., 1997). 사회의 질의 등장은 특히 유럽 국가들의 빈곤 및 실업과 지속적인 시장(market)으로부터의 배제를 극복하기 위한 노력에 기초한다. 즉, 실업 등 다양한 사회현상이 야기하는 사회배제와 빈곤의 심화 확대는 경제 및 사회정책의 새로운 패러다임의 필요성을 야기하였으며 기존의 경제정책과 사회정책으로는 지속적으로 악화되는 실업과 사회배제 그리고 빈곤문제를 해결할 수 없으므로 새로운 경제정책과 사회정책을 필요로 하였다. 시장 중심의 기존 경제정책은 실업 및 사회배제 그리고 빈곤을 지속적으로 양산하고 빈익빈 부익부 현상을 심화 고착시켰다. 그리고 이에 대한 대응으로서의 사회정책 역시 이에 대한 효과적인 대응방안을 제시하지 못하고 있다는 문제제기는 곧 새로운 대응시스템의 출현을 부채질하였다. 따라서 국가의 실업 및 사회적 배제와 빈곤에 대한 적극적인 대응으로 또는 새로운 사회정책의 패러다임 전환으로 사회의 질이라는 개념과 이를 위한 정책적 노력이 등장하게 되었다. 결국, 사회의 질의 개선을 위한 노력은 기존의 경제정책 및 사회정책의 틀을 뛰어넘는 복지국가 발전의 새로운 패러다임의 필요성을 의미하는 것이다.

특히, 유럽을 중심으로 빈곤과 실업을 포함하여 급속하게 확대되는 사회문제를 예방 및 해결하기 위한 국가적 대책으로 새로운 공공정책 접근방안이 등장하였는데 이는 사회의 질 개념이 특히 그동안 경제영역과 사회영역 사이에 형성되어 있었던 비대칭적인 관계를 해결하기 위한 대안으로 등장하였음을 나타내준다. 지난 수세기 동안 이어졌던 경제성장 우선정책은 꾸준한 경제성장과 함께 지속적인 국민총소득(GNI)과 국내총생산(GDP) 등의 성장을 가져다주었지만 일반 국민의 삶은 개선되지 않고 더욱 악화되었다. 이는 곧 소득불평등구조와 함께 확대되는 실업과 사회배제 그리고 각종 사회갈등 및 폭력, 중독 그리고 돌봄문제 등 다양하고 복잡한 사회문제의 확대재생산으로 더 이상 경제정책 중심의 공공정책 패러다임이 유효하지 않다는 문제제기를 도출하는 계기가 되었다. 즉, 사회가 발전하기 위해서는 경제정책이 사회정책에 우선한다는 경제정책 우선순위가 더 이상 유효하지 않음이 사회의 질 개념이 등장한 중요한 계기가 되었다.

사회발전을 위해서 그리고 국민의 삶의 질을 향상시키기 위해서는 개인의 욕망 충족이나 물질적 성장이 아니라 사회의 질을 향상시키는 것이 무엇보다도 중요하다는 인식과 사회적 불평등구조를 개선하여야 한다는 어젠다하에 1997년에 "사회의 질 유럽인재단(the European Foundation on Social Quality, EFSQ)이 발족되어 사회의 질 이론에 대한 논의를 시작하였다. 그리고 네덜란드의 암스테르담에서 개최된 "국제사회의 질 컨퍼런스"에서는 사회의 질을 향상시키기 위한 노력을 위한 규범 또는 가치로 사회정의, 연대, 동등한 시민권 그리고 인간의 존엄성을 명시한 암스테르담선언을 발표하였고 이는 2005년에 사회의 질의 규범적 요소를 위한 4개의 윤리적 기준으로 명문화되었다. 이후 2000년에 벨기에의 브뤼셀에서 개최되고 유럽의회의 사회민주당이 조직화한 사회의 질에 대한 두 번째 컨퍼런스에서는 사회의 질 접근방안이 유럽인위원회(European Commission, EC)로부터 고용문제를 해결하기 위한 새로운 전략으로 지지를 받았다. 특히 EC는 그동안 나타난 빈곤 및 실업 등을 포함한 사회문제를 해결함에 있어서 사회의 질 접근 또는 사회의 질 이론을 적용하는 것이 적절함을 주장하였다. EC가 제시한 사회의 질 접근의 필요성은 아래와 같은 경제우선정책의 한계들에 기인한다. 이들 한계점을 요약 정리하면 다음과 같다.

첫째, 고용문제를 해결하는 데 있어 구체적인 사회적 영역(사회정책 측면)의 도입이 부족하였다.

둘째, 경제적 프레임의 좁은 영역으로 또는 경제정책의 하위정책으로 사회정책을 적용하는 한 사회발전은 지체될 수밖에 없다. 이는 그동안 생산적 요소로 사회보호를 강조하는 사회정책에 대한 합리적 근거가 부족하였음을 나타내준다.

셋째, 효율성만을 강조하는 경제모델의 한계는 곧 형평성과 연대성이 주요한 이슈로 고려되어야 함을 보여주었다.

결국, 전통적인 경제모델과 개인의 만족을 강조하는 개인주의적 분석도구로는 새로운 사회현상을 설명하는 것이 부족하다는 문제인식하에 새로운 생산과 고용, 분배시스템 그리고 국민 매일매일의 생활환경의 본질을 변화시키는 것을 강조하는 신지식기반사회로의 전환이 곧 사회의 질 접근방법과 사회의 질 이론의 등장으로 구체화되었다고 할 수 있다 (Bouget, 2006).

사회의 질은 사회구성원의 삶에 영향을 미치는 사회의 조건이다. 또한 사회의 질은 복지국가의 탈상품화와 같이 복지국가를 유형화하기 위한 기준으로 활용될 수도 있다. 사회의 질의 수준이 어떠한가에 따라서 사회구성원의 삶의 번영과 행복이 영향을 받을 수 있으므로 사회의 질 수준이 국민의 번영과 행복의 정도를 반영하는 사회적 준거기준이 될 수 있음은 주지의 사실이다. 또한 사회의 질은 특정 사회의 국민이 매일매일의 삶을 살아가는 데 있어 반드시 필요한 또는 충족되어야 하는 기본적인 사회적 조건으로, 사회포용을 위한 사회정책 및 경제정책, 공공서비스와 사회복지서비스, 이웃이나 정부에 대한 신뢰나 연대감과 같은 사회자본 그리고 사회구성원의 사회참여활동을 향상시키고 자기실현을 할 수 있도록 돕는 임파워먼트 강화를 위한 각종 제도나 정책 등이 모두 포함된다.

2. 사회의 질 접근방법의 등장 조건: 새로운 사회보호시스템 구축

사회의 질 이론과 접근방법의 등장 배경과 함께 사회의 질 이론의 등장 조건은 바로 경제성장이 지속 가능한 사회의 발전을 담보하지 못한다는 인식이다. 사회발전의 지속 가능성은 새로운 정책적 패러다임으로서의 사회정책을 강화하는 사회의 질 접근방법과 이의 현실생활로의 적용에 따른 사회의 질 개선을 통해서 이루어진다는 것이 사회의 질 이론

의 강조점이다. 이는 EC가 제시한 사회보호시스템이 사회발전 및 경제성
장을 위한 생산적 요소(productive factor)라는 주장에 의해서 강조되
었다(European Council, 2004). 사회보호시스템이 사회발전을 위한 생
산적 요소라는 것은 사회의 질을 향상시키기 위한 정책적 노력 역시 생
산적 요소라는 점을 나타내주며 이는 곧 사회의 질이 사회발전을 위한 생
적 요소라는 것을 의미한다. 재정 팽창으로 인한 복지국가의 위기의 시대
에 일부 보수주의 학자들에 의해 국가 재정의 사회보호시스템으로의 지
출이 소비적 요소이므로 지출을 삭감 내지는 축소하여야 한다는 주장이
제기되었다. 하지만 사회문제의 확대재생산에 따른 국가적 대응의 확대
가 필연적이며 사회보호시스템으로의 지출이 곧 단순한 소비 또는 시장
실패에 따른 대응이 아니라 국민의 노동력 재생산과 사회적 임금 지출을
통한 실질임금의 상승 효과와 소비 증대에 따른 생산 증가 등 생산적 유
발 효과가 있음이 입증되면서 사회적으로나 경제적으로 사회보호시스템
의 구축을 통한 사회발전을 추구하도록 하였다. 특히, 사회보호시스템의
촘촘한 구축은 바로 경제 및 사회보장과 사회포용, 사회통합을 위한 전
제조건이며 지속 가능한 사회발전의 토대가 되는 사회의 질을 개선하기
위한 기초이자 조건이다. 지속 가능하고 균형 있는 사회·경제적 발전은
곧 사회의 질 개선을 위한 노력을 통해서 이루어진다고 할 수 있다.

결국, 사회보호시스템을 구축하기 위한 정책적 노력은 곧 빈곤과 실
업 등 전통적인 사회적 위협과 함께 자본주의 사회가 발전하면서 더욱
심화되는 사회적 갈등을 초래하는 사회적 불평등구조와 사회배제를 극
복하기 위한 집합적 대응으로, 사회가 보다 책임 있는 역할을 부여받아
야 한다는 입장에서 그리고 모든 개인은 사회적 존재로서 타인과의 상호
관계 속에서 존재의미를 부여받을 수밖에 없으므로 보다 공동체지향적
인 가치를 부여한다는 측면에서 "사회적"이라는 개념과 "품질"을 합성한

사회적 질의 개념이 등장하는 데 결정적인 요인을 제공하였다.

제2절 사회의 질의 개념

1. 사회의 질이란?

사회의 질은 "시민들이 자신들의 번영과 잠재성을 고취시킬 수 있도록 하는 조건하에 있는 지역사회에서 사회·경제적 삶에 참여할 수 있는 정도"를 나타내는 개념으로 처음 제시되었다(Beck et al., 1997). 사회의 질은 기본적으로 한쪽으로는 개인의 번영이나 행복이, 다른 한쪽으로는 사회적 존재로서의 개인에게 영향을 주는 구조적이고 조건적인 정황과 같은 사회 전체의 질이 함께 묶여 있는 개념이라고 할 수 있다. 따라서 사회의 질은 개인적 행복이 아닌 사회적 행복을, 개인의 만족 수준이 아닌 전체 사회 구성원의 만족 수준을, 개인의 번영이 아닌 사회의 번영을 그리고 개인의 삶의 질이 아닌 전체 사회의 질을 나타낸다. 따라서 사회의 질은 분석단위를 개인의 수준에서 사회의 수준으로 확대한 개념이라고 할 수 있다.

개인의 행복은 개인적이고 추상적이며 감정적인 개념으로 행복을 측정한다는 것은 현실적으로 어려운 것이 사실이다. 보수주의 또는 신보수주의 경제학자들은 개인의 행복이나 개인의 만족 또는 개인의 번영이나 복지를 강조하고 집단 수준의, 즉 전체 사회의 행복이나 사회의 만족 그리고 사회의 복지에는 관심을 등한시하여 주로 개인의 수준에서 행복을 다루어왔다. 또한 일반적으로 심리학에서는 주관적으로 인식하는 개인적 번영의 정도로 행복을 측정하고 이해하려고 노력한다(Abbott & Wallace, 2014). 즉, 무엇이 인간을 행복하게 만드는가? 인간의 행복은 무엇인가 등 주로 개인적 수준에서 행복과 행복의 조건이나 구성요소 등

을 다룬다. 하지만 사회의 질은 사회적 수준에서의 번영과 행복을 다룬
다. 사회의 행복은 무엇으로 이루어지는가? 보다 구체적으로 사회구성
원이 행복하기 위한 사회의 조건은 무엇인가, 국민이 행복하기 위해 사
회는 무엇이 필요한가 등이 사회의 질을 설명해주는 기본 질문들이다.
사회의 질은 사회의 행복 그리고 사회의 번영을 의미하므로 개인적 수준
의 행복이나 번영의 수준을 넘어 전체 사회의 수준에서 번영과 행복 그
리고 복지의 수준을 나타내는 개념이다. Abbott와 Wallace가 사회적 행
복을 분석하기 위해서 사회의 질을 강조한 것과 같이 사회의 질은 사회
의 복지와 번영 그리고 행복의 수준을 나타내주는 중요한 개념이다. 따
라서 사회구성원이 행복할 만한 사회의 질 수준은 무엇인가와 사회구성원, 즉
국민이 잘살기 위해서 사회는 무엇이 필요한가를 설명해주는 것이 사회의 질이
다. 즉, 사회의 질은 개인적 정황과 개인적 맥락이 아니라 사회적 정황과
사회적 맥락에서 사회가 보다 좋은 사회로 발전하고 개선되기 위해서 필
요한 것이 무엇인가에 대해 관심을 가진다. 이를 위해 현실의 사회의 질
을 측정하고 이해하기 위한 기준을 필요로 한다.

　개인의 번영이나 행복과 사회 전체의 질이라는 복합적 의미를 갖는 사회의
질은 개인적 수준의 미시적 접근과 사회적 수준의 거시적 접근이 포함되어 있는
개념이므로 사회적 발전과 개인, 집단 그리고 공동체의 발전을 동시에 추
구한다고 할 수 있다. 이러한 사회의 질의 복합적 의미는 최근에 인간
삶의 관점에서 생존 가능성을 이해하는 데 도움을 주었으며 나아가 생
존 가능한 사회의 발전이나 사회의 생존 가능성을 이해하는 데도 도움
을 주었다(Van der Maesen and Walker, 2012). 본 연구는 이러한 맥락
하에서 사회의 질을 "개인적 정황과 개인적 맥락이 아니라 사회적 정황과 사
회적 맥락에서 사회가 보다 좋은 사회로 발전하고 개선되기 위해서 필요한 수준"
으로 정의한다.

사회의 질	• 시민들이 자신들의 번영과 잠재성을 고취시킬 수 있도록 하는 조건하에 있는 지역사회에서 사회·경제적 삶에 참여할 수 있는 정도 • 개인적 수준이 아닌 집합적 수준에서 전체 국민이 잘살기 위해 필요한 것 • 사회적 정황과 사회적 맥락에서 사회가 보다 좋은 사회로 발전하고 개선되기 위해서 필요한 것 • 사회의 질은 사회의 번영과 같은 의미 • 사회구성원이 행복할 만한 사회의 질 수준은 무엇인가와 사회구성원, 즉 국민이 잘살기 위해서 사회는 무엇이 필요한가를 설명해주는 것 • 인간 사회를 구성하는 사회구성원이 함께 잘살도록 하기 위해 필요한 사회의 구성요소이자 토대 • 개인이 사회 속에서 인간이자 시민으로 대접을 받으면서 그리고 타 인간이나 조직들과 함께 관계를 맺으면서 사회, 경제, 정치, 문화적 활동에 참여하는 데 필요한 것 • 개인적 정황과 개인적 맥락이 아니라 사회적 정황과 사회적 맥락에서 사회가 보다 좋은 사회로 발전하고 개선되기 위해서 필요한 수준

2. 사회의 질에서 질이란?

사회의 질에서 질(quality)이란 복합적인 의미를 내포하는 개념이다. 이는 질이 개인적 삶의 질을 의미하기도 하면서 동시에 사회의 질을 의미하기 때문이다. 따라서 개인적 삶의 질에 영향을 주는 요소와 사회적 수준의 질에 영향을 주는 요소는 모두 사회의 질을 구성하는 요소에 포함될 수 있다. 하지만 사회의 질은 개인적 수준의 삶의 질보다 광범위한 개념이므로 개인이 사회 속에서 인간이자 시민으로 대접을 받으면서 그리고 타 인간이나 조직들과 함께 관계를 맺으면서 사회, 경제, 정치, 문화적 활동에 참여하는 데 필요한 요소가 곧 사회의 질을 구성하는 요소이다.

사회의 질은 곧 삶의 질에서 의미하는 질과는 수준이 다른 개념이라고 볼 수 있다. 삶의 질에서 질은 개인의 생활에서 경험하는 만족 그리고 번영에 영향을 미치는 질을 의미하므로 다분히 개인적이고 주관적이다. 일반적으로 개인의 삶의 질은 개인의 번영이나 생활만족과 비슷한 의미를 가지며 삶의 질의 구성요소 역시 다면적인 영역으로 구성된다고 보는 것이 일반적이다. 지은구와 김민주(2017)가 제시한 삶의 질은 내적질과 외적 질로 복합적으로 구성되는데 내적 질은 건강, 삶의 의미, 삶의 만족 등과 같은 인간의 자체적인 속성, 외적 질은 인간에게 영향을 미치는 요소, 즉 소득, 교통, 주거, 안전 등과 같은 사회·경제적 요소들을 포함한다.

개인이 인식하는 삶의 질이 위와 같이 내적 질과 외적 질로 구성되는 반면 사회의 질에서 질은 개인적 수준의 질의 범위를 넘어 사회적 수준에서의 질을 나타낸다. 즉, 사회의 번영과 사회의 복지에 영향을 미치는 사회적 수준에서의 질을 나타낸다. 따라서 사회적 수준에서의 질이란 사회의 번영을 위한 요소를 나타내며 각종 사회보호정책, 즉 사회·경제적 보장과 사회복지서비스, 사회포용정책과 사회통합을 위한 정책 그리고 신뢰 등과 같은 사회자본의 요소 등이 사회의 질의 수준을 결정짓는 요소에 포함될 수 있다. 특히 사회의 질은 "인간 사회를 구성하는 사회구성원이 함께 잘살도록 하기 위해 필요한 사회의 구성요소이자 토대"라고 할 수 있다.

TQM(total quality management)과 같은 조직의 질 중심 관리가 중요한 조직 관리기법으로 자리 잡은 이후에 질에 대한 개념에 있어 많은 발전이 있어왔다. 질 중심 관리에서 조직의 질을 서비스 이용자나 소비자가 결정하고 판단하는 것과 같이 지역사회 또는 사회를 잘 운영하고 관리하기 위해 사회의 질을 중심으로 하는 것은 중요하며 사회의 질은 역시 국민이 결정하고 판단한다고 볼 수 있다. 사회복지서비스의 질 측면에서 보면 사회복지기관에서 제공하는 사회복지재화와 서비스의 질은 유형성, 권리성, 응답성, 신뢰성, 접근성, 확신성, 공감성 그리고 협력성 등으로 구성된 개념으로 매우 다면적이고 복합적인 면을 포함한다고 이

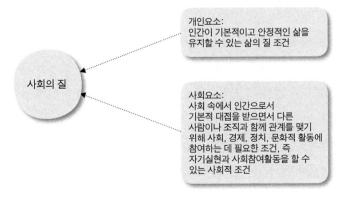

그림 2-1 사회의 질을 구성하는 개인요소와 사회요소

해하는 것이 일반적이다(지은구 외, 2017). 사회복지서비스의 질이 다면적인 속성으로 구성된 것과 같이 사회의 질 역시 다면적인 요소로 구성되어 있음을 이해하는 것은 중요하다. 이는 사회의 질을 바라보는 관점에 대한 다양성에도 기초한다. 무엇을 어떻게 하면 사회의 질을 개선하고 향상시킬 수 있는가에 대한 본질적인 질문의 답을 찾기 위한 노력은 바로 사회의 질을 이해하는 관점과 사회의 질의 구성요소에 대한 논의들로부터 시작하여야 한다.

결국, 사회의 질은 국민이 안정적 생활을 유지할 수 있는 삶의 질 조건을 기본으로 하며 삶의 질 구축과 함께 개인이 사회 속에서 인간으로서 기본적 대접을 받으면서 다른 사람이나 조직들과 함께 관계를 맺으면서 사회, 경제, 정치, 문화적 활동에 참여하는 데 필요한 조건, 즉 자기실현과 사회참여활동을 할 수 있는 사회적 조건을 필요로 한다. 따라서 사회의 질은 개념적으로 개인과 사회의 상호행동이나 상호관계 속에 위치한다고 할 수 있다.

3. 사회의 질의 최소 조건과 수준

Beck과 동료들(1997)은 사회적 그리고 경제적 생활에 참여하기 위해서 시민들이 사회의 질의 최소 수준을 가지고 있어야 한다고 했는데, 사회의 질의 최소 수준은 첫째, 수용할 만한 최소 수준의 사회·경제적 보장, 둘째, 사회통합(cohesion)의 수준, 셋째, 사회포용(또는 연대성)을 추구하는 지역사회의 노력 정도, 넷째, 개인의 경쟁력이나 자율성을 개발시키기 위한 역량강화(empowerment)의 수준이라고 강조하였다. 사회의 질을 구성하는 위의 네 조건(사회·경제적 보장, 사회포용, 사회통합 그리고 사회적 임파워먼트)은 사회의 질의 수준을 결정하는 중요한 요소이자 사회의 질을 측정하기 위한 주요 조건이라고 할 수 있다. 이들이 설명하는 사회의 질의 구성요소들은 아래와 같다(Beck et al., 1997).

- 사회·경제적 보장: 시민으로서 개개인들이 집단이나 지역사회에서 매일매일 생활하기 위해 필요한 기본적 욕구들을 의미하다. 거시적 수준에서 보면 사회·경제적 보장을 위한 복지제공들은 사회구조와 체계에 따라 매우 다양하게 나타날 수 있다. 시민으로 존재하기 위해서는 필연적으로 사회적 보호를 받아야 하며 이에는 곧 기본적인 소득을 보장하고 건강을 증진시키며 질병을 예방하고 노동을 촉진시키는 것을 원칙으로 하는 각종 사회정책들이 포함된다.

- 사회포용: 사회포용은 사회배제의 반대개념이다. 사회포용은 평등성과 함께 형평성을 중요한 원칙으로 간주하며 두 원칙을 통해 빈곤과 사회적 차별을 포함한 불평등의 극복이 복지제공 및 사회정책을 통해 실현될 수 있음을 강조한다. 따라서 빈곤 및 사회적 차별 극복을 위한 사회포용정책은 곧 사회의 질을 개선하는 주요한 정책이다. 특별히 노동시장으로의 포함은 사회포용정책의 핵

심영역이라고 할 수 있다.

- 사회통합: 사회통합은 아노미의 반대개념이다. 거시적 수준에서 사회통합은 사회적 네트워크를 건설하거나 방어하는 것을 강조한다. 사회적 네트워크를 구축하도록 기초를 제공하기 위한 노력은 곧 사회통합정책의 핵심적 영역이다. 사회통합은 연대성과 깊은 관련이 있으므로 개인주의는 사회통합을 가로막는 가장 강력한 위험요소라고 할 수 있다. 또한 소수인종이나 소수집단(성소수자 등)에 대한 억압과 공공재나 사회복지재화와 서비스에 대한 불공평한 접근 그리고 경제적 차별 등은 모두 사회통합을 저해하는 강력한 위험요소이다.

- 사회적 임파워먼트: 임파워먼트는 종속의 반대개념이다. 사람들이 누군가에게 또는 무엇인가에게 종속되어 있다면 그들의 삶은 지속적인 강요와 복종으로 점철될 수 있다. 시민들이 매일매일의 삶에 적극적으로 참여하기 위해서 능력 또는 경쟁력을 개발하는 것이 사회의 질의 중요 요소라고 할 수 있다. 미시적 수준에서 사회의 질을 향상시키기 위해서 개인의 잠재성을 개발하여 능력을 강화하는 것이 임파워먼트의 핵심이다. 특히, 장애인이나 노인 그리고 이민자나 성소수자 등과 같이 사회소외집단 구성원을 위하여 개인의 능력을 강화하여 관계 지향적으로 그리고 사회참여 활동 지향적으로 되도록 역량을 강화하기 위해서 사회복지정책과 같은 사회시스템을 활용하는 것이 사회적 임파워먼트의 핵심이다.

4. 사회의 질의 관점

Room(Beck et al., 1997: 258에서 재인용)은 사회의 질에 대한 선행연구를 통하여 사회의 질 접근방법에 대한 연구자들의 견해를 종합하여 첫째, 노동기술로 사회의 질을 바라보는 관점, 둘째, 집합적 재화와 서비스, 제도 그리고 하부토대로 사회의 질을 바라보는 관점, 셋째, 일하지 않는 것(non-work)으로 사회의 질을 바라보는 관점을 제시하였다.

1) 사회의 질을 노동기술(labor skill)로 바라보는 관점

사회의 질을 노동기술로 바라보는 관점에서는 낮은 기술은 곧 낮은 임금노동력을 의미하고 낮은 임금노동력은 저임금의 열악한 노동조건을 의미하므로 노동기술이 낮음은 곧 사회의 질을 열악하게 만드는 원인이라는 점을 강조한다. 즉, 높은 질의 노동력은 높은 질의 상품을 생산하게 되며 이는 곧 그에 대한 적절한 수준의 높은 보상을 의미하게 되므로 사회의 질은 높은 질의 노동력을 보유한 노동자들에 의해서 이루어지게 된다. 낮은 기술 수준의 숙련도가 낮은 국민은 당연히 노동시장으로부터 열악한 노동조건하에 있게 되며 궁극적으로는 점차적으로 노동시장으로부터 배제되게 된다. 하지만 노동기술을 사회의 질이라고 바라보는 관점은 사회의 질의 다면적 속성과 복합적 측면을 단순히 노동기술로 국한시키는 한계를 갖는다. 노동기술이 있는 국민도 개인의 건강이나 가족돌봄(부모나 아동)을 포함한 개인적 이유로 노동시장에 참여하지 못하는 경우가 존재하며 이는 노동기술이 낮은 국민도 마찬가지이다. 또한 노동기술은 일정기간 이상의 교육과 훈련을 필요로 하므로 단순히 노동기술이 높다고 하여 사회의 질이 향상되고 보장되는 것은 아니다. 노동기술이 낮으면 자기계발을 위해 그리고 자기창의성 개발을 위해 더 많은 시간과 자원을 제공해주고 보장해주는 사회가 곧 사회의 질이 보장되는 사회라고 할 수 있다.

2) 사회의 질이 노동(일)하지 않는 것(non-work)이라는 관점

사회의 질이 노동(일)하지 않는 것이라는 관점은 사회의 질을 위해 제공되는 국가의 복지혜택에 대한 결과만을 강조하는 탈상품화적 해석이라고 할 수 있다. 사회의 질은 여러 사회적 혜택을 제공한다. 이는 곧 국민의 복지혜택을 통한 노동의 탈상품화를 유도하게 되며 국민이 노동을 통해서가 아니라 국가의 적극적인 개입을 통해서, 시장이 아니라 국가에 의해서 기본적인 욕구가 해결되는 혜택을 권리로 제공받는 것이 강조된다. 노동(일)하지 않는 것에 대한 이러한 탈상품화적 관점에 대해 전통적 경제학자들은 복지가 생산이 아니고 단순한 소비이며 경제성장을 저해시키는 요소라고 강조하고 나아가 복지혜택은 국민의 노동에 대한 동기를 약화시켜 국민을 빈곤과 실업의 덫에 빠지게 한다고 주장한다. 즉, 사회의 질이 높은 사회의 국민은 일을 하지 않아도 국가로부터 기본적 욕구를 해결할 수 있는 혜택을 제공받을 수 있으므로 사회의 질은 곧 일하지 않는 것이라고 주장한다.

하지만 자본주의 사회에서 자본축적을 위한 자본의 운동 논리에 따르면 국민은 아무리 열심히 노동을 하여도 노동시장으로부터 차별을 받으며 점점 더 많은 수의 국민이 노동시장으로부터 배제당하여 열악한 삶의 조건에 처하게 된다. 노동이중시장 또는 노동시장의 분절 현상으로 인해 낮은 임금을 받는 저숙련 노동자들의 정규직 노동자화는 더욱더 어려워지고 있으며 정규직 노동자와 비정규직 노동자 사이의 임금 격차는 더욱 심화되고 있다. 또한 여성 노동자에 대한 차별, 나이 차별, 장애 차별 등 각종 차별은 곧 국민의 노동력 재생산을 포함하여 삶의 질과 사회의 질 형성에 부정적인 영향을 미치는 강력한 요인이다. 청년 실업 및 장기적 실업의 증가와 함께 더 열악한 노동조건하에서 기본적인 삶을 위협받고 있는 노동자들의 수는 매년 증가하고 있으며 사회적 보호를 필요로 하는 국민이 매년 증가하는 현실 속에서 노동이 곧 복지이고 고용이 곧 복지인 시대는 이미 지나갔다고 할 수 있다.

　건강, 장애, 돌봄, 실업, 가사 등 여러 이유로 인해 노동시장에서 노동을 못하는 경우, 노동시장에 참여하여 열심히 노동을 하여도 기본적인 생활이 위협받는 경우 등을 포함하여 노동하지 않아도 복지가 제공되어 기본적인 삶이 유지 보장되는 사회, 그리고 사회구성원이 기본적인 권리로 복지혜택을 제공받고 다양한 사회참여활동과 자기계발을 통해 스스로 자기실현을 성취하는 사회가 곧 사회의 질이 보장되는 사회라고 할 수 있다. 현대 자본주의 사회에서 노동시장은 더 이상 국민의 삶의 질을 보장하는 유일한 수단이 아니며 노동시장에서 노동을 하지 못하는 상황에 있는 모든 국민이 기본적 욕구를 해결하면서 활발하게 자기 자신과 사회를 위해 참여활동을 하는 사회가 진정한 사회의 질이 보장되는 사회라고 할 수 있다. 더 나아가 노동시장에 소속되어 노동을 하고 있는 국민이라도 노동시장을 통해서 기본적인 생활이 유지되지 못하고 노동력이나 가족재생산이 가능하게 이루어지지 않는다고 한다면 이는 곧 사회의 질이 취약하고 사회의 질을 보장하는 사회·경제적 보장이 이루어지지 않는다고 할 수 있으므로 노동을 하는 국민에게도 국가는 일정 수준 이상의 사회의 질이 보장될 수 있도록 하여야 하는 것은 당연하다고 할 수 있다. 또한 노동시장에서 기본적인 생활이 충분히 보장되는 수준의 보장을 받는 국민이라고 할지라도 각종 사회단체, 사적 조직이나 각종 시민사회 조직 등에 적극적으로 참여하고 각종 기부활동이나 자원봉사활동에 참여하기 위해서 그리고 자신의 역량강화를 위해 시간 및 노력을 기울일 수 있는 여력을 제공받기 위해서 노동능력 여부와 노동시장 참여 여부에 상관없이 사회의 질을 위한 다양한 사회적 보장은 절대적으로 필요하다고 할 수 있다.

종합하여 설명하면 원하는 모든 사람들이 노동시장에 참여하여 노동을 통해서 기본적 생활을 유지하고 안정적인 삶을 유지할 수 있는 사회는 곧 사회의 질이 인정되는 사회라고 할 수 있다. 또한 건강이나 다른 이유에 의해서 노동시장을 통해 노동을 할 수 없는 조건하에 있는 국민이 기본적 생활을 유지하고 안정적인 삶을 유지할 수 있도록 하는 사회는 높은 정도의 사회의 질이 보장되는 사회라고 할 수 있다. 하지만 더나아가 모든 국민이 노동 참여 여부와 상관없이 기본적 생활을 유지하도록 하고 안정적인 삶을 유지할 수 있도록 하는 사회는 사회의 질의 정도가 가장 향상된 사회라고 할 수 있다. 즉, 탈상품화의 정도가 높으면 높을수록 더 향상된 사회의 질이 보장되는 사회라고 할 수 있다. 결국 사회의 질은 노동시장으로의 참여 여부와 상관없이 국가에 의해서 인간다운 삶이 보장되는 사회라고 할 수 있다.

3) 사회의 질이 사회를 구성하는 하부토대이고 제도이며 집합적 재화와 서비스라는 관점

사회의 질이 사회를 구성하는 하부토대이고 제도이며 집합적 재화와 서비스라는 관점은 "개인적 삶의 질 또는 사회의 질의 물질적 토대를 강조하는 관점"이라고 할 수 있다. 사회의 질은 물질적 요소로 적절한 수준의 사회·경제적 보장과 사회적 보호를 필요로 한다. 만약, 국민이 시장으로의 참여를 통해서 기본적인 생활을 보장받지 못한다고 한다면, 즉 시장이 국민이 기본적 생활을 유지하는 것을 보장하지 못한다고 한다면 또는 개인적 충족이나 개인적 번영의 수준을 보장하지 못한다고 한다면 적절한 수준의 개인적 삶의 질이 유지되고 보장받지 못하게 되는 것은 자명하다. 개인적 수준에서 삶의 질에 영향을 주는 물질적 토대로서 국가에 의한 기본적 생활 유지 및 보장을 위한 집합재 또는 사회재로서의 복지 제공의 구축과 확대는 개인의 생활뿐만 아니라 개인이 소속된 사회를 보다 나은 사회로 만드는 것을 의미하며 이는 곧 사회복지라는 집합적 재화와 서비스가 사회의 질을 향상시키는 중요한 요소임을 의미하는 것이다. 집합재로서 사회·경제적 보장이 제공되는 사회는 복지혜택이 개인이 누려야 하는 사회적 권리로 인정되는 사회를 의미하며 이는 역시 인간의 권리가 존중되는 사회의 질이 보장되고 향상되는 것을 의미한다.

사회의 질의 관점	• 사회의 질은 높은 기술노동 • 사회의 질은 집합적 재화와 서비스, 제도 그리고 하부토대 • 사회의 질은 노동하지 않는 것 또는 노동이 탈상품화되는 것

제3장
사회의 질의 이론적 배경

제1절 사회의 질의 이론적 배경

1. 사회의 질 이론의 가정

2000년대 들어 이루어진 사회의 질 이론의 성장과 발전에는 이론을 발전시키는 데 중요한 역할을 한 기본적인 가정들이 존재한다. 사회의 질 이론의 토대가 되는 이 가정들은 개인과 사회에 대한 논의에서부터 시작하는데 이 가정들을 소개하면 다음과 같다(Van der Maesen and Walker, 2012).

1) 첫 번째 가정: 인간의 사회적 본질

사회의 질 이론을 구성하는 가장 중요한 첫 번째 가정은 인간이 사회적 존재라는 점이다. 인간이 아무리 이기적이라고 해도 사회 안에서 다른 인간과 상호행동하지 못하게 되면 건강한 삶을 살아가는 게 불가능한데 이는 인간이 사회적인 존재이기 때문이다. 인간이 사회적 존재라는 점은 인간이 사회적 본성을 가지고 있음을 나타내주는 것이다(Beck et al., 2001). 인간이 이기적이지 않다는 의미는 경제적이지 않다는 것을 나타내준다. 경제학의 본류인 만족주의자들은 인간을 자기 이기심을 채우기 위한 욕망으로 가득 찬 경제적 존재로 묘사한다. 즉, 경제적 이유에 의해서 동기가 부여됨을 강조한다. 하지만 모든 인간이 자기 자신만의 갈망을 채우기 위해 이기적으로 행동하는 경제적 인간이 아님은 주지의 사실이다. 사회의 질 이론은 인간과 사회를 분리하지 않으며 하나의 통합된 관계로 본다. 사회 안에서 인간은 자신의 이기심만을 위해서가 아니라 자신의 존재가치를 실현하기 위해 노력하게 된다. 사회의 질 이론은 이러한 인간과 사회의 관계적 측면으로서 인간의 사회적 본질에 주목한다.

2) 두 번째 가정: 상호의존

사회의 질 이론을 구성하는 두 번째 가정은 인간이 구조적으로 상호의존한다는 점이다. 즉, 사회적 존재인 인간은 타인과 상호행동하면서 존재의미를 부여받는다. 이는 독립적 객체인 인간들이 타인과 기본적으로 함께 살면서, 즉 상호관계하면서 삶을 살아간다는 것을 나타내준다. 이러한 인간의 상호행동은 자기실현을 위한 정황을 제공하고 '사회적'이라는 명확성을 이끄는 다양한 집단적 동질성을 구성한다. 인간 최대의 욕구가 자기실현이라고 한다면 인간의 자기실현은 다양한 집단적 동질성 속에서 타인과의 상호행동을 통해서 이루어진다. 즉, 같은 사회 안에서 같은 문화를 공유하고 같은 언어를 사용하는 것과 같은 집단적 동질성 속에서 인간들은 서로 상호행동하면서 자기실현을 위해 노력한다.

결국, 사회의 질 이론의 기본 전제로, 인간은 타인과 상호행동하면서 자신들만의 집단적 동질성을 구성하고 그 속에서 상호관계하고 상호의존하면서 자기실현하기 위해 노력한다는 점이 강조된다. 집단적 동질성은 특히 가족, 집단 그리고 지역사회 등에 존재한다. 인간이 가족과 집단, 지역사회를 구성하는 것은 타인과의 상호행동과 상호의존하에서 가능한 것이라고 할 수 있다. 또한 집단적 동질성을 가진 가족이나 집단, 조직 그리고 지역사회에서 인간은 상이한 역할을 부여받으며 자기실현을 위해 노력한다. 가족이든 조직이든 어떠한 구조이든 간에 인간은 구조화된 시스템이나 시설이나 조직 그리고 가족이나 지역사회에서 상호의존하면서 기본적인 삶을 살아간다. 사회의 질 이론의 두 번째 가정은 상호의존이 인간들이 자기실현과 집단적 동질성으로 구성한 특정 구조에서 이루어진다는 점이다.

3) 세 번째 가정: 상호의존을 위한 상황

사회의 질 이론을 구성하는 세 번째 가정은 인간의 상호의존을 위한 구조적 상황이 기본적으로 2개의 긴장상태에 의해서 결정된다는 것이다. 즉, 수직적 긴장상태인 개인적 수준과 사회적 수준의 긴장 그리고 수평적 긴장상태인 시스템, 조직, 시설인 한쪽과 지역사회, 네트워크, 가족, 집단인 다른 쪽 간의 긴장 사이에서 구조적 상황이 결정된다는 것이다. 이는 구조적 상호의존성의 상황이 수직적 긴장상태인 자기 자신의 발전이냐 아니면 사회의 발전이냐에 따라 결정된다는 것을 의미한다. 또한 수평적 긴장상태인 시스템, 시설, 조직에 의해서냐 아니면 가족, 집단, 지역사회, 네트워크에 의해서냐에 따라 상이하게 결정된다는 것을 의미한다.

수직적 긴장상태인 개인발전만을 지향하는 노력은 사회발전을 가로막는 방해막이 되지만 개인발전을 통해 사회발전이 이룩될 수 있다는 점은 개인발전과 사회발전이 상호의존되어 있다는 것을 의미한다. 수평적 긴장상태인 시스템, 조직, 시설은 정부나 기업, 정당, 노동조합 등과 같

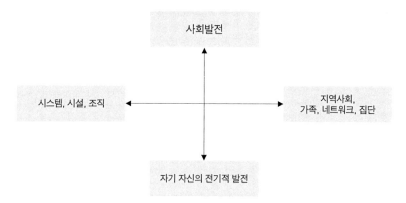

그림 3-1 두 긴장상태 간의 상호작용

자료: Van der Maesen and Walker, 2012, 51, 그림 3-2에서 재인용

은 조직을 의미하는데 이들이 제대로 기능하지 않으면 사회에는 부정부패가 만연하게 된다(Lockwood, 1999 in Gough and Olofsson). 그리고 집단, 네트워크, 가족, 지역사회는 사적 모임이나 계와 같은 상호부조 모임, 자발적 자선단체나 비영리 자발적 조직 등을 의미하는데 이들이 상호 간에 제대로 기능하지 않으면 사회는 신뢰와 같은 사회자본이 약화되어 개인 일탈과 범죄 그리고 가족 해체가 만연하게 된다. 따라서 수평적두 영역의 통합 노력은 부정부패와 사회해체를 막는 데 중요하다.

결론적으로 개인의 발전을 위한 상황이나 사회발전을 위한 상황이나 아니면 시스템과 시설이나 조직에서의 행동을 위한 상황이나 가족, 집단, 지역사회에서의 행동을 위한 상황이냐는 곧 상호의존되어 있다는 것이 세 번째 가정의 기본적 내용이다. 〈그림 3-1〉은 두 긴장상태 간의 상호작용을 나타내준다.

구조적 상호의존성을 설명해주는 두 긴장상태는 사회의 질에서 사회적이라는 개념을 구체화하는 데 있어 결정적인 역할을 한다. 사회의 질 이론에 따르면 수직적 긴장상태는 개인발전과 사회발전 사이의 역동성에 기인한다. 개인 또는 개인 자신의 발전의 측면에서 매일매일의 현

실의 창조는 사회적 존재로서 인간의 상호행동에 의해서 이루어지는 것
이다. 이러한 인간의 상호행동은 곧 사회발전을 위한 사회적 상호행동을
의미한다. 결국, 사회의 질 이론의 세 번째 가정은 인간의 구조적 상호의존은
개인발전과 사회발전의 수준에서 그리고 가족이나 집단, 지역사회의 수준과 시
스템과 시설, 조직의 수준에서 발생하게 된다는 것이다.

4) 네 번째 가정

사회의 질 이론의 네 번째 가정은 세 번째 가정(구조적 상호의존의
상황)과 두 번째 가정(구조적 상호의존) 사이의 상호행동이 4개의 조건적
요소(사회·경제적 보장, 사회포용, 사회통합 그리고 사회적 임파워먼트)와
4개의 구조적 요소(개인적 보장, 사회적 인식, 사회적 응답 그리고 개인적
능력) 그리고 4개의 규범적 요소(사회정의, 연대, 동등한 가치 그리고 인간
의 존엄성)를 만들어낸다는 것이다. 이 조건적 요소와 구조적 요소 그리
고 규범적 요소는 사회의 질의 중요한 구성요소[1]이다.

사회의 질의 구조적 요소인 개인적 보장, 사회적 인식, 사회적 응
답 그리고 개인적 능력은 사회적 존재인 개인들이 사회적 행위자로서의
역할을 수행할 수 있도록 하는 인간 개개인들의 자기소개적 능력의 발전
(self-referential capacity)을 가져다준다. 인간이 사회적이라 함은 인간
의 자기소개적 능력을 의미한다. 자기소개적 능력은 집단적 동질성을 구
축하기 위한 실천활동에 참여할 수 있도록 해주는 인간 개개인들의 능
력을 의미하므로 가족, 지역사회 그리고 사회운동 등에서 중요한 역할을
수행하기 위한 조건이다. 따라서 자기소개적 능력은 오랜 기간 동안 집
단적 동질성의 다양성과 본질을 변화시켜왔으며 인간의 자기실현과정을

....

1   사회의 질의 구성요소에 대한 보다 자세한 설명은 "제6장 사회의 질의 구성요소"를 참고할 것.

위한 조건의 본질이다. 즉, 자기실현과정은 인간의 자기소개적 능력에
의존한다.

사회의 질의 조건적 요소인 사회·경제적 보장, 사회포용, 사회통합
그리고 사회적 임파워먼트는 개인, 집단, 지역사회 또는 사회가 성취하
여야 하는 사회의 질 수준을 결정하는 자원 또는 기회를 보여준다. 또한
조건적 요소는 사회의 질을 측정 가능하게 해주는 주요한 요소로 조건적 요소의
달성 정도를 나타내주는 지표를 통해서 우리는 사회의 질의 수준을 측정하고 이
해할 수 있다. 결국 사회적 질의 측정은 사회의 질을 구성하는 조건적 요소의 실
현이나 성취 정도를 보여주는 지표(객관적 지표나 주관적 지표 등)를 통해서 나
타나고 비교된다. 따라서 사회의 질을 측정하는 모든 지표는 곧 사회의 질의 조
건적 요소의 충족 정도를 측정한다.

사회의 질의 규범적 요소인 사회정의, 연대, 동등한 가치(형평성)와
인간 존엄성은 조건적 요소와 구조적 요소에 영향을 주는 연관된 과정의
결과를 판단하는 중요한 역할을 한다. 즉, 조건적 요소와 구조적 요소의
성취를 위한 노력은 곧 규범적 판단에 의해서 이루어진다. 사회의 질의 조
건적 요소와 구조적 요소를 위한 행동들이 연대성에 기초하였는가 아니면 인간
의 존엄성이나 사회정의에 기초하였는가를 판단하는 것이 바로 사회의 질을 구
성하는 규범적 요소이다. 이는 다음의 질문을 통해서 입증될 수 있다.

첫째, 조건적 요소와 구조적 요소가 어느 정도 사회정의를 실현하는가?

둘째, 조건적 요소와 구조적 요소가 어느 정도 모든 시민들의 동등한 가치
에 기여하는가? 즉, 모든 시민들을 동등하다고 간주하는가?

셋째, 조건적 요소와 구조적 요소가 어느 정도 연대성을 위한 기초를 제공
하는가?

넷째, 조건적 요소와 구조적 요소가 어느 정도 인간 존엄성을 고취시키는

결과를 가져다주는가?

5) 다섯 번째 가정

사회의 질 이론의 다섯 번째 가정은 사회의 질을 구성하는 규범적 요소가 자기실현, 집단적 동질성 그리고 두 긴장상태 사이의 상호역할에 의해서 나타나는 구조적 상호의존의 결과에 대한 윤리적 숙고에 기인한다는 것이다. 즉, 사회의 질의 다섯 번째 가정은 자기실현을 위한 노력과 집단적 동질성을 형성하기 위한 노력, 개인의 발전과 사회의 발전 그리고 집단, 가족, 지역사회와 시설, 조직 사이의 상호역할에 대한 숙고로부터 규범적 요소가 발생한다는 것을 의미한다. 규범적 요소는 곧 상호역할과 상호행동에 영향을 주는 규범으로 사회정의와 연대, 동등한 가치 그리고 인간의 존엄성 등이다.

6) 여섯 번째 가정

사회의 질 이론의 여섯 번째 가정은 구조적 상호의존을 위한 지속적인 두 긴장 축(수직적 축과 수평적 축) 사이의 상호행동의 결과가 새로운 정책을 형성한다는 것이다. 즉, 사회적 존재로서의 인간이 자기실현을 위한 노력과 상호행동하면서 집단적 동질성을 형성하기 위한 노력 그리고 상호의존을 위한 구조를 건설하기 위한 노력 등을 함으로써 새로운 정책을 창출한다는 것이다. 이는 사회의 질 형성을 위한 노력이 곧 사회의 질을 향상시키기 위한 정책적 노력과 함께 새로운 정책적 노력을 창출한다는 것을 의미한다.

결론적으로 사회의 질은 개인적 삶의 개선과 함께 개인의 자기실현을 위한 노력과 타인과의 상호행동을 통해서 발전되며 집단, 조직 그리고 나아가 지역사회를 위한 집단적 공동체 형성을 위한 노력과 함께 사회정책적 대응을 이끌어낸다.

사회의 질 이론의
기본 가정(전제)
	• 인간과 사회의 관계적 측면으로서 인간의 사회적 본질에 주목
	• 상호의존은 인간들이 자기실현과 집단적 동질성으로 구성한 특정
	  구조
	• 인간의 구조적 상호의존은 수직적으로는 개인발전과 사회발전의
	  수준에서 그리고 수평적으로는 가족이나 집단, 지역사회와 시스템,
	  시설, 조직의 수준에서 발생
	• 자기실현을 위한 노력과 집단적 동질성을 형성하기 위한 노력,
	  개인의 발전과 사회의 발전 그리고 집단, 가족, 지역사회와 시설,
	  조직 사이의 상호역할에 대한 숙고는 연대와 사회정의, 인간의
	  존엄성, 동등한 가치와 같은 규범적 요소를 창출
	• 인간 개개인들의 자기실현을 위한 노력과 상호행동하면서 집단적
	  동질성을 형성하기 위한 노력 그리고 상호의존을 위한 시스템이나
	  지역사회와 같은 구조를 건설하기 위한 노력 등이 정책을 필요로
	  하고 새로운 정책을 창출
	• 사회의 질은 3개의 요소, 즉 조건적 요소, 구조적 요소 그리고
	  규범적 요소에 기초

2. 사회의 질 이론의 특징

사회의 질 이론은 사회의 질 접근모델이라고도 불리며 사회의 발전을 설명해준다. 사회의 질 이론에 따르면 사회의 발전 정도는 개인의 번영 정도나 개인의 삶의 질 수준 그리고 국가의 경제성장에 의해서 충분히 설명될 수 없다. 사회의 질 이론은 사회의 발전 정도가 경제정책만이 아니라 사회(복지)정책과 공공정책에 의해서 설명될 수 있음을 강조한다.

사회의 질 이론은 두 가지 접근방법에 대한 비판에서 출발한다. 첫 번째는 인간의 행복이나 인간의 번영을 가져다주는 요인이 경제성장으로 해석될 수 없다는 것이고, 두 번째는 사회의 질 이론이 삶의 질에 대한 비판적 논의로부터 출발하여 그 한계를 극복하기 위한 방안으로 등장하였다는 것이다. 삶의 질은 극히 개인적이고 주관적인 번영의 표현방식이라고 할 수 있지만 사회의 질은 개인적 수준을 넘어 보다 포괄적으로 사회를 이해하고 설명하기 위한 방식이라고 할 수 있다.

모든 국민이 월급이나 연봉이 올랐다고 행복한 것은 아니며 국가의 GDP가 상승하였다고 국민의 삶의 조건이 개선되었다고는 할 수 없다. 사회의 질 이론은 이에 대한 해답을 찾기 위해 노력한다. 즉, 국민의 삶의 조건이나 사회구성원의 삶의 조건을 결정짓는 사회적 조건은 무엇인가에 대한 해답을 찾기 위해 사회의 질 이론은 개인과 사회구조 사이의 연관을 강조한다. 사회가 건강하고 좋은 사회가 아니면 그 사회의 구성원 역시 행복하지 않음을 사회의 질 이론은 주시한다. 특히, 사회의 질 이론은 삶의 만족이나 기대충족, 행복 그리고 삶의 질 등 개인적이고 주관적인 측면보다는 사람들이 매일매일의 삶 안에서 생산 및 재생산하면서 살아가는 사회의 구성이나 본질, 틀을 강조한다.

사회의 질 이론은 어떤 사회의 유형이 국민의 능력을 개선하고 향상시키기 위해서 국민의 복지를 최대화시킬 수 있는가를 이해하기 위한 이론적 틀이자 접근모델이라고 할 수 있다(Abbott and Wallace, 2010; Abbott et al., 2011; Nussbaum and Sen, 1993; Sen, 1999, 1993). 따라서 사회의 질 이론은 경제정책 패러다임에서 사회정책 패러다임으로의 전환을 강조하며 경제우선주의, 신보수주의, 경제적 세계화의 가치를 사회정의, 연대 그리고 인간 존엄성의 가치로 전환시키는 접근모델이라고 할 수 있다. Beck과 동료들(1997)은 사회의 질을 "시민들 개인의 번영과 잠재성을 향상시키는 조건하에서 그들이 속한 지역사회의 경제 및 사회적 삶에 참여할 수 있음을 시민들 스스로 느끼는 정도"라고 정의하였다. 따라서 사회의 질 이론은 정책 우선순위를 결정하는 데 경제 우선순위에서 사회정책 우선순위로의 전환을 강조하지만 사회적 우선순위만을 강조하지는 않는다. 즉, 사회의 질을 향상시키기 위한 정책적 목적은 경제성장만이 아닌 사회성장을 목적으로 하는 정책들에 의해서 성취됨이 강조된다.

따라서 사회의 질 이론은 경제적 성장을 강조하는 경제정책만으로는 국민의 삶의 질이 개선되지 않으며 사회적 박탈과 배제가 만연한 사회로부터 벗어나는 것을 불가능하게 하므로 경제정책과 사회정책의 비대칭을 바로잡아 사회정책이 경제정책에 종속되지 않고 균형을 맞추도록 경제정책의 사회정책에 대한 독점적인 지위를 전환함으로써 국민의 매일매일의 삶에 영향을 주는 조건을 개선하는 것을 기본 전제로 한다. Marshall(1975)에 따르면 사회정책은 경제정책이 성취하지 못하는 것을 성취하기 위해 시장의 힘이나 화폐적 가치가 아닌 사회적 가치를 활용한다.

경제정책의 우선순위 또는 사회정책에 대한 독점적 지위를 강조하는 현대 경제학적 사고는 사회정책을 가난한 사람을 위한 경제정책으로 또는 공적부담으로 인식하는 경향이 있다. 물론 경제대공황을 성공적으로 종식시킨 1930~1940년대의 케인즈시대에 사회정책의 중요성이 강조되었고 이 같은 사고는 1970년대까지 이어졌다고 할 수 있다. 사회정책에 대한 경제정책 우선순위적 사고는 다음의 원인에 기인한다.

첫째, 사회정책의 범위가 제한되어 있었고 사회정책의 경제발전 및 사회발전을 위한 잠재성 역시 과소평가되어 있었다.
둘째, 정부의 공공정책을 결정하는 영역에서 경제정책이 사회정책에 비해 우선시되었다.
셋째, 사회기획이 경제기획에 비해 좁게 인식되었으며 종속되는 것으로 이해되었다.
넷째, 경제정책과 경제기획의 독점이 예산통제와 정책을 결정하는 경향을 강화시키며 시민들의 삶에 더 가깝게 접근한다고 생각되었다.

하지만 사회정책과 경제정책 간의 불일치에 대한 사고가 유럽 사회에 점차 확산되었으며 1990년대 들어 경제정책이나 경제성장에 대한 과도한 강조가 실업과 빈곤의 확대를 포함한 삶의 불안정성이 개선되지 않고 지속적으로 악화되고 있는 유럽 시민들에게 의문시되기 시작하였다. 따라서 경제정책 패러다임으로부터 사회정책 패러다임으로의 전환은 곧 유럽 국가들의 과도한 시장에 대한 종속과 경제성장 중심의 정책을 개인 중심에서 인간 중심, 시민 중심, 사회 속의 관계 중심으로 그리고 개인이나 가구경제(household economy) 중심에서 사회시장(social market) 중심, 사회경제 중심으로 나아가도록 하는 계기를 가져다주었다고 할 수 있다.

개인 중심은 개인화 또는 개인주의적 사고에 기반하여 자기이익 실현을 최대의 목적으로 하는 경제활동을 의미한다. 개인 중심은 곧 가구경제 중심을 의미한다. 즉, 내가 속한 가구의 이익을 위한 경제활동을 최선으로 하는 그리고 전통적인 자본주의 사회에서 한 가구의 경제활동이 가장(breadwinner) 중심으로 이루어지는 것을 의미한다. 자본주의 사회에서 한 가구의 경제를 책임지는 가장에게 무슨 일(질병이나 해고 등)이 생기게 되면 그 가구의 경제는 한순간에 몰락하게 되고 그 가구는 사회로부터 점차 배제되는 길을 걷게 된다.

사회의 질은 개인 중심 그리고 가구경제 중심에서 사회시장 중심과 사회보장 및 포용정책으로의 전환을 통해 사회의 질의 수준을 향상시켜 개인이나 가장의 노동력 재생산이나 노동시장으로부터의 배제에 상관없이, 즉 노동의 상품화로부터의 완전한 해방을 통해 민주시민사회의 시민으로서 정당한 권리를 누리도록 하는 사회적 요소들을 강조한다. 따라서 사회의 질은 사회구성원인 국민의 노동력 재생산 그리고 노동의 상품화와도 깊은 연관이 있다고 할 수 있다. 사회의 질과 노동의 상품화의 관계는 사회의 질의 개선과 시민들이 얼마나 노동의 상품화로부터 자유로운지에 대한 관계를 통해서도 설명될 수 있다.

제2절 사회의 질 이론의 기원 및 성격

1. 사회의 질 이론의 기원

앞에서 설명한 바와 같이 사회의 질 이론은 빈곤과 실업문제의 확산 그리고 박탈 및 차별에 기인하는 사회의 각종 불평등구조에 대한 대응으로 1990년대 이후에 등장하였다고 할 수 있다. 사회의 질 이론은 개념적으로 보면 개인적 차원에서 개인의 번영을 다루는 "삶의 질이나 생활만족" 등과 같은 개념이 인간이 처한 사회의 조건이나 현실을 적절히 반영하지 못한다는 측면에서 사회의 전반적인 질의 조건이 개인, 가족 그리고 집단이나 조직, 나아가 제도에까지 영향을 미칠 수 있다는 전제에 기초하여 사회의 질이 개선 또는 향상되면 전체 국민의 생활이나 삶에 영향을 미치는 조건들이 개선될 수 있고 개인의 차원을 넘어 전체 사회의 차원에서 보다 안정적이고 발전된 복지사회로 나아갈 수 있다는 보다 총체적이고 전체적인 시각에서 등장하였다고 할 수 있다. 사회의 질 이론의 기원을 설명해주는 시각은 크게 존재론적 시각, 방법론적 시각, 사회적 시각 그리고 정치·윤리적 시각이 있다(Walker, 2009).

1) 사회의 질 이론의 기원에 대한 존재론적 시각

사회의 질 이론의 기원에 대한 존재론적 시각에서 보면 사회의 질 이론의 탄생은 사회에 만연한 개인주의에 대한 대응에서 기원한다. 자본주의가 심화 확대되면서 사회과학 일반에서 개인적이라는 개념은 사회적이라는 개념을 넘어 전 사회영역에 빠르게 자리 잡아갔다. 특히 1970년대 이후 집합주의와 공동체지향성을 추구하는 복지국가의 재정적 위기 이후 영국과 미국을 중심으로 한 반복지–보수주의정권의 출현은 사회과학 영역에서 개인주의적 속성을 더 강하게 요구하였으며 '사회적'

인 영역보다는 '개인적'인 영역이 중요한 부분으로 등장하도록 하였다. 이는 곧 개인적 생활방식, 개인적 속성, 개인적 만족, 개인의 행복, 개인의 번영 등 개인적 영역의 개념들의 등장과 발전을 의미하는 것이다. 또한 공동체, 지역사회, 사회적 관계, 집단 안에서의 개인이나 사회 안에서의 개인보다는 자율적인 개인을 단위로 하는 삶의 질이나 번영 그리고 소비 등을 사회과학 영역에 출현시키고 발전하도록 하는 것을 의미한다(Bauman, 2008). Ferge(2001)에 따르면 특히 유럽에서의 개인주의에 기반한 정치·문화적 변화는 곧 사회적이라는 의미와 연대성이 퇴보하도록 하는 데 정당성을 부여하게 되었다.

하지만 인간 개개인의 의지와 행동은 인간생활(삶)의 물질적 조건에 의한 결과라고 할 수 없으며 반대로 삶의 물질적 조건이 인간의 행동이나 의지의 결과라고 할 수도 없다(Van der Maesen and Walker, 2012). 사회의 질 이론은 개인과 사회를 이분법적으로 구분하지 않으며 개인을 사회적 존재로서 상호행동하는 개인으로 바라본다. 따라서 '사회적'이라는 개념의 강조는 곧 인간이 '사회적 존재'라는 전제로부터 기인한다. 사회의 질 이론에서 사회적이라는 의미는 개인들이 사회적 존재로서 인간 상호 간에 상호행동함으로써 그들 자신을 인식하고 자기실현을 할 수 있음을 나타내준다. 즉, 인간이 개인과 개인 간에 상호행동을 하면서 자기실현을 하는 사회적 존재라는 의미는 곧 사회적이라는 용어가 개인적이라기보다는 집합적이고 보편적이라는 의미를 강하게 내포함을 나타내는 것이다. 이는 곧 사회보호, 사회보장, 사회적 안전망, 사회배제, 사회포용 그리고 사회통합 등에서의 '사회적'이라는 개념과 동일한 것이라고 할 수 있다. 또한 인간이 사회적 존재로서 상호행동한다는 것은 기본적으로 개인의 성격, 시스템, 지역사회 또는 사회를 변화시키기 위해 상호행동한다는 점이 강조되는 것이라고 볼 수 있다.

결론적으로 사회의 질 이론에서 '사회적'이라는 의미는 "개인이 사회적 존재로서 행동하면서 자기실현을 하는 과정과 집단적 동질성의 형성을 이끄는 과정 사이에서 상호작용하는 것"을 나타낸다. 따라서 존재론적 시각에 따르면 "사회의 질은 사회구성원이 상호작용하면서 개인의 자기실현과 공동체지향성이 이루어지도록 영향을 주는 것"이라고 할 수 있다.

2) 사회의 질 이론의 기원에 대한 방법론적 시각

사회의 질 이론의 기원에 대한 방법론적 시각에서는 무엇이 사회구성원의 매일매일의 삶에 영향을 주며 무엇으로 사회변화를 분석할 것인지에 대한 논리적인 방법론적 도구의 부재를 극복하는 방안으로 사회의 질 이론이 등장하였다는 것이 강조된다. 즉, 빠르게 진행되는 사회의 변화가 어떻게 사회구성원의 삶에 영향을 미치는지를 분석하고 해석하기 위한 논리적 틀이 필요하며 이는 곧 개인의 삶에 영향을 미치는 사회 및 사회현상이나 조건을 이해하기 위한 방법을 위한 적절한 논리적 틀의 등장을 필요로 하였고 이러한 논리적이고 방법론적 틀이 바로 사회의 질 이론이라는 것이다

사회 및 사회현상이나 조건을 해석하고 이해하기 위해 사회조사(social research)가 발전하였으며 사회조사를 뒷받침하는 다양한 정보와 자료에 대한 필요성이 등장하였다. 즉, 사회가 발전하면서 보다 객관적인 자료에 기초한 사회조사방법론이 발전하였는데, 이는 사회조건과 상황에 대한 이해를 돕는 자료의 발전을 동시에 가져다주었다. 하지만 통합적이고 전체주의적 이해를 돕는 자료보다는 인간에 대한 또는 사회의 경제적 상황에 대한 단편적 현상을 이해하고 해석하도록 돕는 정보나 자료가 발달하여 사회 전체 현상에 대한 포괄적인 이해를 돕는 양질의 정보에 대한 필요성과 중요성이 지속적으로 제기되어왔다. 특히 사회의 변화가 사회구성원에게 어떠한 영향력을 가져다줄 것인지에 대한 이해를

구하는 전체주의적인 자료의 부족은 전체 사회를 이해하는 데 있어 한두 개의 단면만으로 사회를 해석하게 하는 오류를 가져다줄 수 있다.

인간의 삶의 질이나 생활조건 또는 작업조건 등에 대한 자료들의 발전은(물론 자료 자체로는 중요하다고 할 수 있지만) 시민들이나 정책결정가들이 사회에서 발생하는 일들을 어떻게 해석하고 대처해나가야 하는지에 대한 전체론적인 시각을 제공한다기보다는 단편적이고 일시적인 해결방안만을 찾도록 하는 한계를 가져다주었다. 이러한 단면적인 정보와 자료의 한계를 극복하기 위해서 사회를 전체주의적인 시각으로 이해할 수 있도록 돕는 사회의 질에 대한 이해와 자료의 필요성이 등장하였다. 예를 들어 교육, 실업, 빈곤과 각종 차별 및 배제 현상을 동시에 그리고 일괄성 있게 해석할 수 있는 자료는 사회정책의 단편성과 단면성을 극복하는 데 도움을 줄 수 있다. 즉, 사회를 이해하고 사회를 변화시키기 위해서 사회에 영향을 주는 각종 현상이나 조건을 통해서 정치, 사회, 문화, 경제의 전 영역을 통합적이고 일괄성 있게 분석할 수 있는 분석적 틀을 가지고 사회정책을 기획 및 결정하고 수행하는 것이 중요하다. 결국, 사회서비스정책이나 건강정책 등의 결과는 시민들에게 영향을 주는 사회·경제적 상황, 사회통합의 수준이나 사회·경제적 보장정책 그리고 사회적 역량강화와 사회포용을 위한 노력이나 정책에 영향을 주는 정도에 의해서 종합적으로 분석되는 것이 바람직한 정책의 방향이 될 수 있다.

3) 사회의 질 이론의 기원에 대한 사회적 시각

사회의 질 이론의 기원에 대한 사회적 시각은 사회의 질 이론에 놓여 있는 사회적 추진력에 대한 해석의 중요성을 의미한다. 즉, 경제정책과 사회정책의 우선권 논쟁이나 사회정책에 대한 경제정책의 우위 등에 대한 논리적 비약이나 제한이 사회의 질 이론의 논리적 발달을 저해하는 가장 중심된 제한점이라는 것이다. 경제정책이 경제성장과 일정 수준의 사회의 발달을 가져다준 것이 사실이지만 사회의 발전단계에서 볼 때일정 수준 이상의 사회에서 경제성장 우선 정책이 사회문제 해결에 도움이 되지 않으며 각종 사회문제를 확대재생산하고 사회의 안정적 발전을 저해하는 요소로 작동한다는 사실은 이미 합당한 논리와 자료를 통해 입증되었다. 이는 곧 경제정책과 사회정책 간의 비대칭적인 관계가 사회의 발전을 위한 포괄적 접근을 가로막는 장애로 작동하였음을 잘 나타내준다(Walker, 1984). 경제적 부가 증대된다고 해서 국민의 행복감이나 삶의 질, 나아가 사회의 질이 향상되는 것은 아니며 사회발전을 위한 인간 생활의 질의 조건을 충족시키기 위해서 촘촘한 사회안전망 구축과 같은 사회의 질 향상을 위한 사회정책의 중요성이 더욱 강조되고 있다. 특히, 사회·경제적 불평등구조의 확대 심화가 경제성장에 의해서가 아니라 분배를 통해 극복될 수 있음은 이미 주지의 사실이라고 할 수 있다. 결국, 경제정책 우선 시각을 통해서는 사회의 질의 지속적인 향상이 불가능하므로 사회보장 및 소득분배와 재분배를 위한 사회정책 우선 패러다임은 사회의 질의 증대 및 향상을 위해 매우 중요하다.

4) 사회의 질 이론의 기원에 대한 정치·윤리적 시각

사회의 질 이론의 기원에 대한 정치·윤리적 시각은 사회의 질 이론이 특히 정치적 동기에 의해 발전되었다는 시각이다. 북미와 유럽을 강타한 신자유주의적 경향은 사회정책을 등한시하며 배제하는 정책적 오류를 범하였다. 2000년대까지 보수적 경제정책으로의 회귀를 강조한 신자유주의 사고는 빈곤의 심화와 장기적 실업문제의 확대재생산 그리고이에 따른 소득양극화의 확대와 사회·경제적 불평등구조의 심화를 가져다주었으며 노동시장의 양극화와 각종 중독과 폭력 그리고 차별을 통해 사회를 극단적 분열로 이끌었다. 특히, 신자유주의적 경향에 따른 사회복지재화와 서비스의 축소로 대변되는 복지국가의 위기는 경쟁과 개인주의에 매몰되어 복지국가의 핵심적 가치인 공동체지향성과 집합주의 그리고 연대와 사회정의를 위협하여 사회를 극단적인 분열과 차별이 횡행하는 갈등사회로 발전시켰다. 따라서 사회의 질은 복지국가의 가치를 보호하고 모든 시민들의 안전 보장을 위한 사회정책의 제공을 담보하여야 하는 중대한 과업에 의해 등장하고 발전하여야 한다는 것이 사회의 질 이론의 정치·윤리적 시각이라고 할 수 있다.

2. 사회의 질 이론에 영향을 준 개념

사회의 질의 개선은 한 사회의 사회적 그리고 경제적 진보의 정도를 나타내는 기준으로, 사회의 질 이론은 크게 인간관계와 시민의 권리에 대한 강조, 인간의 조건과 상황에 대한 주관적 사정, 경제적 영역과 사회적 영역의 불균형 및 비대칭, 정책 붕괴와 그것을 극복하기 위한 방안으로부터 영향을 받아 발전하였다. 사회의 질 이론 또는 사회의 질 접근모델의 발전에 영향을 준 네 개념을 설명하면 아래와 같다(Beck et al., 1997).

1) 인간관계와 시민의 권리에 대한 강조

복지시민사회에서는 시민의 삶에 부정적인 영향을 미치는 새로운 위협요소에 대한 보호가 당연히 제공되어야 하며 이는 곧 복지권 또는 기본적 삶의 보장을 위한 시민의 권리로 인정되고 있다. 또한 급속한 경쟁을 강조하는 시장개인주의의 확산은 곧 사회 속에서의 인간생활을 고립되게 만들고 있으며 공동체지향성 및 인간 사이의 신뢰를 급속하게 저해하는 요인으로 지적되고 있다. 이러한 측면에서 개인주의는 사회의 질에 부정적인 해를 주는 강력한 위협요소이다. 개인주의는 경쟁의 가치를 통해 스스로 소외자, 배제자 그리고 사회적 고립자들을 양산해서 심각한 사회적 불평등을 초래하므로 개인주의에 대처하기 위해 국가적 측면에서 체계적 대응을 할 필요가 있다. 따라서 현대 시민사회에서 개인주의를 극복하고 시민의 권리를 인정받기 위해서는 사회의 질의 향상 및 개선이 필요하다고 할 수 있다.

Room(1995)은 사회의 질에 기초하여 더 확대된 사회복지정책과 함께 시민의 사회적 권리를 향상시키기 위한 연구로 사회배제와 빈곤에 대한 분석을 강조하는 새로운 관점이 필요함을 강조하였다. 그는 사회의 질에 대한 관점을 새롭게 제시하였는데 그에 따르면 사회의 질의 관점은 곧 빈곤문제 해결을 위해 분배적 이슈를 강조하는 접근 관점과 사회배제 극복을 위한 복지접근 관점이다.

2) 인간의 조건과 상황에 대한 주관적 사정

사회의 질의 발전은 인간의 조건과 그들이 처한 상황에 대한 주관적 사정에 기초한다. 시민들이 경험하는 매일매일의 삶은 곧 시민사회의 가장 중요한 영역임에 틀림없다. 시민사회의 시민들이 경험하는 매일매일의 삶, 즉 그들이 처한 상황이나 조건들은 그들의 삶을 유지하도록 하기 위해 사회의 질을 발전시킬 수 있는 새로운 자원을 필요로 한다. 따라서 시민사회의 시민으로서 정당한 권리를 충족시키기 위해 필요한 새로운 자원에 대한 사정과 조사는 기본적으로 그들이 처한 현실의 삶에 대한 조사에 기초하며 이러한 사정은 곧 사회의 질의 발전과 함께한다고 볼 수 있다.

3) 경제적 영역과 사회적 영역의 불균형 및 비대칭

자본주의의 발전과 확대는 경쟁을 기반으로 하여 경제적 성장을 가져다주었다. 특히 산업사회에서 경제적 성장을 기반으로 하는 국가경쟁력 강화는 국가적 측면에서는 GDP의 증대, 특정 집단과 개인에게는 물질적 부의 확대를 가져다주었다. 하지만 인간이 물질적 환경하에서 존재하는 것은 맞지만 인간의 생활환경이 반드시 경제적인 측면에 의해서 결정되는 것은 절대 아니다. 사회복지정책과 공공정책의 부재 및 한계는 곧 인간의 기본적 삶의 영위라는 물질적 측면뿐만 아니라 정신적 및 심리적 측면을 둘러싼 생활에 부정적인 해를 끼치는 결정적인 요인이다.

사회의 질은 개인들을 사회적 존재이자 시민사회의 시민으로 인식한다(Beck et al., 1997). 따라서 시민들의 삶을 규정하는 것이 곧 사회의 질이다. 시민사회의 시민은 물질적 부를 위한 생산 참여가 아니라 사회적 참여와 공동체의식에 기초한다. Gough(1997)가 강조한 바와 같이 경제발전이 사회의 질에 도움을 준 것은 사실이지만 사회의 질은 경제발전에 의해서가 아니라 사회발전에 의해서 고취되고 발전되었다고 할 수 있다. 즉, 그에 따르면 경제적 영역과 사회적 영역 사이의 비대칭은 사회의 질에 기초한 인간욕구에 초점을 맞추어야 해결될 수 있다. 인간욕구는 물질적 부분 이외에 진정한 참여와 자율성에 기초한다.

현대 자본주의 사회에서 경제발전이 지속적으로 이루어지고 있지만 빈곤은 심화 확대되고 있으며 국민에 대한 사회배제 역시 지속적으로 확대되고 있다. 빈곤과 사회배제를 약화시키고 적극적으로 대처하기 위해서는 국민 개개인의 매일의 삶에 영향을 미치는 빈곤과 사회배제를 극복할 수 있도록 사회의 질의 수준을 향상시켜야 한다. 이를 위해서는 경제성장과 물질적 부를 강조하는 경제정책이 아닌 국민의 매일매일의 삶을 개선 및 향상시키기 위한 경제정책 패러다임에서 사회정책 패러다임으로의 전환 필요성이 강조되어야 한다. 특히, 인간 생활에 해를 끼치는 기존 시스템을 예방하고 극복하기 위한 사회보장시스템의 구축 및 확대가 필요하다. 결국 지속적으로 경제정책 및 경제성장을 강조하는 것은 국민의 삶에 영향을 미치는 사회의 질을 위협하는 것이라고 할 수 있다.

4) 정책 붕괴와 그것을 극복하기 위한 방안

Lessenich(1995)는 사회의 질을 향상시키기 위한 방안으로 경제적 목적과 사회적 목적을 연결할 수 있는 정책적 방안이 필요함을 주장하였다. 예를 들어 실업은 국민의 매일매일의 삶에 부정적인 영향을 주는 요소임에 틀림없지만 실업을 극복하고 예방하기 위한 사회정책과 경제정책을 포괄하는, 즉 사회의 질의 수준을 향상시킬 수 있도록 하는 종합적이고 포괄적인 실업 대책은 제시되지 못하고 있다.

3. 사회의 질 이론에서 '사회적(the social)'이라는 의미

사회의 질 이론에 따르면, '사회적'이라는 의미는 특정 구조나 실천 그리고 전통이나 관습에서 생산과 재생산의 상호관계에 의해서 정의된다. 여기서 생산과 재생산은 관계적 처분의 과정, 즉 관계를 형성하고 유지하는 과정이고 상호관계의 본질은 유지능력을 향해 발전할 수 있는 가능성, 즉 인간이 생존하고 유지하기 위해 수행하는 관계를 결정한다(Van Renswoude et al,. 2012). 즉, 사회적이라는 의미는 "인간이 생존하기 위해 상호관계를 지속적으로 유지하기 위한 능력"이라고 할 수 있다.

Polanyi(2001)는 사회적이라는 의미가 "상호호혜와 재분배의 규범을 나타낸다"고 강조하였으며, Gasper(2008)는 집단적 동질성의 형성과 자기실현과정 사이의 상호의존이 '사회적'이라는 의미를 설명해준다고 강조하였다. 개인은 사회에서 자기실현을 위해 노력하지만 동시에 집단의 구성원으로서 집단의 규범이나 공동체의식과 같은 집단의식을 유지·보존하기 위해 노력한다(Hodgson, 2017). 이는 인간이 혼자 살 수 없는 관계

지향적인 사회적 동물이라는 의미를 설명해준다. 따라서 사회적이라는 의미는 규범, 관계, 협력이라는 의미를 강하게 내포한다. 또한 사회적이라는 의미에서 재분배가 강조되는 것은 시장경제가 가져다주는 파괴적 본성에 대한 대응으로 사회적으로 재분배가 이루어짐을 강조한다는 의미이다. '사회적'이라는 용어는 물질적 확보를 강조하는 '경제적'이라는 용어와 대칭점에 있다고 볼수 있다.

'사회적'이라는 용어의 사전적 의미는 함께 살아가는 인간과 관련이 있다. 한 집단이나 사회에서 삶을 즐기는 것 또는 "함께 살아가는"이라는 의미를 갖고 있으므로 인간 사회를 구성하는 사회구성원이 함께 잘사는 것과 관련이 있다. Herrmann(2012)은 '사회적'이라는 의미가 생산과 재생산의 인간관계 실현이라고 이해할 수 있으며 생산과 재생산 그리고 관계라는 측면에서 보면 '사회적'이라는 의미는 인간(상호)관계의 재생산을 나타낸다고 강조하였다. 결국 사회적이라는 의미는 사회 안에서 생산과 재생산을 위해 상호호혜에 기초한 인간관계의 실현이라는 측면과 함께 자본주의 사회에서 시장에 의해서가 아닌 재분배를 규정하는 규범 속에 내재해 있다고 볼 수 있다.

특히, 사회적이라는 의미와 연관하여 '질'을 해석하면, Abbott와 Wallace(2012)는 사회의 질이란 인간의 자기실현과 집단적 동질성의 형성 사이에서 나타나는 변증법적 관계의 결과로 나타나는 매일매일 삶의 사회적 정황의 질을 의미하다고 하였다. 여기서 사회적 정황의 질은 곧 매일매일 사람이 살아가는 사회적 조건(conditions)을 나타낸다고 할 수 있으므로 인간이 자기실현을 하도록 해주고 사회구성원이 집단적 동질성을 형성할 수 있도록 해주는 사회적 조건들이 곧 사회의 질을 구성하는 조건이라고 할 수 있다.

4. 사회의 질과 사회적 생산

사회적 생산은 생산의 목적이 사회적이라는 것을 의미한다. 즉, 개인적으로 소비하고 이윤을 창출하기 위한 생산이 아니라 사회적 목적을 성취하기 위한 생산이라는 점이 강조된다. '사회적'이라는 의미를 앞에서 설명한 바와 같이 인간 사회를 구성하는 사회구성원이 함께 잘살아가기 위한 인간관계의 실현이나 인간 상호관계의 재생산 또는 사회 안에서 생산과 재생산을 위해 상호호혜를 바탕으로 하는 인간관계의 실현이라고 해석한다면, 사회적 생산은 "사회 안에서 인간 상호행동에 기초하여 사회구성원이 함께 잘살아가기 위한 생산"이라고 정의할 수 있다.

사회적 생산기능이론(social production function theory)을 제시했던 Lindenberg(1986, 1991; Lindenberg and Frey, 1993)는 심리학과 경제학을 토대로 하여 사회적 생산을 정의하였는데, 그에 따르면 사회적 생산은 "인간이 직면한 제한과 자원들 안에서 인간의 보편적 목적을 성취하기 위해 노력함으로써 그들의 번영을 생산하는 것"이다. 여기서 인간의 보편적 목적은 바로 인간들이 한 사회 안에서 함께 번영하는 것 또는 함께 잘사는 것이라고 이해할 수 있다. 따라서 인간 상호관계에 기초하여 함께 번영하지 못하도록 하거나 더불어 잘살 수 없도록 하는 또는 인간의 보편적 목적에 반하는 각종 사회불평등구조는 모두 사회적 생산을 통해서 수정되어야 하는 대상이 될 수 있다. 즉, 교육의 사회적 생산은 모든 국민에게 형평한 교육기회를 통해 교육의 불평등을 개선하기 위한 생산을 의미할 수 있으며, 건강의 사회적 생산은 건강보호에 대한 불평등 해소, 즉 소득 격차에 기인하는 건강불평등을 개선하기 위한 생산이나 노력을 의미하는 것으로 이해할 수 있다.

생산과 결부하여 사회의 질을 설명하자면 사회의 질은 사회적 재생산이나 사회적 생산을 위해 필요하다. 사회의 질이 보장되지 않는다면

자본주의 사회에서 인간은 재생산이나 생산을 할 수 없게 된다. 이는 사회의 질이 곧 인간의 노동력을 재생산하기 위해 필요한 필수적인 요소이기 때문이다. 사회의 질을 구성하는 사회보장이나 경제보장은 인간다운 삶을 유지하기 위한 그리고 노동력을 재생산하기 위한 최소한의 요건이며 개인의 역량강화는 시민행동과 사회적 참여를 위한 기본조건이다. 그리고 사회포용은 사회적 박탈 및 배제를 극복하기 위한 시도이자 노력이고 강한 연대성으로 사회를 통합시키고자 하는 최소한의 요건이며 신뢰나 상호이해를 강조하는 사회자본은 공동체지향성을 위한 기본적인 토대이다.

결국, Beck과 동료들(1997)이 강조한 사회·경제적 보장, 사회통합, 사회포용 그리고 사회적 역량강화라는 사회의 질의 토대이자 조건적 요소 또는 구성요소는 인간을 사회 속에서 안전하고 건강하게 생산에 참여할 있도록 하는 또는 인간 노동의 탈상품화를 위한 기본적 조건이다. 생산이 한 줌의 자본가를 위한 자본축적을 의미하지 않고 불평등을 바로잡고 건강한 사회를 만들기 위한 사회적 재생산을 의미하는 것이라면 생산은 곧 '사회적 생산(social production)'이 되며 사회의 질은 사회적 생산을 위한 물질적 조건이자 토대가 된다.

생산의 경제학적 배경은 축적을 위한 생산과 축적의 수단인 시장에 대한 분석에 기초한다. 자유주의 그리고 신자유주의 경제학에서 생산은 곧 부의 생산을 의미하며 부의 생산은 곧 자본축적을 의미한다. 부의 생산을 위해 가장 강력한 도구이자 기구로 시장(market)이 작동하게 되므로 시장은 곧 부의 생산을 위한 중심수단이 된다. 또한 신자유주의 경제학에서는 부의 생산이 곧 개인적 부의 생산을 의미하고 개인의 만족이나 개인의 원함(wants)을 충족시키기 위해 생산을 하게 됨을 강조한다. 개인의 만족이나 원함을 충족시키기 위한 생산활동은 곧 시장을 통해서 이루어지며, 시장에서 개인들은 자신이 원하는 것을 충족시키기 위하여 타인과 경쟁을 하게 되고, 경쟁을 통하여 이익을 충족시킨 개인은 시장에서 살아남고 경쟁에서 뒤처진 개인은 시장에서 배제된다. 이것이 곧 자본주의 시장경제의 사회배제 작동메커니즘이다.

사회적 시장은 경제적 생산보다는 사회적 생산을 그리고 분배 및 자원의 재할당을 강조한다. 사회적 생산은 사회의 질을 충족시키기 위한 생산이다. 사회적 생산은 사회의 질을 충족시키기 위해서 생산되는 공공재 및 사회적 가치를 실현시키기 위한 사회재와 가치재를 생산하는 것을 의미한다. 사회적 목적을 위해 생산되는 사회적 생산으로서 공공재와 사회재 그리고 가치재로서의 사회복지서비스는 국민의 사회의 질을 향상시킨다. 공공재와 사회복지재화와 서비스는 탈상품화를 위해 제공되며 사회적 시장에 의해서 조정되고 관리된다(Herrmann, 2012). 곧 사회적 시장에서는 국민의 탈상품화를 위해 사회적 시장의 작동원리인 사회적 소비 및 분배를 목적으로 하는 재화와 서비스의 교환이 이루어진다. 이것이 곧 사회적 시장 작동메커니즘이다.

사회적 시장은 곧 분배와 소비의 동등한 중요성을 강조하는데 여기서 소비는 단순한 상품의 소비나 생산으로 전환되지 않는 소비가 아닌 노동력 재생산을 위한 소비이므로 생산적 소비(productive consumption)라고 규정할 수 있다. 즉, 노동력 재생산이라는 측면에서 사회의 질은 분배이자 생산적 소비이다. 사회재와 공공재는 분배와 생산적 소비를 목적으로 사회적 시장을 통해 제공되며 이러한 사회재와 공공재의 소비는 사회의 질의 수준을 향상시키므로 사회적 시장에서 제공되는 사회적 생산과 사회의 질은 밀접한 관계를 가지고 있다고 할 수 있다. 특히, 사회복지재화와 서비스는 국가에 의해서 제공되는 공공재이고 특정 개인의 만족이 아닌 모든 국민에게 안전하고 건강한 삶을 목적으로 제공되는 목적재이자 사회적 시장에 의해서 제공되는 사회재이며 사회적 가치를 실현시키기 위해 제공되는 가치재이므로 이러한 사회복지재화와 서비스의 소비를 통해 사회의 질의 수준은 향상된다.

5. 사회의 질 모델

Abbott와 Wallace(2011)에게 있어 사회의 질은 사회의 번영의 정도를 측정할 수 있는 도구이다. 이들은 사회의 질을 설명하는 데 있어 개인적 번영과 사회적 번영을 구분하고 사회의 질을 사회적 번영과 유사한 의미로 이해하였다. 특히 이들은 개인적 번영을 개인의 주관적 만족을 통해서 측정될 수 있는 개념으로 이해하였으며 개인적 번영의 정도를 가지고는 사회적 존재의 의미를 갖는 개인이 처한 사회의 번영의 정도를 측정할 수 없음을 인지하였다. 이들에 따르면 사회적 번영은 개인이 성장하고 번영할 수 있는 상황을 나타내고 사회적 상호행동과 문화적 의미를 통해서 나타날 수 있다. 또한 이들은 사회의 질이 높으면 높을수록 사람들이 미래를 위해 무엇인가를 계획하고 준비하는 데 있어 더 많은 선택권을 가질 수 있으며 만족스런 삶을 살 수 있을 것이라고 생각하였다.

Abbott와 Wallace(2011)는 사회의 질을 구성하는 요소로 사회·경제적 보장, 사회통합, 사회포용 그리고 사회적 임파워먼트를 제시하였으며 이러한 사회의 질의 접근방법을 사회의 질 모델(the social quality model)이라고 지칭하였다. 이들은 사회의 질 접근방법이 인간의 자기실현과 집단적 동질성의 형성 사이의 변증법적 관계의 결과로 나타나는 매일매일 삶의 사회적 정황의 질을 측정한다고 주장하였다. 즉, 이들에 따르면 사회의 질 모델은 자기실현이라는 개인의 질과 모든 사회구성원의 질인 집단적 질을 동시에 추구하는 접근방법이라고 할 수 있다. 이는 사회의 질이 개인의 삶의 만족에 직접적이고 결정적인 영향을 주기 때문이고 사회의 질은 만족한 개인들로 구성되기 때문이다. 이들은 여기서 '사회적'이라는 의미를 경제적 구조와 사회적 구조 사이의 상호행동에 의해서 만들어지는 공간으로 이해하고 경제적 번영이 곧 사회적 번영을 의미하지는 않음을 강조하였다.

Abbott와 Wallace(2011)가 수정 제시한 사회의 질 모델은 Beck과 동료들(1997)이 제시한 사회의 질의 구성요소를 정리하여 제시하였다는 점에서 내용적 측면에서 크게 벗어나지 않고 동일한 수준의 내용을 담고 있다고 할 수 있다. 하지만 4개의 요소를 전체적 과정과 전기적인 과정 사이에서 그리고 체계, 조직, 제도와 개인, 집단, 지역사회 사이에서 구분하였다는 점에서 상이하다고 할 수 있다. 즉, 사회·경제적 보장과 사회포용은 국가나 사회 그리고 조직적 차원에서 이루어지는 것이며 사회통합과 사회적 임파워먼트는 개인이나 집단적 차원에서 이루어지는 것으로 해석할 수 있다. 전체 과정은 사회적 수준의 차원을 그리고 전기적인 과정은 개인적 수준의 차원을 의미한다고 해석할 수 있다.

본래 Beck과 동료들(1997)이 제시한 사회의 질 모델에서는 사회·경제적 보장, 사회통합, 사회포용 그리고 사회적 임파워먼트의 네 구성요소가 2개의 긴장에 놓여 있는데 첫 번째는 수직적 긴장이고 두 번째는 수평적 긴장이다. 이들은 수직적 긴장을 거시수준과 미시수준으로 나누어 설명하였는데 미시수준(전기적인 과정)은 인간들이 시민으로서 매일매일 경험하고 선택하는 것 그리고 그들에게 제공되는 기회를 의미하며 거시수준(지구적 과정)은 역사적으로 결정된 과정, 현존하는 사회구조에 대한 설명 그리고 정치적 영향력이나 사회적 배열의 함의 등을 의미한다. 수평적 긴장은 제도와 조직을 한 축으로 그리고 지역사회와 집단, 개인을 한 축으로 하여 이 둘 사이의 긴장을 나타낸다. 즉, 제도와 조직은 개인, 집단, 지역사회의 변화를 어떻게 변화시키는가, 어떻게 개인, 집단, 지역사회가 변화된 제도적 상황에 반응하는가, 가능한 행동 대안은 무엇인가와 같은 질문들이 수평적 긴장

그림 3-2 사회의 질 모델

자료: Abbott and Wallace, 2011, 156, 그림 1에서 재인용

과 연관이 있다. 사회의 질은 제도적인 힘과 개인적 선택 사이의 취약한 균형에 기반하는데 이는 개인의 매일매일의 삶이 제도에 의해서 직접적인 영향을 받기 때문이다. 이들이 제시한 사회의 질 모델의 구성요소를 그림으로 나타내면 〈그림 3-2〉와 같다.

6. 사회의 질이 미치는 영향

사회의 질이 보장되는 국가 또는 사회는 시장에 의존하지 않고도 인간의 기본적 생활과 사회참여가 가능하고 자기실현 및 자기계발을 위한 노력과 투자가 보장된다. 사회의 질이 보장된다는 것은 곧 국민이 시장에 의존하지 않고, 즉 탈상품화를 통해 기본적 생활이 가능하므로 시민사회의 일원으로 시민활동과 자원봉사활동을 포함한 적극적 사회참여활동 그리고 자기계발을 위한 투자와 민주사회를 위한 다양한 사회행동에 참여할 수 있는 여건이 확보된다는 것이다. 사회의 질이 개인 및 사회환경에 미치는 영향을 구체적으로 보면 아래와 같다.

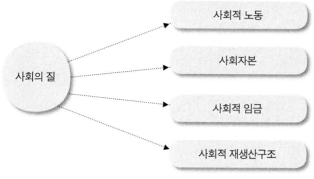

그림 3-3 사회의 질이 미치는 영향

첫째, 탈상품화를 전제로 하는 사회적 노동(사회적 재생산노동 포함) 향상

둘째, 사회자본의 증진

셋째, 사회적 임금의 증대

넷째, 안정적이고 창조적인 사회적 재생산구조

〈그림 3-3〉은 사회의 질이 개인 및 사회환경에 미치는 영향을 나타내주며 이에 대한 구체적인 내용은 아래와 같다.

1) 사회적 노동으로의 개입

기본적인 삶의 유지 및 보장이 시장에 의존되어 있으면 국민이 사회적 노동에 참여하는 것이 어렵다고 할 수 있다. 즉, 자신의 노동을 판매하는 것을 통해서만 생존 및 소비활동 그리고 노동력 재생산과 삶의 유지가 보장된다고 한다면 인간은 필연적으로 시장에서 자신이 속한 노동현장에 부착되어 부단한 삶을 유지하게 된다. 노동시장에 부착된 국민은 매일매일의 삶을 자신의 노동을 통해서 확보된 소득으로 소비를 하여 유지하게 되고 특정한 경우를 제외하고는 시민사회운동이나 자원봉사활동

등과 같은 사회적 노동과 자기계발 및 자기실현을 위한 노력에의 투자가 없이 일상적인 삶을 살아가게 된다. 특별히 사회활동이나 자기를 위한 시간이 충분히 보장되는 노동조건을 가진 국민은 적절한 보상체계에서 다양한 사회적 노동을 수행하는 것이 가능할 수 있지만 노동시장에의 의존이 그들의 사회적 노동을 완전히 자유롭게 하는 것이 불가능하도록 작동할 수 있다. 특히 노동조건이 열악한 노동시장에 개입되어 있는 국민의 경우에는 사회적 노동은 고사하고 자기계발을 위한 노력이나 시간 투자가 현실적으로 불가능하다. 시장에 의존하지 않아도 기본적으로 생활을 유지하는 것이 보장되는 사회의 질이 높은 사회의 국민은 그들의 시간과 노력을 노동력 재생산이 아닌 사회적 노동을 위해 더 많이 투자할 수 있다.

2) 사회자본의 증진[2]

사회구성원이 여가생활에 참여하고 우정을 쌓으며 직장에서 즐겁게 일을 하도록 하기 위해서는 사회의 질이 개선되어야 함이 지적되고 있다 (Huxley and Thornicroft, 2003). 즉, 사회의 질의 개선은 사회구성원의 직장생활, 나아가 사회참여활동 및 사회생활과 개인적 그리고 사회적 네트워크 참여를 촉진시키고 이는 곧 사회구성원 간의 신뢰 향상과 공동체의식 함양에도 긍정적인 영향을 줄 수 있다는 점을 나타내는 것이다.

사회의 질의 수준 향상은 곧 사회적 위험과 빈곤 및 실업 등 사회배제를 낳는 시장에 대한 국가적 대응 수준의 개선 내지는 향상을 의미하는 것으로, 이는 공공기관 및 사회경제정책과 제도 그리고 각종 사업 등

....

2   사회의 질과 사회자본의 관계에 대한 보다 구체적인 내용은 '사회의 질과 사회자본'을 다루는 제 6장을 참고하기 바람.

에 대한 신뢰도의 상승을 의미하고 사회자본 향상에 긍정적인 영향을 미치게 되는 요소이다. 사회의 질의 향상은 국민의 기본적이고 기초적인 생활이 시장에 의존하지 않아도 유지된다는 것을 의미하므로 가족과 친구, 각종 모임이나 단체활동을 포함한 사회여가활동 그리고 복지관 등과 같은 사회집단으로의 참여 증가 등을 통한 관계와 네트워크 향상과 사회자본의 향상에 영향을 준다고 할 수 있다.

3) 사회적 임금의 증대

사회적 임금은 복지혜택에 지출되는 모든 정부의 지출을 의미한다. 복지혜택은 현금서비스 및 사회서비스 등을 모두 포함하는 개념으로, 사회적 임금의 정도가 높으면 노동의 탈상품화 정도가 높고 이는 곧 개인의 기본적 생활보장, 나아가 국민 전체에 영향을 미치는 사회의 질 향상을 가져다준다. 사회적 임금은 또한 사회보험과 공적부조제도 그리고 사회복지서비스 등 사회복지재화와 서비스의 사회복지제공(social welfare provision) 중 하나로 국가에 의해서 국민의 기본적 삶을 유지 보전하기 위하여 제공되는 혜택이므로 소득 및 경제적 보장을 통해 기본적이고 안정적인 생활의 보장이 이루어지도록 하는 매우 중요한 역할을 한다. 결국 사회의 질이 우수하고 안정적이라는 것은 다양한 기본적 사회보장혜택이 제공됨을 의미하므로 이는 곧 국민의 사회적 임금의 혜택이 높다는 것을 나타내준다.

국가에 의해서 다양한 복지정책을 통해 제공되는 모든 복지혜택은 사회적 임금의 범위에 포함된다. 사회적 임금이 국민이 기본적 생활을 영위할 수 있을 정도로 지급된다면 국민은 노동시장으로부터의 소득이 없는 경우에도 적어도 매일매일의 삶을 안정적으로 살아가는 것이 가능하고 노동력을 재생산할 수 있게 된다. 결국, 노동시장을 통한 임금이 아니라 국가의 사회복지정책을 통한 사회적 임금의 지급은 국민의 삶의 수준과 사회의 질 수준을 결정짓는 중요한 영역이다. 노동시장의 부착을 통해서만 지급되는 임금은 더 이상 국민의 유일한 임금지급체계가 아니다. 다시 말해 기초연금이나 수당 그리고 돌봄서비스 혜택이나 의료서비스 혜택은 모두 임금대체와 소득대체가 가능한 사회적 임금이다. 사회적 임금은 대체적으로 화폐가치로 수량화될 수 있으므로 사회적 임금의 총량을 측정할 수 있는 사회적 임금 측정지표가 필요하다.

4) 사회적 재생산구조의 구축

사회적 재생산구조는 사회를 재생산하기 위해 소비하며 아이를 낳아 종을 유지하고 사회화교육을 통해 사회를 재창조할 수 있도록 하는, 안정적 가족 기능의 유지를 위한 사회적 구조나 체계를 의미한다. 즉, 돌봄(caring), 소비(consumption), 사회화(socialization) 그리고 출산(procreation) 등 가족이 수행하는 재생산 기능이 곧 사회적 재생산 기능이라고 할 수 있다. 이러한 가족의 재생산 기능이 이루어질 수 있도록 하는 지속 가능하고 안정적인 사회구조는 사회적 재생산을 위해 반드시 필요하다. 따라서 사회적 재생산구조는 가족의 안정 및 가족구조를 파괴하는 각종 사회적 위험에 대한 대처로 각종 사회보호시스템을 포함한다. 자본주의가 발전하면서 사회적 재생산구조를 파괴하는 각종 사회문제의 등장은 가족의 재생산구조를 국가나 사회가 책임지도록 하는 사회적 재생산의 중요성을 등장시켰으며 이는 곧 가족통합 및 가족 기능 강화를 기초로 하는 안정적인 사회적 재생산구조의 정착을 위해 국가가 노력하여야 함을 의미하는 것이다.

안정적이고 지속 가능한 사회적 재생산구조의 구축은 사회의 질을 구성하는 중요한 요소이다. 건강하고 안정적인 사회적 재생산구조의 구축은 가족, 나아가 사회 안에서 사회구성원이 필요한 욕구를 충족시킬 수 있는 소비를 할 수 있으며 양육에 대한 경제적 비용 부담 없이 마음 놓고 출산을 할 수 있고 가족의 돌봄을 사회가 책임지고 연대나 공동체 지향성과 같은 사회적 규범이나 가치를 세대에서 세대로 전이될 수 있도록 하는 사회화를 통해 온 국민이 더불어 잘살 수 있는 조건을 충족시키도록 하는 국가적 노력이다. 따라서 사회적 재생산구조 정책은 개인 및 가족의 번영, 나아가 사회의 번영 및 질을 안정적으로 구축하고 향상시키는 역할을 담당한다.

출산과 보육 그리고 장애나 노인성질환을 가진 가족구성원의 돌봄에 대한 부담으로 인하여 출산율 저하와 가족갈등 나아가 가족해체가 더 이상 발생하지 않도록 사회가 나서야 하는 것은 당연한 복지국가의 임무일 것이며 가족이나 사회구성원이 필요한 기본적 욕구를 충족시킬 수 있도록 소비력을 보전하는 것 역시 국가의 책임이라고 할 수 있다. 특히, 돌봄이 필요한 가족구성원의 건강과 안정 그리고 가족통합을 위해서 그들의 소비 및 돌봄과 출산을 국가가 책임지는 사회적 재생산구조를 정착시키는 것은 반드시 필요한 절대적인 사회의 질을 위한 토대이다. 특히 자본주의 경제체제에서 영향을 받은 지나친 경쟁과 그에 따른 이기주의나 물질만능주의 등에 따라 동반되는 갈등 및 사회문제를 해결하기 위해서 공동체의식 함양과 협력과 신뢰를 강조하는 사회화 역시 중요한 국가 및 사회의 기능이라고 할 수 있다. 즉, 출산, 소비 그리고 돌봄의 사회화는 곧 사회적 재생산구조의 구축을 통해서 이루어지며 이는 곧 사회의 질을 강화하고 향상시키는 절대적 요인이다.

7. 사회의 질과 사회보호시스템

사회의 보호는 사회의 향상된 질을 통해서 이루어진다. 사회의 질은 기본적으로 사회·정치·경제적 정황하에서 모든 국민의 개인적 번영의 정도를 향상시키기 위한 조건으로서의 사회적 번영을 위한 토대를 의미한다. 사회의 질은 자본주의 사회가 전통적으로 가지고 있는 건강, 빈곤이나 실업에 대한 대응 그리고 1990년대에 등장한 새로운 개념으로 사회배제 극복과 사회통합을 위한 사회보호시스템(social protection system)을 강화하는 것을 통해서 이루어진다(Beck et al., 1997). 따라서 사회보호시스템의 구축은 사회의 질 향상을 위한 토대이자 기본적 틀이라고 할 수 있다.

사회보호는 사회와 사회구성원의 보호를 의미하며 이를 위해서는 국가의 정책적 결정이 필요하므로 사회보호는 필연적으로 사회정책시스템의 강화를 통한 사회발전을 강조하게 된다. 사회보호는 사실 개념적으로 보면 넓은 개념이다. 사회보호에는 시장과 민간영리기업의 활동을 제외한 모든 영역의 보호가 포함될 수 있다. 자본주의 시장경제체제에서 개인은 스스로를 보호할 수 없으며 이러한 개인들은 결국 국가의 시장에 대한 개입과 함께 사회보호시스템의 구축을 통해 보호받는다. 돌봄의 사회화와 노동의 탈상품화 그리고 사회적 재생산구조의 구축 등은 모두 사회보호를 위한 기본적 정책 틀이다.

사회보호시스템은 개인, 가족 그리고 집단의 문제를 개인, 가족 그리고 집단이 책임지는 것이 아니라 지역사회, 나아가 국가가 책임지는 시스템을 의미한다. 따라서 사회보호시스템에는 탈상품화를 위한 사회·경제보장정책의 제공이 필수적이다. 또한 사회보호시스템은 사회적 재생산노동을 통해서 사회의 번영을 유도하며 상호협력과 연대성을 기반으로 하는 공동체지향적인 사회적 노동을 통해서 보다 건강한 사회를 유지하고 사회구성원 간의 신뢰와 사회참여를 기반으로 하는 네트워크와 관계지향적인 행동을 통해 사회자본을 강화하는 것을 강조한다. 결국,

다양한 측면에서의 사회보호시스템 구축 및 확장을 위한 노력은 곧 사회의 질의 향상을 의미한다고 볼 수 있다.

8. 사회의 질의 영역

사회의 질의 개념은 다면적이고 사회의 질의 구성요소 역시 다면적인 속성을 가지고 있다. 사회의 질의 영역은 사회적 영역, 정치적 영역, 제도적 영역 그리고 경제적 영역으로 구분될 수 있다

첫째, 사회의 질의 사회적 영역: 사회의 질의 사회적이라는 의미는 개인 적이라는 의미의 대응개념이다. 사회의 질은 이미 언급한 바와 같이 개인 의 수준을 뛰어넘어 사회적 수준에서 질의 향상이 이루어진다는 의미를 내포한다.

둘째, 사회의 질의 정치적 영역: 사회의 질을 설명하는 정치경제이론에 따르면 사회의 질은 정치에 의해서 중대한 영향을 받는다. 자본주의 경제 체제하에서 자원할당에 있어서의 힘의 관계 그리고 사회복지의 확대를 통한 사회의 질의 개선과 사회구성원의 삶의 질의 개선을 위한 정부나 지 자체의 노력은 모두 사회의 질 향상에 중요한 영향을 미칠 수 있다.

셋째, 사회의 질의 제도적 영역: 사회의 질은 다양한 정책 및 제도에 의해 서 이루어진다. 사회의 질 향상을 위해 국민을 사회적 위험으로부터 보호 하기 위한 다양한 제도적 노력, 즉 사회포용 및 사회통합을 위한 제도적 노력 그리고 국민의 역량을 강화하기 위한 제도적 노력은 사회정책 영역 과 경제정책 영역에서 동시에 이루어질 수 있다.

넷째, 사회의 질의 경제적 영역: 사회의 질은 경제적 영역을 완전히 배제 하지 않으며 경제성장이나 생산의 증대가 사회적 질의 향상을 위한 토대 로 작동한다는 점을 인정한다.

제3절 사회의 질의 정치경제학

1. 사회의 질의 정치경제론

1) 정치경제론의 개념 및 영역

정치경제론(political economy theory)은 경제행동과 정치행동의 상호관계, 즉 국가나 정치 환경 그리고 시장과 같은 경제적 체제가 어떻게 상호 간에 영향을 주고받는가를 연구하는 이론이다(Alesina, 2007). 정치경제론은 특히 국가의 소득과 부의 분배 그리고 정부와 법과 제도의 관계하에서 생산과 거래를 연구하는 이론으로 알려져 있다. 정치경제이론은 본래 18세기에 국가의 경제와 정치를 연구한다는 측면에서 정치경제론으로 명명되었다고 알려져 있다. 따라서 정치경제론은 국가의 경제현상을 설명하는 데 있어 단지 경제에만 국한하지 않는다는 점을 특징으로 한다. 정치경제론의 주요 이슈는 국가 또는 정부정책이 경제정책에 어떻게 영향을 미치는지에 대한 논의라고 할 수 있다.

정치경제의 고전적 정의는 1877년에 Engels에 의해 이루어졌는데 그는 정치경제를 "인간 사회에서 생존을 위한 물질적 수단의 교환과 생산을 지배하는 법칙의 과학"이라고 정의하고 지속적으로 변화하는 물질을 다루는 역사과학이라고 제시하였다. 1970년대 이후에 정치경제론은 사회에 만연한 분배를 둘러싼 갈등과 정치제도를 다룬다. 특히, 경제학의 주요 관심인 개인의 만족을 최대화하기 위한 경제정책을 뛰어넘어 어떻게 정치적인 힘이 경제정책의 선택에 영향을 미치는지를 연구한다(Alesina, 2007).

또한 정치경제론은 비경제적 목적과 관심을 가지고 자본주의 시장의 발전에 대항하는 사회적 저항이나 국가적 대응에 관심을 갖는다. Polanyi는 자본주의 사회의 경제 및 사회조직에 대항하는 사회적 저항을 대항운동(countermovement)이라고 명명하였다. 그에 따르면 상품화의 발전과 그것에 반대하는 힘 사이의 상이한 경제적·사회적 논리는 사회적 갈등을 유발하는데 이는 정치경제학의 핵심 연구영역이다(Beckert and Streeck, 2008). 현대 자본주의 사회에서 경쟁 상태에 놓여 있는 자본주의 조직들은 기존의 시장에서 혁신을 통해 새로운 이익을 창출할 수 있는 기회를 끊임없이 추구한다. 하지만 이러한 시장경제 조직들의 변화 노력은 단지 경제에 국한되지 않으며 지역사회, 나아가 전체 사회에도 영향을 미친다. 사회는 경쟁시장을 통한 경제활동의 산물로부터 이익을 취하지만 또한 지속적으로 경쟁시장의 활동으로부터 영향을 받는다. 이윤을 추구하는 자본주의의 자본축적 논리에 의해서 사회구성원의 삶의 비경제적 부분(문화여가활동 등)은 경제적 부분에 종속되고 미래에 대한 불확실성은 증대되며 그들의 삶은 지속적으로 파괴되어간다. 시장경제가 발전하면 할수록 사회구성원의 삶이 지속적으로 파괴된다는 자본주의 사회의 모순 내지는 사회갈등은 결국 지속적 자본축적을 위한 요구물(예를 들어 경제발전정책)과 사회질서의 재생산을 위한 요구물(예를 들어 사회의 질 향상을 위한 사회복지정책) 사이의 균형에 영향을 준다. 그리고 이는 사회의 질 향상을 위한 운동, 즉 사회구성원의 안정적이고 건강한 삶을 유지 보전하기 위한 대항운동의 필요성, 나아가 국가의 사회복지재화와 서비스의 생산 및 제공을 통한 사회적 보호 및 분배문제 해결을 위한 노력의 필요성을 보여준다. 따라서 정치경제론의 주요 영역은 정부의 역할, 자본주의 경제체제하에서 자원할당에 있어서의 힘의 관계, 국제관계에 영향을 미치는 경제상황 그리고 사회복지의 확대를 통한 사회의 질의 개선 및 사회구성원의 삶의 질을 향상시키려는 정부의 노력 등이다.

정치경제론	• 경제행동과 정치행동의 상호관계, 즉 국가(정부)나 정치 환경 그리고 시장과 같은 경제적 체제가 어떻게 상호 간에 영향을 주고받는가를 연구하는 이론 • 정부의 역할, 자본주의 경제체제하에서 자원할당에 있어서의 힘의 관계 그리고 사회복지의 확대를 통한 사회의 질의 개선과 사회구성원의 삶의 질을 개선시키려는 정부나 지자체의 노력 등을 분석

2) 정치경제론의 과제

자본주의 시장경제는 분배적 갈등을 초래하며 분배문제에 대한 해결은 시장경제체제를 통해서 해결되지 않고 더욱 악화되므로 이를 해결하기 위한 국가의 개입, 즉 분배문제 해결을 위한 정부의 제도나 정책은 정치경제론의 주요한 과제라고 할 수 있다. 정치경제론은 특히 사회구성원의 사회적 삶이나 정치 그리고 사회정책에 영향을 주는 경제적 관심이나 경제적 제한점들의 상호관계를 분석함으로써 사회와 경제를 통합적 관점으로 이해하고 분석하는 힘을 제공한다. 자본주의라는 경제체제하에서 국가 또는 지역사회와 경제는 밀접한 연관이 있으며 상호의존적일 수밖에 없다. 즉, 경제는 사회에 영향을 받으며 사회는 경제에 영향을 받는다. 따라서 정치경제론의 주요 관심은 사회와 경제의 상호관계에 있다고 볼 수 있다(Streeck, 2011).

국가, 즉 정부의 역할과 시장의 역할을 모두 중요한 분석 요소로 보는 정치경제론은 생산에 대한 할당과 부의 분배에 대한 방식을 설명하는 데 있어 매우 유익한 이론이라고 할 수 있다. 특히, 국가를 구성하는 사회구성원에게 정부는 무엇을 어떻게 분배를 할 것인가라는 문제는 정치경제론의 주요한 관심사라고 할 수 있다. 따라서 오늘날의 정치경제론의 주요 관심은 시민의 욕구에 정부가 어떻게 대응하는가라고 할 수 있다. 자본주의 사회에서 자원의 생산과 교환을 통해서 물질적 충족을 채우기 위한 노력에 대한 분석은 사회구성원과 집합적인 정치적 이해에 의해 만들어진 정부와의 관계에 의해서 설명될 수 있다. 정부가 어떠한 정치적 결정을 통해 지역사회의 구성원에게 자원을 할당하고 분배하는가는 정치경제론의 매우 중요한 관심 영역이라고 할 수 있다.

Besley와 Burgess(2002)에 따르면 정치경제론의 주된 관심은 사회구성원의 사회적 보호에 있어 국가적 효과성을 향상시키기 위해 국가가 어떤 경제적, 사회적 그리고 정치적 제도를 가지고 있는가에 있다. 특히, 시장으로부터 소외되거나 배제된 사회구성원은 자신들의 생존을 위해 국가의 대응에 의존하게 되는데, 소외되고 배제된 사회구성원을 보호하기 위하여 국가가 사회적 보호를 위한 노력을 어떻게 효과적으로 기울이는가가 정치경제론의 중요한 정책적 이슈가 된다. 따라서 지역사회에 만연한 경제적·사회적 불평등과 자원에 대한 접근 기회의 부족 그리고 시장으로부터의 배제 등은 정치경제론으로 설명하는 것이 가능하다.

경제와 정치, 경제와 사회 또는 경제와 국가(정부)를 다루는 정치경제론을 사회복지 영역에서 다룬 가장 대표적인 학자는 Gough(1979)로, 그는 『복지국가의 정치경제』라는 저서에서 국가, 즉 복지국가와 경제를 분석하였다. 그는 생산이 조직화되어 있는 경제와 정치 그리고 사회제도는 밀접한 연관이 있음을 강조하고 우리가 복지국가라고 부르는 사회제도와 자본주의 생산양식의 관계를 분석하는 것이 사회복지정책을 생산하고 확대하는 데 있어 매우 중요한 과제임을 강조하였다.

국가에 의해 주도되는 사회복지재화와 서비스의 할당은 시장 주도의 할당이나 분배시스템과는 차원이 다른 사회적 욕구에 대한 분배나 할당시스템을 의미하므로 국가가 주도하는 사회복지정책을 이해하여야 하는 것이 당연하다. 복지국가는 자본주의 경제체제하에서 생산과 분배를 활용하는 국가체제이므로 경제와 사회 그리고 경제와 국가나 정부를 분석단위로 하는 정치경제론적 시각은 자본주의 시장경제체제와 복지국가의 발전을 이해하는 데 도움을 준다. 결국, 경제는 국가와 밀접한 연관이 있으며 나아가 사회의 질 향상을 위한 사회복지 역시 사회에 영향을 주는 경제와 밀접한 연관이 있으므로, 사회복지에 영향을 주는 경제현상을 이해하고 이를 극복하기 위한 대응방안을 찾기 위해서는 사회를 보다 거시적인 시각으로 이해하고 설명할 필요가 있다. 이것이 가능한 정치경제론은 유의미한 이론이라고 할 수 있다.

2. 정치경제론과 사회의 질의 관계

앞에서 설명한 바와 같이 사회의 질은 사회구성원의 삶에 직접적 영향을 주는 다양한 정치경제적 상황에서 이해되고 설명되어야 한다. 특히 자본주의 경제체제와 그 정치적 역동성이 사회의 질의 수준에 중대한 영향을 미친다는 점에서 경제와 정치의 상호관계를 설명하는 정치경제론과 사회의 질은 밀접한 연관이 있다고 볼 수 있다. 사회의 질을 개선하고 유지 보전하기 위한 정치적 그리고 경제적 노력은 제도적 측면에서 수많은 노력을 필요로 한다. 실업급여와 일자리 창출 및 열악한 노동조건 개선, 최저임금을 통한 소득 보장과 국민의 자기계발을 위한 각종 직업 훈련과 교육제도 등은 모두 국민의 삶의 질뿐만 아니라 전체 사회의 질을 보장하고 개선하기 위한 최소 수준이다. 국민의 삶에 위협을 주는 각종 사회문제에 대한 제도적 차원에서의 사회보장 및 사회복지사업들이 경제와 정치적 측면에서 수많은 갈등을 극복해가는 과정에서 발전해왔음은 주지의 사실이다. 특히 자본주의 시장경제체제의 실패에 대한 적극적 대응방식으로서 그리고 지속적인 경제성장을 통한 사회의 질의 향상을 위한 조건으로서 국민의 생활과 사회의 질에 영향을 미치는 사회정책의 발전을 정치경제론적 관점으로부터 이해하는 것 역시 필요하다. 결국, 사회의 질에 영향을 미치는 경제와 복지의 상보적 관계는 정치경제론적 관점으로부터의 이해를 필요로 한다.

정치경제학의 신마르크스주의자들의 견해에 따르면 자본주의 경제체제하에서 시장은 지속적인 국가의 개입을 필요로 한다. Esping-Andersen(1985, 1991)은 시장에 대항하는 것이 정치이며 노동자들은 국가로부터 노동의 탈상품화를 위한 지속적인 개입을 필요로 한다고 주장하였다. 탈상품화를 복지국가의 수준을 결정짓는 중요한 기준으로 제시한 그는 사람들이 시장에 의존하지 않고 자신들의 삶을 유지하는 것이 가능하도록 하는 것이 곧 탈상품화임을 강조하였다. 이는 곧 시장의 반대가 국가이고 시장이 상품화이며 국가가 곧 탈상품화임을 의미한다고 볼 수 있다.

복지국가의 탈상품화를 위한 사회복지정책은 전체 국가나 특정 사회의 정치경제적 상황과 밀접한 연관이 있다. 따라서 오늘날 사회에 만연한 경제적·사회적 불평등과 자원에 대한 접근 기회의 부족 그리고 시장으로부터의 배제 등 사회의 질에 부정적 영향을 미치는 요인을 정치경제론으로 설명하는 것이 가능하다. 사회에 개입하여 사회의 질 향상을 위해 사회의 정황을 이해하고 변화를 위한 행동을 추진함에 있어 사회와 사회구성원의 관계뿐만 아니라 사회에 영향을 미치는 정치와 경제의 관계 역시 중요하게 인식하여야 한다. 즉, 사회복지정책을 국가나 사회에 영향을 미치는 경제정책이나 경제적 환경과 연관하여 이해하려는 노력이 필요하다. 전체 국가의 성격을 규정하는 정치경제 현상은 국가의 복지활동에 영향을 주며 사회의 질에 영향을 주는 중요한 요소로 작동한다. 따라서 사회의 질 향상을 위해 노력하는 정책결정가와 현장전문가들은 사회의 질을 이해하는 거시적 접근방법으로 정치경제적 접근방법을 이해하고 사회에 개입하여야 한다.

자본주의 시장경제와 정치상황은 국가의 사회복지정책에 영향을 미치며 이는 또한 사회구성원의 삶에 지대한 영향을 미치는 요인으로 사회의 질과도 밀접한 연관을 가진다. 국가가 어떤 정치세력에 의해 운영되는가에 따라 또는 국가가 어떤 사회복지정책을 기획하고 제공하는가에 따라 사회의 질 향상을 위한 사회복지제도와 사회복지정책의 기획 그리고 사회복지서비스가 영향을 받으며 국가의 시장에 대한 개입 여부에 따라 생산과 소비가 영향을 받는다. 이는 곧 소득의 분배 및 재분배에도 영향을 미치게 된다. 일반적으로 불평등이 존재하고 소득재분배가 상대적으로 열악한 국가는 경제성장 역시 낮게 이루어진다고 알려져 있다(Paul and Verdier, 1996).

제4절 사회의 질과 복지국가

1. 사회의 질과 사회복지

일반적으로 복지는 번영(well-being)으로 해석되는데, 심리학에서는 행복이나 주관적 삶의 만족 등으로도 이해된다. 사회적이라는 개념과 복지가 결합한 사회복지는 사전적 정의에 따르면 "한 집단이나 사회에서 인간들이 함께 잘살 수 있도록 또는 번영할 수 있도록 하는 것"이라고 할 수 있다. 복지는 Greve(2008, 2013)가 제시한 바와 같이 "시민의 행복을 포함하여 경제자원을 향한 최상의 가능한 접근, 높은 수준의 번영, 빈곤을 피할 수 있도록 보장된 최소한의 소득, 개인이 행복한 삶을 보장할 수 있는 능력을 갖는 것"으로 정의될 수 있다. 그러므로 사회복지에 이 정의를 적용하면 "시민의 행복을 포함하여 경제자원을 향한 최상의 가능한 접근, 높은 수준의 번영, 빈곤을 피할 수 있도록 보장된 최소한의 소득, 개인이 행복한 삶을 보장할 수 있는 능력을 갖도록 하는 사회적 배열(arrangement) 또는 체계(system)"라고 할 수 있다.

Popple과 Leighninger(2002)는 사회복지를 최소 수준에서 사람들에게 번영을 가져다주기 위해 계획된 일련의 서비스로 규정하였으며, Reid(1996)는 사회복지를 위험에 처해 있는 사람들의 번영을 증진시키고 인식된 사회문제에 대응하기 위한 정책이나 프로그램들 또는 개입이나 조직화된 행동들로 정의하였다. Friedlander(1955)는 사회복지를 삶과 건강에 있어 만족할 만한 기준을 성취하기 위해 개인과 집단을 돕도록 설계된 사회제도와 서비스의 조직화된 체계로 규정하였으며, Martin과 Zald(1981)는 사회복지를 사회적, 개인적인 기능을 최소한으로 하기 위한 수준을 성취할 수 있도록 욕구가 있는 사람들을 돕기 위한 시도라고 정의하였다. 또한 Wickenden(1965)은 사회복지가 사회질서의 더 활발한 작동과 인간들의 번영을 위해 기본적인 것으로 인식되어야 하는 사회적 욕구를 충족시키기 위한 조항들을 강화하고 보장하기 위한 서비스나 혜택, 프로그램 그리고 법 등을 포괄한다고 강조하였다. 결국, 사회복지는 인간이 가진 욕구의 해결이나 인간의 번영을 보장하기 위한 조직화된 체계나 제도 등을 의미한다고 할 수 있다(지은구, 2013).

사회복지를 사회복지경제의 측면에서 정의하는 것도 가능하다. 예를 들어 Chatterjee(1996)는 사회복지가 비시장적 교환의 한 방식이라고 규정하면서 사회복지가 시장을 통한 교환을 대체하는 교환체계이자 전이의 한 유형(a form of transfer)이라고 정의하였다. 또한 Gilbert와 Terrell(2005) 그리고 Burch(1999) 등과 같은 사회복지학자들도 사회복지를 시장을 대체하는 혜택-할당메커니즘(또는 혜택-할당체계)으로 바라본다. 이러한 관점에서 보면 사회복지는 재화와 서비스를 전이하는 한 유형으로 시장을 대체하여 자원을 할당하는 혜택할당체제라고 할 수 있다. 이러한 사회복지의 거시적 정의는 사회복지가 결국 현금이나 현물 등과 같은 혜택을 할당 또는 전이하는 체계임을 강조하는 것이라고 할 수 있다. 이러한 입장을 통해 지은구(2003, 2006)는 사회복지가 '배제와 차별을 조정하는 사회적 조정양식'이라는 의미에서 시장을 통하지 않는 자원을 할당 또는 배분하기 위한 조정양식 또는 교환양식'임을 강조하였다.

사회의 질이 빈곤과 실업 등으로부터 파생하는 각종 사회배제 및 사회차별을 철폐하고 이를 시정하기 위한 사회적 노력의 정도를 의미하므로, 차별과 배제를 시정하기 위하여 자원을 할당하고 배분하는 조정양식인 사회복지는 곧 사회의 질을 개선하기 위한 도구이자 하나의 사회적 체계라고 이해할 수 있다.

2. 사회의 질과 사회복지재화와 서비스 그리고 사회적 생산

사회복지재화와 서비스는 국가에 의해서 기획되고 제공되는 대표적인 공공재의 성격을 갖는 재화이자 서비스이다. 그리고 동시에 사회적 목적을 달성하기 위해 제공된다는 측면에서 사회재로서의 성격을 가지며 인간서비스(human service)라는 측면에서 가치지향적인 성격으로 인해 가치재로서의 성격을 갖는다. 사회가 성취하기 위해 지향하는 사회적 목적은 여러 측면을 동시에 내포한다. 사회의 질의 입장에서 본다면 사회의 질을 향상시키기 위한 노력 역시 국가에 의해서 주도되는데 사회의 질을 향상시키기 위한 노력이나 행동은 사회의 질의 구성요소들에 대한, 그리고 국가적 측면에서 사회복지영역에 대한 정책적 대응을 필요로 한다. 그러므로 사회의 질 향상의 또 다른 모습은 곧 사회복지의 확대라고 볼 수 있다.

사회의 질을 향상 및 개선하기 위해서 사회적 임금, 사회적 노동, 사회적 재생산구조 그리고 사회자본을 향상시키기 위해서는 위의 모든 분야에서의 사회복지재화와 서비스의 제공이 중요한 요소이다. 사회의 질 향상을 위해 제공되는 현금과 현물 그리고 전문적 서비스가 중심인 사회복지재화와 서비스의 측면에서 보면 사회의 질의 구성요소별 사회복지정책 및 사회복지재화와 서비스를 제공하는 대표적인 사업이나 제도 등은 다음과 같다.

> 첫째, 최저생계비와 최저임금제도 및 공적부조제도와 연금제도, 건강보장을 위한 건강보험제도 및 실업과 고용보장을 위한 고용보험을 포함한 각종 사회보장정책
>
> 둘째, 소득양극화를 해소하기 위한 재분배정책으로 부유세나 부동산세 그리고 저소득층이 안정적인 소득활동을 유지할 수 있도록 하는 저리대출 및 세금감면 등과 같은 조세복지정책과 비정규직노동문제를 해결하기 위한 노동시장정책을 포함한 각종 사회보장정책
>
> 셋째, 장애인연금, 노령연금, 아동수당, 저소득주민 및 사회소외계층을 위한 사회서비스와 특정 욕구를 가진 국민을 대상으로 하는 보편적 사회서비스 그리고 다문화가정과 이주여성을 위한 각종 사회보장정책
>
> 넷째, 직장인들에게 제공되는 다양한 수준의 직업훈련 및 자기계발을 위한 교육과 훈련, 사회소외계층인 장애인들을 대상으로 제공되는 장애인 직업훈련교육 및 정신장애인을 위한 각종 사회복귀 훈련사업, 취약계층인 청소년, 노인, 여성을 대상으로 하는 각종 능력 개발 및 역량강화 교육사업 그리고 저소득주민의 자립을 위한 각종 자립지원사업 등 각종 사회보장정책

사회복지재화와 서비스는 자본주의 사장경제가 만들어낸 불평등과 사회적 배제를 조정하는 사회적 가치재 또는 공공재적 성격을 강하게 띤 사회적 생산(social product)이라고 할 수 있어 단순히 재화의 교환관계나 소유관계만 강조될 수 없는 측면이 있다(지은구, 2013). 지은구(2006)는 사회복지재화와 서비스를 사회적 배제와 차별을 조정하는 조정기구로

정의하였다. 이는 곧 사회복지재화와 서비스의 속성상 단순히 시장에서 교환이 이루어지고 그 상품에 대한 책임과 권한이 단순히 사람으로부터 사람으로 이전되는 것 또는 재화의 소유권이 이전되는 구매능력의 실현만이 중요한 것이 아니라 사회복지재화와 서비스의 성격상 생산과 소비 분배의 불평등과 불균형을 시정하여 국민의 삶의 질을 개선 향상시키고 사회적 질을 향상시키는 것을 목적으로 하는 사회적 가치가 실현되는 재화이자 서비스라는 점이 강조된 정의이다(지은구, 2013). 사회복지재화와 서비스의 제공이 곧 사회적 생산이라는 의미는 사회복지재화와 서비스의 제공이 수요를 창출하고 생산유발 효과를 낳으며 나아가 사회적 부가가치 및 경제적 부가가치를 창출함을 나타낸다는 것이다.

경제적 부가가치는 판매를 목적으로 하는 재화와 서비스를 소비함으로써 창출되지만 사회적 부가가치는 사회복지재화와 서비스가 노동력을 상실한 국민을 다시 건강한 노동력을 가진 국민으로 변형시킴으로써 발생한다. 사회적 부가가치란 기업이 만들어낸 부가가치와는 달리 사회가 창출해낸 가치라고 할 수 있다. 기업은 생산과정을 통해서 부가가치를 만들어내며 복지국가는 사회적 생산과정을 통해서 사회적 부가가치를 만들어낸다. 즉, 사회복지를 제공하고 사회복지프로그램이나 서비스가 운영되는 전 과정이 사회적 부가가치를 만들어내는 사회적 생산과정이라고 할 수 있다. 이러한 사회적 부가가치의 대표적인 것이 바로 사회복지재화와 서비스를 통해 건강한 삶을 유지하는 변형된 모습으로서의 국민이라고 할 수 있다.

사회적 부가가치	• 사회가 창출해낸 가치 • 공공재, 가치재 그리고 사회재로서의 사회복지재화와 서비스가 노동력을 상실한 국민을 다시 건강한 노동력을 가진 국민으로 변형시킴으로써 발생

경제적 부가가치	• 기업이 생산을 통해 창출한 가치 • 판매를 목적으로 하는 재화와 서비스를 소비함으로써 창출

3. 사회의 질과 복지국가

자본주의는 시장의 실패에 대한 대응으로 수정된 형태로 지속되면서 복지국가로의 전환을 통해서 복지자본주의(welfare capitalism)로 발전하였다. 복지자본주의를 유지하기 위한 복지정권들의 유형은 매우 다양한데, 복지정권들은 나름대로의 복지체제를 유지 및 발전시키기 위하여 사회의 질을 개선 및 향상시키려는 노력을 기울이고 있다. 복지를 강조하는 자본주의 국가체제인 복지국가는 사회복지를 증진시키기 위해 설립된 체제라고 할 수 있으며 보다 쉽게 표현하면 국민의 위험이나 고통 그리고 고민을 경감시키기 위해 노력하는 체제라고 정의할 수 있다. Therborn(1983)은 복지국가가 국가 행동의 역사적 변형물이며 가구원의 복지에 대한 욕구를 해결해주는 것을 강조하는 국가라고 주장하였다. 특히 복지국가는 간접적인 방식보다는 직접적인 방식으로 국민의 복지 욕구를 충족시키기 위해 노력한다. 즉, 음식이 필요하면 음식을 제공하며 주택이 필요하면 주택을 제공하고 일자리가 필요하면 일자리를 제공하기 위해 노력한다(지은구, 2013). 또한 국민의 복지 욕구를 사회적으로 해결하여 사회복지를 증진시키기 위한 직접적인 방안으로 공공개입을 강조한다. 이는 곧 복지국가가 사회복지 증진을 위해 재화와 서비스의 할당에 있어서 국가 개입을 통한 할당을 강조함을 의미한다. 따라서 국가적 개입을 통한 재화와 서비스의 할당을 다루는 공간적 영역이 곧 복지국가이다. 복지국가는 기본적으로 자본주의라는 경제체제에서 발전된 사회적 할당체제를 분배도구로 활용한다.

복지국가의 등장은 시장 개입을 통해 국가가 자원을 할당하도록 강제한다는 점에서 시장이라는 자원할당체제에 대한 대안이라고 할 수 있다. 이러한 의미에서 지은구(2013)는 복지국가가 사회복지라는 시장을 대체하는 혜택-할당메커니즘이자 전이체계(transfer system)이며 시장이 양산한 배제와 차별을 조정하는 조정양식을 활용한다고 하였다. 복지국가는 국가 개입을 통해서 국민의 욕구를 해결하기 위해 시장경제에 개입한다. 복지국가가 국민의 위험 경감이나 예방 그리고 기본적 욕구 해결을 위해 제공하는 각종 혜택이나 서비스 등은 민간, 자발적, 자선적 도움의 제공과는 구별된다. 이는 복지국가가 국가 개입을 통해서 국민의 욕구를 해결하는 것을 목적으로 하기 때문이다. Briggs(1961)는 복지국가의 목적을 크게 세 가지로 분류하였는데 그 내용은 아래와 같다.

첫째, 복지국가의 목적은 노령이나 실업, 이혼 등과 같은 이유로 정상적인 자기보장을 할 수 없는 사람들에게 경제적 보장을 유지하도록 하는 것이다.
둘째, 복지국가의 목적은 시장의 가치와 상관없이 개인이나 가족에게 최소한의 소득을 보장하는 것이다.
셋째, 복지국가의 목적은 모든 시민들에게 지위나 계급에 상관없이 그들이 필요로 하는 유용한 최상의 사회서비스를 제공하는 것이다.

Walker(2005)는 복지국가의 목적을 첫째, 빈곤 경감, 둘째, 소득 유지와 대체, 셋째, 사회통합의 증진, 넷째, 위험으로부터의 보호, 다섯째, 재분배, 여섯째, 보상, 일곱째, 경제적 효율성의 증진, 여덟째, 행동 수정으로 구분하였다. 여기서 보상은 질병이나 장애, 실업 등으로 인해 발생하는 추가적 소득상실에 대한 보상을 의미하며, 소득 유지와 대체는 실업이나 장애상태에 빠지게 되는 경우 사회보장 혜택으로 최소소득 보장을 해준다는 의미가 아니라 이전 생활이 유지 보장될 수 있도록 이전 소득을 대체한다는 의미이다. 빈곤 경감이나 재분배, 사회통합과 위험으로 부터의 보호 그리고 소득 유지나 대체 등은 대부분의 학자들이 강조하는 복지국가의 목적과 동일하다고 볼 수 있다. 그리고 Walker가 강조하는 행동 수정이란 예를 들어 출산율을 향상시키기 위해 아동수당이나 가족 수당과 같은 사회복지혜택을 제공하는 것이 인간의 행동을 수정시킬 수 있도록 설계되어야 한다는 것을 의미한다(지은구, 2013: 31에서 재인용).

한편 Gilbert와 Terrell(2005)은 복지국가의 목적이 사회복지의 혜택을 주고 할당하는 체계라고 주장하였으며, Barr와 Whynes(1993)는 복지국가의 목적으로 첫째, 효율성, 둘째, 기본적인 삶의 지원, 셋째, 불평등의 축소, 넷째, 사회통합, 다섯째, 행정적 실행 가능성(feasibility) 등을 강조하였다. 위의 요소 중에서 기본적인 삶의 지원이나 불평등의 축소 그리고 사회통합 등은 모두 평등과 관련이 있는 덕목들이라고 할 수 있다. 그리고 행정적 실행 가능성은 복지국가에서 제공하는 제도들이 이해되기가 쉬워야 하며 행정비용이 가능한 적게 들어야 하고 혜택은 남용되어서는 안 된다는 점을 지적하는 것이다. 특히, 복지국가의 목적에 효율성 요소가 포함된 이유는 경제적 측면에서의 비용 대비 혜택의 효율성을 담보하기 위해서라기보다 행정비용의 절감이나 서비스 중복 방지나 사기 방지 등을 통한 국가 재정적 측면의 효율성을 담보하기 위해서라고 볼 수 있다. 복지국가의 목적 및 작동 원리를 정리하여 제시하면 아래와 같다(지은구, 2013).

첫째, 복지국가는 직접적인 수단을 통해서 국민의 기본적 욕구를 해결하기 위해 시장경제에 개입하는 것을 목적으로 한다.

둘째, 복지국가는 강제적이고 집합적이며 비차별적인 복지(재화와 서비스)를 제공하는 하나의 체제이다.

셋째, 복지국가는 시장경제에 의해서 나타나는 차별과 착취를 조정하는 사회체제이다.

넷째, 복지국가는 인간의 욕구를 해결하기 위해 노력하지만 시장경제는 인간의 욕망이나 갈망하는 것 또는 원하는 것을 해결하기 위해 노력한다. 따라서 시장은 인간의 주관적인 갈망을 해결하지만 복지국가는 인간의 객관적인 욕구를 해결하기 위해 노력한다. 개인의 갈망이나 욕망은 시장을 통해서 해결될 수 있지만 인간의 복지에 대한 기본적 욕구는 국가적 개입을 통하여 실현시킬 수 있다. 이것이 복지국가의 원칙이자 기본 틀이기 때문이다.

다섯째, 복지국가는 시장경제를 대체해서 국민이 욕구하는 것을 체계적으로 분배할 수 있는 정당성을 가지고 있다.

여섯째, 복지국가는 시장에 대한 국가적 개입의 정당성을 가지고 있으며 각종 사회복지제도나 정책들은 시장을 대체하는 분배도구로서의 역할을 한다. 즉, 시장의 실패를 수정하기 위한 국가적 정당성이 복지국가를 통해서 실현된다. 따라서 복지국가는 자원의 왜곡된 할당을 수정하는 분배도구를 끊임없이 창출한다.

일곱째, 복지국가와 시장의 목적은 공공의 복지를 증진시키는 것이라고 할 수 있다. 이를 경제학적으로 해석하면, 개개인들은 시장으로의 개입을 통하여 시장에서 원하는 재화를 획득함으로써 복지를 증진시키며 복지국가는 시장을 통해서 필요한 재화를 획득하지 못한 사람들에게 국가적 개입을 통해 필요한 재화를 제공함으로써 복지를 증진시킨다. 따라서 시장과 복지국가의 기본적인 차이점은 시장이 제공하는 재화와 서비스는 모두 개인적 욕망을 해결하는 사적재이지만 복지국가가 제공하는 재화와 서비스는 기본적으로 공공재이며 사회적 목적을 지니고 있는 가치재로서 역할을 한다는 것이다.

앞에서 학자들이 제시한 복지국가의 목적을 살펴보면 사회의 질을 향상시키고 개선하는 것과 복지국가의 목적은 밀접한 연관이 있음을 알 수 있다. 즉, 기본적 삶을 유지 및 보장하도록 하는 노력, 사회·경제적 불평등의 축소, 사회통합이나 연대성 강화를 위한 노력 그리고 할당체계 구축을 통한 사회차별과 배제의 축소 및 조정 노력 등은 대부분 사회의 질을 향상시키기 위한 조건적 요소(사회보호시스템이나 사회적 재생산구조의 구축 또는 사회·경제적 보장, 사회포용 그리고 사회적 임파워먼트 등)와 대체적으로 일치한다.

사회의 질은 복지국가의 수준이나 복지국가의 유형을 구분하기 위한 기준 또는 사회의 복지의 달성 정도를 파악하는 데 유용하게 활용할 수 있는 개념이다. 복지국가가 '국민의 복지가 국가에 의해서 제공되고 지원되는 하나의 사회체계 또는 국가'라고 한다면 복지와 국가의 역할은 복지국가에서 중요한 핵심 축이라고 할 수 있다. 현대 자본주의 사회의 대부분의 국가들은 국민의 복지를 중요시하므로 모두 복지국가를 지향한다고 할 수 있지만, 많은 국가들이 모두 동일한 수준의 복지국가인가에 대한, 어떤 국가는 복지국가이고 어떤 국가는 복지국가가 아닌가에 대한, 그리고 선진복지국가와 발달되지 않은 후진복지국가에 대한 수많은 논의들이 있어온 것도 사실이다. 국가마다 국민의 복지를 향상시키고 복지제공을 하는 데 있어 매우 상이한 방식을 채택하고 있는 것 역시 사실이며 이러한 방식은 정치적 그리고 경제적 측면과도 밀접한 연관하에 작동하고 있다고 볼 수 있다.

복지국가에서 복지는 정확하게 표현한다면 개인이나 가족 또는 친구나 친척이 아닌 국가의 책임 또는 사회적 책임으로 국가의 사회기획하에 제공되는 것이 강조되므로 공공복지 또는 사회복지라고 표현될 수 있다. 그래서 복지는 공공재와 사회재 그리고 가치재의 성격을 갖는다. 자본주의 사회에서는 개인의 복지가 시장을 통해서 제공되는 것이 기본 원리이다. 그러므로 시장에 대한 국가의 개입이 강조되는 복지국가는 국가, 시장 그리고 사회(정확하게 표현하면 시민사회)의 틀 안에서 이해되어야 한다. 앞에서 소개한 바와 같이 복지가 "시민의 행복을 포함하여 경제자원을 향한 최상의 가능한 접근, 높은 수준의 번영, 빈곤을 피할 수 있도록 보장된 최소한의 소득, 개인이 행복한 삶을 보장할 수 있는 능력을 갖는 것"으로 정의된다면, 복지국가는 이러한 국민의 복지를 사회적 권리로 인정하고 국가의 책임하에 향상시키기 위해 최대한의 노력을 기울이는 체제라고 정의할 수 있게 된다. 현대 복지국가가 결국 한 줌의 자본가를 위한 복지를 지향하기보다 더불어 잘살기 위해 전체 국민의 복지의 개선 내지는 향상을 지향한다고 한다면 이를 위한 국가적 노력은 곧 복지 수준과 국가의 역할에 있어 매우 상이한 차이를 결과할 것이다.

복지	• 시민의 행복을 포함하여 경제자원을 향한 최상의 가능한 접근, 높은 수준의 번영, 빈곤을 피할 수 있도록 보장된 최소한의 소득, 개인이 행복한 삶을 보장할 수 있는 능력을 갖는 것
사회복지	• 인간이 가진 욕구의 해결이나 인간의 번영을 보장하기 위한 사회제도와 서비스의 조직화된 체계(system) • 배제와 차별을 조정하는 사회적 조정양식 • 시장을 통한 교환을 대체하는 교환체계이자 전이의 한 유형
복지국가	• 국민의 복지를 사회적 권리로 인정하고 국가의 책임하에 향상시키기 위해 최대한의 노력을 기울이는 체제(regime) • 국민의 복지가 국가에 의해서 제공되고 지원되는 사회체계 • 사회복지를 증진시키기 위해 설립된 체제 • 국민의 위험이나 고통 그리고 고민을 경감시키기 위해 노력하는 체제

4. 복지국가와 시민사회 그리고 사회의 질

복지국가는 일반적 의미의 사회를 추구하는 것이 아니라 궁극적으로 시민사회(civil society)를 추구한다. 복지국가는 시민사회를 건설하고 시민들의 사회적 노동을 활성화시키기 위해 역동적인 사회참여활동 및 이를 위한 사회적 역량강화를 추구하며 시민 중심의 의사결정구조를 갖추고 시민사회의 시민으로 국민이 기능하는 것을 추구한다. 시민사회의 시민은 단순히 국민이나 주민이 아니라 사회의 모순에 적극적으로 대응하고 올바르고 정의로운 복지시민사회를 건설하기 위하여 주체적으로 활동하는 시민, 즉 활동적 시민(active citizens)을 의미한다. 단순히 시민의 권리를 소유한 시민이 아닌, 소유권의 유무와 상관없이 시민사회의 구성원으로서 적극적으로 사회에 참여하는 시민을 의미한다. 따라서 시민은 국민, 거주민, 지역주민이라는 수동적 의미의 사회구성원이 아닌 복지국가, 나아가 복지시민사회를 위하여 보다 적극적으로 개입하고 참여하는 능등적 의미의 사회구성원을 나타낸다. 특히, 복지국가에서 시민은 기본적인 생활을 유지할 권리를 가지고 있으므로 시민의 권리를 유지 및 보장하고 활동적 시민으로 역량을 강화하기 위한 국가적 차원에서의 노력이 필요하다. 이러한 노력은 곧 사회정책의 핵심적 어젠다가 된다. Esping-Andersen(1990)은 복지국가를 설명함에 있어 가장 핵심적인 특성으로 시민의 권리가 사회적으로 보장된다는 의미에서 Marshall(1950)이 강조하였던 사회적 시민권(social citizenship)을 강조하였다.

　　Beck과 동료들(1997)은 사회의 질의 최소 수준으로 개인의 경쟁력이나 자율성을 개발시키기 위한 역량강화(empowerment)의 수준을 강조한 바 있다. 사회의 질을 구성하는 사회적 임파워먼트는 사회의 질의 수준을 결정하는 중요한 요소이자 사회의 질을 측정하기 위한 주요 조건이다. 사회적 역량강화는 국민을 활동적인 시민으로 전환시킴으로써 자신의 능력이 강화된 시민들이 사회 속에서 상호행동하면서 사회관계 지향적으로 그리고 사회참여활동 지향적으로 되도록 하는 데 필수적인 요소이다.

1) 시민사회란?

오늘날 시민사회라는 용어는 매우 광범위하게 사용되고 있으며, 각종 사회문제에 대한 진단과 대안 제시에서 빠트릴 수 없는 핵심용어로 활용되고 있다(권혁태 외, 2003). 그렇지만 시민사회의 개념을 정의하는 것은 간단하지 않다. 시민사회는 다차원적 특성을 지니고 있을 뿐 아니라 다양한 가치를 내포하고 있으며, 그 개념이 시대에 따라 변해왔기 때문이다. 일반적으로 시민사회라고 하면 국가권력 견제, 공론장 형성, 개인의 권리와 의무, 집단 간 갈등, 공공업무에 대한 시민 참여 등과 같은 의미를 강하게 내포하고 있다(박상필, 유용원, 2012).

학자들이 제시한 시민사회에 대한 정의를 살펴보면, Eberly(1998)는 "시민사회가 국가에 의해 설립되지 않고 운영되지도 않는 관계들과 제도들을 구체적으로 지칭"한다고 하였고, Anheier(2004)는 사람들이 공동의 이해를 추구하기 위해 모인 가족, 국가 및 시장 사이에 위치한 제도, 조직 및 개인들의 영역으로 정의하였다. 박상필과 유용원(2012)은 시민사회를 시민들이 자발적 결사체를 구성하여 협력과 연대의 규범 속에서 공공의 가치를 생산하는 곳이라고 하였다. 이들은 시민사회에서는 집합행동과 문화생활을 통해 사회의식과 이데올로기가 형성되고, 지식 획득과 문화 전수가 이루어지며, 사회통합을 위한 사회화와 재생산이 일어난다고 하였다.

이처럼 시민사회는 보편적으로 정의될 수 있는 것이 아니며, 국가와 개인에 따라 시민사회를 바라보는 관점이 다르다. 서유럽 사회에서 시민사회에 대한 관심은 제도권 정치에 대한 불신과 제도권 정치에 의해 대변될 수 없는 새로운 요구와 관심들이 집단적으로 표출되면서 높아졌으며, 동유럽 사회주의 국가들의 붕괴가 시민사회의 부흥으로 이해되면서 국가와 시민사회의 관계에 대한 인식이 새로워졌다. 동유럽의 경우 시민사회는 전체주의적인 국가통제로부터 구분되는 자율적 공간, 즉 자치, 자율, 자발성이 보장되는 공간으로 해석되었으며, 시민적 자율 공간의 탈환, 인권 존중, 국제적 연대를 중시하였다(권혁태 외, 2003).

우리나라에서 시민사회에 대한 관심은 시민단체들이 사회변혁에 영향력을 발휘하면서 나타나기 시작하였다. 시민사회는 정부와 시장의 역할과 기능에 대한 비판과 감시를 통해 시민의 권리를 옹호하고 증진하는 역할을 하고 있으며, 정부와 시장 그리고 언론이 제공하지 못하는 공공서비스를 직접 제공하는 공급자 역할까지 담당하게 되었다. 정태석(1994)은 시민사회는 국가와 시장에 대한 저항과 감시의 영역인 동시에 공동체적 생존을 위한 협력과 생산의 영역이기도 하며, 궁극적으로 국가와 시장에 대한 근본적인 문제제기와 아울러 양자를 변혁시키기 위한 세력 형성의 공간이라는 의미를 가지고 있다고 하였다(권혁태 외, 2003). 주성수(2011)는 시민사회가 국가와 시장의 횡포를 견제해 시민들의 자유로운 활동을 보장하기 위해 필요하며, 그런 목적으로 존재한다고 볼 수 있다고 하였다.

권혁태 외(2003)는 한국의 시민사회가 다차원적 개념으로서 법적·기능적·문화적 성격을 지니고 있다고 하였으며, 시민사회의 개념 틀을 형성하는 기본요소로 시민권 확보를 위한 법적·제도적 장치, 국가와 시장의 견제, 공공서비스의 생산과 제공, 시민적 규범을 갖는 자기정당성의 확보 등 네 가지를 제시하였다. 또한 이들은 우리 사회에서 시민사회의 개념은 다섯 가지 정도의 용법을 갖고 있다고 하였다. 첫 번째는 '공공'(public)과 대비되는 '민간'이라는 개념으로 쓰인다. 두 번째는 '민중영역'과 대비되는 개념으로 한국 사회를 이끌어가는 주도계층을 중산층이라고 보는 것이다. 세 번째는 정치사회(제1섹터), 경제사회(제2섹터)와 대비되는 개념인 '제3섹터'(The Third Sector)로 보는 것이다. 제3섹터

에 대해서는 학자들마다 조금씩 다르게 설명하고 있지만, 조효제(2002)
는"국가와 시장에 대비해서 자발성, 비당파성, 비영리성, 독립성 등의 가
치를 지닌 사회적 공간"으로 정의할 수 있다고 하였다(권혁태 외, 2003).
〈표 3-1〉은 시민사회의 개념을 정리한 것이다.

표 3-1 시민사회의 개념

시민사회의 개념	연구자
국가에 의해 설립되지 않고 운영되지도 않는 관계들과 제도들을 구체적으로 지칭	Eberly(1998)
사람들이 공동의 이해를 추구하기 위해 모인 가족, 국가 및 시장 사이에 위치한 제도, 조직 및 개인들의 영역	Anheier(2004)
시민들이 자발적 결사체를 구성하여 협력과 연대의 규범 속에서 공공의 가치를 생산하는 곳	박상필·유용원(2012)
국가와 시장에 대비해서 자발성, 비당파성, 비영리성, 독립성 등의 가치를 지닌 사회적 공간	조효제(2002)
국가와 시장에 대한 저항과 감시의 영역인 동시에 공동체적 생존을 위한 협력과 생산의 영역이기도 하며, 궁극적으로 국가와 시장에 대한 근본적인 문제제기와 아울러 양자를 변혁시키기 위한 세력 형성의 공간	정태석(1994)
정부의 영향력에서 벗어나 국가와 개인을 연결시켜주는 중재조직(mediating organizations)의 영역	권혁태 외(2003)

2) 시민사회의 역할과 주요 기능

유엔개발계획(UNDP)은 시민사회의 역할을 "개인들을 공적 영역과
국가에 연결시켜주는 사회의 일부"로 보았다(UNDP, 2000; 주성수, 2001:
69 재인용). Tocqueville은 시민사회가 정부의 영향력에서 벗어나 국가
와 개인을 연결시켜주는 중재조직의 영역이라고 규정했으며, Polanyi는
시민사회의 역할이 인간의 자유와 사회정의를 위한 투쟁을 주도하는 것
이라고 하였다(권혁태 외, 2003: 66-67 재인용). 주성수(2011)는 시민사

회가 특정 문제와 정책에 대해 시민들과 다양한 집단의 인식과 논의를
활성화시킴으로써 대의민주주의의 문제를 보완해주는 역할을 한다고 하
였다. 또한 시민참여의 중요성을 알리고 유도해서 국가와 시장으로부터
침해받지 않는 독립적인 사회영역 구축을 통해 시민들이 참여의 교육을
받고 참여에 대한 만족을 갖도록 도와준다고 하였다.

표 3-2 시민사회의 역할

시민사회의 역할	연구자
개인들을 공적 영역과 국가에 연결시켜주는 역할	UNDP(2000)
인간의 자유와 사회정의를 위한 투쟁을 주도하는 것	Polanyi(권혁태 외, 2003: 66-67 재인용)
• 특정 문제와 정책에 대해 시민들과 다양한 집단의 인식과 논의를 활성화시킴으로써 대의민주주의의 문제를 보완해주는 역할 • 국가와 시장으로부터 침해받지 않는 독립적인 사회영역 구축을 통해 시민들이 참여의 교육을 받고 참여에 대한 만족을 갖도록 도와주는 역할	주성수(2011)

한편, 시민사회가 어떠한 기능을 하는가에 대해서는 다양한 시각들
이 존재한다. 시민사회의 구체적인 기능을 살펴보면, O'Connell(1994)
은 시민사회의 기능에 대해 첫째, 국가와 시장에 대응하는 시민과 시민
사회의 임파워먼트, 둘째, 시민의 권익 옹호와 정책 변화를 추진하는 옹
호활동(advocacy), 셋째, 사회복지서비스 제공을 제시하였다. 세계시민
단체연합(CIVICUS)[3]은 시민사회의 기능을 수요 측면과 공급 측면으로
나누어 제시하였다. 수요 측면에서는 국가의 권력 행사 모니터링, 공공
정책 결정에의 시민참여 확대, 권익 옹호, 투명성, 책임성, 공정성을 요
구하고, 공급 측면에서는 공공정책 집행 역할의 상당 부분을 국가기관들

....

3 세계시민단체연합: 전세계의 시민단체와 시민행동 강화를 위해 헌신하는 국제적 동맹

과 공유한다고 설명하였다. 시민사회의 주요 기능에 대한 이와 같은 다양한 시각들의 일반적인 공통점은 시민사회가 국가와 시장에 대한 감시와 견제 기능, 시민들의 의식에 영향을 미치는 것으로 나타난다는 것이다(주성수, 2011).

3) 시민사회와 시민

우리가 시민사회라고 할 때, 거기에는 시민사회를 표상하는 시민이 있다. 시민사회를 이해하기 위해서는 시민사회를 만들고 그 안에서 활동하는 시민(Citizen)에 대해 살펴볼 필요가 있다. 시민은 누구인가? 어떤 능력과 자질을 지니고 있어야 하는가? 시민이라는 개념은 역사적 실체를 가진 것으로 시대에 따라 변화를 겪어왔다. 고대사회에서 시민은 사적인 경제적 이해관계를 떠나 폴리스(polis)에서 정치에 참여하는 특수계층이었고, 이후 중세에는 봉건영주로부터 자유로운 도시의 상공인이었다. 근대의 시민은 국가로부터의 자유와 경제적 권리를 주장하는 부르주아였고, 오늘날 시민은 정치공동체의 주체로서 권리와 의무를 가진 모든 법적 구성원을 말한다. 진정한 시민사회의 시민은 단순히 사적 이익을 추구하는 자기만족적(공리적) 인간이 아니라 민주주의의 작동 원리를 이해하고 공동체의 발전을 실현하기 위해 적극적으로 참여하고 실천하며 품격 있는 삶을 위한 시민문화를 구성하는 주권자라고 할 수 있다(박상필·유용원, 2012).

시민이라는 개념에 대해 좀 더 구체적으로 살펴보면, 먼저 사전적 의미에서 시민은 민주사회의 구성원으로 권력 창출의 주체로서 권리와 의무를 가지며 자발적이고 주체적으로 공공정책 결정에 참여하는 사람 또는 민주주의적 자치를 통치의 기본 질서로 하는 특정한 정치공동체에서 그 공동체가 보장하는 모든 권리를 완전하고도 평등하게 향유하는 개별

구성원을 말한다. 자유주의적 관점에서 시민은 '시민권'을 가진 정치적 주권자이며, 마르크스주의 관점에서 시민은 부르주아, 즉 국가와 지배계급을 제외한 나머지 계급을 말한다(권혁태 외, 2003). 주성수 외(2008)는 시민사회를 이해하기 위해서는 자신의 권리뿐 아니라 최소한의 의무를 실천하는, 자발적으로 참여하는 시민에 초점을 맞추어야 한다고 하였다. 이들은 시민들이 활기차게 활동 가능한 시민사회라는 공공영역이 확보되면서부터 '시민'이 과거의 '민중'이나 '대중'을 대체하게 되었다고 하였다.

한편, 시민의 덕목을 강조하는 박영신과 이승훈(2010)은 시민이 시민다운 바탕을 갖추고 있어야 하며 시민사회는 이러한 바탕을 갖춘 시민으로 짜여 움직여야 한다고 설명한다. 이들은 시민이 권리의 주체인 동시에 관심과 보살핌의 폭을 더욱 넓혀야 하는 책임의 주체이기도 하며 시민은 태어나는 것이 아니라 훈련된다고 하였다. 또한 시민은 공공의 문제에 관심을 가질 뿐 아니라 이를 해결하기 위해 자유롭게 토론하고 참여할 수 있는 '시민성'을 지니고 있어야 하며 여기에 가치 수준에서의 절제와 제재가 더해져야 한다고 하였다.

종합해보면, 현대 사회의 시민 개념은 활동성과 자발성, 보편성, 비판적 사고와 합리적인 의사결정 능력을 가지고 있는 대다수의 사회구성원 전체를 의미한다고 볼 수 있다.

표 3-3 시민의 개념

시민의 개념	연구자
시민은 민주사회의 구성원으로 권력 창출의 주체로서 권리와 의무를 가지며 자발적이고 주체적으로 공공정책 결정에 참여하는 사람 또는 민주주의적 자치를 통치의 기본 질서로 하는 특정한 정치공동체에서 그 공동체가 보장하는 모든 권리를 완전하고도 평등하게 향유하는 개별 구성원	사전적 의미

시민은 단순히 사적 이익을 추구하는 자기만족적(공리적) 인간이 아니라, 민주주의의 작동 원리를 이해하고 **공동체의 발전을 실현하기 위해 적극적으로 참여하고 실천하며 품격 있는 삶을 위한 시민문화를 구성**하는 주권자	박상필·유용원(2012)
시민은 자신의 권리뿐 아니라 **최소한의 의무를 실천**하는, 자발적으로 참여하는 사회구성원	주성수 외(2008)
시민은 권리의 주체인 동시에 관심과 보살핌의 폭을 더욱 넓혀야 하는 책임의 주체, **시민은 태어나는 것이 아니라 훈련되는 것이다.**	박영신·이승훈(2010)

위의 연구들을 종합적으로 살펴보면 시민은 공동체 또는 사회발전을 위해 자발적으로 참여하고 적극적으로 실천하며 책임을 구현하고 학습을 통해 자기실현을 위해 노력하는 사회구성원이라고 할 수 있다. 따라서 시민은 다양한 차원으로 구성되는 복합적 개념으로 책임, 실천, 헌신, 학습 및 훈련 등의 구성요소를 갖는다는 것을 알 수 있다.

4) 시민사회의 시민 그리고 사회의 질

사회의 질을 구성하는 조건적 요소로 Beck과 동료들(1997) 그리고 Van der Maesen과 Walker(2012) 등이 제시하였던 사회적 임파워먼트의 강화는 곧 시민사회의 시민으로서의 역량강화를 통한 사회참여 활성화와 자기실현을 성취하기 위한 국가적 지원의 정도를 통해 실현될 수 있다. 임파워먼트는 복종에 반해서 인간의 경쟁력 또는 능력을 현실화하는 것 또는 실현하는 것으로 기본적으로 사람들의 잠재력을 개발하여 (시민사회의) 시민으로 활동하도록 하는 것에 관심을 둔다(Beck et. al., 1997). 따라서 사회의 질의 조건적 요소를 구성하는 사회적 임파워먼트는 국민이 매일의 삶 속에서 그들 스스로 결정하는 과정에 참여하도록 하기 위한 경쟁력을 개발하는 것이라고 간주할 수 있다. 그러므로 사회적 임파워먼트는 국민이 활동적으로 사회적 관계에 참여할 수 있도록 하기 위해 필요한 관계, 과정 그리고 수단과 연관이 있다고 할 수 있다(Van der Maesen and Walker, 2012). 결론적으로 사회적 임파워먼트는 사회적 관계에 참여할 수 있는 개인적 능력의 정도를 나타낸다고 할 수 있다. 그러므로 시민의 사회참여나 사회적 관계 지향적인 활동적 역량강화는 곧 사회의 질을 구성하는 사회적 임파워먼트를 고취시키도록 하는 다양한 노력이나 실천방안을 통해서 성취될 수 있고, 사회의 질을 강화하려면 복지국가의 시민들이 활동적인 시민으로 사회에 참여하고 자기실현을 위해 노력할 수 있는 주체로 자리매김할 수 있도록 하는 다양한 노력이 반드시 필요함을 알 수 있다.

5. 사회의 질과 사회복지정책

사회정책 또는 사회복지정책은 "개인, 가족 및 사회의 번영과 질의 수준을 사회적으로 보장해주기 위해 정부에 의해서 수용된 활동이나 행동"이라고 정의할 수 있다. 사회적 정황하에서 사회를 구성하는 국민이 번영할 수 있도록 하기 위한 가장 중요한 조건, 즉 국민 전체의 삶에 영향을 미치는 사회의 질에 영향을 주는 가장 중요한 요소는 국가에서 제공하는 사회정책이다. 국가는 사회의 질을 향상시키기 위한 가장 분명한 사회정책으로 사회복지시스템을 구축하고 발전시켜 사회복지혜택 및 복지서비스를 제공함으로써 시장으로부터 배제되거나 사회적으로 소외되고 차별받는 집단구성원의 삶을 보장하기 위해 노력한다. 즉, 사회복지정책을 통해 제공되는 모든 상품(재화와 서비스 또는 서비스혜택)은 시장을 통해서 제공되지 않고 국가의 기획 및 책임하에 제공되므로 복지국가의 탈상품화를 촉진하는 중요한 토대이다. 따라서 탈상품화의 측면에서 보면 사회의 질이 향상되고 개선된 사회는 국민이 시장으로부터 자유로우며 시장을 통해서가 아니라 국가의 적극적인 사회정책을 통해서 기본적인 삶이 보장되는 선진화된 복지국가라고 할 수 있다.

6. 사회의 질과 인간욕구의 해결

1) 사회의 질과 인간욕구의 관계

사회의 질의 향상을 포함한 사회의 질에 대한 연구에서 인간의 욕구는 중심개념이다. 사회의 질을 연구하는 영역에서 사회구성원의 개인적 번영을 위해 충족되어야 하는 인간의 욕구를 논의하는 것은 중요하다. 이는 사회의 질이 담보된 사회가 그 구성원의 욕구를 충족시키는 것을 기본적 임무로 하여야 하기 때문이다. 즉, 사회구성원 개개인들의 기본적인 욕구가 충족되지 않은 상태에서 사회의 질의 향상을 논하기는 어렵다고 볼 수 있다. 여기서 중요한 점은 사회의 질이 곧 개인적 만족을 충족시키기 위해 필요한 것은 아니라는 것이다. 즉, 사회의 질은 사회구성원 전체의 기본적 욕구와 사회적 욕구를 충족시키는 것을 목적으로 하는 것이지 구성원 개개인들이 개별적으로 원하는 것이나 욕망을 충족시키는 것을 추구하지는 않는다.

사회의 질을 향상시키기 위해 필요한 복지와 욕구는 어떠한 관계에 있는가를 살펴본다면 욕구의 해결이 복지의 제공에 의해서 성취될 수 있다는 의미에서 복지와 욕구는 긴밀한 관계를 유지한다고 볼 수 있다. Zwannikken(1963)은 욕구를 복지의 부족이라고 정의하였다. 즉, 욕구의 성취는 복지에 영향을 끼치는 하나의 필수품인 것이다. 복지가 필요하다는 것은 또한 필요한 것이 복지라는 의미에서 이해될 수 있다. 욕구와 복지를 연결시키기 위해서는 먼저 욕구(needs)와 개인적 원함의 차이점에 대해 살펴보는 것이 중요하다. 두 개념의 차이점은 다음과 같이 지적될 수 있다(지은구, 2005).

첫째, 먼저 욕구는 복지와 사회행동 사이의 연결책이다. 이는 욕구가 사회 구성원의 행동, 즉 사회행동을 불러일으키고 행동의 결과로 복지가 성취될 수 있다는 것을 의미해준다. 또한 이는 욕구가 인간행동에 의해서 결정되고 인간행동을 결정한다는 의미로 설명될 수 있다. 즉, 어떤 욕구가 성취된다면 복지도 영향을 받는다는 점에서 욕구가 복지를 결정하는 것이고 또 반대로 복지가 필요한 것이 무엇인지를 결정한다는 점에서 복지와 욕구는 긴밀한 관련을 맺는다. 인간들은 음식이나 건강 유지 등과 같은 기본적인 욕구가 해결되지 않으면 죽을 수밖에 없고 죽는 것에 대한 반응으로 욕구를 성취하기 위한 사회행동을 적극적으로 모색하게 된다.

둘째, 원함은 갈망이나 선호하는 것 또는 좋아하는 것을 갖기를 원한다는 의미에서 인간이 갖기를 소망하는 것이라고 규정할 수 있다. 따라서 Barry(1965), Doyal과 Gough(1991) 그리고 Gough(1997) 등이 규정한 것과 같이 원함은 좋아하는 것, 선호(preference)와 관련된 개념이라고 볼 수 있다. 이에 비해 욕구는 좀 더 기본적인 사고, 즉 복지, 번영 또는 좋은 삶이라는 것에 대한 그리고 인간은 무엇인가라는 질문에 대한 기본적인 생각들과 연관이 있다. 모든 욕구가 원함과 연관이 있을 수 있지만 모든 원함이 욕구와 연관이 있는 것은 아니다. 인간이 좋아하는 것이라는 의미에서 좋아하는 또는 선호한다는 개념이 원함과 관련이 있기 때문에 결국 욕구는 원함의 바람직함(desirability)을 위한 조건을 구성한다.

Gough(1997)는 사회의 질과 인간의 번영을 전제로 하는 인간욕구의 관계를 설명하면서 사회의 질이 모든 인간의 원함이나 선호를 충족시킬 수는 없음을 강조하였다. 이는 사회의 질의 향상이 곧 인간이 원하는 것 또는 선호하고 만족하는 것을 충족시키는 기제가 아니라는 점을 명확히 한 것이다. 하지만 사회의 질은 인간의 욕구를 해결하기 위해 노력하는 도구이자 기제이다. 이는 사회의 질이 향상되면 국민이 가진 욕구가 충족될 수 있고 해결될 수 있음을 의미하고 '인간욕구의 해결은 곧 사회의 질의 향상을 의미하는 것'임을 나타내준다. 결국, 사회의 질과 인간욕구의 관계는 사회의 질이 보편적이고 객관적인 인간의 욕구 충족에 의해서 강화될 수 있다는 것이다.

예를 들어 인슐린을 필요로 하는 당뇨병 환자들에게 인슐린은 기본적이고 보편적이며 객관적인 욕구이지만 자동차를 필요로 하는 사람들에게 1억이 넘는 고가의 벤츠자동차는 기본적이고 보편적이며 객관적인 욕구가 아니라 지극히 주관적이며 개인적 선호이자 개인적 원함이라고 할 수 있다. 당뇨병 환자들에게 국가가 보편적 서비스로 그들의 건강을 책임지는 의료서비스와 의약품으로 인슐린을 제공하는 것은 모든 국민의 건강권을 확보하는 것이고 환자들의 사회적 참여를 고취시키는 것이며 전체 사회의 질의 향상을 의미하는 것이라고 할 수 있다. 따라서 개인적 원함의 충족은 사회의 질과는 크게 연관이 없지만 인간욕구의 충족은 사회의 질과 절대적으로 깊은 연관이 있다.

2) 인간욕구이론

Doyal과 Gough(1991)는 보수주의 욕구이론(특히 고전욕구이론들)들이 인간의 보편적인 욕구를 충족시키기 위한 방법으로 시장을 통한 요구와 개인적으로 원하는 것들을 강조한다고 비판하였다. 이들에 따르면 보수주의 욕구이론들은 기본적 또는 보편적 욕구가 개인적 만족을 통해서 해결될 수 있고 개인적 만족은 상품의 교환이 이루어지는 시장에 의해서 결정될 수 있다는 것을 의미하는데, 인간들이 기본적 욕구를 충족시키기 위해 시장을 통해 물건(옷, 음식 등)을 구매함으로써 개인적 만족 수준에서 기본적 욕구를 해결한다다는 점을 강조하여 기본적 욕구를 구

매할 수 없는 사람들의 기본적 욕구의 해결이 결국 등한시되는 결과를
초래하게 되었다고 한다(지은구, 2005). Doyal과 Gough(1991)가 제시
한 인간욕구이론은 크게 5개의 수준으로 구별된다.

첫 번째 욕구는 개인이 주관적으로 인식하는 만족이나 선호와는 구
별되는데, 대부분의 사람들은 사회적 위험이나 심각한 손해를 피하려는
보편적인 욕구를 가지고 있다. 또한 대부분의 인간들은 번영을 추구하면
서 어떤 형태로든 사회적 생활에 참여하게 되며 사회적 참여는 곧 개인
의 번영을 추구하는 데 있어 매우 중요한 역할을 수행한다. 따라서 최소
한의 사회적 참여를 하면서 사회적 위험이나 심각한 손해를 피하려는 욕
구는 욕구 해결의 가장 보편적인 목적이 된다. 노동시장으로의 참여를 포
함한 사회적 참여는 또한 빈곤과 사회배제를 극복하기 위해 매우 중요하
다고 볼 수 있다.

두 번째 욕구는 기초적인 인간욕구이다. 기초적인 인간욕구는 효과
적인 참여를 위한 보편적 전제조건을 나타낸다. Doyal과 Gough는 기
초적인 인간욕구로 인간 자율성과 육체적 건강을 제시하였다. 이들은 건
강과 자율성이 보장되면 인간은 참여를 통해서 진정한 인간 해방의 길로
나아간다고 주장하였다. 이들에 따르면 육체적 건강과 인간 자율성은 보
편적으로 누구나 가지고 있어야 하고 충족되어야 하는 기초적 욕구이다.
자율성은 무엇을 하여야 할지 그리고 어떻게 하여야 할지에 대해 고지된
선택을 할 수 있는 능력을 나타내는데, 정신건강의 결핍이나 인지기술의
부재 그리고 참여를 위한 사회적 기회가 부족하게 되면 인간의 자율성
은 손상을 받게 된다. 따라서 육체적 건강과 자율성을 위한 욕구는 인간
이 어떤 형태의 생존을 위해 참여하기 위한 전제조건이 된다. 특히 비판
적 자율성은 인간의 생존을 위한 선택에 영향을 미칠 수 있는 행위로 선
택을 비판하고 결정하는 능력을 의미한다. 따라서 자율성, 나아가 비판

적 자율성과 육체적 건강은 인간의 기초적 욕구이다.

세 번째 욕구는 중간욕구이다. 이들은 중간욕구(intermediate needs)를 보편적 욕구(universal needs)로 인식하였으며 기초적 욕구를 구성하는 육체적 건강과 자율성을 보호하고 삶의 사회적 형태로 최대한 참여하는 것을 가능하게 해주기 위해서 반드시 필요하다고 생각하였다. 그들은 11개의 중간욕구를 설정하였으며 그중 9개는 모든 사람들에게 필요한 것들이고 하나는 아동(아동의 안전)에게 그리고 나머지 하나는 여성(안전한 아동양육과 출산)에게 필요한 것이다. 따라서 이들은 욕구가 사람들이 처한 상황에 따라 다르게 적용될 수 있다는 욕구의 상대성을 인정하고 있음을 알 수 있다. 특히, 사회의 질이 보장되고 향상되기 위해서는 이 보편적 수준의 중간욕구의 성취 정도가 반드시 확인되어야 한다.

네 번째, 만약 인간이 중간욕구(보편적 욕구)를 필요로 한다면 이 중간욕구를 충족시키는 수단이 필요하게 되는데 이들은 이 수단을 욕구충족가(need satisfiers) 또는 사회적으로 형성된 구체적 충족가(specific satisfier)라고 명명하였다(Gough, 1997). 충족가는 중간욕구와 욕구 충족을 위해 사회적으로 형성된 사회적 전제조건 사이에 위치하여 중간욕구가 충족되기 위한 단계로 작동하게 된다.

마지막으로, 위의 욕구 충족의 모든 단계는 결국 사회적으로 형성된 전제조건을 필요로 한다. 즉, 사회적 행위를 하기 위해서는 결국 사회적으로 형성된 조건이 구축되어 있어야 하므로 사회적으로 형성된 토대 구축은 곧 위에서 제시한 욕구 충족의 과정이 가능하다는 것을 의미한다. 이들은 사회적 행위를 생산, 재생산, 문화 전이 그리고 정치적 권위(political authority)라고 제시하였다. 이들의 욕구이론은 〈그림 3-4〉와 같이 설명될 수 있다.

결국, Doyal과 Gough는 기초적 욕구를 삶의 사회적 형태로의 성

공적이고 비판적인 참여를 위한 보편적 선결과제로 인식하였는데, 이 보편적 선결과제는 육체적 건강과 자율성이며 이것이 기초적 욕구를 구성한다고 믿었다. 이들에 따르면 육체적 건강의 최하점은 생존(즉, 살기 위해 참여하고 행동하는)이며 육체적 건강의 중간점은 좋은 건강상태이다. 그러나 이들은 육체적 건강만으로는 사회적 참여를 성공적으로 수행할 수 없다고 본다. 그런 의미에서 자율성이 강조된다. 자율성은 성취할 것이 무엇인지 그리고 어떻게 그것을 성취할 것인지에 관해 알려진 선택들을 결정할 수 있는 능력이라고 이들은 정의한다. 일반적으로 정신건강, 인지능력 그리고 사회적 참여에 개입할 수 있는 기회의 세 속성이 부족할 때 자율성이 침해받을 수 있다고 이들은 주장한다. 정신건강이 침해받아 나타나는 정신병은 사람들의 자신감과 사회적 삶에 사회적 참여에 개입할 수 있는 경쟁력을 손상시킬 수 있기 때문에 정신건강이 중요하다고 본다. 그리고 인지능력은 사회적 참여를 위해 필요한 언어나 읽고 쓸 수 있는 능력 같은 문화적으로 특수한 기술들이나 보편적 기술들을 포함하며 문화에 따라 상이한 규칙들을 이해하고 해석할 수 있는 능력을 의미하기 때문에 중요하다. 또한 참여할 수 있는 기회는 사회적 역할을 보장하기 때문에 중요하다고 본다. 하지만 탈상품화와 욕구의 관계에 대한 설명이 제시되지 못하였다는 점은 이들 욕구이론의 한계이다. 사회배제와 빈곤이 만연한 현대 자본주의 사회에서 모든 인간은 기본적으로 자신의 노동력을 팔지 않고도 기본적인 삶이 보장되는 것을 기본적 욕구로 하며 이러한 욕구의 충족은 곧 사회적 수준에서 국가의 욕구 해결을 위한 노력을 수반한다. 탈상품화는 진정한 인간 해방과 적극적 사회참여의 길로 나아가도록 하는 기본 조건이 될 수 있다.

하지만 사회의 질을 설명함에 있어 개인의 주관적 수준의 만족이나 원함을 구분하고 기초적이고 보편적인 욕구의 해결과 이를 위해 사회적

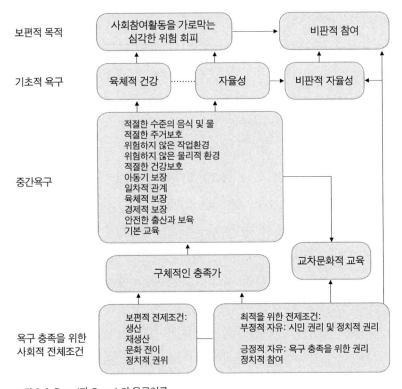

보편적 목적 → 사회참여활동을 가로막는 심각한 위험 회피 → 비판적 참여

기초적 욕구 → 육체적 건강 ········ 자율성 → 비판적 자율성

중간욕구 → 적절한 수준의 음식 및 물 / 적절한 주거보호 / 위험하지 않은 작업환경 / 위험하지 않은 물리적 환경 / 적절한 건강보호 / 아동기 보장 / 일차적 관계 / 육체적 보장 / 경제적 보장 / 안전한 출산과 보육 / 기본 교육

구체적인 충족가 → 교차문화적 교육

욕구 충족을 위한 사회적 전체조건 → 보편적 전제조건: 생산 / 재생산 / 문화 전이 / 정치적 권위 → 최적을 위한 전제조건: 부정적 자유: 시민 권리 및 정치적 권리 / 긍정적 자유: 욕구 충족을 위한 권리 / 정치적 참여

그림 3-4 Doyal과 Gough의 욕구이론
자료: Gough, In Beck et al., p. 85, 그림 6-1에서 재인용

으로 형성된 전제조건의 구축을 강조한 Doyal과 Gough의 욕구이론은 어떻게 사회의 질을 개선할 것인가에 대한 아주 기초적인 해답을 개인적 수준에서의 보편적 욕구 해결과 이를 위한 선결조건으로 생산과 재생산이 가능한 사회보장체계 그리고 문화 전이와 정치적 참여가 보장되는 사회보호체계의 구축을 통해서 찾는다는 측면에서 매우 유익하다.

결국, 사회의 질의 향상은 개인적 수준에서 기초적이고 보편적인 욕구를 해결함으로써 가능하며 국가의 사회정책을 통한 적극적인 욕구 해결을 위한 전제조건을 구축함으로써도 가능하다고 할 수 있다. 사회의 질은 개인의 만족이나 선호를 충족시키기 위한 개인적 조건 또는 도구가 아니라 인간의 기본적 욕구를 해결하기 위해 제공되는 정책이나 제도를 기초로 하는 사회조건 그리고 인간의 생활환경을 보다 좋게 개선하기 위한 사회적 조건이나 도구이다.

제4장

사회의 질과 노동의 상품화

제1절 노동의 상품화

1. 사회의 질 이론에서 노동의 상품화와 탈상품화

자본주의 시장경제의 주요한 특징인 노동의 상품화는 '노동자들의 노동이 상품으로 시장에서 팔린다는 것'을 의미하고 이는 곧 노동을 사고파는 시장이 존재한다는 것을 의미한다. 다시 말해 노동의 상품화는 노동시장이 등장하게끔 하는 이론적 토대라고 할 수 있다. 노동의 상품화는 자본주의 시장경제가 노동자에게 가져다준 인간 소외의 기초를 제공해줌으로써 노동자가 얼마나 그 자신의 노동, 노동생산품, 노동현장 그리고 가족과 지역사회로부터 소외받는지에 대한 심각성을 설명해준다. 노동자는 노동현장의 주체가 아니라 자신의 노동력을 생산 판매하는 생산자임과 동시에 끊임없이 자신이 가지고 있는 노동이라는 상품의 가치를 상승시키기 위해 노력하는 생산자이기도 하며 동시에 노동력 상품을 임금가치에 비례해서 소비하는 소비자라는 양면성을 동시에 갖는다. 결국 노동자는 자본주의하에서 노동력 생산과 소비의 균형을 추구하면서 부단한 인생을 살아가게 되며 시장경제는 이러한 노동력 상품을 시장경제의 체계 속에서 수요와 공급이 적절히 이루어지도록 하기 위해 노력해왔다고 볼 수 있다(지은구, 2007). 이러한 측면에서 노동의 상품화는 인간의 노동시장에 대한 종속을 나타내는 그리고 자본주의의 작동 원리 및 시장을 설명해주는 중요한 개념으로, 시민들이 매일매일의 삶을 살아나갈 수 있도록 하고 노동력을 재생산할 수 있도록 해주는 기제임과 동시에 노동소외를 통해 시민들의 삶의 수준 및 사회의 질을 급속하게 악화시키는 위협적 요소이다.

사회의 질과 노동의 상품화는 밀접한 연관이 있다. 사회의 질을 악화시키는 가장 결정적인 요소로 노동의 상품화가 지적될 수 있기 때문이다. 즉, 노동의 상품화는 현대 자본주의 경제체제를 설명하는 복지경제학의 가장 대표적인 개념으로 노동의 상품화에 따른 노동소외 및 배제는 사회의 질을 악화시키는 가장 위협적인 요소이다. 노동의 상품화는 자본주의 가치법칙에 기초하여 노동이 판매할 수 있는 상품으로 전환되면서 노동이라는 상품에 화폐가치를 부여한 후 노동의 가치를 임금으로 나타내고 노동자들이 임금을 통해 매일매일의 생활을 유지하도록 하는 기능을 담당한다. 따라서 노동의 상품화는 인간 노동 자체보다는 비싼 노동과 값싼 노동을 구별하고 팔 수 있는 능력이 있는 노동자와 그렇지 않은 노동자를 구별하는 잣대로 작동한다. 따라서 노동의 상품화는 바로 양극화의 기본적 요인이 된다. 자신의 노동을 반드시 상품으로 판매하여야만 삶을 유지할 수 있는 자본주의 경제체제는 국민이 자신의 노동을 더 비싼 값에 판매하기 위하여 경쟁에 뛰어들게 만든다. 이는 곧 연대나 공동체

보다 개인 중심 그리고 가구 중심의 미시경제가 팽배해지도록 하는 요인
이 되었다. 따라서 노동의 상품화는 연대보다는 분열, 포용보다는 배제
그리고 공동체보다는 개인주의를 강화시키도록 작동하는 기제라고 할
수 있다.

노동의 탈상품화(decommodification of labour)는 시장으로부터 자
유로운 인간의 상태를 나타낸다. 노동의 탈상품화는 노동의 상품화에 대
한 반대 개념으로 노동시장에 의존하지 않는 개인의 능력이나 노동시장
에서 나올 수 있는 개인의 능력을 나타낸다.

노동의 상품화	노동자들의 노동이 상품으로 시장에서 팔리는 것

2. 노동의 상품화와 실업

원하는 모든 사람들이 자신의 노동을 비싼 값에 판매할 수 있다고
한다면 노동의 상품화는 사회의 질을 위협하는 분열과 배제의 기제라고
할 수 없을 것이다. 노동의 상품화는 노동시장의 이중구조, 즉 노동시장
을 양극화하는 결정적인 요소로, 고임금, 좋은 작업환경, 고용안정의 1
차 노동시장과 낮은 임금, 열악한 노동조건, 불안정고용의 2차 노동시장
(노동시장분절론 또는 이중노동시장론)으로의 재편 그리고 2차 노동시장
에서 1차 노동시장으로의 진입을 막는 높은 진입 장벽을 통해 실업을 양
산하며 노동자들의 삶을 급속하게 악화시킴으로써 2차 노동시장에 부속
된 수많은 사회구성원을 보유한 사회의 질을 급속하게 악화시키는 역할
을 한다. 따라서 노동의 상품화는 실업문제의 결정적인 발생요인이다.

자본주의는 잉여노동자(산업예비군 또는 실업자)를 양산하도록 작동
하는 운동양식을 가지고 있다(지은구, 2006). 즉, 자본주의 운동양식에서
보면 자본가들은 계속적인 이익을 창출하기 위해 생산력으로서의 노동

자들을 확보하고 있어야 한다. 자본주의 운동양식은 기본적으로 한편으로는 한 사회의 부를 소유하고 통제할 수 있는 소수의 자본가를 한 축으로 하고 다른 한편으로는 일할 수 있는 능력과 기술을 팔아서 생존하여야 하는 다수의 노동자들을 한 축으로 하는 매우 역동적인 방식으로 움직인다. 일하는 노동자가 있어야 상품이 생산되고 궁극적으로 상품을 시장에 내놓아 상품이 사고팔려야 이윤이 창출되며 이러한 이윤을 통해 자본가는 자본을 축적할 수 있게 된다. 따라서 자본주의 운동양식에 기초하여 본다면 자본주의에서는 첫째로 더 많은 자본을 획득하고 축적하기 위해서 자본가들끼리 서로 경쟁을 하게 되고 둘째로 임금노동자화된 노동자들을 유지하여야 자본가들의 이윤을 확보 내지는 증진시킬 수 있다. 그렇기 때문에 자본가들은 더 많은 이윤을 확보하기 위해 노동자들이 더 오래, 더 빨리 그리고 더 적은 돈으로 일하는 것을 당연히 선호하게 된다. 또한 자본가에게 필요한 수의 노동자보다 더 많은 수의 노동자를 사회가 확보하고 있어야 양질의 노동력을 싼값에 고용할 수 있으므로 항상 필요한 수보다 더 많은 수의 노동자들이 사회에 만연하게 된다. 이것이 곧 자본주의 운동양식에 따른 노동의 상품화에 의해 발생하는 실업의 구조적인 요인이다.

3. 노동의 상품화와 인간 소외

자본주의 사회에서 노동자들에게 인간 소외를 가져다준 가장 결정적인 원인은 바로 자본주의 경제체제에서 나타난 노동의 상품화이다. 노동의 상품화는 자본주의 사회의 전통적인 사회문제로 실업문제를 야기시킨 가장 결정적인 요인이며 나아가 각종 폭력과 중독, 즉 아동폭력이나 부녀자폭력, 업적이나 성과의 강조에 따른 산업재해의 증가, 알코올중독이나 약물중독의 증가 현상의 직접적인 원인이다. 노동의 상품화는 자본주의 시장경제가 노동자에게 가져다준 인간 소외를 일으키는 기초를 제공해줌으로써 노동자가 얼마나 노동과 노동생산품, 노동현장 그리고 가족과 지역사회로부터 소외받는지에 대한 심각성을 설명해준다. 노동자는 더 이상 노동현장의 주체가 아니라 자신의 노동력을 생산하고 판매하는 생산자임과 동시에 끊임없이 자신이 가지고 있는 노동이라는 상품의 가치를 상승시키기 위해 노력하는 생산자이기도 하며 동시에 노동력 상품을 임금가치에 비례해서 소비하는 소비자라는 양면성을 동시에 갖는다(지은구, 2006). 따라서 노동의 상품화는 인간 소외의 결정적인 요인이다.

Marx의 소외이론에 따르면 공장체계의 산업혁명과 과학기술혁명에 기인한 자동화와 기계화는 노동자들의 업무를 틀에 박힌 일상적이고 하찮은 업무로 만들어 노동을 더 이상 신성하게 여기지 않게 하였고 단순히 자신의 생계유지를 위한 수단으로 여기게 하였다. 결국, 공장체계의 발전과 그에 따른 결과는 자신의 노동을 팔아 생활하는 노동자들의 삶을 파괴하였으며 노동자들은 자신들을 일시적이고 중요하지 않은 존재로 인식하게 되었고 이러한 그들의 감정은 지역사회와 그들의 가정으로 퍼지게 되었다. 자본주의 사회가 가져다준 노동의 상품화에 기인한 이러한 감정은 노동자들에게 소외(alienation) 현상이 나타나도록 하였다. 소외는 노동대상으로부터의 소외, 노동수단으로부터의 소외 그리고 자본으로부터의 소외와 자기 자신, 가족, 지역사회 그리고 다른 사회적 집단으로부터의 소외를 포함하여 노동자들의 삶에 다양한 영향을 미쳤다.

Marx는 자본주의하에서 노동자들이 생산수단으로부터 그리고 생산물로부터 서서히 소외되기 시작하여 결국에는 노동자들에게 있어 소외가 사회에 만연한 하나의 현상으로 자리 잡게 된다고 강조하였다. Marx는 자본주의하에서 노동자들의 소외를 첫째, 노동 생산물로부터의 소외, 둘째, 노동과정으로부터의 소외, 셋째, 인간 본성으로부터의 소외 그리고 동료로부터의 소외로 분류하여 설명하였는데(Ferguson, Lavalette, and Mooney, 2002) 지은구(2006)는 이외에 가족으로부터의 소외를 추가하여 설명하였다. 이들 소외를 보다 구체적으로 설명하면 다음과 같다.

첫째, 노동 생산물로부터의 소외: 자본주의하에서 노동자들은 자신들의 노동을 통해서 산출한 생산물(상품)에 대한 통제를 잃게 된다. 즉, 생산물은 더 이상 노동자 자신의 소유가 아니며 고용주들의 소유가 된다는 것을 의미한다. 과거 원시공산사회에서나 봉건사회에서 사람들은 자신들이 소비하고 교환하며 팔기 위한 상품을 생산하기 위해 창조적인 능력을 사용하였다. 하지만 자본주의하에서 많은 노동자들은 자신들이 만든 상품(예를 들어 자동차나 컴퓨터, TV. 옷 등)을 구매할 수 없게 되었다. 예를 들어 500만 원 이상 하는 고가의 TV는 그 제품을 생산하는 노동자들의 임금으로 구매한다는 것이 쉽지 않으며 20만원을 호가하는 청바지는 더 이상 그 바지를 생산하는 노동자들의 옷이라고 할 수 없다.

둘째, 노동과정으로부터의 소외: Marx가 강조하였던 두 번째 소외는 노동자들의 노동과정에 대한 통제의 상실이다. 과거에 노동자들은 자신들이 수행하는 행동(노동)에 대해서 스스로 통제할 수 있는 통제권을 가지고 있었지만 생산물을 생산해내기 위해 수행하는 노동과정에 대한 통제권은 자본주의하에서 생산수단의 소유자에게 넘어가게 되었다. 즉, 동물과 구별되는 창조적이고 의식적인 노동을 수행하는 인간에게 있어서 생산물을 생산하는 목적과 노동을 수행하는 과정이 그 노동의 본래 소유자인 노동자로부터 노동자를 고용한 소유자에게로 넘어갔다는 것을 의미한다. 이는 자본가들 사이의 경쟁에서 살아남고 나아가 더 많은 이익을 추구하려는 자본가들이 생산성을 증가시키기 위해 노동과정을 조직화하는 새로운 방식을 꾸준히 개발하고 추진함으로써 노동자들의 노동과정으로부터의 소외가 더욱 증대되었다는 것을 의미한다. 노동과정은 더욱 분업화된 작업으로 분화 발전되어 노동자들은 특정 단순작업만을 반복함으로써 자신들이 만든 최종 생산물을 접촉할 수 있는 기회마저 제한되었고 노동자들의 업무는 분업화된 업무의 기계적 반복으로 제한되었으며 그들의 노동은 일상적이고 하찮은 것으로 치부되었다.

셋째, 인간 본성으로부터의 소외: Marx가 제기하였던 세 번째 소외는 바로 노동자들이 인간의 본성으로부터 멀어지는 인간 본성으로부터의 소외이다. 동물과 달리 인간은 본래 의식적인 노동을 수행할 수 있는 능력을 가지고 있다. 물론 동물도 집을 짓는 등의 생산적인 활동으로서의 노동을 수행하지만 새끼들을 돌보거나 욕구를 충족하기 위해 생산하는 반면 인간은 물질적인 욕구를 충족하기 위해서 생산할 뿐만 아니라 욕구와 자유로운 관계에 있다고 해도, 즉 자신의 본능적인 욕구를 해결하는 것과 상관없이도 생산한다. 이러한 인간의 창조적 능력이 바로 동물과 구별되는 점이라고 할 수 있다. 하지만 자본주의하에서 대부분의 노동자들에게 있어 이러한 창조적인 노동의 능력은 무시되고 부정되며 산산이 부서져버렸다고 볼 수 있다. 즉, 노동자들은 단순 작업대에서 반복적으로 일상적인 직무만을 수행함으로써 의식적이고 창조적인 노동을 수행하는 인간 본성이 사라지게 되었다는 점이 강조된다.

넷째, 동료로부터의 소외: Marx의 소외이론의 마지막 측면은 동료들로부터의 소외이다. 즉, 생산수단을 소유한 또는 통제하는 사람과 통제당하는 또는 착취당하는 사람 사이의 소외가 존재한다는 것을 의미한다. 동료로부터의 소외의 결정적인 원인은 바로 경쟁이라고 할 수 있다. 자본주의가 강조하는 경쟁은 인간의 연대성과 집합적 이익을 등한시하는 경향을 낳았으며 이는 결국 개인적 이익만을 추구하는 이기적 인간상을 낳았다. 그리고 이타적 인간과 연대 또는 집합적 이익의 추구는 자본주의하에서 가치 없는 행동으로 자리 잡게 되어 자기 자신만을 위하는 사람들이 등장하도록 만들었고 이는 결국 인간들이 동료로부터 소외되는 현상을 가져다주었다고 볼 수 있다. 즉, 경쟁은 노동자들을 조직화하는 것을 어렵게 만들었으며 한편의 노동자들이 다른 한편의 노동자들을 적이나 위협으로 생각하도록 하였다.

다섯째, 가족으로부터의 소외: 가족은 조직의 가장 기본적인 한 유형으로 모든 인간은 가족이라는 조직으로부터 다양한 사회적 기능을 배우고 공부하게 된다. 하지만 산업사회가 등장하면서 가족의 기능은 급속하게 몰락의 길을 가게 되었다. 일반적으로 가족은 다음과 같은 재생산의 3개의 상호 연관된 과정을 위한 조직체라고 할 수 있다. 첫째로 일상적인 생활의 재생산, 즉 일상의 재생산이 강조될 수 있다. 일상의 재생산이라는 것은 모든 가족구성원을 위한 주택을 제공하고 필요한 옷과 음식을 제공한다는 의미이다. 둘째로 세대 간 재생산이다. 세대 간 재생산은 종의 유지와 확대를 위한 생물학적인 재생산을 의미하는 것으로 아이를 낳고 젊은 사람들이 노인들을 지원하는 것을 포함한다. 셋째로 사회적 재생산이다. 사회적 재생산은 사회화, 사회구조, 사회적 소비(가족에서 이루어지는 소비를 의미), 이념 등을 재생산하는 것을 의미한다(Ferguson, Lavalette, and Mooney, 2002). 하지만 자본주의의 발달과 노동의 상품화의 발전으로 인하여 노동자들의 가족은 급속하게 파괴되었다. 이는 기업주들이 더욱 건강한 노동자들을 공장으로 끌어들여서 장시간 노동과 높은 노동강도 그리고 낮은 임금으로 가족의 재생산 기능을 유지할 수 없는 고단한 삶을 살도록 함으로써 나타났다고 할 수 있다.

결론적으로 자본주의는 가족을 가정과 생산적 삶으로부터 분리하였으며 자본주의하에서 가족은 단지 노동자들의 노동력만을 재생산하는 역할로 의미가 축소되었다. 따라서 안락한 가족의 삶은 서서히 파괴되고 노동력을 상품화하기 위한 재생산구조로 가족이 작동하므로 노동자들은 단지 자신의 노동력을 재생산하기 위한 피난처로 가족을 인식하여 점차 가족구성원으로부터 소외되고 가정폭력과 이혼율이 급증하는 현상이 발생하게 되었다.

4. 노동의 상품화와 빈곤

　빈곤에 대한 Marx의 견해는 빈곤이 곧 착취에 의한 결과라는 것이다. 즉, 자본주의 생산관계에서 노동자는 자본가에 의해 잉여노동이 착취되어 빈곤하게 되고 기계의 자동화에 의해 노동소외가 일어나 노동자들의 궁핍화(빈곤화)가 사회에 만연하게 된다. 빈곤을 착취의 형태로 바라보는 Marx는 빈곤의 원인이 자본주의 제도 자체에 기인한다고 보았다. 자본주의 제도에서는 생산수단의 사적 소유권이 인정되고 시장이라는 기구에 의해서 소득과 자원이 분배되기 때문에 생산수단을 가지지 못한 노동자계급은 자신의 노동력을 팔아야 생존할 수 있게 되고(노동의 상품화) 그들의 노동은 곧 자본가계급에 의해 착취당한다. 또한 노동시장에서 노동의 동기 및 생산성이 낮은 노인이나 실업자는 저임금을 받게 되어 빈곤이 고착화된다(지은구 외, 2015). 결국, 노동의 상품화가 곧 빈곤의 결정요인이 된다.

　마르크스주의자들에 의해서 제시된 궁핍화이론은 노동의 상품화에 따른 빈곤을 설명해주는 이론이다. 궁핍화이론에 따르면 자본주의는 자본과 임노동의 관계에 의해서 구성되어 있는 경제체제로 자본은 더 많은 이윤을 창출하기 위해서 노력하며 이러한 자본의 의도는 팔 것이라고는 자신의 노동력밖에 없는 임금노동자들을 통해서 실현된다. 즉, 자본가는 더 많은 이윤의 창출을 더 많은 노동시간과 높은 노동강도, 낮은 임금 그리고 노동생산성의 향상을 강조함으로써 이룩하려고 한다. 자본가의 이러한 이윤 창출에 대한 의지는 끊임없이 이루어지기 때문에 노동자들에 대한 착취와 수탈은 자본주의하에서는 필연적일 수밖에 없다. 또한 자본가는 언제라도 노동자들을 손쉽게 공급받기 위하여 항상 산업예비군을 확보하려고 하기 때문에 결국 노동자들은 저임금과 실업상태에 머무를 수밖에 없게 되고 자기 자신과 노동 생산물 그리고 가족 등으로부터 소외되는 노동소외 현상이 만연하게 된다. 이로써 임금노동자들은 자본주의 경제체제하에서는 경제적으로나 육체적으로 그리고 정신적으로 궁핍할 수밖에 없게 된다. 결국, 자본주의 시장경제에서 노동자들이 자신이 가지고 있는 노동력의 상품화에 실패했다든지 또는 노동력 재생산에 실패한 경우에 그들의 임금의 가치는 추락하게 되고 소득은 줄어들게 되며 경우에 따라서는 일자리를 잃게 되어 노동시장으로부터 소외된다. 그러므로 자기상품화와 노동력 재생산의 실패 그리고 노동시장으로부터의 배제가 노동자들을 절대적 빈곤상태로 떨어지게 하는 궁핍화의 결정적인 원인을 제공하게 된다. 결국 궁핍화이론의 특징은 다음과 같이 설명될 수 있다(지은구. 2015, 2010, 1991).

첫째, 자본주의 축적의 일반적 법칙(자본과 임노동의 관계에 의해서 구성되어 있는 자본주의 경제체제하에서 자본은 더 많은 이윤을 축적하기 위해 노력하고 임금노동자들은 노동력을 지속적으로 착취당한다는 법칙)이 노동자들의 빈곤, 노동고, 노예상태, 억압, 예속, 타락 등을 설명하는 궁핍화이론의 내재적 법칙이다.

둘째, 자본주의 경제체제하에서 과학기술혁명에 의해 새로운 기계가 지속적으로 도입됨과 동시에 노동자들의 인구 증가와 유휴노동력의 증대는 결국 수확체감의 법칙(the law of diminishing return)[1]에 의해 노동자들의 실질임금을 더욱 낮아지게 하여 노동자들은 점점 가난하게 되는데 이러한 현상은 곧 노동자들의 궁핍화를 의미하는 것이다.

셋째, 자본의 유기적 구성의 고도화(즉, 과학기술혁명에 따른 기계의 발전에 의해 노동자들이 생산현장으로부터 유리되는 현상이 증가하는 것)는 필연적으로 상대적 과잉인구를 생산하고 이 상대적 과잉인구, 즉 산업예비군은 자본축적의 진행이 발전됨에 따라 자본에 억압 예속되며 생산과정에서 유리되고 배제되어 절대적으로 빈곤하게 된다.

넷째, 노동자계급의 궁핍화는 노동자들의 절대적 빈곤과 상대적 빈곤을 동시에 진행되도록 하는데 상대적 빈곤이 절대적 빈곤을 낳고 절대적 빈곤이 또한 상대적 빈곤을 심화 발전시킨다. 절대적 빈곤이란 자본주의가 발전하면서 노동자계급과 근로대중의 생활조건과 노동조건이 악화되는 것을 의미한다. 생활조건과 노동조건의 악화는 실질임금 저하, 실업자 수 증대, 해고, 노동재해의 증대, 노동강도 강화, 조세부담률 증가, 주택상황 악화를 의미한다. 상대적 빈곤이란 노동자의 상태의 열악화에 비해 자본가들은 더욱 부유화되고 노동자들은 더욱 빈곤화되는 것으로, 국민소득분과 사회적 총생산물 속에서 차지하는 노동자계급의 취득분 감소 그리고 소득 양극화의 격차가 더욱 벌어지는 경향을 의미한다.

결국, 사회구성원의 절대적 다수인 노동자의 절대적 그리고 상대적 빈곤화는 자본주의 축적구조하에서 노동력을 팔아서 생계를 유지하는 노동의 상품화에 기인하여 노동자의 매일매일의 생활조건과 노동조건이

....

1   수확체감의 법칙은 일정한 농지에서 작업하는 노동자 수가 증가할수록 1인당 수확량은 적어진다는 법칙

절대적으로 악화될 수밖에 없는 것을 말한다. 이는 곧 노동자들을 둘러싼 전체 사회의 질의 악화를 의미한다고 할 수 있다.

제2절 노동의 탈상품화와 사회의 질

1. 노동의 탈상품화

자본주의는 노동의 상품화에 의해서 발전하였지만 노동의 상품화는 또한 인간 노동을 상품화함으로써 인간의 자본에 대한 종속과 지배를 정당화하고 상품가치에 비례한 소득과 소비를 정당화하며 상품성을 잃은 사회구성원의 시장으로부터의 배제를 정당화하는 기제로 작동하였다. 노동의 상품화는 어떤 것이든 자신이 원하는 것이나 자신의 만족을 위한 것들은 모두 스스로의 노동을 통해서 획득할 수 있다는 환상을 불러일으켰다. 그리하여 가치적 측면에서 경쟁과 개인주의를 중요시하도록 하여 결국 연대와 협력, 공동체주의와 같은 가치를 훼손함으로써 사회자본의 형성에 급격한 방해요소로 작동하여 사회구성원이 자기 자신 이외에는 아무도 믿지 않고 스스로 고립되는 사회적 고립의 일상화에 기여하였다.

아무리 노동을 하고 자신의 노동을 높은 가치로 판매하기 위해 노력하여도 기본적인 삶의 유지가 어려운 많은 국민은 결국 무능력자, 패배자, 실패자라는 낙인이 찍혀 물질적인 어려움뿐만 아니라 정신적, 심리적인 고통을 겪으면서 하루하루를 어렵게 살아가게 된다. 사회의 질의 수준이 높으면 연대와 형평성 그리고 사회정의를 위한 가치가 팽배해지고 사회적 임금의 수준이 높아 기본적 생활을 보장받으며 활발한 사회봉사 및 사회참여활동을 할 수 있고 나아가 사회구성원이 서로 신뢰하면서 기본적인 삶이 유지·보장되는 안전한 삶을 살아갈 수 있게 된다. 그러므로 사회의 질과 노동의 상품화는 거울의 앞뒷면이라고 할 수 있다.

노동의 상품화는 인간의 삶의 질 및 사회의 질에 부정적인 영향을 미치는 요소이다. 인간은 스스로 노동을 상품화하여 화폐가치가 부여된 임금을 통해 노동을 판매하여 생활을 영위해나가고 상품화를 통해 제공받은 임금을 통해 다시 자신의 노동을 상품화하기 위해 노동력을 재생산하기 위한 상품을 구매하여 소비하는 과정을 거치며 하루하루를 살아간다. 상품화가 될 수 없는 노동 능력이나 상품화가 불가능한 노동 능력을 가진 사람들은 노동시장으로부터 배제되며 국가는 이들이 최소한의 생계유지를 하도록 하기 위해 잔여적 복지를 제공한다. 여기서 복지는 권리가 아니며 생존을 위한 도구나 수단에 지나지 않는다. 하지만 복지는 생존수단이 아니며 인간의 기본적 삶의 영위를 보장하는 권리이다. 노동을 판매하여야만 살아가는 것이 가능한 것이 아니라 노동을 판매하지 않아도 기본적인 삶이 보장되는 것이 복지국가이자 복지사회이므로 필요하다면 노동을 판매하지 않아도 국민의 기본적인 삶이 유지될 있도록 사회의 질이 보장되는 것이 중요하다고 볼 수 있다. 따라서 노동의 탈상품화는 "노동자들이 또는 국민이 자신의 노동을 시장에 팔지 않고도 또는 시장에 의존하지 않고도 기본적인 삶이 유지 가능한 상태"라고 정의할 수 있다.

| **노동의 탈상품화** | 국민이 자신의 노동을 시장에 팔지 않고도 또는 시장에 의존하지 않고도 기본적인 삶이 유지 가능한 상태의 정도 또는 수준 |

2. 탈상품화와 사회의 질

사회의 질의 수준을 급속하게 악화시키는 노동의 상품화에 대한 적극적 대응으로 탈상품화(decommodification)라는 기제가 등장하였다. 탈상품화는 복지국가의 수준을 결정짓는 중요한 기준이다. Esping-Andersen(1990)은 탈상품화를 복지국가의 유형을 규정짓기 위한 기준으

로 활용한 대표적인 학자로 알려져 있다. 탈상품화는 Esping-Andersen
에 의해서 복지국가를 설명하는 중요 개념으로 등장하였다. 탈상품화는
일반적으로 "개인이나 가족이 시장에서의 성과(performance)와 상관없이 일
상적이고 사회적으로 수용할 수 있는 수준을 유지할 수 있는 정도"를 나타내지
만 본래는 노동의 탈상품화로부터 발전된 개념이다.

　본래 탈상품화라는 개념을 처음 사용한 학자는 Polanyi(1980)이
다. 그는 Marx의 영향을 받아 자본주의는 노동자를 교환을 위해 생산되
는 다른 상품들과 마찬가지인 하나의 상품으로 취급한다고 강조하였다.
그는 노동자가 교환을 위해 생산되고 이것을 유지하는 것(노동의 상품화
를 유지)이 사회를 파괴로 인도할 수 있으므로 현실의 사회가 또는 시스
템이 생존할 수 있는지 또는 생존할 수 없는지를 확인하기 위해서 노동
의 탈상품화를 측정하는 것이 필요하다고 강조하였다(Holden, 2003).
Offe(1984)는 탈상품화를 "시장관계로부터 멀어지는 또는 자유로워지
는 증가하는 수의 사회적 영역과 집단"으로 정의하였다. 또한 Offe는 탈
상품화에 대해서 언급하면서 노동력은 다른 상품과는 다르기 때문에 노
동력을 향상시키고 보존할 수 있도록 해주는, 노동시장에서는 교환되지
않는 그리고 상품화되지 않는 지원체계를 필요로 한다고 강조하였는다.
탈상품화를 시장에서 상품화되지 않는 지원체계로 확대해석한다면 이는
곧 노동력을 보존하고 향상시킬 수 있도록 돕는 탈상품화으로서의 사회
복지혜택을 의미한다고 볼 수 있다(Holden, 2003).

　탈상품화에 대한 이러한 해석을 현대 복지국가를 이해하기 위해 활
용한 대표적인 학자는 Esping-Andersen이다. 그는 탈상품화를 강조하
면서 인간의 종속(특히 인간의 시장에 대한 종속)을 규정짓는 가장 결정
적인 기제로 탈상품화를 강조하였으며 사회정책은 곧 인간의 시장으로의 종
속을 약화시킬 수 있고 나아가 개개인들이 자신들의 삶을 통제할 수 있도록 하

는 공간을 제공한다는 점을 강조하였다(Esping-Andersen, 2000). 특히, 그는 탈상품화를 인간의 복지가 시장에 의존하는 정도로 파악하고 이를 측정하기 위하여 탈품화지수를 제시하여 복지국가를 유형화하였다. Esping-Andersen(1990)은 탈상품화를 2개의 관련된 내용을 갖는 개념으로 정의하였다. 그에 따르면 탈상품화는 첫째, 일반적 복지, 소득, 노동의 잠재적 상실 없이 시민들이 자유롭게 필요하다고 생각한다면 노동에서 손을 뗄 수 있는 것, 둘째, 개인이나 가족이 시장참여에 의존하지 않고 사회적으로 수용될 수 있는 기본적인 삶의 수준을 유지할 수 있는 정도이다. 그의 정의를 보면 탈상품화는 국민이 필요하다면 노동시장에 의존하지 않고도 기본적인 삶을 유지할 수 있는 정도를 나타낸다고 볼 수 있으며 확대해석하면 탈시장화가 곧 탈상품화의 조건이 된다고 볼 수 있다. 즉, 그는 탈상품화가 첫째, 재화와 서비스가 권리로 제공될 때, 둘째, 시장에 의존하지 않고도 사람들의 기본적인 삶이 유지될 때 발생한다고 보았다.

　　Marx가 제시한 바와 같이 자본주의 시장경제체제는 노동자계급의 삶에 위협적인 요소로 작동한다. 즉, 노동자들은 삶을 유지하기 위한 생존수단의 교환을 위해서 자신의 노동력을 판매하여야 하므로 노동을 상품화하여야 하고 이는 곧 노동력의 잠재적 발전 자체를 제한하는 기제로 작동하게 된다(Huo et al., 2006). Esping-Andersen은 이러한 노동의 상품화에 대한 부정적인 측면에 기초하여 복지국가가 발전하기 위해서는 노동의 탈상품화 그리고 복지국가의 탈상품화가 필수적인 요소임을 강조하였다. Esping-Andersen은 탈상품화를 소비적 측면(소비의 탈상품화), 즉 기본적 삶을 유지하기 위해 필요한 것을 나타내는 의미로 활용하여 복지국가의 유형화를 시도하였다. 하지만 기본적으로 탈상품화는 두 가지 성격, 즉 소비의 탈상품화와 자기실현의 탈상품화라는 의미를 동시에 내포하는 개념이다. 즉, 탈상품화는 단면적 개념이 아니라 다면적 개념임을 의미한다.

탈상품화를 이해하기 위해 상품화에 대한 Marx의 전제를 살펴보면, Marx(1970)는 인간은 기본적으로 물질적 욕구와 사회적 욕구를 지니고 있다고 강조하였다. 그는 생물학적 욕구는 음식, 주택 등 기본적으로 삶을 유지하기 위해 반드시 소비하여야 하는 필수품을 확보하는 것 그리고 사회적 욕구는 인간이 자기-의식(self-consciousness)을 개발하고 획득하기 위하여 그들의 작업을 창조적으로 협력하여 수행하려는 것이라고 설명하였다. 그리고 자본주의 경제체제에서의 노동의 상품화는 기본적으로 이러한 인간의 욕구 해결을 원천적으로 봉쇄한다고 비판하였다. 즉, 그에 따르면 욕구 해결을 위한 노동은 기본적 삶을 유지하기 위한 물질적 존재수단이고 또 다른 한편으로 인간 창의성을 위한 수단이라는 양면성을 갖는다. 자본주의 사회에서 물질적 욕구를 해결하기 위해서 인간은 노동력을 시장에 판매하여야 삶을 유지할 수 있는 기본적인 재화와 서비스를 소비할 수 있다. 따라서 물질적 욕구를 충족시키기 위한 인간의 능력은 항상 불안정한데 이는 노동의 상품화가 전적으로 고용주와 임금고용관계를 유지하여야만 가능하기 때문이다. 물론 고용의 수준에 따라서 물질적 욕구의 수준이 해결되지 못하는 경우(낮은 임금의 열악한 고용 수준)도 존재한다. 또한 노동의 상품화는 기본적으로 임금노동자가 자기실현(self-realization)과 자기창의성 개발을 위해 시간과 노력을 기울이는 것을 불가능하도록 만든다. 노동이나 작업을 통해서 자신의 잠재성을 개발하고 자기실현을 달성하는 것, 즉 작업을 통한 창의성 개발이 인간의 사회적 욕구이지만 이러한 보편적 인간욕구로서의 자기계발(self-development)과 자기실현은 노동이 상품화되고 인간이 노동과정과 노동수단으로부터 소외되면서, 즉 노동의 상품화를 통해서 불가능하게 되었다고 할 수 있다.

표 4-1 탈상품화에 대한 정의

탈상품화에 대한 정의	출처
시장관계로부터 멀어지는 또는 자유로워지는 증가하는 수의 사회적 영역과 집단	Offe(1984)
• 일반적 복지, 소득, 노동의 잠재적 상실 없이 시민들이 자유롭게 필요하다고 생각한다면 노동에서 손을 뗄 수 있는 것 • 개인이나 가족이 시장참여에 의존하지 않고 사회적으로 수용될 수 있는 기본적인 삶의 수준을 유지할 수 있는 정도 • 탈상품화는 첫째, 재화와 서비스가 권리로 제공될 때, 둘째, 시장에 의존하지 않고도 사람들의 기본적인 삶이 유지될 때 발생 • **결국, 탈상품화는 반드시 지불되어야 하고 교환되어야 하는 재화나 서비스 또는 상품이라기보다 사회적 권리(entitlement)로 상품을 바라보는 것**	Esping-Andersen (1990)
• 실업이나 질병 또는 정상적인 소득행위를 방해하는 기타 요인들이 발생해도 기본적인 삶을 유지할 수 있는 것 • 탈상품화는 자기실현과 자기계발의 과정	Room(2000), 연구자
• **시장에 의존하지 않고 상품, 즉 재화와 서비스를 권리로 제공받을 수 있는 정도** • **탈시장화가 곧 탈상품화**	연구자

    결국, 탈상품화는 사회의 질 향상의 전제조건 중 하나라고 규정할 수 있으므로 복지국가의 탈상품화는 사회의 질의 향상을 위한 기본 전제조건으로 작동한다. 복지국가의 탈상품화는 국민이 노동을 하지 않아도 기본적인 생활을 영위하는 것이 가능하도록 국가가 서비스와 재화를 제공함으로써 실현된다.

3. 탈상품화하는 복지국가

    Esping-Andersen(1990)은 탈상품화하는 복지국가란 시민들이 직장(일자리), 소득 또는 일반적 복지의 손실과 상관없이 그들 자신이 필요하다고 인식하면 직장으로부터 자유롭게 벗어날 수 있는 것이 최소의 조건인 국가임을 강조하였다. 또한 본 연구에서는 탈상품화를 시장에 의존하지 않고 상품, 즉 재화와 서비스를 권리로 제공받을 수 있는 정도로 정의하였다. 결국, 탈상품화하는 복지국가란 '시민들의 필요에 의해 노동에 대한 시장 강제성으로부터 자유로운 체제'라고 할 수 있다. 또한 탈상품화하는 복지국가에서는 노동력에 대한 노동자들의 의존성을 줄이고 하나의 권리로서 부가적인 소득을 제공하는 사회정책이 발전하게 되므로 복지혜택은 사회적 권리로 작동하게 된다. 즉, 탈상품화하는 복지국가는 국민이 필요한 생존수단을 시장으로의 참여가 아닌 사회적 권리로서 국가로부터 제공받는 체제라고 규정할 수 있다.

따라서 탈상품화하는 복지국가에서 국민의 기본적인 삶이 유지되도록 하기 위해서는 국가의 노동시장에 대한 개입의 정도가 높아야 하며, 특히 국민이 필요하다면 시장으로의 참여 없이도 삶의 유지가 가능한 복지에 대한 혜택을 제공받을 수 있도록 사회의 질의 수준이 높아야 한다. 결국, 탈상품화하는 복지국가는 시장에 의존하지 않고도 국민이 기본적인 삶을 유지하는 것이 가능하고 노동시장에 참여하여도 열악한 노동조건 때문에 기본적인 삶의 유지가 어려운 국민에게 그것이 가능하도록 하는 체제라고 할 수 있다.

탈상품화하는 복지국가	• 시민들이 직장(일자리), 소득 또는 일반적 복지의 손실과 상관없이 그들 자신이 필요하다고 인식하면 직장으로부터 자유롭게 벗어날 수 있는 체제 • 시민들이 노동에 대한 시장 강제성으로부터 자유로운 체제 • 국민이 필요한 생존수단을 시장으로의 참여가 아닌 사회적 권리로서 국가로부터 제공받는 체제 • 시장에 의존하지 않고도 국민이 기본적인 삶을 유지하는 것이 가능하고 노동시장에 참여하여도 열악한 노동조건 때문에 기본적인 삶의 유지가 어려운 국민에게 그것이 가능하도록 하는 체제

4. 탈상품화의 두 가지 성격

1) 자기실현 또는 자기계발로서의 탈상품화

노동자가 자기실현이나 자기계발을 하기 위해서는 노동의 탈상품화가 전제되어야 한다. 이는 자기실현이나 자기계발이 노동의 상품화에 영향을 받으므로 자기실현을 하기 위해서는 노동의 탈상품화가 중요함을 나타내준다. 노동자, 나아가 국민에게 있어 자기실현과 자기계발은 이를 위해 시간을 투자하여야 가능하다. 즉, 적절한 교육과 훈련 그리고 인적자본을 위한 투자에 의해 자기실현과 자기계발이 이루어진다. 결국 탈상품화는 자기실현을 위한 기본적 토대로 작동함을 알 수 있다. 노동의 탈상품화의 정도가 낮으면 또는 복지국가의 탈상품화가 낮으면 당연히 국민은 자기실현이나 자기계발을 위한 투자를 하는 것이 불가능하다. 국민이 하루하루 생활하면서 얼마나 많은 시간과 돈을 자신들의 숙련도와 사회적 기능을 향상시킬 수 있도록 돕는 자기실현과 자기계발을 위한 교육과 훈련에 투자할 수 있는가는 곧 탈상품화의 정도에 많은 영향을 받는다고 볼 수 있다. Marx(1970)가 강조한 바와 같이 자본주의 사회에서 노동의 상품화에 기초한 임금노동은 인간 창의성을 제한한다. 즉, Marx(1970)에 따르면 인간은 노동(작업)을 하면서 자기창조를 실현하지만 자본주의 사회에서 노동시장에 상품화된 노동을 판매하는 노동자들은 창조적인 행위로 그리고 자기 자신을 위해 노동을 하는 것이 아니라 판매를 목적으로 그리고 기본적인 삶을 유지하는 것을 목적으로 노동을 수행하므로 노동과정으로부터 점차 소외되고 시장에 종속되는 과정을 겪는다. 따라서 자기실현은 탈상품화에 의존한다고 할 수 있다.

탈상품화는 경제정책 중심에서 사회정책 중심으로 국가기획의 방향을 전환하여 노동시장에 종속 또는 의존되어 있는 국민의 기본적 삶과 사회의 질을 유지·보장하고 향상시키기 위한 정책적 패러다임을 제시한다. 물질적 부의 창출을 위해 자신의 삶을 시장에 종속시킨 국민은 스스로 시장에서 생존하고 경쟁력을 강화하기 위해 노력하게 되며 개인의 경쟁력은 곧 시장으로부터의 보상 또는 자신의 임금을 결정짓는 중요한 잣대로 작용한다. 그러므로 시장에 종속된 노동은 자기실현이나 창의성을 위한 노동이 아니라 단순히 생존만을 위한 노동으로 전락하게 된다. 하지만 탈상품화를 통해 국민의 생존을 위해 필요한 상품이나 서비스를 시장을 통해서가 아니라 국가가 구매하고 교환할 수 있도록 돕는 사회정책적 패러다임을 제시하게 된다면, 이는 곧 노동을 통한 자기실현과 더불어 잘살 수 있도록 하는 공동체 지향적인 사회적 노동(social labor)을 수행하는 데 중요한 요건으로 작동할 것이다.

사회정책이 인간 창의성을 지지하는가 아니면 방해하는가? 탈상품화는 국민의 시장에 대한 의존을 줄이고 사회정책을 통해서 국민이 반드시 필요한 것을 소비하고 교환하게 하는 것이므로 인간 창의성과 자기실현을 위한 노력이 가능하도록 만드는 기제로 작동할 수 있다. 자기실현을 위한 탈상품화의 정도를 측정하기 위한 지표로, Room(2000)은 고용 수준(정규직과 비정규직 등), 장기실업률, 직무만족도, 직무이동, 교육제공 횟수, 직무훈련 참여비율 등을 제시하였다. 장기간의 실업이 당연히 고용인들의 숙련도를 낮추고 작업능력을 약화시키는 데 직접적인 원인을 제공한다는 것은 많은 연구에 의해서 입증되었으며(OECD, Employment Outlook, 2017), 자기실현이나 자기계발을 위한 교육기회나 훈련 등의 제공 여부와 제공 횟수도 중요하고 교육 기회나 훈련의 참여가 제한적이면 직무에 대한 만족도가 낮아질 것임은 당연하다고 볼 수 있다. 또한 직무이동은 새로운 직장으로 이동하는 것을 나타내는데, 이 역시 직장에 대한 만족과 불만족 그리고 더 좋은 직장으로의 이동 가능성을 나타내고 직장의 직원들에 대한 대접의 정도를 측정하기 위한 지표로 활용될 수 있다. Durkheim(1964)은 자기계발을 위한 도구로 전문화를 제안하였는데, 전문화는 새로운 지식과 숙련된 기술을 습득하는 자기계발을 위한 노력 없이는 불가능하다고 할 수 있다. 기업복지적 측면에서 기업에서 제공하는 교육과 훈련 등의 자기계발을 위한 투자나 노력 등은 모두 자기실현을 위한 탈상품화의 일환으로 간주될 수 있다.

2) 소비의 탈상품화

소비의 탈상품화는 소비의 상품화와 대비되는 개념으로 국민이 기본적인 삶을 유지하기 위해 필요한 재화와 서비스를 시장을 통하지 않고 소비할 수 있는 능력의 정도를 나타낸다. 노동의 상품화를 통해 자신의 노동을 판매하여 임금으로 소비하는 것이 아니라 기본적 권리에 의한 혜택으로서 국가에 의해서 재화와 서비스를 제공받아 소비하는 것을 나타낸다. 국가에 의해서 제공되는 재화와 서비스의 소비는 주로 현금혜택과 현물혜택으로 이루어진다. 대표적인 소비의 탈상품화에 포함되는, 소비가 국가에 의해서 제공되는 현금혜택으로는 사회적 임금으로서의 기초소득과 기초노령연금 등이 있고 현물혜택으로는 건강서비스와 무상급식 등이 있다.

소비의 탈상품화는 Esping-Andersen이 강조하였던 복지국가의 유형을 구분하는 탈상품화의 본질적 요소로, 시장을 통하지 않고 인간다운 생활을 유지할 수 있는 또는 물질적 욕구를 해결할 수 있는 기본적 상품을 소비할 수 있는 능력으로 정의된다. 자본주의 사회에서 시장을 통하지 않고 소비할 수 있는 능력이 없으면 모든 인간은 인간다운 생활을 영위하는 것이 불가능하다. 따라서 복지국가는 탈상품화를 전제로 하여 인간다운 생활을 유지할 수 있는 인간의 기본적인 권리를 강조함으로써 혜택으로서의 복지재화와 서비스의 제공을 통해 국민의 소비력을 강화시키는 역할을 한다. 생산이 없으면 소비가 없지만 소비가 없어도 생산이 없는 것은 당연한 이치이다. 복지국가는 소비의 탈상품화를 통하여 소비의 사회화를 이룩하기 위하여 노력한다. 소비의 사회화는 소비능력 향상 곧 소비를 복지로 바라보는 입장을 의미한다. 여기에서 소비는 고용관계에서 임금이나 소득을 통한 단순한 상품의 소비가 아닌 탈상품화를 통한 소비, 즉 기본적 삶의 유지를 위한 소비를 사회가 책임지는 소비의 사회화를 의미한다.

따라서 복지는 단순한 소비가 아니며 생산을 위한 그리고 탈상품화를 위한 기본적인 토대로 작동한다. 소비로 복지를 강조함은 결국 노동이나 일자리로 복지를 강조하는 신자유주의적 복지관이 아닌 또는 단순히 노동을 상품으로 바라보는 관점이 아닌, 노동을 상품화하지 않아도 기본적인 삶의 유지가 가능한 소비의 사회화를 의미한다.

자기실현 또는 자기계발로서의 탈상품화	인간 창의성과 자기실현을 위한 노력이 가능하도록 스스로 자원을 투자할 수 있는 능력
소비의 탈상품화	시장을 통하지 않고 인간다운 기본적 생활을 유지할 수 있는 또는 물질적 욕구를 해결할 수 있는 상품을 소비할 수 있는 능력
소비의 사회화	기본적 삶의 유지를 위한 소비를 사회가 책임지는 것

5. 권리로서의 탈상품화

탈상품화하는 복지국가에서는 노동력에 대한 노동자들의 의존성을 줄이고 기본적 권리로 부가적인 소득을 제공하는 사회정책이 발전하게 되므로, 탈상품화는 사회적 권리(social right)의 강화 내지는 시민들이 시장의존성으로부터 벗어나 있는 정도를 나타내는 개념이라고 할 수 있다. 다시 말해 사회적 권리의 측면에서 보면 탈상품화는 반드시 지불되어야 하고 교환되어야 하는 재화나 서비스 또는 상품이라기보다 상품을 권리로 바라보

는 것 또는 바라보는 과정으로 해석되므로 탈상품화된 재화나 서비스, 즉
상품은 시장으로부터 제공되는 것이 아니라 국가에 의해서 제공되는 것
이라고 할 수 있다. 예를 들어 고속도로 사용요금을 제거하여 모든 국민
이 무료로 고속도로를 이용하도록 하는 것은 대표적인 탈상품화의 예라
고 할 수 있다. 따라서 탈상품화는 복지주의(welfarism) 내지는 복지국
가 발전의 정도를 나타내주는 기준이 될 수 있다. 따라서 탈상품화를 종
합적으로 정리하면 "시장에 의존하지 않고 상품, 즉 재화와 서비스를 권리로
제공받을 수 있는 정도"라고 할 수 있다. 복지혜택이 상품화되어 있는 정도
가 높다는 것, 즉 복지혜택의 상품화는 복지혜택이 권리로서가 아니라
시장을 통해서 제공되는 수준이 높다는 것 또는 복지혜택이 시장에서 제
공된다는 것을 의미한다. 결국, 복지프로그램의 상품화는 복지프로그램
이 시장을 통해서 제공되는 것을 의미한다. 따라서 상품화는 시장화와
밀접한 연관이 있으며 사적 부분(시장)을 포함한 민간과 공공영역에서
복지가 제공되는 복지혼합(welfare mix)과도 밀접한 연관이 있음을 알
수 있다.

　　사회복지에 부여된 사회적 권리의 도입은 본격적으로 노동의 상품
화를 약화시키는 요소로 작동하였다. 즉, 복지국가가 국민이 생존을 위
해 시장에 의존하는 정도를 약화시키고 국민에게 필요한 서비스와 기본
적 삶을 유지하는 것을 시민의 권리로 인정하면서 노동은 급격하게 탈상
품화되었다(Esping-Andersen, 1990). 따라서 국민이 시장을 통해서가
아니라 국가의 혜택을 통해 기본적인 삶을 유지하는 것이 가능해진 데에
는 곧 국민의 기본적 권리로 인식된 사회권의 발전이 큰 역할을 하였다
고 할 수 있다. 따라서 사회적 권리로서 복지혜택(즉, 현금과 현물을 포함
한 복지재화와 서비스)을 제공받는다는 것은 국가가 복지를 권리로 인정
한다는 것을 의미한다. 곧 인간의 기본적 권리에 대한 부정은 복지의 부

정을 의미하며 이는 반복지국가 또는 잔여적 복지의 전형을 이룬다.

6. 탈상품화와 탈가족화

탈가족화와 탈상품화의 관계 역시 탈상품화를 이해하는 데 있어 중요하다. 봉건주의에서 자본주의로의 발전과 함께 사회문제가 본격적으로 확대 발전하면서 이에 대한 적극적 대응으로서의 복지국가가 등장하였지만, 여전히 초기 복지국가 발전단계에서 사회구조적으로 발생하는 문제를 개인 책임 특히 가족이 책임지도록 하는 자선적이고 잔여적 복지 이데올로기는 여전히 유효하였다. 복지서비스를 가족의 책임에서 사회의 책임으로 전환하는 탈가족화는 복지국가의 발전단계에서 매우 중요한 개념으로 등장하였으며 특히 여권주의 발전과 함께 복지국가 발전의 중요한 전제조건이 되었다. Esping-Andersen(2000)은 탈가족화가 탈상품화를 구성하는 다면적 영역임을 주장하였다. 그의 견해에 따르면 탈상품화를 구성하는 하나의 요인이 곧 탈가족화이다.

탈상품화의 기존 전제는 사회정책을 통해 시장으로부터의 인간 의존을 줄이는 것이고 인간 개개인들에게 그들의 삶을 스스로 통제하는 공간을 더 많이 만들어주는 것이다(Esping-Andersen, 2000). 하지만 의존에는 시장에 대한 의존만이 아닌, 가족에 대한 의존도 존재한다. 전통적으로 보면 결혼한 여성의 복지는 남편의 복지에 기인한다. 가구의 주 소득원이 남편인 전통적인 가족에서 여성은 남편의 복지에 의존하게 되며 결혼의 유지가 곧 여성복지를 결정하는 중요 요소였다. 특히 개인의 복지와 가족의 책임이 강조되는 복지국가 발전 이전의 전통적인 사회에서 나이 많은 부모에 대한 돌봄은 자식에 의해서 제공되고 나아가 성인 자식들 역시 부모나 형제들에게 의존하는 것이 당연시되어왔다. 따라서 가족화는 곧 시장의존을 줄인다는 측면에서(가족이 책임을 짐으로써 시장에 대한 의존이 줄어든다는 측면) 초기 복지국가의 대안으로 작동하였다. 하지만 돌봄으로부터의 여성의 해방과 가족구성원이 인간다운 삶을 유지할 수 있도록 하는 삶의 기회는 복지 책임성에 대한 탈가족화된 양에 의존한다. 즉, 가족의 복지에 대한 책임이 가족의 책임으로부터 얼마나 벗어나 있는가 하는 정도가 바로 탈가족화의 핵심적 요인이다. 아동과 나이 들고 병든 부모에 대한 돌봄에 대한 책임은 여성이나 가족에게 있지 않으며 선진화되고 역동적인 복지국가는 여성의 사회참여와 경제적 독립을 향상시키는 것을 필수적인 조건으로 하므로 탈가족화는 복지국가 발전을 위한 가장 중요한 전제조건 중의 하나라고 할 수 있다. 결국, 탈가족화는 국가에 가족의 복지가 의존하는 정도라고 정의할 수 있다. 따라서 시장에 대한 의존을 줄이는 탈시장화와 가족에 대한 의존을 줄이는 탈가족화는 모두 국가의 책임을 강조하는 탈상품화를 구성하는 중요 요소임에 틀림없다.

7. 탈상품화의 구성요소

이상에서 살펴본 바와 같이 탈상품화는 노동시장으로부터의 개입이

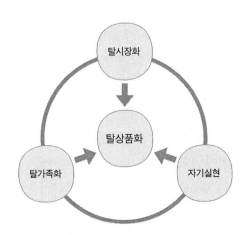

그림 4-1 탈상품화의 구성요소

나 부착 없이 권리로 기본적인 삶이 보존 및 유지되는 것을 의미한다. 그러므로 탈시장화라는 요소와 가족구성원의 돌봄이나 보육의 책임이 가족으로부터 사회나 국가로 전환되는 것이 강조됨으로써 탈가족화의 요소가 구성된다. 마지막으로, 탈상품화를 통해서 국민이 사회적 관계 안에서 사회행동을 하면서 스스로 자기를 실현할 수 있는 기회를 가질 수 있으므로 자기실현이라는 구성요소를 가진다.

8. 탈상품화 유형화 기준의 한계

전통적으로 수많은 복지국가들의 국가별 복지 수준을 이해하기 위하여 또는 복지국가를 유형화하기 위하여 가장 많이 활용된 자료는 사회지출총액 또는 사회지출비(social expenditure, 구체적으로는 GDP 대비 사회지출비용의 비율)로 복지국가의 수준이나 정도를 파악하는 것이다. 사회지출비는 국가의 GDP에서 차지하는 단순한 총액 수준으로 사회적 지출(사회복지지출)에 들어간 돈을 산술적으로 제시한다. 사회지출비는 사회복지 제공의 구체적인 내용을 알 수 없는 한계를 가지고 있지만 GDP라는 경제성장지표가 갖는 한계를 사회적 영역에서 보완할 수 있는 가장 객관적인 사회지표라는 측면에서 OECD는 매년 가입국들의 GDP 대비 사회적 지출비용의 정도를 발표하고 있다.

하지만 사회지출비는 특정 국가적 차원에서 복지의 내용과 질 등을 파악할 수 없는 복지국가 재정지출의 단편적인 면만을 나타내주므로, 이의 한계를 극복하기 위한 방안, 즉 복지국가의 수준이나 복지국가를 유형화하기 위한 기준으로 제시된 것이 Esping-Andersen이 제시한 탈상품화이다. 탈상품화는 국가에서 제공되는 사회복지혜택 중 현금으로 제공되는 혜택(연금, 실업급여, 질병수당)을 중심으로 소득대체비율을 통해 복지국가를 유형화하는 기준으로 활용되었다. 즉, 사회지출비보다 명확하고 구체적으로 사회복지혜택을 수당 중심으로 측정하여 제시한다는 측면에서 복지국가 제공의 실질적인 측면이 포함된 사회지표라고 할 수 있다. 물론 그가 제시한 탈상품화지수(decommodification Index)는 사회지출비보다는 복지국가의 수준을 비교하는 데 진일보한 기준임에 틀림없지만 상당한 논란의 중심에 있는 것 역시 사실이다. 특히, 복지국가의 유형을 결정하는 기준으로 제시된 Esping-Andersen의 탈상품화와 이를 측정하기 위해 그가 사용한 탈상품화지수는 학자들의 비판에서 자유롭지 못하였는데 그 이유들은 다음과 같다(Bambra, 2005).

첫째, 현금혜택 중심이어서 현물서비스, 구체적으로 건강서비스나 사회서비스와 같은 복지서비스에 대한 고려를 하지 않는다는 점.

둘째, 탈상품화가 사회중심부에서 외곽화되어 있는 여성을 고려하지 않는다는 점(즉, 탈상품화에 성(gender)인지적 입장이 결여되어 있다는 점).

셋째, 자유주의, 사회민주주의, 보수주의 복지국가의 세 유형 이외에 유럽연합에 소속되어 있는 스페인, 포르투갈, 그리스 등과 같은 국가들도 복지국가의 한 유형으로 자리 잡을 수 있다는 점.

넷째, 연구방법론적인 문제로, 그가 사용한 집단분석(cluster analysis)이 다른 학자들에 의해서 같은 수준으로 적용되었을 때 상이한 국가들로 복지국가의 유형화가 이루어졌다는 점(예를 들어 미국과 캐나다가 다른 유형으로 분류됨).

다섯째, 복지정권(welfare regimes)이라는 용어에 대한 문제로, Asping-Andersen은 자신의 연구에서 복지정권들을 대부분 수준은 상이하지만 서로 비슷한 현금복지혜택과 복지제공을 가지고 있는 나라들로 규정하였다. 따라서 복지국가들이 나라별로 매우 상이한 복지혜택 및 복지서비스를 제공하고 있음이 반영되지 못하였다는 점.

이러한 한계 또는 논쟁에도 불구하고 탈상품화는 복지국가의 수준이나 유형화를 위한 매우 유용한 기준임에는 틀림없다. 하지만 매우 다양한 수준에서 이루어지는 복지국가별 복지제공을 단순히 연금, 질병수당, 실업급여 등의 현금급여 중심의 소득대체비율로 나타내는 탈상품화지수로 파악하고 이해하며 유형화하는 데는 분명 한계가 있다는 것 역시 주지의 사실이다. 또한 복지국가의 탈상품화지수는 정부가 발표한 사회지표를 토대로 하므로 국민이 주관적으로 인지하는 복지국가의 수준이라고 할 수 없다. 그래서 이 또한 탈상품화지수의 약점이라고 할 수 있다. 예를 들어 정부가 발표하는 실업률은 실업에 대한 공식적인 사회지표이지만 국민이 인지하는 실업의 정도는 정부가 발표하는 실업보다 훨씬 심각한 것이 사실이므로 사회현실을 있는 그대로 반영하지 못한다는 한계를 그대로 노출한다. 사회지표의 현실을 반영하지 못하는 이러한 현실 비적합성은 각종 정부 통계에 대한 불신을 초래하는 가장 주된 이유이다. 이는 객관적 사회지표와 함께 사회현실을 반영하는 주관적 지표의 필요성을 동시에 설명해준다.

결국, 복지국가의 수준이나 복지국가의 상대적 비교를 위한 유형화를 위해서는 보다 타당하고 객관적이며 신뢰할 수 있는 지표나 지수의 개발이 필요하다. 예를 들어 설명한 바와 같이 거시적 지표인 GDP 대비 사회지출비, 탈상품화지수 이외에 복지국가의 수준 또는 복지사회의 수준을 설명해주는 보다 포괄적이고 객관적인 거시적인 지표의 필요성이 꾸준히 제기되고 있다.

제5장

사회의 질과 빈곤, 사회배제, 행복 그리고 경제성장

자본주의 사회의 전통적 사회문제인 빈곤과 실업을 포함한 사회배제의 개선이 곧 사회구성원이 생활하는 사회의 질을 보장하는 중심 요건인가? 또한 경제성장이 곧 사회의 질을 보장하는 유일한 조건인가? 국민이 필요한 노동을 하고 노동으로부터 노동력을 충분히 재생산하면서 빈곤하지 않은 사회는 최상의 사회의 질을 보유한 사회인가? 노동을 해도 행복하지 않고 빈곤하지 않아도 행복하지 않은 사회는 어떤 사회인가? 경제적 부가 지속적으로 성장하여도 빈곤이 심화되고 사회의 질이 개선되지 않는 것은 어떤 이유인가?

사회가 경제적으로 번영하고 그 속에서 개인이 아무리 혼자 행복하다고 생각하고 개인적 삶에 대해 만족한다고 하더라도 그런 사회가 전체 사회구성원이 행복한 사회는 아닌 것과 같이, 즉 개인적 삶의 질과 사회의 질이 다른 수준의 영역인 것과 같이 아무리 개인이 일을 하고 빈곤하지 않아도 그런 사회가 개인의 삶의 질이나 번영 또는 복지가 충족된 사회라고 할 수는 없다. 즉, GDP가 증가하고 국민 1인당 GNI가 증가하여 소위 경제적으로 성장한 발달된 자본주의 사회라고 해도 그런 사회가 국민 개개인들이 인식하는 삶의 질이나 번영의 정도, 나아가 각종 사회의 질을 나타내는 사회지표의 정도가 높은 수준을 나타내지 않을 수 있다. 즉, 경제성장이 반드시 국민의 일자리와 기본적 소득을 보장하는 것은 아니며 정치적, 사회적, 경제적 그리고 문화적으로 나타나는 다양한 사회배제의 현상을 극복할 수 있는 대안이 되는 것도 아니다. 즉, 경제선진국이라고 해도 빈곤이 심화 확대되고 실업을 포함한 다양한 요인에 의해서 사회배제 현상 또한 심화 확대되어 사회의 질이 낮은 수준을 유지할 수 있다.

이런 의미에서 사회의 질은 빈곤 및 실업에 대한 대응과 경제성장 등의 영역을 뛰어넘는 다분히 다면적 영역을 갖는다고 할 수 있다. 즉, 사회의 질을 향상시키기 위해서는 빈곤문제 해결과 빈곤의 다면적 해석 또는 빈곤의 현대적 해석이라고 불리는 사회배제를 극복하기 위한 다양한 사회포용을 위한 노력과 함께 경제개발 및 성장을 위한 정책 역시 필요하다. 결국, 경제성장 또는 경제안정을 바탕으로 하는 빈곤과 사회배제의 극복 노력은 사회의 질을 향상시키기 위한 필수적인 영역이라고 할 수 있다.

제1절 빈곤과 사회의 질의 관계

1. 빈곤 개념의 확대

빈곤은 자본주의의 운동양식인 자본축적의 논리에 의해서 심화되고 확대되고 있는 전통적인 사회문제이다. 즉, 현대 사회에서는 과거와 달리 자본의 논리가 곧 빈곤문제의 본질이라고 할 수 있다. 최근 한국 사회의 이슈가 되고 있는 금수저와 흙수저 논란 그리고 갑질 논란은 모두 그 뿌리가 빈곤 그리고 빈곤에 기초한 소득불평등과 이를 기반으로 하는 사회적 양극화 현상에 의해서 나타나는 대표적인 사회현상이라고 할 수 있다. 우리 사회의 구성원은 물질적 자원의 부족뿐만 아니라 차별과 배제 등 빈곤이 낳는 현상을 경험하고 있으며 빈곤은 과거와 달리 자원의 부족이라는 단면적인 측면이 아닌 매우 다양한 측면을 내포한 문제로 이해되고 있는 것이 현실이다. 이러한 측면에서 보면 빈곤은 사회구성원 개개인뿐만 아니라 그들이 소속된 사회의 질 개선을 위해서 반드시 국가적 측면에서 대응하여야 하는 정책적 일순위임에 틀림없다.

빈곤은 자원의 부족으로 인해 나타난 박탈의 상황으로 설명될 수 있다(Townsend, 1979). 자원의 부족은 삶을 유지하기 위해 필요한 기초적인 소득이나 교육, 사회보장서비스, 건강보호서비스, 일자리 등으로의 접근 부족으로 인해 나타날 수 있다. 하지만 전통적으로 빈곤은 자산의 부족이나 소득의 부족을 의미하는 좁은 의미로 이해된다. 장기간 실업이나 장애 등 여러 이유에 의한 소득의 부족은 곧 기본적인 생활에 필요한 생활필수품의 확보를 어렵게 하고 이러한 상황이 지속된다고 하면 결국 빈곤은 생활화된다. 그리고 낮은 교육이나 전문기술의 부족 등은 빈곤을 세습화하고 영속화시키는 문화적 요인을 창출하는 것으로 알려져 있다.

빈곤은 개인이나 가족 그리고 지역사회에 심각한 폐해를 가져다준다. 빈곤은 세습되며 세대에서 세대로 전이되어 하나의 문화로 정착될 수 있는 사회-심리적 측면을 동시에 내포하고 있어 단순한 자원이나 소득의 부족 현상 이상을 나타낸다. 또한 빈곤은 폭력과 약물중독을 야기시키기도 하며 고독과 우울증으로 인한 자살에도 영향을 미치는 위협요소이다. 그리고 빈곤은 개인과 가족 그리고 특정 지역사회를 중심부로부터 격리시키고 소외시키며 배제시키는 사회배제의 주된 요인이다.

빈곤이 심화되면 될수록 개인이나 가족, 집단 그리고 특정 지역사회의 생활이나 조건, 나아가 사회의 질은 열악한 수준을 나타내게 된다. 전통적으로 빈곤은 절대적 빈곤 개념과 상대적 빈곤 개념으로 구분되어 있는데, 절대적 빈곤을 나타내주는 기준은 우리나라의 경우에는 최저생계비라고 할 수 있고 상대적 빈곤을 나타내주는 기준은 통상 OECD 국가들이 많이 활용하는 중위소득기준이다. 절대적 빈곤에는 일반적으로 빈곤선(poverty line)이라고 하는 특정 기준이 존재하며 이를 기초로 하여 빈곤 수준이 결정된다. 즉, 국민의 최저 수준의 기본적 욕구가 해결될 수 있는 정도의 수준이 곧 빈곤선 개념이라고 할 수 있다. 상대적 빈곤은 상대적 박탈에 기초하는 빈곤 개념으로 기본적인 욕구를 해결할 수 있는 정도의 수준을 의미하는 것이 아니라 평균이나 중위소득과 같이 특정 소득에 의해서 정해진 비율로 빈곤을 설명한다. 예를 들어 유럽연합이나 OECD 가입 국가 중 많은 국가들이 중위가구소득의 50% 이하를 빈곤가구로 설정하고 있다. 통상적으로 복지국가들은 절대적 빈곤 개념보다는 상대적 빈곤 개념을 적용한 빈곤선기준을 많이 활용하고 있다.

빈곤을 단면적으로 그리고 객관적이고 수량화된 수치로 나타내는 빈곤선을 기준으로 본다면, 빈곤의 절대적 격차를 나타내주는 절대적 빈곤율을 볼 때 우리나라의 경우 2015년을 기준으로 최저생계비수준 이하인 국민은 전체 인구대비 5.2%이며 중위가구소득 50% 이하인 국민의

표 5-1 한국의 절대적 빈곤율과 상대적 빈곤율 비교

구분	절대적 빈곤율*	상대적 빈곤율**
2003	6.1	11.5
2004	6.1	12.1
2005	6.8	12.8
2006	6.8	12.8
2007	7.0	12.9
2008	7.0	12.9
2009	7.0	13.0
2010	6.4	12.5
2011	6.3	12.3
2012	6.0	12.2
2013	5.9	11.7
2014	5.7	11.3
2015***	5.2	10.8

자료: 통계청, 가계동향조사(각년도)

* 절대적 빈곤율: 최저생계비

** 상대적 빈곤율: 1인 가구와 농어촌가구를 제외한 중위가구소득 50% 이하의 가구

*** 2015년을 기준으로 우리나라 도시근로자가구의 월평균 소득은 1인 가구 1,562,337원이고 4인 가구는 4,222,533원이며 2017년을 기준으로 하면 1인 가구 1,652,931원이고 4인 가구는 4,467,380원이다.

상대적 빈곤율은 10.8%이다.

　　하지만 빈곤의 절대적 개념과 상대적 개념은 빈곤의 다면성을 완전히 설명해주지 못하며 두 개념 모두 상대주의적 관점에서 자유롭지 못하다는 비판을 받는다(Ringen, 1987). 절대적 빈곤 개념과 상대적 빈곤 개념이 모두 상대주의로부터 자유롭지 못하다는 점은 절대적 빈곤이라고 해도 사람들에 따라 그 최저소득의 정도가 다를 수 있다는 것을 의미한다. 예를

들어 절대적 빈곤선이 월 최저수준으로 50만원이라고 했을 때 어떤 사람은 한 달에 50만원으로도 기본적인 생활을 유지하는 것이 가능하고 어떤 사람은 그 정도의 액수로는 생활을 영위하는 것이 어렵기 때문이다. 따라서 정도의 차이는 있지만 절대적 빈곤 개념과 상대적 빈곤 개념은 모두 빈곤선을 기준으로 하는 개념으로 상대주의에 기초한다고 볼 수 있다.

빈곤 개념에 대한 또 다른 접근방법은 빈곤을 부적절성과 수용성으로 구분하는 관점이다(Saunders, 2014). Sen(1987, 1992)은 빈곤을 정의하면서 수용성 개념을 사용하였다. 즉, 그는 빈곤을 "최소한으로 수용할 수 있는 수준에 접근할 수 있는 기본적인 능력의 실패"로 규정한다. '수용할 수 있는(acceptable) 수준' 또는 그 반대로 '수용할 수 없는(unacceptable) 수준 또는 조건'이라는 빈곤에 대한 설명에서 Ringen(2007)은 생활조건이 받아들여질 수 없는 상황이나 조건을 곧 빈곤이라고 규정할 수 있다고 강조하였다. 즉, 그는 실제 생활 속에서 생활조건과 관련해서 받아들일 수 없는 불수용성이란 곧 기본적인 생활을 영위할 수 없기 때문에 수용할 수 없는 상황을 의미하는 것이라고 주장하였다. 실제 생활 속에서 수용할 없는 수준은 곧 소득의 부족이나 경제적 자원에 대한 접근의 부족에 일차적으로 기인하는 것이라고 볼 수 있다. European Commission(2004)은 빈곤에는 "물질적, 문화적, 사회적 자원이 생활하기에 수용할 수 있는 최소수준으로부터 배제되어 있는 개인, 가족 그리고 집단의 구성원이 포함된다."고 강조하였다. 또한 Irish Combat Poverty Agency(2004)는 만약 사람들의 소득이 수용할 수 있는 정도의 수준으로부터 벗어나 부적절한 수준에 있다고 한다면 그들은 빈곤한 사람들이라고 규정하였다. 또한 Alkire와 동료들(2015)은 Sen의 빈곤에 대한 능력접근법에 기초하여 빈곤을 박탈, 특히 능력의 박탈로 인식한다. 빈곤은 사람들에게 다양한 불이익을 가져다주는 하나의 조건임에 틀림없다.

즉, 적절한 수준에 도달하지 못한 상태나 능력이 부재한 상태 또는 불이익을 가져다주는 실제적이고 잠재적인 조건이라고 할 수 있다. Narayan과 동료들(2000)이 제시한 빈곤의 다면적 속성들은 다음과 같다.

첫째, 빈곤은 대체적으로 하나 이상의 부족에 기인하며 가장 기본적인 부족은 음식의 부족이다.

둘째, 빈곤은 힘이 없음, 주장이나 목소리가 약함, 의존, 부끄러움, 모욕과 같은 심리적인 영역을 가진다.

셋째, 빈곤은 도로, 교통수단, 물 등과 같은 기본적인 하부토대로의 접근 부족을 나타낸다.

넷째, 빈곤은 교육의 부족에 기인한다. 따라서 빈곤에서 탈출하기 위해서는 적절한 교육의 제공이 반드시 필요하다.

다섯째, 빈곤한 사람들에게 열악한 건강과 질병은 두려움의 요인이다.

여섯째, 빈곤한 사람은 빈곤에 대처하기 위해 육체적, 사회적, 인적 그리고 환경적 자산을 관리하기보다는 오로지 소득에만 집중하는 경향이 있다.

결국, 빈곤은 상대적 개념에 기초하고 실제 생활을 영위하기에 부족한 자원, 수용할 수 없는 생활조건이나 적절하지 않은 생활수준으로 표현될 수 있으며 수용할 수 있는 수준을 성취할 수 있는 능력의 부재나 능력의 박탈 상태로도 인식된다. 빈곤은 인간의 심리적 측면에도 부정적인 영향을 미침을 알 수 있다.

빈곤	• 사람들에게 불이익을 가져다주는 하나의 조건이자 현상 • 자원의 부족이자 접근의 부족 및 기회의 부족 • 능력의 부재 또는 능력의 박탈 • 상대적 개념에 기초

2. 사회의 질과 빈곤의 다면성

빈곤이 어떻게 규정되건 빈곤은 개인의 삶의 질과 사회의 질 수준을 악화시키는 분명한 요소이다. 자원의 부족, 접근 부족, 부적절한 생활조건이나 수용할 수 없는 생활조건 등 빈곤을 규정하는 모든 용어들은 모두 빈곤이 사회에서 생활하기 위해 필요한 기초적인 생활조건의 부족이나 결핍을 나타내주고 이는 곧 인간의 기본적인 삶의 보장을 저해하는 사회적 위협요소이다. 소득 보장과 경제적 보장은 사회의 질을 구성하는 가장 기초적인 토대이므로 일차적으로 소득 보장과 경제적 보장 수준이 낮은, 자원의 부족에 의해서 나타나는 빈곤의 심화는 곧 사회의 질의 악화를 의미하는 것이다. 빈곤은 사회의 질 향상을 위한 물질적 조건으로 국민 개개인들의 기본적인 생활수준이 적절하지 않거나 받아들여지지 않을 정도의 낮은 수준에 머물러 있다고 한다면 국민 개개인들의 삶의 질의 정도는 낮은 수준에 있는 것이며 이는 곧 전체 사회의 질의 수준에도 부정적인 영향을 준다고 볼 수 있다.

빈곤을 다면적 차원에서 해석한다고 한다면 빈곤은 실업, 낮은 교육과 기술, 주거조건과 결합하여 높은 실업률과 범죄율, 열악한 주거조건, 비만과 같은 열악한 건강상태와 약물중독 및 게임중독과 가정폭력문제 등 각종 사회문제와 연관되어 개인의 삶의 질뿐만 아니라 가족 및 사회의 질을 급속하게 저하시키는 역할을 하게 된다. 빈곤하게 되면 당연히 질병에 취약할 수밖에 없어 열악한 건강 수준을 나타낼 가능성이 높으며 빈곤가정의 아동일수록 게임중독 및 학력저하 현상이 심하다. 또한 빈곤할수록 낮은 임금으로 인하여 열악한 주거시설에 거주할 가능성이 높으며 스포츠 여가생활 및 문화생활을 누릴 수 없으므로 문화복지가 열악한 수준일 것이다. 그리고 자기계발을 위한 노력을 하기 어려워 관계나 네트워크 등 사회참여활동이 낮을 수밖에 없어 넓게는 노동시장과 사회문화 및 정치활동 그리고 좁게는 친구, 동료, 이웃으로부터의 차별과 소외, 배제가 심화될 수밖에 없다.

또한 빈곤은 소득양극화 현상과 이에 기반한 소득불평등의 원인을 초래하여 사회의 질을 급속하게 침식한다. 소득양극화는 빈곤의 심화 및 확대를 보여주는 가장 확실한 지표이다. 이는 곧 사회경제적 불평등을 나타내주는 지표로, 그 사회의 질을 설명해준다. 빈곤의 상대적 격차를 나타내주는 소득 1분위와 소득 10분위의 격차가 매년 벌어지고 있어 소득 양극화가 심화되고 있으며 가난한 사람은 더욱 가난하게 되는 현상이 만연되고 확대되고 있는데 이러한 현상은 곧 사회구성원에게 영향을 미치는 사회의 질이 매우 열악하게 변화되고 있음을 나타내준다. 우리나라의 경우 2003년의 소득 10분위별 가구당 소득가계지수를 보면 1분위의 소득은 710,124원이고 소득상위 10분위의 소득은 5,923,162원으로 격차가 약 8.4배였지만 2013년에 최하소득인 1분위의 소득은 924,897원이고 소득상위 10분위는 9,388,074원으로 격차는 10배 이상 벌어졌다 (http://kostat.gp.kr). 또한 2012년의 세계상위소득데이터베이스와 IMF 자료를 기준으로 보면 소득 10분위가 전체 소득의 44.9%를 소유한 것으로 나타나 소득집중도가 소득 10분위에 약 50% 집중되어 있고 소득이 불공평하게 분배되어 소득불평등도가 매우 심각한 수준인 것으로 나타났다(「서울경제신문」, 2016년 9월 5일).

결국, 빈곤은 단순히 자원의 부족이라는 개념만으로는 설명될 수 없는 다면적 개념을 포함한다. 빈곤은 접근 부족이나 기회 부족으로도 설명될 수 있고, Sen이 강조한 바와 같이 개개인들이 성취할 수 있는 능력(capability)의 부족(또는 실패)으로도 설명될 수 있으며, 능력의 박탈(deprivation)로도 이해될 수 있다(Alkire et al., 2015). 또한 UNDP와 같은 국제기구들이 제시한 다면적 영역의 빈곤지수(multidimensional poverty index)와 같이 빈곤을 비화폐적지표를 포함한 다양한 영역을 나타내는 사회지표로 나타낼 수도 있다. 〈표 5-2〉는 빈곤을 다면적 영역의 개념으로 보고 빈곤을 측정하는 지수와 다양한 사회지표들을 나타낸 것이다.

표 5-2 다면적 빈곤 측정의 지수

지수	영역	지표(만약 박탈된 상태라면….)
Human Development Index(HDI)	건강	기대수명(최소 20세에서 최대 83.4세)
	교육	• 25세까지 받는 평균 교육 연수 • 학교수업을 받는 최대 연수(최대 18년)
	생활기준	인구 1인당 GNI(최소소득 100달러에서 최대소득 107,721달러)
Human Poverty Index(HPI-2): 발달된 국가	건강	사망률(60세 이하 사망률)
	교육	글을 읽고 쓸 수 없는 성인의 비율
	생활기준	빈곤선 이하 국민의 비율(중위가구 가처분소득 50% 이하)
	사회배제	장기실업률(12개월 이상)
Human Poverty Index(HPI): 발달하는 국가 (MPI로도 불림)	건강	• 아동사망률 • 영양(영양상태가 나쁜 성인이나 아동)
	교육	• 학교수업을 받은 연수 • 학교에 등록된 아동(중학교까지 학교에 등록하지 않은 아동의 수)
	생활기준	• 요리 연료(조개탄, 나무, 퇴비 등) • 위생(MDG 가이드라인에 따르지 않는 위생시설) • 물(최소 30분을 걸어야 깨끗한 물을 사용할 수 있는 조건이나 접근 불가) • 전기(전기 없음) • 집 바닥(더러운 먼지, 모래나 더러운 퇴비) • 자산(라디오, TV, 전화, 오토바이 또는 냉장고가 한 대 이상 없음 또는 자동차나 트럭을 소유하지 못함)

Multidimensional Poverty Index(MPI): 유럽연합	기본	음식, 의류, 레저활동, 휴일이 없음. 난방이나 신발이 없음. 고기나 야채가 포함된 음식
	소비	컴퓨터, 자동차, 인터넷 연결 없음
	건강	자가건강상태, 만성질병상태, 생활활동 제한
	이웃	오염, 고장난 공공 편의시설, 쓰레기로 지저분한 상태
	환경	범죄/폭력/기물 파괴/이웃 소음
	소득	상대적 빈곤(중위가구 가처분소득의 60% 이하)
Dhongde와 Haveman(2015)에 의해서 제시된 미국 MPI	건강	• 건강보험(사적 또는 공적 보험 여부) • 장애(듣고 보고 인식하고 보행하는 데 있어 하나라도 어려움이 있는지의 여부), 돌봄이 필요하거나 독립적인 생활의 가능 여부
	교육	총 학교교육 연수 영어사용 수준(14세 이상의 가족구성원 중 영어를 잘 쓸 수 있는 사람의 여부)
	생활기준	• 소득 빈곤(빈곤선 이하) • 고용상태: 실업 여부
	주택	• 주거비(매달 가구소득의 50% 이상을 주거비로 지출) • 방의 혼잡(방 하나에 한 사람 이상이 생활)

〈표 5-2〉에서 보듯이 빈곤은 다양한 영역으로 인식되며 이를 측정하기 위한 지표로 빈곤 및 실업을 포함한 매우 다양한 사회지표들이 사용되고 있음을 알 수 있다. 특히 화폐적 빈곤지표들과 비화폐적 빈곤지표들을 모두 포함하여 빈곤을 측정함을 알 수 있다. 즉, 이 표의 다면적 빈곤측정영역에 대해 보면 소득이나 실업 등과 같은 생활기준을 개인적 측면의 소득보장 여부를 나타내는 중요한 영역으로 봄과 동시에 개인의 생활상태에 영향을 미치는 이웃과 지역사회의 환경요소들도 빈곤의 영역에 포함됨을 알 수 있다. 즉, 오염상태나 공공시설물의 파손상태 그리고 범죄와 폭력 등은 개인의 삶에도 영향을 주는 요소이지만 전체 사회의 질에도 중요한 영향을 주는 요소임에 틀림없다.

결국 빈곤은 소득 부족과 같은 화폐적 지표를 포함하여 박탈과 소외를 야기하는 요인들과 함께 건강, 교육 불평등 등을 포함하는 비화폐적 지표로도 나타낼 수 있다. 따라서 분명한 것은 빈곤은 개인이 처한 상황이므로 개인의 번영과 복지 그리고 삶의 질과 직접적으로 연관이 있다고 할 수 있다. 하지만 빈곤의 다면적 속성을 이해한다면 빈곤한 개인은 분명히 가족과 집단, 사회의 구성원이므로 가족과 집단, 사회의 빈곤에도 영향을 준다고 할 수 있다. 그리고 한발 더 나아가 빈곤은 개인, 나아가 집단과 사회의 불평등에도 영향을 주므로 결국 사회의 질의 정도를 나타내는 다양한 사회조건에도 직접적으로 영향을 줄 수밖에 없다고 할 수 있다.

〈표 5-2〉의 다면적 빈곤지표 외에도 개발도상국들의 빈곤 제거를 위한 다면적 지표가 제시된 바 있다. 2008년에 Bourguignon과 동료들은 2000년 9월에 유엔국제사회의 밀레니엄선언에 의해서 제시된 "보편적 발전과 빈곤 축출"을 위한 밀레니엄발전목적(the Millennium Development Goals, MDGs)을 성취하기 위한 측정목록을 제시하였다. 이들이 제시한 빈곤 축출을 위한 밀레니엄발전목적의 구체적인 영역은 8개의 목적으로 구분되고 18개의 지표들로 구성되어 있다. 밀레니엄발전목적의 구체적인 측정영역은 아래와 같다.

표 5-3 밀레니엄발전목적의 측정영역

목적 1: 극도의 빈곤과 굶주림 축출	표적 1.A: 하루에 1달러 이하의 소득을 버는 사람들의 수를 반으로 줄인다. 표적 1.B: 여성과 청년을 포함한 모든 노동자들에게 완전고용과 적절한 일자리를 제공할 수 있도록 한다. 표적 1.C: 굶주림으로 고생하는 사람들의 수를 절반으로 줄인다.
목적 2: 보편적 교육 성취	표적 2.A: 2015년까지 아동이 완전하게 초등교육을 받을 수 있도록 한다.

목적 3: 여성 역량강화 및 성평등 실현	표적 3.A: 2015년까지 초등 및 중등 교육에 있어 성 불일치를 제거한다.
목적 4: 아동사망률 감소	표적 4.A: 1990년과 2015년 사이에 5세 이하의 영유아 사망률을 3분의 2까지 줄인다.
목적 5: 산모건강 개선	표적 5.A: 1990년과 2015년 사이에 산모사망률을 4분의 3까지 줄인다. 표적 5.B: 2014년까지 산모가 적절한 건강보호를 받을 수 있도록 한다.
목적 6: HIV/AIDS, 말라리아, 기타 질병과의 사투	표적 6.A: 2015년까지 HIV/AIDS가 확산되는 것을 중지시킨다. 표적 6.B: 2010년까지 HIV/AIDS의 치료약을 필요한 사람들에게 제공한다. 표적 6.C: 2015년까지 말라리아와 기타 질병의 확산을 중단시킨다.
목적 7: 환경적 지속성 보장	표적 7.A: 환경자원의 손실을 막는 국가정책과 프로그램을 통해 지속 가능한 발전의 원칙들을 통합한다. 표적 7.B: 2010년까지 다양한 생물의 손실을 줄여 손실률을 감소시킨다. 표적 7.C: 2015년까지 위생적인 물과 하수시설을 사용할 수 없는 사람들의 수를 반으로 줄인다.
목적 8: 전 지구적 파트너십 개발	표적 8.A: 좋은 정부와 국내 및 세계적인 빈곤 제거와 발전을 향한 소명감을 포함하여 열려 있고 규정에 기초하며 예측 가능하고 비차별적인 교역과 재정시스템을 개발한다. 표적 8.B: 자유교역을 위한 선진국들의 특별한 욕구를 해결한다. 표적 8.C: 다양한 프로그램이나 행동을 통해 개발도상국 중 육지로 둘러싸여 있거나 작은 섬으로 이루어진 국가들의 특별한 욕구를 해결한다. 표적 8.D: 부채가 장기적으로 관리될 수 있도록 한다.

자료: UN, 2008, The Millennium Development Goals Report 2007, In Bourguignon, F. et al., 2008, Millennium Development Goals at Midpoint: Where do we stand and where do we need to go?, 5, Table-1에서 재인용.

제2절 사회의 질과 사회배제

1. 사회배제의 등장

누가 빈곤한가, 누구를 빈곤한 사람이라고 규정할 수 있는가 또는 빈곤은 무엇인가를 규명하고 이해하기 위한 다양한 시도들이 이루어져 왔다. 빈곤 지역에 대한 조사를 중심으로 빈곤한 지역과 빈곤한 사람들의 생활에 대한 연구가 19세기에 활발히 이루어졌다. 이러한 사회조사는 곧 빈곤을 객관적이고 수량화된 가치로 표현하기 위한 노력으로 이어져 빈곤선을 수량화된 화폐가치로 제시하였고 현재는 최저생활비 또는 중위가구소득 등을 빈곤한 가구 또는 사람과 그렇지 않은 가구 또는 사람을 구분하는 기준으로 활용하고 있다.

하지만 빈곤을 이러한 물량적인 수치로 구분하고 표현하는 것이 적당한가에 대한 의문 및 논의는 지속적으로 이루어져왔다. 특히 자본주의가 확대 발전하고 빈곤의 다면적이고 복합적인 성격이 강화되면서 빈곤을 구분하는 기준(빈곤선)으로는 빈곤과 빈곤의 현상 및 조건을 이해하고 설명하는 것이 어렵다는 논의가 진행되었고 이는 곧 빈곤을 포괄하는 개념으로 사회배제라는 개념이 등장하게 되는 계기가 되었다. 또한 사회배제가 등장한 배경에는 빈곤을 개인적 성격, 행동 또는 심리적, 문화적 역기능의 산물로 바라보는 시각, 즉 빈곤을 사회구조적 문제가 아닌 개인이나 집단의 일탈이나 부적응 등의 문제로 국한하는 시각을 극복하기 위한 노력의 일환도 작동하였다고 해석할 수 있다(Pierson, 2014). 따라서 사회배제는 빈곤이 경제적, 사회적, 문화적 그리고 심리적 요인에 의해서 발생하여 매우 다양한 부정적 요인을 제공하며 특히 차별, 폭력, 일탈 그리고 중독 등과 같은 각종 사회문제를 야기시키는 것으로 바라본다.

결국, 다른 사회현상과 결합하여 나타나는 빈곤의 다면적 현상이 곧 사회배제라고 할 수 있다. 이는 자원의 부족, 특히 소득의 부족을 의미하는 화폐적 빈곤과 박탈과 소외 등을 포함한 각종 사회불평등을 의미하는 비화폐적 빈곤을 포함하는 의미가 곧 사회배제라는 점을 나타내준다. 빈곤에 대한 문화적, 정치적, 사회적 그리고 경제적 측면의 다면적 해석은 곧 빈곤이 자원의 부족이라는 단편적인 사고를 극복하는 단초를 제공하였다. 이와 같이 빈곤이 차별과 소외, 나아가 사회배제를 결과하는 사회현상의 단초를 제공한다는 점은 빈곤의 복잡성과 다면성의 극복을 위한 새로운 빈곤에 대한 해석으로 사회배제의 부각을 나타내는 것이라고 할 수 있다.

2. 사회배제의 개념

사회배제는 빈곤을 현대적으로 해석하기 위한 포괄적 개념이며 빈곤의 다면적 영역 또는 다면적 해석을 반영하는 개념이다. 즉, 사회배제는 매우 다면적 개념으로 빈곤에 대한 강조에 기초하며 1980년대에 등장하여 1990년대 이후에 사회정책의 핵심적인 영역이 되었다고 알려져 있다(Pierson, 2014). Townsend는 1979년에 빈곤에 대한 전환기적 이해를 촉구하며 사회배제가 사회정책의 핵심적 어젠다가 되는 발단을 제공하였다. 그는 개인, 가족 그리고 집단의 자원이 평균적으로 그들에게 필요한 자원보다 부족한 경우 통상적인 삶의 유형이나 풍습 그리고 활동으로부터 배제된다고 주장하면서 사회배제에 대한 정책적 대안을 강조하였다(Pantazis et al., 2006; 지은구 외, 2015). 즉, 그는 자원의 부족이 곧 사회배제를 야기한다고 강조하였는데, 자원의 부족으로 빈곤을 설명하는 입장에서 보면 빈곤과 사회배제는 같은 뿌리임을 알 수 있으며 빈곤의 또 다른 표현이라고도 할 수 있다. 특히 1990년대는 사회배제를 사회문제로 정의하고 동시에 사회배제라는 사회문제를 해결하기 위한 정책적 대응을 시작한 시기라고 할 수 있다.

　　사회배제를 빈곤에 뿌리를 둔 개념으로 이해하고 빈곤과 불평등을 사회배제로 바라보는 대표적인 학자는 Atkinson이다. Atkinson(1998)은 사회배제가 빈곤과 불평등에 관련되어 있다고 주장하였다. 영국 신정책연구소(New Policy Institute, 1998)는 일반적으로 사람들에게 필요한 다양한 기회가 부족한 것을 빈곤으로 폭넓게 본다면 사회배제는 빈곤과 일치하는 개념이라고 주장하였다. Atkinson(1998)은 사회배제가 단순히 실업과 연관이 있다기보다는 재화와 서비스의 공급 그리고 시장의 작동에 기인한 개념임을 강조하였다. 즉, 사회배제가 시장과 밀접한 연관이 있음을 나타내는 것이다. 이러한 주장은 Castel(1998), Barlösius(2004) 그리고 Litting과 Griebler(2005) 등에 의해서도 나타나는데, 이들은 사회배제가 이동에 대한 차별과 근로빈곤층의 증가, 실업의 증가 등이 내재되어 있는 노동시장의 현재의 기능에 전적으로 의존한다고 주장하면서 노동시장으로부터의 배제를 사회배제의 주된 요인으로 간주하였다.

　　또한 Atkinson과 동료들(2002)은 사회배제가 박탈과도 밀접한 연관이 있다고 주장하였다. 이러한 측면에서 Berger-Schmitt(2000)는 사회배제가 사람들을 가난하게 하는 조건의 측정을 통해서 파악될 수 있으므로 사회배제를 빈곤과 연관된 개인의 상황을 나타내는 것으로 파악하였다. 또한 Peace(2001)는 사회배제가 빈곤, 가난, 역경에 대한 경험, 좋은 삶의 질을 획득하기 위한 노력 등의 개념과 밀접한 연관이 있다고 주장하였다. 그리고 Levitas와 동료들(2007) 역시 사회배제를 구성하는 모든 영역 중에서 빈곤이 가장 강력한 배제의 결정요인임을 강조하였다. 결국, 사회배제는 일차적으로 빈곤, 나아가 불평등과 박탈을 야기하는 경제적 조건을 강하게 의미한다고 볼 수 있다.

　　사회배제를 이와 같이 빈곤이나 실업과 관련된 사회문제로 바라보는 시각 이외에도 보다 넓은 시각으로 바라보는 견해도 존재한다. 즉, 사회배제를 자원의 부족에서 더 나아가 다양한 영역에서의 차이에 대한 인식 부족 나아가 차별로 바라보는 시각이다. Sen(1998)은 사회배제가 빈곤과 관련이 깊지만 빈곤보다 더 포괄적인 개념임을 강조하였다. 1997년에 설립된 영국의 사회배제단위(social exclusion unit)는 사회배제가 개인이나 집단이 실업, 낮은 소득, 낮은 기술, 열악한 주거, 높은 범죄환경, 나쁜 건강 그리고 가족 해체와 같은 문제로 고생할 때 발생하는 부족한 수준이라고 정의하였다. 또한 Room(1995)은 사회배제를 정의하면서 사회배제가 분배적 이슈와 관계적 이슈에 의해서 구분된다고 주장하였다. 즉, 그에 따르면 분배적 이슈는 빈곤과 연관이 있으며 개인이나 가족이 지출하여야 하는 소득의 부족을 의미하는 것이며 관계적 이슈는 사회참여의 부족, 사회결속의 부족, 힘의 부족 등을 의미하는 것이라고 한다.

사회배제에 대한 다면적 개념의 제시는 Pierson에 의해서도 지지된다. Pierson(2010)은 사회배제를 수년간에 걸쳐서 발생하는 과정으로 이해하며 "개인, 가족, 집단 그리고 이웃들이 사회, 경제 그리고 정치적 활동에 참여하기 위해 필요한 자원의 박탈"이라고 정의하였다. 이러한 그의 정의는 사회배제가 사회, 경제 그리고 정치적 조건이나 상황에서 박탈을 경험함으로써 발생하는 것이라는 점을 의미한다. 또한 그는 사회배제가 일어나는 요인으로 빈곤과 낮은 소득뿐만 아니라 차별, 낮은 교육 수준, 고갈된 사회자본 등을 제시하였다.

Walker와 Walker(1997)는 사회배제를 "사회 안에서 한 사람의 사회적 결속(social integration)을 결정짓는 사회, 정치, 경제 그리고 문화적 체계로부터 봉쇄되는 역동적인 과정"이라고 정의하였다. Peace(2001) 역시 사회배제를 "박탈당한 사람들이 기회와 수단, 물질 등에 접근 가능하도록 그리고 번영과 보장을 성취할 수 있도록 일하는

집단적 과정"이라고 포괄적으로 정의하였다. 또한 영국의 경제 및 사회
조사위원회(Economic and Social Research Council, ESRC, 2004) 역시
사회배제가 과정임을 강조하여 다소 포괄적으로 해석하였는데, 이 위원
회에 따르면 사회배제는 개인과 개인이 속한 지역사회가 양극화되는 그
리고 사회적으로 불평등하게 되고 차이가 생기는 과정이다.

　사회배제를 과정이라고 바라보는 관점은 Levitas와 동료들(2007)
에 의해서도 지지되었는데 이들은 사회배제가 "복잡하고 다중영역적인
과정"이라는 점을 강조하였다. 그러면서 사회배제가 경제, 사회, 문화 그
리고 정치적 영역에서 사회 대부분의 사람들에게 유용한 권리, 재화와
서비스, 자원의 부정이나 결핍, 정상적인 관계나 행동으로 참여할 수 없
는 무능력을 포함한다고 규정하였다. 이러한 사회배제에 대한 인식은
UNDP(Hills et al, 2002: 3 재인용)가 사회배제를 "기본적 권리에 대한
부족 또는 정치적·법적 체계에 대한 접근 부족"이라고 정의한 것의 발전
된 유형의 개념이라고 볼 수 있다.

　또한 런던경제학교(London School of Economics)의 사회배제센
터(Center for the analysis of Social Exclusion)는 사회배제를 "만약 한
개인이 그가 살고 있는 사회에서 주요 활동에 참여하지 못하면 사회적으
로 배제된 것"으로 정의하였다. 그리고 Room(1995)은 사회배제의 개념
에 참여를 위한 활동을 포함시켰는데 그에 따르면 사회배제는 힘의 부
족, 사회적 통합(integration)의 결핍 그리고 사회참여의 부적절을 의미
한다. 영국의 사회보장부(DSS)도 사회배제를 매우 포괄적으로 정의하였
는데 사회배제가 "상이한 요소들이 불이익의 영역과 개인을 옥죌 때 발
생한다."고 강조하였다(DSS, 1999). Burchardt와 동료들(2002)은 사회
배제를 "만약 한 개인이 지리적 공간에 거주하고 있는 경우 여러 이유로
참여하기를 원하는데 한 사회에서 시민으로서 정상적인 활동에 참여할

수 없으면 사회적으로 배제된 것"이라고 정의하였다. 이러한 사회배제의 정의는 경제적 영역을 뛰어넘는 것이라고 해석할 수 있다. Burchardt와 동료들(2002)은 특히 사회배제의 영역을 〈표 5-4〉와 같이 크게 네 영역 으로 구분하여 제시하였다.

표 5-4 Burchardt와 동료들의 사회배제의 영역

사회배제의 영역	소비	재화와 서비스를 구매할 수 있는 능력
	생산	경제적 및 사회적으로 가치 있는 활동으로의 참여
	정치적 개입	선거와 같은 결정으로의 개입
	사회적 상호행동	가족, 친구, 지역사회와의 교류 및 통합

사회배제의 범위를 경제적 영역을 넘어서 매우 다면적인 영역을 포 함하는 것으로 이해한 학자로는 Duffy를 들 수 있다. Duffy(1995)는 사 회배제를 "주류사회로부터의 소외, 거리감 그리고 정치, 경제, 사회, 문 화적 삶에 효과적으로 참여하지 못하게 하는 무능력"으로 정의하였다. 유럽연합 역시 사회배제를 경제적, 정치적 그리고 사회적 측면을 포괄하 는 의미로 바라보고 있는데, 경제적 측면의 배제는 재산과 같은 자산으 로의 접근이 배제되어 있는 것을 의미하고 정치적 측면의 배제는 성, 인 종, 종교로부터의 배제 그리고 정치적 권리나 인권이 박탈되어 있는 것 을 의미하며 사회적 측면의 배제는 개인과 주류사회의 연계가 부족한 것 을 나타낸다(Bhalla and Lapeyre, 1997).

사회배제를 다면적 영역으로 정의하는 것은 국제노동기구(ILO)도 마찬가지이다. ILO는 사회배제를 개인적 수준과 사회적 수준으로 구분 하여 제시하였다. 먼저 개인적 수준에서 사회배제를 개인과 집단이 소 득 부족, 빈곤 그리고 물질적 자원의 결핍 등의 불이익의 상황에 있는 것

과 같은 좁은 의미에서 벗어나 가족, 집단, 조직, 지역사회, 노동조합, 각
종 단체나 협회 등과의 허약한 사회적 관계로 인해 사회적으로 격리되어
있는 것 그리고 법적 권리의 수준에서 불이익을 당하는 것이라고 규정하
였다. 또한 사회적 수준에서 사회배제를 인종적 차별이나 성차별 그리고
시장이나 공공서비스 및 사회서비스로부터 차별을 당하는 것이라고 규
정하였다. Estivill(2003)은 이와 같은 사회배제의 다면적 개념을 수용하
여 사회배제를 다음과 같이 정의하였다. "사회배제는 지배적인 가치와
힘이나 자원의 핵심부분과 관련하여 열등한 입장에 있는 개인, 집단, 지
역사회 그리고 영토가 경제, 정치, 사회의 중심으로부터 연속적으로 분
열하는 융합과정의 축적이다."

　　Peace(2001)는 사회배제에 대한 문헌조사를 통해 사회배제의 종류
를 15개로 제시하였다. 그가 제시한 사회배제의 종류는 사회의 중심부에
서 멀어져가는 사회적 주변화(또는 고립), 빈곤, 법적·정치적 배제, 비물
질적인 불이익, 삶의 기본적 양식으로부터의 배제, 인종 및 성을 포함한
문화적 배제, 가족과 지역사회로부터의 배제, 복지국가로부터의 배제,
정치적·경제적 주류로부터의 배제, 박탈상태, 직장으로부터의 이탈, 경
제적 배제, 노동시장으로부터의 배제 등이다. Peace의 이러한 견해 역시
사회배제에서 경제적 배제가 중심이지만 사회문화적 그리고 정치적 의
미 역시 포함한다는 것을 나타낸다.

　　결국, 사회배제는 상태를 나타내주지만 과정을 의미하고 빈곤과 같
은 경제적 불평등이 중요한 영역이지만 사회적, 문화적, 정치적 영역을
포함하는 다면적 의미로 이해된다. 사회배제를 다면적 측면에서 본다면
다음과 같이 구분된다(지은구·김민주, 2015).

사회배제의 구분	• 사회배제는 한 사회의 특성이나 상태 그리고 과정이며 개인의 경험을 포함한다(Levitas et al., 2007).
	• 사회배제는 소득불평등이나 실업 등과 같은 경제적 박탈이나 불평등 그리고 노동시장으로부터의 이탈을 의미한다(Atkinson, 1998; Castel, 1998; Berger-Schmitt, 2000; Barlösius, 2004; Litting and Griebler, 2005).
	• 사회배제는 사회적 제도로의 참여 부족을 의미하고 정치적·법적 체계에 대한 접근 부족을 나타낸다(Duffy, 1998; Rowntree Foundation, 1998; U. K. House of Commons, 1999; Pauguam and Russell, 2000).
	• 사회배제는 시민의 권리에 대한 거부(권리의 부족) 또는 시민 권리가 비현실화되는 문제를 의미한다(Room, 1995; Klasen, 2002).
	• 사회배제는 인구집단 안에서의 거리가 멀어지는 것을 의미한다(Akerlof, 1997; Bossert, Ambrosio and Peragine(BDP), 2007).

Berghman(1998)은 사회배제가 다음과 같은 체계의 부족을 의미하는 것이라고 주장하였다.

첫째, 시민통합을 증진시키는 민주적 그리고 법적 체계의 부족
둘째, 경제적 통합을 증진시키는 노동시장의 부족
셋째, 사회통합을 증진시키는 사회복지체계의 부족
넷째, 인간 상호 간의 통합을 증진시키는 가족과 지역사회체계의 부족

또한 Phillips(2008)는 사회배제를 결과가 중시되는 사회배제, 과정이 중시되는 사회배제 그리고 원인이 중시되는 사회배제로 나누어 구분하고 있다. 이들을 설명하면 다음과 같다.

결과가 중시되는 사회배제: 결과가 중시되는 사회배제는 사람들이 사회활동에 완전히 참여하지 못한다는 점을 강조한다.

과정이 중시되는 사회배제: 과정이 중시되는 사회배제는 법적·민주적
체계, 노동시장, 복지체계, 의사소통체계 그리고 지역사회체계의 하
나나 그 이상의 실패를 의미한다.

원인이 중시되는 사회배제: 원인이 중시되는 사회배제는 소속감과 신
뢰의 거절이나 부재 그리고 사회적 행동을 위해 요구되는 자원에 대
한 접근의 거절이나 부재를 의미한다.

이상과 같이 사회배제에 대한 견해들을 분석하면 사회배제의 개념
은 다음과 같이 구분하여 이해될 수 있다.

첫째, 사회배제를 사회통합과의 연관하에서 빈곤, 나아가 불평등과 박탈
을 야기하는 경제적 조건을 의미하는 것으로 바라보는 시각
둘째, 사회배제를 경제, 정치, 사회문화 등 다면적 영역을 포함하는 의미
로 바라보는 시각

Peace(2001)는 사회배제의 의미를 사회배제의 좁은 시각, 즉 미시
적 측면의 사회배제와 광범위한 시각, 즉 거시적 측면의 사회배제로 구분
하였다. 그에 따르면 미시적 측면의 사회배제는 빈곤이나 소득불평등,
노동시장으로부터 배제되어 있는 또는 낮은 임금을 받는 것과 동일한 개
념이며 이러한 사회배제에 대한 미시적 접근은 사회배제를 사회통합을 구
성하는 한 영역으로 보는 시각이다. 한편 거시적 측면의 사회배제는 빈곤
이나 소득불평등, 노동시장으로부터 배제되어 있는 또는 낮은 임금을 받
는 것과 같은 경제적 측면을 뛰어넘어 다면적 측면을 구성하는 개념이
다. 즉, 사회배제를 자원의 결핍, 사회적 권리의 부정, 친구, 가족, 집단
그리고 각종 조직이나 단체 등과의 사회적 관계 결여, 다양한 활동으로

부터의 배제, 동질성의 상실이나 공동의 목적 상실 등으로 바라보는 것으로 사회적·심리적 측면을 포함하는 개념으로 이해하는 것을 의미한다 (Silver, 1995).

사회배제를 거시적 측면(사회배제의 다면적 측면)으로 보면 경제적 배제(경제적 불평등), 사회적 배제(사회복지혜택으로부터의 배제), 문화적 배제(정보 부족이나 문화적 포용성 부족) 그리고 정치적 배제(정치활동으로부터의 배제)를 모두 포함한다. 결국 사회배제는 빈곤이나 경제적 불평등을 기본으로 하는 다면적 개념임을 알 수 있는데 이는 사회배제를 정의하는 것이 어려우며 객관적인 개념이 존재하지 않는다는 것을 나타내주는 것이라고 할 수 있다. 또한 사회배제의 다면적 측면은 사회배제를 측정하는 지표에도 영향을 미쳐 연구자들이 제시한 사회배제 측정지표가 왜 다양한지를 설명해주는 이유가 된다.

종합하여 보면 사회배제는 사회적 배제, 정치적 배제 그리고 경제적 배제를 모두 통칭하는 다면적 개념이며 결과적 측면에서의 상태나 조건을 의미하기도 하지만 과정을 나타내는 개념으로 이해하는 것이 정당하다(지은구·김민주, 2015). 본 연구에서는 사회배제의 선행연구에 대한 비교문헌조사를 통하여 사회배제를 "사회적, 경제적, 정치적, 법적 제도나 혜택에 대한 접근이나 기회의 부족 그리고 소득을 포함한 자원의 부족"이라고 정의하고 사회의 질에 영향을 주는 중요 구성요소로 본다.

사회배제	• 사회적 배제, 정치적 배제 그리고 경제적 배제를 모두 통칭하는 다면적 개념
	• 빈곤이나 실업과 같은 경제적 불평등이 기본적 토대
	• 과정임과 동시에 결과적 측면에서 상태나 조건을 의미
	• 사회적, 경제적, 정치적, 법적 제도나 혜택에 대한 접근이나 기회의 부족 그리고 소득을 포함한 자원의 부족

3. 사회배제의 원인

사회배제가 일어나는 원인을 살펴보면 사회배제 개념의 다면성에 의해서 매우 다양한 관점으로 해석되고 있음을 알 수 있다. Peace(2001)는 사회배제의 원인이 구조적 원인과 사회·심리적 원인으로 구분될 수 있다고 보았으며, Hills와 동료들(2002)은 첫째, 개인적 행동과 도덕적 가치, 둘째, 제도적 체계, 셋째, 권리의 부족이나 차별 등에 기인한다고 보았다. 개인적 측면에서 사회배제의 원인을 찾는 것은 주로 사회배제가 자신의 행동이나 어려운 입장으로부터 이루어진다고 보는 관점이며, 사회배제의 원인을 사회적 또는 제도적 측면에서 찾는 것은 제도나 사회구조가 개인의 기회를 제한하거나 박탈하여 사회배제가 나타난다고 보는 관점이다. 사회배제의 원인을 사회·심리적 측면에서 보는 관점은 주로 사회학이나 심리학에서 발전되었으며 사회배제의 원인을 구조적 측면이나 제도적 측면에서 찾는 관점은 사회정책학이나 경제학에 그 뿌리가 있다(지은구·김민주, 2015). 따라서 사회학자들은 사회배제를 이해하는 데 있어 사회계급이나 집단 사이에서의 행동의 차이를 살펴보는 것을 강조하는 반면, 경제학자들은 빈곤과 연관하여 시장(특히, 노동시장)을 강조한다. 그리고 사회정책학자들은 정부정책과 정책의 영향력을 중점적으로 이해하기 위해 노력한다(Hills, 2002). 결론적으로 사회배제는 사회구조적 측면에서 발생하는 것이기도 하고 사회·심리적 측면에서 발생하는 것이기도 함을 알 수 있다. 이를 구체화하면 아래와 같다(지은구·김민주, 2015).

• 사회배제를 사회구조적 측면으로부터 유발되는 현상으로 바라보는 관점
사회배제의 사회구조적 관점은 사회배제가 낮은 임금, 비숙련 노동, 비정규직 노동 등 보호받지 못하는 노동자와 노년노동자, 실업(장기

실업을 포함)과 같은 고용과 깊은 연관이 있음을 강조한다. 박탈 역시 구조적 관점에서 사회배제를 일으키는 원인으로 지목되는데, 박탈은 열악한 주거환경, 높은 범죄율, 부족한 자원, 부족한 일자리, 기본자원의 결핍, 부족한 서비스와 정부정책 등을 포함한다(Peace, 1999). 따라서 사회배제를 예방하고 개선하기 위해서는 박탈을 일으키는 원인에 대한 사회복지정책적 측면에서의 대안과 고용정책을 주된 정책영역으로 해야 한다.

• 사회배제가 사회 · 심리적 원인에 의해 유발된다고 보는 관점

사회배제의 사회 · 심리적 관점은 개인의 심리적 문제, 관계적 문제, 동질성의 상실, 문화적 결합의 상실, 직무관계에서의 이탈, 정신적 우울, 목적 상실, 가족관계로부터의 이탈, 사회적 관계로부터의 이탈 등이 사회배제를 일으키는 주된 요인이라고 간주한다(Peace, 1999). 사회배제의 원인을 사회 · 심리적으로 보는 관점은 사회배제의 원인을 사회구조적 요인에서 찾기 전인 주로 1980년대에 강조되었다. 사회 · 심리적 관점에서 사회배제의 원인을 찾는 경우 사회배제가 개인에 의해서 발생한다고 보고 개인에 대한 역량강화 및 능력 고양을 통해 개선될 수 있다고 보았다(Peace, 2001).

4. 사회배제와 사회의 질의 관계

빈곤의 다면성을 포괄하는 사회배제는 사회의 질과 직접적인 연관이 있다. 즉, 사회배제의 정도가 심한 사회의 경우 그 사회의 질은 열악할 것이기 때문이다. 따라서 심각한 사회문제이자 국가의 정책적 대응을 필요로 하는 사회배제는 사회의 질에도 밀접한 영향을 준다. 사회배제는 자원의 부족에 기초하며 접근의 부족, 기회의 부족 등 각종 부족으로 표

현될 수 있다. 사회배제는 결정적으로 낮은 소득과 같은 소득의 부족에 의해서 나타나기도 하고 실업이나 낮은 교육과 기술, 열악한 주거환경, 높은 범죄환경, 가족 해체와 각종 차별 등과 같은 요인에 의해서도 나타나므로 사회배제가 만연한 사회의 질은 당연히 열악한 수준임에 틀림없다. 즉, 사회배제는 사회의 질을 열악하고 저열하게 만드는 가장 강력한 적이라고 할 수 있으며 국가의 사회정책을 통해 사회의 질을 개선하는 데 있어 가장 우선적인 정책적 대응을 필요로 하는 정책 일순위라고 할 수 있다. 사회배제의 정도가 낮고 사회포용의 정도가 높은 사회는 결국 사회의 질이 높은 사회이므로 사회의 질을 향상시키기 위한 노력은 사회배제 현상이나 조건의 원인과 실태를 확인하고 이에 대한 사회정책적 대응을 통해 나타나게 된다.

5. 사회배제의 측정

사회배제는 사회의 질 향상을 위해 반드시 극복되어야 하며 국가의 정책적 개입을 필요로 한다. 특히, 사회배제는 사회의 질의 구성요소이고 중요한 사회정책의 영역이므로 사회배제의 정도를 정확히 그리고 객관적으로 인식하는 것은 매우 중요하며 이를 위해 사회배제를 인식하고 객관적으로 측정하기 위한 도구를 개발하는 것은 필연적이라고 할 수 있다.

앞에서 살펴본 바와 같이 사회배제는 개념적으로 보면 빈곤 그리고 나아가 경제적 불평등과 밀접한 연관이 있지만 1990년대 후반에 사회배제의 다면적 측면에 대한 정의가 등장하면서 사회배제의 개념은 사회, 정치, 경제 그리고 문화적 삶을 총괄하는 범위로 발전하였다. 하지만 제시된 사회배제지표를 볼 때 대부분 빈곤과 경제적 불평등에 대한 지표가 중심이며 이에 추가하여 주거, 건강, 교육, 공공서비스 및 민간서비스 그

리고 사회적 참여(또는 관계)에 대한 지표가 제시되고 있다. 그동안 제시
된 사회배제에 대한 지표를 살펴보면, 경제적 불평등을 나타내는 지표가
핵심이고 그외의 지표, 즉 사회적 참여나 공공서비스 등에 대한 접근 등의 지
표들이 포함된다. 즉, 경제적 배제를 나타내는 지표는 대부분의 사회배제
지표를 연구한 선행연구자들이 모두 제시하는 공동 지표항목이라고 할
수 있고 그외에 정치 및 문화적 배제에 대한 지표는 학자들에 따라 그 내
용이 상이하게 제시되고 있다.

결국, 사회배제 측정지표의 경우 빈곤과 노동시장에서의 경제적 불평등 및
불균형을 나타내는 지표가 중심이고 건강이나 주거 등과 같은 사회서비스의 배
제 역시 매우 중요한 사회배제의 측정영역이며 그외에 정치적·문화적 배제까지
모두 포함하는 지표들이 제시되고 있음을 알 수 있다. 아래의 예는 사회배
제에 대한 측정도구로서의 지표들을 제시한 것이다.[1]

1) Burchardt와 Le Grand 그리고 Piachaud의 사회배제지표

Burchardt와 Le Grand 그리고 Piachaud는 1999년의 연구에서
영국의 사회배제를 측정할 수 있는 지표를 제시하였다. 이들은 사회배제
를 지리적으로 거주하는 지역에서 배제되고 그 사회의 정상적인 시민활
동에 참여할 수 없는 것이라고 정의하였는데 이러한 정의는 사회배제센
터의 정의를 적용한 것이라고 볼 수 있다. 이들은 사회배제의 측정영역
을 크게 5개로 분류하고 지표를 설정하였는데 이들이 제시한 측정영역
은 첫째, 소비활동, 둘째, 저축활동, 셋째, 생산활동, 넷째, 정치활동, 다
섯째, 사회활동이다. 소비활동, 생산활동 그리고 저축활동은 경제적 영

....

1   이하 사회배제 측정지표에 대한 내용은 지은구·김민주 (2014), 『복지국가와 사회통합』 제5장
     제4절을 수정한 내용임.

역이므로 이들이 제시한 측정영역은 크게 경제적 영역과 정치 및 사회 관계 영역으로 구분할 수 있다. 이들이 제시한 측정영역 및 지표는 〈표 5-5〉와 같다.

표 5-5 Burchardt, Le Grand, and Piachaud의 사회배제지표

측정영역	배제	지표
소비활동	낮은 소득	평균 가구소득의 50% 이하
저축활동	낮은 재산	2천 파운드 이하의 저금, 연금을 받고 있거나 연금을 받기 위해 기금을 제공하는지의 여부
생산활동	생산활동의 결여	자기사업 또는 고용되어 있지 않음, 전일제 교육이나 기술을 받지 않음, 아이를 돌보거나 은퇴
정치활동	정치적인 개입	선거에 참여하지 않았거나 정당에 가입했는지의 여부
사회활동	사회적인 고립	위기를 들어주고 도와주며 같이 있으면 편안하고, 당신에게 감사하고 위로를 해줄 수 있는 것과 같이 지지를 해주는 사람의 유무

자료: 지은구·김민주, 2014, 97, 표 5-3에서 재인용

Burchardt와 Le Grand 그리고 Piachaud는 이후 2002년에 『사회 배제의 이해(Understanding Social Exclusion)』라는 저서를 통해 사회 배제 측정영역을 소비, 생산, 정치적 참여 그리고 사회개입 등의 네 영역으로 축소하여 제시하였다. 여기서 생산 및 소비는 경제적 측면을 의미하므로 경제적 배제가 중심 측정영역임을 알 수 있다. 이들이 수정하여 제시한 사회배제지표는 〈표 5-6〉과 같다.

표 5-6 Burchardt, Le Grand, and Piachaud의 수정된 사회배제지표(2002)

측정영역	내용	지표	지표의 구체적 내용
소비	재화와 서비스를 구매할 수 있는 능력	균등화가구의 순소득이 평균소득의 반 이하인가?	McClement의 척도에 의해서 균등화된 지출 이전의 현재 순가족소득(모든 사회구성원의 사회복지혜택, 연금, 투자이익 등 포함) 배제: 균등화된 가족소득의 50% 이하의 소득 가족은 배제되어 있는 것임
생산	경제적 및 사회적으로 가치 있는 활동으로의 참여	고용이 되어 있는가? 또는 자영업인가? 가족을 돌보는가? (예를 들어 실업, 장기요양, 장애, 조기은퇴 등)	자영업, 고용, 실업, 은퇴, 육아휴직, 가족돌봄, 학생, 장애, 장기요양, 직업훈련 등의 상태 배제: 실업, 장기요양, 장애, 연금수급 연령 이전의 은퇴 등은 배제된 것임
정치적 참여	결정으로의 개입	투표에 참여하지 않았는가? 노동조합, 정치정당, 학부모회 등의 회원이 아닌가?	1. 다음과 같은 조직에서의 활동 여부 또는 회원인가의 여부: 정당, 노동조합, 학부모회, 입주자회 등 2. 투표 참여 여부 배제: 투표하지 않은 것, 위의 조직에서 활동하지 않거나 회원이 아닌 경우는 배제된 것임
사회개입	가족, 친구, 지역사회와의 통합	아래의 다섯 측면에서 지지를 제공할 사람의 부족(들어주기, 안락, 위기에서의 도움, 함께 있으면 편안함, 당신에게 진정으로 감사하는 것)	당신이 얘기하고 싶을 때 당신의 이야기를 들어줄 사람이 있는가? 당신이 어려움에 처했을 때 당신을 도울 사람이 있는가? 당신은 누군가와 함께 있다고 생각하는가? 당신은 당신의 존재에 감사하는가? 당신은 화가 났을 때 화를 누그러트릴 수 있는가? 배제: 위의 다섯 질문에서 한 가지라도 부족하면 배제된 것임

자료: 지은구·김민주, 2014, 98, 표 5-4에서 재인용

2) 유럽연합의 사회배제지표

유럽연합 차원에서 사회배제지표를 처음 제시한 것은 2001년에 사회보호위원회가 18개의 사회배제와 빈곤지표를 승인한 것이 최초이다. 〈표 5-7〉은 유럽연합의 사회배제지표를 나타낸 것이다.

표 5-7 유럽연합의 사회배제지표(2001)

일차적 지표	이차적 지표
1. 전이소득을 포함하여 중위소득 60% 이하의 낮은 소득비율(주거상태, 주거유형, 성별, 나이, 건강상태 등에 따라 구분)	1. 중위소득 40%, 50%, 70%를 이용한 낮은 소득가구의 분산
2. 소득분위를 이용한 소득분배	2. 특정 시점에 측정된 낮은 소득비율
3. 낮은 소득 영속성	3. 전이소득 이전의 낮은 소득비율
4. 중위소득 격차	4. 지니계수
5. 지역통합(고용률에 기초)	5. 중위소득 50% 이하의 영속적인 낮은 소득
6. 장기 실업률	6. 12개월 이상 장기 실업률
7. 직업이 없는 가구에 살고 있는 사람	7. 24개월 이상 장기 실업률
8. 학업 중도탈락률	
9. 기대수명	8. 낮은 학업성취도를 보이는 사람
10. 소득 수준에 따라 자신이 인지한 건강 수준	

자료: 지은구·김민주, 2014, 99, 표 5-5에서 재인용

유럽연합 사회보호위원회의 사회배제지표는 빈곤을 포함한 경제적 불평등을 측정하는 지표가 대다수라는 특징이 있어 사회배제의 다면적 측면을 측정하는 지표라기보다는 빈곤의 다면적 영역을 측정하는 지표라고 보는 것이 합당하다고 볼 수 있다. 하지만 빈곤의 다면적 영역이 곧 사회배제의 영역임을 감안한다면 유럽연합 사회보호위원회의 사회배제

지표는 초기 사회배제지표로 적절하다고 볼 수 있다. 이 사회배제지표는
2002년에 Atkinson과 동료들이 개발한 사회배제지표에 영향을 주었다.

2001년 이후 2003년에는 유럽연합의 사회배제지표소위원회(the
Indicators Sungroup)가 수정된 사회배제지표를 제시하였다. 이 사회배
제지표는 연령 분류와 성 분류에 따라 지표를 제시하고 근로빈곤자 수,
가구주 근로강도별 빈곤율 그리고 학생들의 문자독해 수준을 추가하였
다는 특징이 있다. 또한 2개의 지표가 수정되어 총 21개의 지표로 구성
되었다. 〈표 5-8〉은 유럽연합의 수정된 사회배제지표를 나타낸 것이다.

표 5-8 유럽연합의 수정된 사회배제지표(2003)

	일차적 지표	정의	연령 분류	성 분류
1	빈곤율	중위소득 60% 이하 가구에 사는 사람의 비율	있음 (0~15세, 16~24세, 25~49세, 50~64세, 65세 이상)	있음
1a	– 가구유형별	부양아동이 없는 가구 -1인 가구(65세 이상/이하, 남/여), 2인 가구(65세 이상 가구원 여부), 기타 부양아동이 있는 가구 -한부모 가구, 2인 가구(아동 1, 2, 3인 등), 3인 이상 가구	가구 유형별	가구 유형별
1b ※	–가구주 근로강도별	실직 가구주(W1=0), 전일근로 가구주(W1=1)	없음	없음
1c	–경제활동상태별	임금근로, 자영업, 실업, 은퇴, 비경제적 활동 등	있음	있음
1d	–주거형태별	자가, 임대	있음	있음
2	빈곤선	빈곤선 액수(중위소득 60%) -단독가구, 2명의 성인과 2명의 자녀로 구성된 가구	없음	없음

3	소득분포	소득배율(S80/S20): 상위 20% 대비 하위 20%의 소득점유율	없음	없음
4	빈곤 지속성	3년간 지속적으로 중위소득 60% 미만 가구에 속하는 사람 수	있음	있음
5	상대적 빈곤 격차	빈곤선 이하 소득자의 중위소득과 빈곤선 사이의 차이	있음	있음
6	지역적 응집도	지역 간 취업률의 편차	없음	있음
7	장기실업률	전체 경제활동인구 중 ILO 기준으로 12개월 이상 장기실업자 비율	있음	있음
8a*	실업가구의 가구원 수: 아동	0~17세의 아동 수	없음	없음
8b*	실업가구의 가구원 수: 성인	18~59세의 성인 수	없음	있음
9	학업중퇴자율	18~24세 사이의 중등교육 (ISCED 2) 또는 그 이하의 교육을 받고 현재 교육 또는 훈련을 받지 않은 사람이 동 연령대에서 차지하는 비율	없음	있음
10※	학생들의 문자해독 수준	15세 학생 중 PISA 점수가 1단계 이하인 비율	없음	있음
11	평균기대수명	출생 당시의 평균기대수명	없음	있음
12	소득 수준에 따른 주관적 건강상태	소득 상위 20%와 하위 20% 집단에 속하는 16세 이상 인구 중 자신의 건강상태를 WHO 정의에 따라 나쁨 또는 매우 나쁨으로 정의한 사람의 비중	있음	있음
	이차적 지표	**정의**	**연령 분류**	**성 분류**
13	빈곤 산포(dispersion)	가구 균등화 소득이 중위소득의 40%, 50%, 70% 이하에 살고 있는 인구	있음	있음
14	특정 시점 빈곤율	1995년을 기준으로 −1997년 상대적 빈곤율 −1994/1996년 물가인상분을 　고려한 1995년 상대적 빈곤율	있음	있음

15	이전소득 이전의 빈곤율	빈곤율 -모든 공적 이전소득의 제외 -연금을 포함한 소득 -모든 공적 이전소득 이후	있음	있음
16	지니계수	로렌츠 곡선을 이용한 소득불평등도 산출	없음	없음
17	지속빈곤율 (중위소득의 50% 이하)	지난 3년간 최소한 2년 이상 중위소득의 50% 이하의 소득을 가진 소득자의 비율	있음	있음
18※	근로빈곤자 수	근로 중이면서 빈곤한 인구 수	있음	있음
19	장기실직자 비율	전체 실직자 중 장기실직자(12개월 이상 실직상태에 있는 인구)의 비율	있음	있음
20	극 장기(very long) 실직자 비율	전체 경제활동 인구 중 극 장기 실직자 (24개월 이상 실직상태에 있는 인구)의 비율	있음	있음
21	저학력 비율	연령 집단별로 ISCED level 2 혹은 그 이하의 교육 수준에 있는 사람들의 비율	있음 (25~34세, 35~44세, 45~54세, 55~64세, 65세 이상)	있음

참조: ※ – 추가된 지표
　　 * – 수정된 지표
자료: 지은구·김민주, 2014, 102, 표 5-6에서 재인용

3) Atkinson과 동료들이 제시한 유럽인 사회배제지표

Atkinson과 동료들은 2002년의 보고서에서 유럽인들의 사회배제 수준을 측정하기 위한 지표를 제시하였는데 이들은 사회배제지표에 빈곤과 경제적 불평등의 범위를 넘어 교육, 주거 등 사회배제의 범위를 확장한 측정지표를 포함하였다. 〈표 5-9〉는 Atkinson과 동료들이 제시한 사회배제지표를 나타낸 것이다.

표 5-9 Atkinson과 동료들의 사회배제지표

1차 수준	2차 수준
1. 국내 중위소득 50~60%로 측정된 빈곤위험	1. 중위소득 40%에서 70% 이하에 있는 사람의 비율
2. 소득 5분위로 측정된 소득불평등(상위 20%의 소득과 하위 20%의 소득격차)	2. 단독가구와 4인 가구 기준으로 중위소득 60% 이하에 있는 가구의 구매력
3. 18~24세 사이의 교육을 받지 않은 사람의 비율	3. 지속적으로 재정적 빈곤상태에 있는 가구의 비율
4. ILO가 제시한 기준에 따른 장기실업률	4. 중위소득 60%에 맞추어진 빈곤갭
5. 직업이 없는 사람과 거주하는 사람의 비율	5. 지니계수와 소득 10분위로 측정된 소득불평등
6. 65세 전에 사망하는 사람의 비율	6. 교육 수준이 낮은 18~59세 사이의 인구 비율
7. 열악한 주거시설에 거주하는 사람의 비율	7. 18~64세 사이의 노동인구 중 비정규직 비율이나 실업자 비율
	8. 중위소득 60% 이하에서 직업이 없는 사람과 거주하는 사람의 비율
	9. 중위소득 60% 이하 가구에 살고 있는 고용인의 비율
	10. 낮은 소득 고용인의 비율
	11. 재정적 이유로 의료서비스를 제공받지 못하는 사람의 비율
	12. 과밀 주택에 살고 있는 사람의 비율
	13. 임대료나 주택대출을 지불하는 사람의 비율
	14. 위험한 상황에 활용할 수 있는 돈이 없이 사는 사람의 수

개발되어야 하는 지표
1. 박탈에 대한 비화폐적 지표
2. 교육에 대한 상이한 접근
3. 열악한 환경의 주거

4. 주거비용	
5. 노숙과 불확실한 주거	
6. 읽고 쓰는 능력과 수학적 사고능력	
7. 공공서비스나 기본적인 민간서비스에 대한 접근	
8. 사회적 참여와 인터넷 접근	

자료: 지은구·김민주, 2014, 103, 표 5-7에서 재인용

Atkinson과 동료들이 제시한 사회배제지표에는 빈곤을 포함한 경제적 불평등과 교육 불평등, 건강 불평등 및 주거 불평등에 대한 지표가 다수 포함되어 있으며 사회배제의 다면적 측면을 고려하여 사회참여와 공공서비스에 대한 접근 등의 지표도 포함되어 있다.

4) Saunders와 Nsidoo 그리고 Griffiths의 사회배제 측정영역 및 지표

Saunders와 Nsidoo 그리고 Griffiths(2008)는 주로 영국의 학자들인 Hills, Le Grand, Piachaud(2002) 그리고 Bradshaw(2004)의 사회배제에 대한 개념 및 측정영역에 영향을 받아 사회배제의 측정영역을 크게 3개로 분류하여 제시하였다. 이들에 따르면 사회배제의 측정영역은 첫째, 탈개입, 둘째, 서비스 배제, 셋째, 경제적 배제이다. 이들이 제시한 측정영역별 지표는 〈표 5-10〉과 같다.

표 5-10 Saunders, Nsidoo and Griffiths의 사회배제 측정영역 및 지표

측정영역	지표
탈개입	다른 사람과 정기적인 사회적 접촉이 없음
	지역사회활동에 참여하지 않음

	사회생활을 하지 않음
	매년 공휴일에 휴가를 가지 않음
	아동들이 학교활동에 참여하지 않음
	아동을 위한 취미활동과 레저가 없음
	이동의 불편함 때문에 활동에 참여하지 않음
	친구와 외출하지 않음
	결혼식이나 장례식에 참석하지 않음
서비스 배제	필요한 의료서비스를 받지 못함
	병원에 갈 수 없음
	필요한 치과치료를 받지 못함
	필요한 정신건강치료를 받지 못함
	일하는 부모를 위한 아동돌봄을 받지 못함
	노인을 위한 요양서비스를 받을 수 없음
	필요한 장애인서비스를 받지 못함
	은행이나 기타 기관에 갈 수 없음
	전기세, 수도세, 가스비, 전화세를 지불하지 못함
경제적 배제	비상금으로 500달러를 가지고 있지 않음
	돈을 빌리거나 물건을 팔거나 전당포에 간 적이 있음
	일주일에 2천 달러를 벌지 못함
	5만 달러 이상의 재산이 없음
	특별한 대접을 위해 100달러를 쓸 수 없음
	현재 실업상태이고 직장을 찾고 있음
	직장이 없는 가구에서 살고 있음
	그럭저럭 살기에 충분한 돈을 가지고 있지 않음

자료: 지은구·김민주, 2014, 105, 표 5-8에서 재인용

5) 영국의 빈곤과 사회배제 설문조사(PSE)의 사회배제 측정영역

1999년에 영국통계청에 의해서 실시된 영국의 빈곤과 사회배제 설문조사(Poverty and Social Exclusion in Britain, PSE)는 영국의 대표적인 사회배제지표라고 할 수 있다. 빈곤과 사회배제 설문조사에서는 사회배제가 크게 네 영역으로 구분되어 측정된다. PSE의 사회배제 측정영역은 첫째, 적절한 소득이나 자원으로부터의 배제, 둘째, 노동시장으로부터의 배제, 셋째, 서비스로부터의 배제, 넷째, 사회적 관계로부터의 배제이다. PSE의 가장 중요한 특징은 빈곤을 가장 상위의 영역으로 보고 이에 추가하여 노동시장, 서비스 그리고 사회적 관계로부터의 배제를 측정영역으로 제시한다는 점이다. 사회배제 측정영역을 제시한 PSE팀은 Gorden, Levitas, Pantazis, Patsios, Payne, Townsend, Adelman, Ashworth, Middleton, Bradshaw 그리고 Williams 등(Gorden et al., 2000)으로 구성되어 있는데 이들이 제시한 사회배제 측정영역 및 측정지표는 〈표 5-11〉과 같다.

표 5-11 PSE 사회배제 측정영역 및 측정지표

측정영역		측정지표
소득/자원	빈곤	–생활에 필요한 필수품 부족에 대한 인식과 필수품이 부족한 사람들의 수(응답자의 50% 이상이 필요하다고 한 필수품목 36개)
		–생활에 필요한 사회적 필수품이 2개 항목 이상 부족한 사람 –주관적 빈곤: 실제 소득과 빈곤하지 않기 위해 필요한 소득의 격차
노동시장	노동시장으로부터 배제	–나이, 성별, 건강상태에 따른 노동시장 참여비율 –세대원 중 일하는 사람의 수
서비스	전기, 수도, 교통수단, 물품 구매, 금융서비스 등의 기본적인 서비스 접근의 결여	–거주자의 전기, 수도 등의 단절이나 제한 경험 –부족한 서비스의 수 –사용한 민간서비스 및 공공서비스

사회적 관계	비참여	−건강이나 장애로 인해 사회적으로 필요한 사회적 활동을 못한 경우 −몇 개의 일상적인 사회활동을 하지 못하였는지에 대한 질문 −참여하고 있는 사회활동의 수 −사회활동을 막는 요인
	소외	−가족이나 친구와의 접촉 수준
	지원 부족	−몇 개 정도의 지원을 받고 있는지에 대한 질문 −7개의 특정 상황(정서적·신체적 이유로 도움이 필요한 상황)에서 지원을 받을 가능성
	이탈	지난 3년간 참여한 시민활동
		활동적인 조직활동 참여 여부
	사회적 활동의 제한	어두워진 후 혼자 걸을 때 느끼는 안전 또는 불안전에 대한 생각

자료: 지은구·김민주, 2014, 107, 표 5-9에서 재인용.

영국 PSE 사회배제지표의 특징은 경제적 배제 영역에서 소득을 사회배제의 중요 영역으로 구분하였다는 점과 함께 사회배제 영역에서 사회적 관계를 주요 영역으로 인정하였다는 점이다. 또 다른 PSE 사회배제지표의 특징은 소득 영역에서 지역주민들의 주관적 인식을 묻는 지표가 많이 사용되었다는 점이다. 하지만 사회복지서비스에 대한 지표가 상대적으로 부족한 점은 한계로 지적될 수 있다.

6) 브리스톨 사회배제 매트릭스(B-SEM)의 사회배제 측정영역 및 측정지표

브리스톨 사회배제 매트릭스(Bristol Social Exclusion Matrix, B-SEM)는 Levitas와 동료들(2007)이 제시한 사회배제 측정지표이다. 브리스톨 사회배제 매트릭스는 사회배제가 복잡하고 다중영역적인 과정임을 강조하면서 사회배제를 "경제, 사회, 문화 그리고 정치적 영역에서 사회 대부분의 사람들에게 유용한 권리, 재화, 서비스 그리고 자원의 부정이나 결핍, 정상적인 관계나 행동에 참여할 수 없는 무능력"으로 정의하였다. 그리고 측정영역을 자원, 참여 그리고 삶의 질이라는 3개의 영역으로 구분한 후 측정영역별로 총 10개의 세부 영역을 제시하였다. 브리스톨 사회배제 매트릭스의 사회배제 측정영역 및 측정지표는 〈표 5-12〉와 같다.

표 5-12 브리스톨 사회배제 매트릭스(B-SEM)의 사회배제 측정영역 및 측정지표

측정영역		측정지표
자원	물질적·경제적 자원	-소득 -생활필수품 소유 여부 -주택 소유 여부 -기타 자산이나 저축 -빚 -주관적 빈곤
	공공서비스 및 민간서비스에 대한 접근	-공공서비스(사회복지서비스 포함) -전기, 수도 및 전화 -교통 -민간서비스 -금융서비스에 대한 접근
	사회자원	-가족으로부터의 분리나 시설 입소 -사회적 지지 -가족, 친구, 동료와의 접촉의 질 및 빈도
참여	경제적 참여	-직장(고용, 자영업, 실업 등) -지불하지 않아도 되는 돌봄의 제공 -지불되지 않는 작업에 대한 책임 -직장생활(직업의 유형/정규직 또는 비정규직 여부)
	사회참여	-사회활동으로의 참여 -사회적 역할
	문화, 교육 그리고 기술	-기본적 기술(읽고 쓰는 능력 등) -교육 성취 -교육에 대한 접근 -문화적 레저활동 -인터넷 접근

참여	정치참여 및 시민참여	－시민권 여부 －투표 등록 및 투표 여부 －정치참여 －시민 효율성(예를 들어 결정에 영향을 줄 수 있다는 생각) －시민참여, 자원봉사활동이나 자원봉사원 여부
삶의 질	건강 및 번영	－물질적 건강 및 운동 －정신건강 －장애 －삶의 만족 －자기계발 －자기존경/자기확신 －약물 오남용, 자기손상
	삶의 환경	－주택상태 －노숙 여부 －근린환경의 안전(교통, 대기오염, 소음공해 등) －근린환경에 대한 만족 －열린 공간으로의 접근
	범죄 및 해악	－객관적 안전/피해(학대 등에 대한 위험) －주관적 안전(범죄에 대한 인식 및 공포) －조롱이나 학대, 왕따에 대한 노출 －차별 －ASBO(Anti-Social Behavior Order) －징역

자료: 지은구·김민주, 2014, 108, 표 5-10에서 재인용

7) 사회배제 측정지표 종합

앞에서 제시된 주요 사회배제 측정도구들을 살펴보면 사회배제의 측정영역(즉, 측정요소)은 빈곤의 다면적 개념에 기초한 측정영역보다 발전된 개념임을 알 수 있다. 즉, 빈곤의 다면적 영역에는 사회적 참여활동이나 사회적 관계 등에 대한 지표가 포함되지 않지만 사회배제의 다면적 영역의 측정지표에는 정치활동을 포함한 사회참여활동과 사회적 관계 향상을 위한 관계지향성을 나타내는 지표들이 포함되어 있음을 알 수 있다.

종합하여 정리하면 사회배제 측정영역(사회배제 구성요소)은 다음과 같이 구분될 수 있다.

첫째, 빈곤의 화폐적 영역과 비화폐적 영역
둘째, 공공서비스 및 사회복지서비스 혜택 및 접근성 영역
셋째, 정치활동을 포함한 사회참여 영역
넷째, 가족과 친구 등 사회적 관계 영역

그리고 특징적인 점은 브리스톨 사회배제 매트릭스의 경우 삶의 질을 사회배제의 영역으로 보고 이에 대한 측정지표들을 포함시켰다는 것이다. 사실 사회배제는 개인의 주관적 인식도 포함하지만 일반적으로 사회적 측면을 나타내는 지표이고 삶의 질은 주로 개인의 삶에 영향을 주는 주관적 측면을 나타내주는 지표로 그 성격이 비슷한 것 같지만 상이한 측면을 내포하므로 삶의 질과 사회배제 지표는 분리하여 구분하는 것이 정당하다고 사료된다. 〈표 5-13〉은 선행연구를 기초로 하여 본 연구에서 다시 정리한 사회배제의 영역, 즉 구성요소(측정영역)와 이를 측정하기 위해 가능한 사회지표들을 나타내준다

표 5-13 사회배제의 영역과 측정지표 종합

사회배제의 영역	사회배제의 영역별 측정지표의 예
빈곤의 화폐적 영역과 비화폐적 영역	1. 중위소득가구 50% 이하 가구의 비율 2. 6개월 이상 장기실업률 및 청년실업률 3. 직업의 유형(정규직/비정규직) 4. 영유아 사망률, 60세 이하 사망률 5. 평균기대수명 6. 학업중퇴자율
공공서비스 및 사회복지서비스 혜택 및 접근성 영역	1. GDP 대비 사회적 지출 2. 총 예산에서 차지하는 복지예산 비율 3. 연금(퇴직연금 포함) 가입률

공공서비스 및 사회복지서비스 혜택 및 접근성 영역	4. 주거상태 및 조건에 대한 지표: 소득에서 차지하는 주거비용 　 부담률 (소득에서 50% 이하) 5. 교육 및 건강 등 각종 복지혜택에 있어 국적 획득 여부 6. 건강보험의 보장성 비율, 민간보험 가입 여부
정치활동을 포함한 사회참여 영역	1. 선거참여율 2. 단체 및 기관이나 각종 모임 참여 횟수(일주일 기준)
가족과 친구 등 사회적 관계 영역	1. 가족 및 친지 그리고 동료와의 전화통화 횟수(일주일 기준) 2. 가족 및 친지 그리고 동료와의 만남 횟수(한 달 기준)

8) 빈곤과 사회배제 그리고 사회의 질 측정의 관계

객관적 사회지표로 빈곤을 측정하기 위해서는 화폐적 빈곤을 나타내는 빈곤지표와 비화폐적 빈곤을 나타내며 계량화되고 수치화된 사회지표를 활용하여야 한다. 즉, 사회의 현 수준을 나타내는 각종 빈곤 관련 지표를 포함하여 빈곤뿐만 아니라 행복, 번영 그리고 삶의 질을 나타내는 다양한 사회지표를 총 동원하여 빈곤을 측정하게 되는데 이 경우 복지 수준은 개인적 수준에서 사회적 수준으로 격상된다. 빈곤이 비화폐적 빈곤을 포함한 다면적 개념으로 이해되므로 이를 반영하는 박탈과 소외 그리고 사회배제를 나타내는 사회지표들을 통해 빈곤의 정도를 나타내게 된다. 즉, 다면적 빈곤은 박탈과 배제를 포함하는 개념이고 넓게 보면 사회배제를 나타내는 사회지표들이 대부분 비화폐적 빈곤을 나타내는 지표들이므로 화폐적 빈곤과 비화폐적 빈곤을 나타내는 사회지표는 곧 사회배제, 나아가 사회의 질의 정도를 나타내는 지표라고 볼 수 있다

■ 빈곤과 사회배제 그리고 사회의 질 측정도구(지수) 비교

• 다면적 빈곤지수

다면적 빈곤지수(multi-dimensional index for poverty, MDI)는 개발도상국의 빈곤 퇴치를 위한 MDG(multi-dimensional goals)를

포함하여 대부분 화폐적 소득과 실업 등 소득 부족과 관련된 지표와 교육 수준, 건강 수준, 주거 수준 등의 비화폐적 빈곤을 나타내는 지표들로 구성되어 있다.

• 사회배제지수
사회배제지수에는 다면적 빈곤지수를 구성하는 대부분의 사회지표들과 함께 정치활동을 포함한 사회참여활동과 사회적 네트워크나 사회적 관계를 나타내는 지수들이 포함되어 있다.

• 사회의 질 지수
사회의 질 지수에는 다면적 빈곤지수 및 사회배제지수를 구성하는 대부분의 사회지표들과 함께 사회구성원의 신뢰의 정도를 측정하는 사회자본의 구성요소가 포함되며 사회적 임금의 정도와 사회적 재생산이나 사회적 노동의 수준이나 정도 등을 나타내는 지수들도 포함된다. 이들의 관계를 그림으로 나타나면 〈그림 5-1〉과 같다.

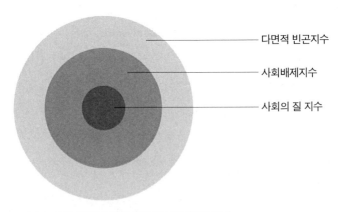

그림 5-1 사회의 질과 다면적 빈곤 및 사회배제의 관계

제3절 경제성장과 사회의 질

경제성장 곧 시장의 성공은 경제후퇴, 즉 시장의 실패를 가져다준다. 자본주의의 역사를 돌이켜보면 1930년대의 경제대공황 이후로 2008년의 금융위기까지 경제성장과 동시에 지속적으로 시장의 실패를 경험하였음을 알 수 있다. 자본주의 시장의 불완전성은 곧 국가의 시장에 대한 적극적인 개입과 사회정책의 확대를 통한 사회의 안정을 필요로 한다는 것을 역사적 사건을 통해서도 쉽게 알 수 있다. 시장의 실패는 곧 사회의 질의 급속한 저하를 나타내며 국민의 생활수준 및 삶의 질을 급속하게 저열한 수준으로 떨어트리는 원인이다. 1990년대 후반에 IMF의 원조를 경험한 한국 사회는 급속한 사회의 질 저하를 경험하였으며 2007~2008년에 겪은 금융위기에 따른 시장의 실패는 또한 전 세계 국민이 사회의 질 저하를 경험하게 한 대표적인 사례이다.

경제성장으로 표현되는 경제적 총량의 성장(이름하여 GDP)은 사회의 질과 어떠한 관계 있을까? 결론부터 얘기하면 경제성장이나 부(wealth)로 측정되는 경제적 양(economic quantity)이 사회의 질 개선에 영향을 주는 절대적 필수조건은 아니지만 사회의 질의 향상에 일정 정도 영향을 주며 사회의 질의 향상 역시 경제성장에 영향을 주는 상호보충적이고 상호호혜적인 관계라는 점에 많은 연구자들은 동의한다. 일반적으로 경제성장은 소득증대를 가져다준다고 알려져 있다. 이러한 견해는 곧 경제성장이 국민의 소득을 증대시키고 소득증대는 곧 빈곤을 감소시킨다는 논점으로 발전한다. 하지만 경제성장과 빈곤의 관계를 보면 선진국과 개발도상국 사이의 불일치가 존재한다. 즉, 경제성장이 경제개발 단계에 있는 국가의 빈곤을 감소시키는 것에 대한 경험적 연구는 존재하지만 이미 선진화된 국가의 경우 경제성장이 빈곤을 감소시키는 역할을 하지는 않는다는 것이 경험적 연구의 결과이다. 따라서 경제성장으로 대변되는 부의 증대나 소득증대가 사회의 질 향상과 어느 정도 관련이 있는지, 즉 경제성장과 사회의 질의 관계에 대한 보다 상세한 논의가 필요하다. 본 절에서는 경제성장과 빈곤 그리고 사회의 질의 관계에 대해 보다 구체적으로 알아보기로 한다.

1. 경제성장과 빈곤 그리고 사회배제

일반적으로 경제학자들은 경제성장으로 대변되는 국내총생산(GDP)의 증가로 빈곤을 단면적으로 해석하는 경우, 즉 빈곤을 '화폐적 측면을 나타내는 소득의 부족(화폐적 빈곤)'으로 해석하는 경우 빈곤의 축소에 영향을 준다고 생각한다. 예를 들어 경제성장이 이루어지면 국민총소득(GNI)이 증가하고 국민총소득이 증가하면 당연히 1인당 GNI도 증가할 것인데 이는 곧 소득증대를 의미하므로 GNI가 증가하는 만큼 빈곤 역시 감소할 것이라는 것이 경제학자들의 일반적인 사고이다. 하지만 경제성장이 반드시 빈곤, 나아가 사회배제를 방어하거나 감소시키는 역할을 수행한다는 연구는 매우 상반적인 결과를 가져왔다. 즉, 경제성장이 화폐적 가치로서의 빈곤 축소에 영향을 주었는가 또는 주지 않았는가에 대한 연구의 결과는 상반적이다. 연구자에 따라 경제성장이 소득 증대를 가져와 빈곤이 축소되었다고 강조하는가 하면 경제성장이 소득부족으로 대변되는 빈곤에 영향을 주지 않는다는 연구결과도 존재한다. 경제성장이 화폐적 빈곤에 영향을 주지 않는다는 연구결과에서는 경제성장에 따른 부의 분배가 빈곤한 사람들에게 돌아가지 않고 일부 특정 계층에 집중되어 오히려 빈곤과 불평등이 심화되고 있다고 주장한다. 따라서 경제성장의 과실을 누가 취하는가, 즉 누구에게 경제성장의 몫이 분배되는가가 결국 경제성장과 빈곤 그리고 사회배제를 설명해주는 핵심적인 영역이자 이슈라고 할 수 있다.

경제성장과 부의 증대가 이루어져 부가 사회구성원에게 골고루 분배된다면 경제성장은 곧 빈곤 및 사회배제를 방어하고 악화시키지 않으며 나아가 사회의 질을 향상시키는 물질적 조건으로 작동할 수 있다. 하지만 경제성장을 통한 부의 증대가 일부 특정집단에만 돌아간다면 국민의 생활수준은 악화될 것이며 사회의 질을 떠받드는 물질적 토대로서의 소득보장 및 경제적 보장의 기반이 약화되고 사회의 질이 악화될 수밖에 없게 된다. 예를 들어 경제성장이 이루어진다고 해서, 즉 GDP가 증가한다고 해서 빈곤이 감소되는 것은 아니라는 점은 명백하다. GDP 또는 1인당 GDP가 증가하면 당연히 소득은 증가한다. 하지만 소득이 증가한다고 해서 빈곤이 감소되는 것은 아니다. 만약 경제성장이 빈곤을 감소시킨다는 것이 명확하다면 빈곤정책으로 경제성장 우선정책이 가장 확실한 국가정책의 일순위일 수 있다. 하지만 결론부터 얘기하면 아무리 경제성장이 이루어진다고 해도 빈곤이 경제성장 증가분만큼 지속적으로 감소하는 국가는 찾아보기 힘든 것이 사실이다. 〈표 5-14〉는 미국의 GDP 증가율과 빈곤에 대한 사회지표를 나타낸다.

표 5-14 미국의 경제성장과 빈곤율 (달러, %)

	1970년대	1980년대	1990년대	2000년대
국민 1인당 GDP 1970년대 = 1	20,064 1	23,876 1.1900	29,413 1.4660	34,757* 1.7323
평균가구소득 1970년대 = 1	56,732 1	60,616 1.0685	69,565 1.2262	78,087** 1.3764
빈곤율	약 13%	약 14%	약 14%	15.1***

* 2000년 기준
** 2007년 기준
*** 2010년 기준
자료: Income, Poverty, and Health Insurance Coverage in the United State, 2010, United States Census Bureau. U. S. Department of Commerce, 2011
Angeles, L., 2011, A closer look at the Easterlin Paradox, The Journal of Socio-Economics, vol(40), 68, Table-1

〈표 5-14〉를 보면 미국의 경우 경제성장이 빈곤의 감소에 영향을 주었다고 할 수 없음을 알 수 있다. 미국의 빈곤율은 지속적으로 약 14%대를 유지하고 있는 것으로 나타나고 있다. 미국인구센서스의 2012년 자료를 보면 빈곤율은 2010년에 15.1%로 여전히 15%선을 유지하고 있다(U. S. Department of Commerce, 2011). 경제성장에 따른 국민의 소득은 증가하고 있지만 소득증가분이 전체 가구의 평균소득증가분을 의미하므로 이는 곧 상위소득 증가가 하위소득 증가보다 높음을 나타내고 소득의 양극화가 확대되어가고 있음을 의미하는 것이다. 하지만 미국의 빈곤율은 1960년대에 20%선을 유지하였는데, 경제개발 단계에 있던 1960년대 경제성장이 1970년대까지 빈곤 감소에 영향을 주어 빈곤율이 약 13%로 감소하였음을 알 수 있다.

경제성장과 빈곤과 관련된 연구들을 보면 빈곤을 화폐적 빈곤으로 보는 경우와 비화폐적 빈곤으로 구분하는 경우 연구결과가 상반됨을 알수 있다. 또한 경제개발국과 이미 경제가 발전된 선진경제국 사이에서도 연구결과가 상반된다. Bourguignon과 동료들(2008, 2010)의 국제비교연구에 따르면 가구당 소득증가분으로 측정한 경제성장이 화폐적 빈곤과는 연관이 있는 것으로 나타났지만 비화폐적 빈곤과는 연관이 없는 것으로 나타났다. 특히 이들이 자료를 분석한 결과 온두라스, 캄보디아, 가나, 우간다, 중국 등과 같은 특정 국가의 경우 경제성장에 따른 소득 증가가 소득 부족에 의해 나타나는 빈곤을 감소시키지 못한 것으로 나타났는데 이는 곧 이들 국가에서 소득의 증가가 일부 계층에만 집중되어 소득의 불평등이 심화되고 있음을 나타내는 것이라고 할 수 있다.

또한 Dreze와 Sen(2013)의 연구에서도 인도와 방글라데시 그리고 네팔의 경제성장과 비화폐적 빈곤의 관계에 대한 분석에서 1인당 GDP가 방글라데시와 네팔의 두 배 규모인 인도의 경우 두 나라와 비교했을 때 비화폐적 빈곤(5세 이하 아동사망률, 아동예방접종비율, 15세에서 24세 사이의 여성문맹률)이 매우 낮게 개선되었음이 나타났다. 이러한 연구결과는 비화폐적 빈곤이 일정 수준까지는 경제성장의 영향을 받지만 경제가 어느 정도 수준으로 높아지면 비화폐적 빈곤에 대한 영향력이 낮아짐을 의미하는 것이라고 할 수 있다.

결국 빈곤은 소득빈곤과 같이 화폐적 빈곤만을 의미하는 것이 아니다. 빈곤 자체의 다면적 속성으로 인해 비화폐적 빈곤 요소들이 개인의 번영이나 삶의 질을 결정하는 중요한 요인이고 사회구성원의 사회배제의 정도를 나타내주는 중요한 요인이다. 그러므로 빈곤의 다면적 속성인 화폐적 빈곤과 비화폐적 빈곤은 결국 빈곤이라는 개념을 뛰어넘어 박탈, 소외 그리고 사회배제의 의미를 내포하는 개념이라고 할 수 있다. 따라서 빈곤에 대한 다면적 해석은 곧 화폐적 빈곤과 비화폐적 빈곤을 모두 포함하는 사회배제의 개념 안에 포함되어 있다고 간주하는 것이 빈곤과 사회배제에 대한 올바른 해석이라고 할 수 있다. 비화폐적 빈곤과 화폐적 빈곤의 차이를 강조한 Bourguignon과 Chakravarty(2002)는 소득에 기초한 빈곤 측정은 사회의 구성원인 국민 개개인의 낮은 소득으로 인해 나타나는 건강문제나 낮은 기술, 교육 등의 요인을 적절히 반영하지 못하는 측정방식이라고 비판하였다. 이는 곧 소득 부족으로 대표되는 화폐적 빈곤이 인간의 번영이나 삶의 질 그리고 나아가 사회배제에 영향을 미치는 화폐적 빈곤문제를 포함한 교육과 건강 등과 같은 비화폐적 빈곤문제를 적절히 반영하지 못하므로 빈곤 개념에 대한 확대해석을 강조한 것이라고 이해할 수 있다.

사회구성원의 빈곤한 상태, 즉 빈곤의 정도는 통상적으로 소득으로 대표되는 화폐적 도구를 통하여 측정되었고 구체적인 방안으로 빈곤선을 책정하여 소득 수준을 통해 빈곤을 확인하였다. 하지만 빈곤은 소득으로만 구별되는 요소를 가진 단면적인 개념이 아니고 소득이라는 절대적 기준 이외에도 상대성에 기반하므로, 박탈이나 소외 등과 같은 사회적 현상을 불러일으키는 다양한 조건이나 요소들도 사회구성원인 인간 개개인들의 빈곤을 설명해줄 수 있음이 경험적 연구들을 통하여 명백하게 밝혀졌다. 그러므로 빈곤의 다면성을 인정하는 것이 중요하다.

따라서 소득, GDP, GNI 등과 같이 경제성장 중심의 화폐적 방식으로 빈곤을 측정하는 방식으로는 개인의 빈곤, 나아가 개인의 번영과 행복, 사회배제 그리고 사회의 질의 정도를 측정하는 것은 거의 불가능에 가깝다고 결론지을 수 있다. 단면적 빈곤보다는 다면적 빈곤, 빈곤보다 포괄적인 개념을 가진 개인의 번영이나 행복, 이보다 더 포괄적인 개념을 가진 사회배제, 이보다 더욱 포괄적인 개념을 가진, 인간이 매일매일 생활하여야 하는 사회의 질이 인간, 나아가 인간이 포함된 사회의 상태를 나타내는 개념으로 등장하였다고 할 수 있다.

만약 화폐적 소득의 개념으로 개인이나 사회의 행복 정도나 질의 정도를 측정한다고 한다면 소득의 증대 또는 GDP나 GNI 등의 증대가 중요한 것이 아니라 부(wealth)의 증가가 모든 국민에게 적절하고 균등하게 분배되었는지가 더욱 중요한 것이므로 분배나 재분배를 통한 소득증대분에 대한 추적과 측정이 그 사회구성원의 번영과 빈곤 그리고 사회배제의 정도나 사회의 질의 정도를 측정하는 데 더욱 중요하다고 할 수 있다.

결국, 빈곤을 줄이고 불평등을 줄이며 소득불균형을 해소하고 국민의 번영과 삶의 만족을 증진시키며 사회의 질을 개선하는 것은 경제성장이 성취하려는 목표임과 동시에 결과이다. 반대로 경제성장이 빈곤을 심화 및 유지시키고 소득불균형 및 경제불평등을 확산하며 국민의 행복과 삶의 질, 나아가 사회의 질을 악화시키는 것은 반복지의 전형적 형태라고 할 수 있다. 곧 친-빈민(pro-poor)을 향한 사회보호를 강화하는 방향으로의 경제성장이 중요하며 이를 위해서는 가난한 사람들을 위한 친-노동시장정책 및 사회보호시스템을 강화하는 것이 중요하다. 아래의 표는 친-노동시장정책 및 친-빈곤 사회보호정책의 예를 나타내준다.

친-노동시장정책	• 일정 소득 수준 이하 빈곤한 가구의 가구원(중위가구소득 50% 이하)이 신규직원 채용 응모 시 가산점을 부여 • 고용할당제: 직원 100명 이상의 모든 기업에서 일정 비율만큼 가난한 가정(중위가구소득 50% 이하)의 가구구성원이 직장을 얻을 수 있도록 할당제 적용
친-빈곤 사회보호정책	• 생계보조비 지급(생계급여) 기준을 중위가구소득 50% 수준으로 격상하고 차액을 지급 • 18세 이상~65세 이하 모든 국민에게 기초소득 제공 • 중위가구소득 80% 이하 가구의 중증질환 병원비 전액 국가 부담 • 중위가구소득 100% 이하 가구원의 중증질환 병원비 50% 국가 부담
친-빈곤 교육복지정책	• 중위소득 가구 100% 이하 자녀들의 대학등록금 전액 면제 • 중위소득 가구 150% 이하 자녀들의 대학등록금 50% 면제
친-빈곤 극복 불평등해소정책	• 소득양극화 해소를 위해 소득상위 10%에 대해 재산 및 소득에 따라 부유세 신설 및 적용 • 일정 소득 수준 이하의 가난한 사람들의 자립경제활동 지원을 위해 정부에서 무이자 무담보대출 제공 • 일정 소득 이하 가구의 재산 형성을 돕기 위한 매칭적금 제공(정부가 모든 적금에 동일한 액수를 매칭자금으로 제공) • 최저임금액 이하의 소득을 가진 모든 근로자의 소득세 감면 • 중위가구소득 50% 이하 가정에서 이루어지는 생필품(특히 음식) 구입에 대한 부가가치세 감면(감면카드 제공)

2. 경제성장과 사회의 질

경제성장은 사회의 질을 담보하는 단순한 하나의 물질적 토대이다. 경제성장을 가장 극명하게 보여주는 사회지표는 국내총생산, 즉 GDP이다. GDP는 통상 특정 국가 국민의 경제수준이나 생활수준 또는 나아가 삶의 질을 설명해주는 지표로 많이 활용되어왔다. GDP를 생활수준을 설명하는 기준으로 활용한다는 것은 경제성장을 주요 지표로 활용한

다는 것을 의미한다. 따라서 사회를 경제성장 중심의 매우 단편적 시각
으로 바라본다는 한계를 갖는다. 경제성장은 국민의 삶의 조건에 영향을
주는 하나의 수단에 지나지 않는다. 즉, 기본적인 삶의 조건이 개선되기
위해서는 경제성장이 단지 수단으로만 필요하다.

　　예를 들어 Easterlin(1974)은 미국의 경우에 1960년대에서 1970년
대까지 1인당 국민소득이 증가하였지만 같은 기간에 행복 수준은 감소
하여 경제성장이 국민의 삶을 개선시키는 지표로 한계가 있음을 강조하
였다. 이러한 그의 연구결과는 Easterlin의 역설이라고도 불리는데 이는
곧 경제성장이 빈곤을 감소시키고 국민의 행복과 번영 그리고 삶의 질
을 개선할 것이라는 경제학 일반의 사고를 완전히 뒤바꾸는 데 결정적
인 역할을 한 것으로 평가받고 있다. Easterlin의 역설 이후에 많은 연
구자들이 경제성장과 행복, 삶의 질이나 번영 그리고 빈곤의 관계에 대
한 연구들을 발표하였는데 대부분 Easterlin의 역설을 각종 데이터를 기
초로 입증하는 것이거나 아니면 Easterlin의 역설이 잘못되었다는 논지
의 연구들이었다. 가장 최근에 Easterlin의 역설을 입증한 연구들로는
Esping-Anderson과 Nedoluzhko(2016), Kelly와 Evans(2017) 그리
고 Nielsen(2016) 등이 있는데 이들은 개발도상국에서는 경제성장이 행
복에 영향을 주지만 선진국에서는 경제성장이 행복에 영향을 주지 않음
을 제시하였다. 특히, Kenworthy(2016)는 개발도상국에서도 경제성장
이 행복과는 아무런 연관이 없음을 주장하였다.

　　지금까지의 연구들을 보면 확실한 것은 아직까지 Easterlin의 역설
을 수정하여야 한다는 명확한 증거가 제시되지 못하고 있다는 점이다.
예를 들어 Hagerty와 Veenhoven(2003)은 다양한 자료들을 사용하여
소득이 증가하면 행복이 증가한다는 연구결과를 발표하여 Easterlin의
역설이 수정되어야 한다고 주장하였지만 Easterlin(2005)은 이에 대한

반론에서 Veenhoven의 연구가 부적절한 자료를 활용한 잘못된 연구임을 제시하였다. 물론 Easterlin의 연구는 경제가 일정 수준 이상으로 발전된 선진경제국인 경우로 제한되므로 경제개발 상태에서는 경제성장이 빈곤 감소에 영향을 준다는 점을 부인할 수 없다. 많은 연구들이 경제개발국이나 경제가 발전 중인 나라의 경우 경제성장이 빈곤 감소에 긍정적인 영향을 주었다는 결과를 발표하였지만 경제가 일정 수준에 도달한 경우 경제성장이 빈곤 감소나 국민의 행복 수준, 나아가 삶의 질 개선에 크게 도움을 주지 못하는 것으로 나타났다.

Bartolini와 Sarracino(2014) 그리고 Kelly와 Evans(2017)에 의해서 제시된 연구들에 따르면 Easterlin의 역설은 다시 한 번 입증됨을 알 수 있다. Bartolini와 Sarracino(2014)는 세계가치조사(World value survey, WVS)와 유럽인가치조사(European value survey, EVS) 그리고 유럽인사회조사(European social survey, ESS) 데이터를 기초로 하여 행복에 대한 4점 척도의 질문과 삶의 만족에 대한 10점 척도의 질문 등 2개의 질문을 종합하여 GDP와 번영의 관계를 조사하였다. 이들의 연구에 따르면 약 3년 안의 짧은 기간 동안에는 경제성장, 즉 GDP의 증가가 개인의 번영에 영향을 미치는 것으로 나타났지만 3년에서 6년 사이에는 그 정도가 약해지고 15년 이상의 기간이 지나면 GDP의 증대가 개인적 수준의 번영에 영향을 미치지 않는 것으로 나타났다.

또한 Kelly와 Evans가 각종 자료를 분석한 결과 소득불평등은 이미 경제가 발전한 국가의 경우 일반적인 상황하에서는 주관적 번영이나 행복에 영향을 미치지 못하는 것으로 나타났으며 개발도상국에서는 소득이 주관적 행복에 영향을 미치는 것으로 나타났다. 이러한 결과는 곧 선진국의 경우 소득이 국민이 인식하는 행복과는 연관이 없음을 나타내주는 것이며 개발도상국에서는 소득이 일정 부분 행복에 영향을 미친다는

것을 잘 나타내준다. 결국, 소득이 일정 부분 주관적 행복이나 개인의 번
영에 영향을 줄 수 있지만 경제성장이 어느 정도 이루어지고 소득이 증
가하게 되면 더 이상 행복에 영향을 주는 직접적인 요소는 아니라는 점
을 나타내준다. 또한 이들은 경제가 발전하는 단계에 있는 개발도상국에
서 소득이 주관적 번영과 행복에 영향을 주는 이유를 "미래에 대한 희망 때
문"[2]이라고 제시하였다.

　　위의 연구들을 보면 기본적인 소득이 확보된다면 행복은 소득과는
무관함을 알 수 있다. Lane(2000)은 기본적인 생계를 유지하는 소득 수
준 이상이 되면 개인이 인식하는 번영에 친구나 가족생활과 같은 요인이
더 중요한 요소로 작동한다고 제시하였다. 기본적인 생계 수준에 대해서
는 다양한 의견들이 존재한다. 즉, 기본적인 생계 수준이 빈곤선을 의미
한다고 할 수도 있고 빈곤선이 아닌 소득에 대한 만족점(satiating point)
이라고 할 수도 있다. 즉, 빈곤선 수준 이상 또는 만족점 수준 이상의 소
득이 발생하게 되면 소득증대가 더 이상 개인의 행복이나 번영에 영향
을 주는 유일한 요소라기보다는 부차적인 요소로 작동함을 나타내는 것
이다. 생활에 필요한 소득의 최저 수준은 절대적 개념이라고 볼 수 있으
며 소득의 만족 수준인 만족점은 상대적 개념이라고 할 수 있다. 물론 만
족점의 존재 여부나 만족점이 어느 정도의 소득 수준을 의미하는지에 대
해서는 연구자들이 아직 합의에 이르지 못하였다. 하지만 분명한 사실은
경제성장으로 대변되는 소득증대나 1인당 국내총생산과 국민총소득의
증대가 반드시 국민의 행복이나 번영을 증가시키지는 않으므로 일정 규
모를 가진 경제국들에 있어 경제성장정책이 국민 행복이나 사회의 질 개
선을 위한 사회정책 및 경제정책의 정책적 일순위인 시대는 지나갔다는

....

2　　이들은 "미래에 대한 희망"을 희망요소라고 명칭하였다.

표 5-15 미국의 경제성장과 행복의 관계 (달러, %)

	1970년대	1980년대	1990년대	2000년대
국민 1인당 GDP 1970년대 = 1	20,064 1	23,876 1.1900	29,413 1.4660	34,757* 1.7323
평균가구소득 1970년대 = 1	56,732 1	60,616 1.0685	69,565 1.2262	78,087** 1.3764
평균적인 행복***	6.07	5.98	5.97	5.95

* 2000년 기준

** 2007년 기준

*** 행복은 10점 척도로 전혀 행복하지 않다 0점, 적당히 행복하다 5점, 매우 행복하다 10점으로 구성되어 있으며 개인이 생각하는 주관적 행복의 정도를 묻는 하나의 질문이다. 질문은 "당신은 행복하다고 생각하는가?"로 구성되어 있다.

자료: Angeles, L. 2011, A closer look at the Easterlin Paradox, The Journal of Socio-Economics, vol(40), 68, Table-1에서 재인용.

점이다.

〈표 5-15〉는 Angeles(2011)에 의해서 제시된 것으로, 표를 보면 미국의 1인당 GDP와 가구소득이 1970년대에 각각 20,064달러와 56,732달러에서 2000년대에는 34,757달러와 78,087달러로 각각 15,000달러 이상씩 증가했지만 국민이 인식하는 행복의 수준은 증가하지 않는 것으로 나타나 경제성장과 행복의 정도는 일치하지 않았다. 이러한 결과는 경제성장이 곧 개인의 삶의 질과 행복이나 번영 그리고 나아가 사회의 질에 큰 영향을 주는 요인이라고 할 수 없음을 잘 나타낸다. 이러한 연구결과는 이미 Clark와 동료들(2008)에 의해서도 제시된 것으로, 이들은 국민 1인당 실질소득과 행복의 관계에 대한 World Database of Happiness와 Penn World Tables를 이용하여 1973년부터 2004년까지 미국의 국민 1인당 실질소득이 15,000달러 수준에서 34,000달러 수준으로 상승했어도 같은 기간 행복은 별다른 경향을 보이지 않아 행복과 실질소

득은 별다른 관련이 없음을 제시하였다. 이들이 활용한 행복지수는 3점 척도로, 매우 행복하다 3점, 조금 행복하다 2점 그리고 행복하지 않다 1점으로 질문항목은 "당신은 당신의 행복에 대해 어떻다고 말할 수 있습니까?"였다.

또한 Clark와 동료들(2008)은 World Database of Happiness와 유럽바로미터서베이(Eurobarometer survey)의 자료를 이용하여 유럽의 5개 국가(영국, 프랑스, 독일, 네덜란드, 이탈리아)들의 1973년부터 2004년까지의 삶의 만족(삶의 만족에 대한 질문은 주관적 인식을 묻는 질문으로 "당신은 삶에 얼마나 만족하는가?"에 대한 단일질문으로 구성되어 있으며 응답은 4점 척도로 매우 만족 4점, 적당히 만족 3점 만족하지 않음 2점 매우 만족하지 않음 1점으로 구성되어 있다)의 변화를 추적하였다. 이들의 결과에 따르면 지난 30년 동안 유럽 5개 국가의 국민 1인당 소득은 눈에 띄게 증가하였지만 삶의 만족에는 별다른 변화가 없었다. 이들의 연구결과에서는 유럽 5개국 중 가장 가난한 이탈리아만이 1973년에 삶의 만족이 2.67에서 2004년에 2,88로 소폭 상승하여 Easterlin이 강조한, 경제가 이미 발전된 국가의 경우 소득증대가 빈곤을 감소시키지 않는다는 점을 다시 한 번 증명하였다.

이러한 연구들은 곧 경제성장으로 대변되는 GDP의 증대나 국민소득의 증대가 결국 빈곤 감소, 나아가 국민의 행복이나 번영 그리고 삶의 질을 적절하게 반영하지 못한다는 것을 의미하며 경제정책의 일순위가 경제성장에 있지 않음을 잘 나타내주는 것이라고 할 수 있다. 특히 경제가 이미 어느 정도 발전된 국가일 경우에는 더욱 더 경제성장정책이 경제정책의 우선순위일 수 없음을 잘 나타내준다고 볼 수 있다.

3. 경제성장지표의 한계

경제성장과 행복에 대한 선행연구들을 살펴보면 경제성장이 국민에게 행복을 가져다주는 유일한 요소가 아니라는 것은 명백하다. 또한 어떤 국가도 국민 1인당 GDP의 증가를 유일한 국가운영의 목적으로 삼지는 않는다. Helliwell과 동료들(2015, 행복보고서)은 경제성장이 정책적 우선순위가 될 수 없으며 이는 곧 GDP 성장으로 대변되는 경제성장정책이 다음과 같은 위험을 해결하지 못해서 나타난 귀결이라고 주장하였다.

첫째, GDP의 지속적인 증가에도 불구하고 시장의 지속적인 붕괴로 인하여 경제적 안정이 위협받고 있다.

둘째, 지난 30여 년간 지속되어온 경제성장 우선정책은 지역사회의 통합을 파괴하여왔다.

셋째, 지역사회에서 인간들의 존엄성과 경제 안에서의 위치가 지속적으로 약해지고 있다.

넷째, 지구온난화와 오염 등으로 생활환경이 위험에 처했다.

결국, GDP로 대변되는 경제성장지표가 사회의 현실을 반영하지 못한다는 것은 아래와 같은 이유와 함께 취약점을 나타내기 때문이다.

첫째, GDP가 증가했음에도 불구하고 1930년대의 경제대공황 이후 최근 2007~2008년 금융위기에서 경험한 바와 같이 경제적 불안정성은 지속적으로 증가하고 있다. 경제적 불안정성은 사회구성원의 삶 및 사회의 질을 낮추는 부정적인 요소이다. 즉, GDP는 경제적 불확실성을 반영하지 못한다.

둘째, GDP가 증가했다고 해서 사회적 포용 및 통합 그리고 사회적 신뢰가 증가하지 않으며 오히려 감소하는 경향이 있다. GDP가 증가해도 노동시장으로부터의 차별 및 배제, 나아가 사회에서의 특정 집단이나 계층에 대한 차별과 배제 그리고 갈등은 지속적으로 증대하고 있다.

셋째, GDP의 증가에도 불구하고 사회구성원의 자기존중감이나 자기실현을 위한 의지 그리고 사회참여에 대한 노력 등은 지속적으로 낮아지고 있다. 경제성장이 모든 국민의 일자리를 보전하고 삶의 질을 향상시키지 못하며 오히려 심한 경쟁과 개인주의 및 물질만능주의에 오염되도록 하였고 지나친 자기중심적인 사고와 반사회적인 성향을 표출하도록 하여 인간의 감정 및 육체를 상하게 하는 요인으로 작동하고 있다.

넷째, GDP의 증대에도 불구하고 자기희생이나 봉사정신과 같은 인간의 윤리적 가치관에 기반한 활동이 심각하게 훼손당하고 있다. 함께 잘살 수 있다는 공동체정신과 타인을 배려하는 마음 그리고 협력하고 협동하는 가치관은 자기 자신에게 도움이 되지 않는 쓸모없는 가치관으로 치부되고 있다.

다섯째, GDP의 성장이 인간 환경을 파괴하고 오염시키는 주범으로 지목되고 있다. 경제성장으로 급속하게 악화되고 있는 대기오염과 지구온난화 현상 등은 자연과 동화하는 인간 생활에 심각한 위협으로 작동하며 온갖 질환을 생성하고 퍼트려 삶의 질 및 사회의 질을 급속도로 악화시키고 있다.

경제제표인 GNI와 마찬가지로 GDP가 중요한 사회지표임에는 틀림없지만 두 지표 모두 사회현상을 설명해주기에 적절한 것은 아니다. 특히 신흥 경제개발국들과 달리 경제가 일정 수준 이상으로 발전된 국가의 경우 사회발전은 국민 개개인들의 행복이나 삶의 질이 소득과 같은 물질적 욕구보다는 인간관계의 질을 포함한 다양한 요인들에 의해서 영향을 받는 경우가 많다는 것은 이미 많은 연구자들에 의해서 밝혀진 실증적인 결과이다.

4. 새로운 지표의 등장 및 성장과 분배의 패러다임 전환

인간의 복지나 번영 그리고 삶의 질, 나아가 사회의 질은 단순히 경제성장을 나타내는 GDP나 GNI 등 몇 개의 경제지표로 나타내는 것이 불가능하므로 새로운 측정 방안을 찾아야 한다는 논의가 있다. 그래서 유엔개발기구(UNDP)는 인간개발지수(Human development index, HDI)를 1990년대에 사회구성원의 번영의 정도를 측정하는 사회지표로서 제시하였으며 이외에도 최근에는 행복지수나 사회배제지수와 사회의 질 지수 등 GDP나 GNI 등의 경제지표를 대체하는, 다양한 영역에서 국민의 생활수준이나 행복 그리고 사회의 번영이나 행복 수준을 측정하기 위한 지수들이 제시되고 있다. 경제성장 정도를 나타내주는 GDP나 GNI가 1990년대까지는 경제개발을 나타내주는 주요한 사회지표로이미 활용되었지만 1990년대 이후에는 자본주의 사회에서 확대되는 사회문제에 대한 위기를 극복하기 위해서 경제개발이 성장과 분배의 두 측면에서 측정되어야 함이 강조되어왔다(Bruto da Costa, in Beck et al., 1997: 97). Bourguignon(2004) 역시 절대적 빈곤을 감소시키기 위해서는 경제성장만이 중요한 것이 아니라 성장과 분배가 모두 중요함을 강조하였는데 이렇게 성장과 분배의 중요성을 강조한 이유는 지속적인 성장이 진행되어도 경제성장을 통해 빈곤이 감소하지 않고 악순환되는 가장 강력한 원인이 바로 소득불평등에 따른 양극화에 직접적인 영향을 미치는 분배와 재분배 경제정책 및 사회복지정책의 실패이기 때문이다.

결국, 성장과 분배의 상호행동이 빈곤과 성장의 상호행동보다도 훨씬 중요하다는 것을 나타내준다. 즉, 경제성장이 증대하면 절대적 빈곤은 감소하는 경향이 있지만 일정 정도 수준 이상이 되면 Easterlin이 입

증한 바와 같이 경제성장은 더 이상 빈곤을 감소시키지 못하며 빈곤 감
소보다는 소득불평등을 강화하는 역할을 하게 된다. 따라서 빈곤과 성장
의 상호행동보다 분배와 성장의 상호행동이 빈곤 감소를 위해 훨씬 중요
하다고 할 수 있다. 즉, 많은 연구자들(Deininger-Squire, 1996; Dollar
and Kraay, 2001; Ravallion, 2002; Bourguignon, 2003)이 지적한 바와
같이 분배가 악화되면 빈곤은 증가하는 경향이 있으므로 분배를 위한 사
회복지정책의 중요성이 증대하게 된다. 즉, 많은 경제학자들이 경제성장이
빈곤 감소에 효과적이라고 지적하는 것에 대한 전제조건은 바로 경제성장의 몫
이 분배정책을 통해 모든 국민에게 적절하게 골고루 할당된다면 이는 곧 빈곤
감소에 영향을 줄 수 있다는 것이지 경제성장이 무조건적으로 빈곤을 감소시킨
다는 것은 아니다. 이는 이미 입증되었다고 할 수 있다. 이는 곧 성장과 분
배가 사회발전을 위한 선순환적 관계임과 동시에 상보적 관계임을 의미하는
것이며 새로운 분배정책의 출현과 함께 경제(경제정책) 우선에서 사회
(사회복지정책) 우선으로의 정책 전환이 필요함을 잘 나타내준다.

결론적으로 경제성장은 모든 국민의 생활을 개선하도록 돕는 수단
에 지나지 않으며 더 이상 정책의 목적이 될 수 없다. 즉, 경제와 사회를
통합적으로 바라보는 사회의 질에 대한 관점은 사회의 질 개선과 사회발
전을 위해서 경제정책과 사회정책 사이의 관계를 개선하여야 함을 보여
준다.

5. 사회적 지출과 사회의 질

사회적 지출(social expense)이 많다고 해서 좋은 사회의 질을 담보
하지는 않는다. 사회적 지출은 국가별 사회지출의 수준을 상대적으로 비
교하기 위한 기준으로 주로 활용되는 사회지표이다. 물론 사회적 지출
이 경제성장을 나타내는 GDP나 GNI보다는 국민의 생활이나 번영 그리

고 복지의 수준을 나타내주는 데 보다 유효한 지표인 것은 사실이다. 사회적 지출은 통상 국가별 복지의 수준을 비교하기 위한 지표로, 사회적 지출지표의 활용법은 주로 단순 사회적 지출의 총액이 아니라 GDP에서 사회적 지출이 차지하는 비율을 기준으로 하는 것이다. 우리나라의 경우 2016년을 기준으로 한 GDP 대비 사회적 지출 수준은 약 10%로 OECD 국가 평균인 약 22%의 절반에 못 미치는 수준이다(OECD, 2016, society at a glance). 사회적 지출 수준을 비교 기준으로 삼는다는 것은 단순히 사회적 지출의 총량이 아니라 GDP에서 차지하는 사회적 지출의 총량을 의미하는 것이므로 GDP를 분모로 하여 복지 수준을 비교하기 위한 사회지표로 활용한다는 것을 의미하는 것이다. GDP가 한 국가의 경제성장을 나타내는 지표이므로 경제성장을 중심으로 복지국가의 수준이나 복지의 수준을 나타내는 지표가 사회적 지출 수준을 나타낸다고 할 수 있다.

사회적 지출의 수준은 국가별 특성을 감안하여 이루어진다. 즉, GDP 대비 많은 사회적 지출을 한 것이 곧 그 국가 국민의 삶의 만족이나 행복 그리고 사회의 질이 높다는 것을 직접적으로 나타내주지는 않는다. 이러한 이유는 일반적으로 사회적 지출이 높으면 복지의 수준도 높다고 할 수 있지만 삶의 만족이나 행복, 나아가 사회의 질은 사회복지 제공보다 다면적인 요소를 포함하는 개념이기 때문이다. 예를 들어 OECD(2014, Society at a glance)의 자료를 분석해보면 2013년을 기준으로 OECD 34개 가입국가의 GDP 대비 사회적 지출의 평균은 21.9%였는데, 한국은 9.3%(33위) 그리고 멕시코는 7,4%(34위)로 한국과 멕시코가 가장 낮은 사회적 지출을 한 국가로 나타났다. 하지만 같은 해 삶의 만족에 대한 자료를 보면 10점 만점에 OECD 평균은 6.6이고 한국은 6,0(26위)으로 낮은 점수를 나타냈지만 멕시코는 7.1(13위)로 우리보다 높았다. 멕시코 국민은 낮은 사회적 지출로 인한 복지서비스에도 불구하고 삶의 만족은 높았다. 또한 신경제재단(New Economics Foundation)에서 발표하는 환경적 요소를 포함한 행복지수(Happy Planet Index)의 2016년 자료를 보면 140개국 중에서 행복지수가 가장 높은 국가는 코스타리카였고 그 뒤로 멕시코와 콜롬비아 순으로 상위국가에 속하였으며 가장 낮은 국가는 룩셈부르크와 토고였다(www//.happyplanetindex.org/public-data). 룩셈부르크의 경우 2013년 사회적 지출이 OECD 평균보다 높은 23.3%(14위)이었지만 행복지수는 매우 낮은 것으로 나타났다. 물론 이러한 현상이 곧바로 사회적 지출과 삶의 만족이나 행복 수준의 관계를 단적으로 나타내는 것은 아닐 수 있다. 중요한 것은 사회적 지출과 삶의 만족의 관계는 그 나라의 경제 수준과 GDP의 총량, 인구의 수 그리고 환경적 특성 등을 모두 고려하여야 한다는 것이다.

제4절 행복과 사회의 질

1. 행복

누구나 행복하기를 원하지만 모든 국민이 행복한 것은 아니다. 하지만 모든 인간은 행복을 추구한다. 복지국가는 국민이 행복을 추구할 권리를 법적으로 보장하는 국가이다. 행복은 무엇이고 무엇으로 충족되는가에 대한 대답은 상당히 논쟁적이다. 이는 행복이 매우 다면적인 속성을 갖는 개념이어서 단순히 어떤 하나가 충족된다고 해서 행복해지는 것은 아니기 때문이다. 행복은 주류경제학에서 만족이나 번영과 같은 의미로 이해되기도 하며 심리학에서는 매우 주관적 개념이라고 이해되기도 한다. 주관적이라는 것은 행복이 개인의 사고나 생각 또는 경험에 의존한다는 것을 의미한다. 사회복지학에서는 인간이 사회 또는 환경에서 살아가는 존재이므로 행복은 인간들이 생활하는 데 있어 필요한 사회·경제적 조건이나 생활환경에 많은 부분 의존한다는 것을 강조한다. 행복에 대한 견해 차이가 경제학과 심리학 및 사회복지학에서 분명 존재하는 것이 사실이다. 왜냐하면 행복이 일정 정도 개인이 인식하는 또는 경험하는 주관적 현실이나 경험에 기초한다는 것을 부인할 수 없기 때문이다.

주류경제학에서는 행복이 물질적 만족이나 갈망 또는 원함에 대한 충족을 통해서 이루어진다고 본다. 특히 행복을 개인적 수준에서 해석하면 개인의 번영이나 개인적으로 인식하는 삶의 만족이나 삶의 질과 비슷한 개념이다. 따라서 행복을 빈곤보다는 넓은 개념으로 이해함을 알 수 있다. 특히 자원의 부족으로 대변되는 화폐적 빈곤의 개념보다는 행복의 개념이 포괄하는 영역이 넓다. 하지만 비화폐적 빈곤 개념을 포함한 빈곤의 다면적 개념을 행복이 포함하는가에 대해서는 논란의 여지가 있는데 이는 행복이 다면적 빈곤보다 훨씬 개인적 인식이나 주관적 사고나 인간의 감성에 바탕하는 개념이기 때문이다. 주로 물질적 또는 기본적인 재화와 서비스의 충족을 통해 인간의 만족이 증진되고 이는 곧 인간 개인의 행복을 향상시키며 인간 개개인의 행복이 증진된다면 전체 사회의 만족 및 행복도 증진된다는 경제학적 사고는 인간을 개인의 물질적 충족을 위해 동기부여되는 매우 경제적인 존재로만 바라본다는 한계를 갖는다. 행복은 단순히 필요한 재화와 서비스의 획득과 만족을 통해서만 이루어지는 것이 아님은 이미 논쟁의 여지가 없다.

인간은 사회 및 환경과 공존한다. 인간은 환경과 사회에 부속되어 사회구성원과의 상호행동 속에서 관계지향적이며 사회적인 삶을 살아간다. 인간 생활의 행복과 불행에 영향을 미치는 요소는 경제뿐만 아니라 사회 및 정치와 문화 등 매우 다양한 영역에서 일어난다. 자본주의 사

회에서 특히 복잡하고 심화·확대되는 사회적 위험에 노출된 사회구성원
은 가장 기본적으로 인간다운 삶을 유지하고 보전하는 것에서 일차적인
행복감을 느낄 수 있다. 하지만 하루하루 인간다운 삶을 살기 위해 필요
한 사회·경제적 보장이 이루어진다면 각종 체육활동 및 문화활동에 참
여하고 각종 모임이나 단체 그리고 조직 등에 가입하여 사회활동을 즐기
면서 자기실현과 자기계발을 하고 자신보다 못한 이웃들과 주변의 불의
에 맞서 사회참여 및 봉사활동을 하면서 행복감을 느낀 수 있다. 즉, 참
여를 통한 자아실현과 자아성취감과 능동적인 사회활동을 통해서 Doyal
과 Gough(1991)가 강조한 진정한 자기해방을 통한 욕구를 실현하며 행
복감을 만끽할 수 있다. 특히, Maslow(1954)가 강조한 인간 욕구의 단
계로 보아도 인간의 자기실현의 욕구는 가장 낮은 단계인 삶의 유지를
위한 욕구에 비해 가장 최상의 욕구이므로 행복의 실현이나 인식은 가치
실현의 욕구 충족이나 참여를 통한 자기해방의 욕구 충족으로부터 올 수
있음은 주지의 사실이다. 결론적으로 행복은 다면적인 구성요소들로 이
루어진다.

2. 행복과 소득의 관계

모든 인간은 행복과 번영을 추구한다. 하지만 모든 인간의 행복이
곧 개인의 소득증대나 국가의 경제성장과 같은 조건에 완전히 종속적이
라고 얘기할 수는 없다. 이는 베트남이나 부탄 그리고 남미의 코스타리
카 같은 소득이 낮고 경제성장이 크게 이루어지지 않은 국가의 국민이
매우 행복한 삶을 사는 것으로 각종 국제자료가 나타내주고 있기 때문이
다. 즉, 소득이 증가하고 경제가 성장하여 GDP가 증대한다고 해서 그러
한 물질적 조건이 곧 사회구성원의 행복을 위한 유일한 조건이 아니라는
것이다.

인간의 동기는 복잡하다. 단순히 경제학에서 주장하는 바와 같이 인간은 원함을 충족시키기 위해서 끊임없이 경제활동을 수행하는 경제적 존재이지만 개인의 이익이나 만족을 위해 동기를 부여받는다는 경제적 원칙하에서만 움직이지는 않는다. 인간 동기의 복잡성과 마찬가지로 인간의 번영이나 삶의 만족 그리고 행복은 단순히 물질적인 조건으로만 채워지지 않는다. 즉, 빈곤하지 않다고 해서, 부잣집에서 태어났다고 해서, 연봉이 높다고 해서 행복한 것은 아니다. 어느 정도의 소득은 기본적인 생활을 유지하기 위해 반드시 필요한 것이 사실이지만 일정 정도 소득이 채워지게 되면 행복은 그 이상의 여러 조건들을 충족하여야만 한다.

한계효용학파(추가만족을 강조하는 학파)가 주장하는 바를 적용하면 모든 인간은 갈증을 해결하기 위해 물을 마시게 되고 갈증이 최고조에 달하였을 때 마시는 물의 만족은 최상에 달하게 되지만 갈증에 대한 원함을 채우게 되면 그 이후에 마시는 물의 만족도는 당연히 낮아지게 된다. 소득도 마찬가지이다. 생활에 필요한 물건을 구입하기 위하여 기본적인 소득이 있어야 인간은 생존을 유지할 수 있으므로 생존 유지에 필요한 소득에 대한 만족의 정도는 매우 높겠지만 그 이상의 소득에 대한 만족도는 계속 낮아지게 된다. 즉, 월급을 1백만 원 받는 저소득층인 사람에게 소득이 10만 원 증가하는 것은 큰 만족을 가져다주지만 월급을 1억 원 받는 고액연봉자의 1천만원 소득증대에 대한 만족도는 같은 10% 상승이라고 해도 당연히 월급이 낮은 사람의 소득증대에 대한 만족에 비해 낮다고 할 수 있다.

국민의 소득이 증가했다는 것은 한 개인만의 소득증가를 의미하는 것이 아니고 나의 소득이 증가하면 다른 사람의 소득 역시 증가했음을 나타내주는 것이므로 소득에 대한 행복의 정도는 상대적 의미를 갖는다고 할 수 있다. 생활에 절대적으로 필요한 소비를 할 수 있을 정도의 소득의 증가는 만족의 정도가 크고 행복의 정도에 영향을 많이 미칠 수 있지만 일정 소득에 도달하면 그때부터는 다른 사람과 나의 소득을 비교하게 되어 소득불평등이나 소득의 불균형적인 분배 또는 부의 집적과 집중이 행복에 영향을 미치는 정도가 더 크다고 할 수 있다.

또한 GNI와 같은 국민총소득을 나타내는 사회지표는 전체 국민소득의 평균값을 나타내주는 것이다. 소수의 고소득층의 소득이 항상 다수의 저소득층의 소득을 상쇄한다는, Pen이 주장한 난쟁이의 행렬[3]에 입각하여보면 국민이 인식하는 GNI의 수준은 평균 개념으로, 항상 생활에서 느끼는 국민 개개인의 소득 수준에 비하여 높게 책정되어 있어 상대적이고 비현실적 개념임을 알 수 있다. 그러므로 GNI가 증가한다고 해서 곧 나의 소득만이 증가하는 것이 아니고 모든 국민의 소득이 같이 증가하는 것이다. 또한 중요한 것은 나의 소득증대보다는 소득상위층의 소득증대의 폭이 훨씬 높다는 것을 반드시 인지하여야 한다는 것이다. 곧 소득증대나 GNI의 증대가 국민의 행복에 영향을 주는 유일한 요인인 것은 아니고 반대로 국민의 불행이나 불평등에 영향을 주는 요인이 될 수 있다는 점을 인식하여야 한다. 생계유지 이상의 수입이 행복을 증가시키지 않았고(Diener, Suh, Lucas and Smith, 1999) 경제적으로 아주 부유한 사람들도 그렇지 못한 사람들보다 더 행복하였으며 국민소득 1만 달러를 달성한 후에는 소득과 행복이 비례하지 않았다(Diener, Horwitz and Emmons, 1985)는 점은 소득증대가 반드시 행복을 증진시키지만은 않는다는 것을 잘 나타내준다.

....
3   경제학자인 Pen의 소득분배에 대한 설명에 기초했다. 소득이 낮은 사람이 계속 나오다가 평균소득을 가진 사람이 조금 나온 후 나중에는 소득이 매우 높은 사람들이 출현하여 평균소득이 증가한다는 것을 비유하는 표현으로, 평균소득보다는 중위소득 개념이 보다 현실적임을 증명하였다.

현실의 사회에서는 불확실성과 사회적 위험이 증가하고 있으며 이에 기인한 각종 걱정과 불안감은 개인의 생활을 짓누르는 요인이 되고 있고 사회·경제적 불평등에 기인한 상대적 박탈감이나 소외감은 증가하고 있으며 국민 사이에는 갈등과 불신이 증폭하고 있고 정부에 대한 신뢰의 정도는 매우 낮아 소득증대나 GDP의 성장과는 별개로 국민의 삶의 만족이나 행복이 매우 낮은 수준을 나타내고 있는지 오래이다. 또한 현실의 세계에서 저소득층 국민은 고소득층의 소비 유형(비싸고 럭셔리한 상품을 소비하는 패턴)에 대한 상대적 비교를 통해 행복하지 않다고 할 수 있지만 고소득층의 생활 패턴은 풍요에 의한 다양한 위험을 내포하게 된다. 풍요에 의한 문제들은 쇼핑중독이나 알코올중독, 약물중독, 게임중독, 극도의 스트레스에 따른 심리적 손상과 식욕 감퇴, 폭식증과 비만 등으로 나타나며 돈이면 무엇이든 해결할 수 있다고 하는 도덕적 해이나 불감증 그리고 이에 기반한 지나친 개인주의적 속성 등으로도 나타난다. 이러한 현상들은 곧 경제적 풍요가 행복을 가져다주지는 않는다는 점을 의미하는 것이다.

결론적으로 소득의 증가가 곧 인간의 생활 만족이나 행복한 삶을 의미하지는 않는다. 부자가 가난한 사람보다 더 행복하지 않은 이유를 정리하면 첫째, 경제성장 단계의 일정 수준까지는 부자가 가난한 사람보다 더 행복할 수 있지만 어느 정도 경제가 성장된 사회, 즉 국민의 소득이 일정 정도 수준에 이른 사회에서는 부자가 행복한 사람이라고 할 수 없다. 국민소득의 증가는 모든 국민의 소득증가를 의미하는 것이므로 소득은 상대성을 갖는다. 따라서 소득의 상대성은 소득의 불평등한 배분에 의존하므로 소득불평등에 따라 행복의 정도가 달라질 수 있다. 따라서 소득분배와 재분배가 소득증대보다 국민의 행복에 더 중대한 영향을 준다. 둘째, 부자들이 갖는 풍요로운 생활 패턴이 곧 행복을 가져다주지는 않는다. 풍요로운 생활은 각종 중독문제를 포함하여 스트레스에 따른 심리적 손상 등의 정신건강 및 육체건강의 문제와 물질에 대한 집착으로 돈이면 무엇이든 해결할 수 있다고 하는 도덕적 해이나 불감증 등 다양한 문제를 불러일으킨다. 셋째, 소득이 증가하면 초기에는 행복함을 느낄 수 있지만 추가적인 소득의 증가는 곧 추가만족의 상실을 가져다주므로 나중에는 소득이 더 이상 만족을 가져다주지 않게 된다.

3. 행복과 사회의 질의 관계

무엇이 인간을 행복하게 만드는가? 복지사회는 시민들의 행복을 보장하고 고양시켜야 할 의무가 있으며 인간은 행복을 추구할 권리가 있다. 이미 알려진 바와 같이 행복은 단순히 소득의 증가로만 이루어지지 않으며 매우 다면적 속성으로 이루어진다. 이는 사회의 질이 단순히 사회·경제적 보장을 통해서 향상되지만은 않는다는 점과 같다

사회의 질이 향상되면 개인의 행복도 증가될 수 있으며 개인의 행복이 보장받는 사회라고 한다면 반대로 사회의 질 역시 일정 정도 보장되는 사회라고 할 수 있다. 개인은 사회에 의해서 영향을 받으며 사회에 참여하여 다양한 관계지향적인 활동을 통해 사회생활을 영위하므로 사회생활에 영향을 미치는 요인들은 일정 부분 개인의 행복과 만족에도 영향을 주는 요인일 수 있다. 예를 들어 빈곤은 개인의 행복과 삶의 만족에도 영향을 주지만 당연히 사회의 질에도 영향을 주는 요소이다. 사회의 질이 보장되는 사회에서 빈곤은 예방될 수 있고 빈곤에 처한 사람들은 기본적인 생활을 영위해나가는 데 있어 어려움이 없는 생활을 하게 된다. 또한 상대적 개념으로서 사회·경제적 불평등 역시 개인의 행복이나 삶의 만족에 영향을 주는 요소이지만 동시에 사회의 질에도 영향을 주는 요소이다. 소득이 불균등하게 배분되어 있는 사회는 사회·경제적 양극

화가 심화되어 있는 사회이고 이러한 사회의 질은 당연히 낮은 수준에 머물러 있다고 할 수 있다.

또한 사회복지서비스 및 공공서비스 제공 역시 개인의 행복과 만족 그리고 사회의 질에 영향을 미치는 중요한 요소이다. 사회안전망이 꼼꼼한 사회에서 개인들의 행복은 보장받을 수 있으며 사회의 질은 향상될 수 있다. 정신적이고 육체적인 건강이 손상받으면 비용에 상관없이 언제든지 치료받을 수 있고 개인의 건강이 보장받는 사회에서 개인은 행복하며 사회의 질은 안정적이다. 소득이 많으면 많을수록 소득에 대한 만족도는 당연히 떨어지지만 건강은 이와 반대로 아무리 건강하다고 해도 건강에 대한 만족도가 낮아지는 것은 결코 아니다. 노동시장으로부터 소외되고 배제되어도 국가가 이에 대한 적절한 대책을 통해 실업의 기간을 최소화하고 실업기간 동안 생계를 보장하여준다면 실업은 더 이상 노동자들을 괴롭히는 요소가 될 수 없다. 장애, 나이, 성, 문화, 인종 등의 차별적 요소도 국가의 포용정책을 통해서 적극적으로 대처해나간다면 사회의 질은 당연히 높을 것이며 그런 사회구성원의 행복이나 삶의 만족과 질은 높을 수밖에 없을 것이다

그리고 사회자본 역시 행복뿐만 아니라 사회의 질을 구성하는 중요한 요소이다. 따라서 정부와 정부정책에 대한 신뢰가 없는 사회, 동료, 이웃, 나아가 사회구성원이 서로 믿지 못하는 사회에서는 행복이 높을 수 없으며 당연히 사회의 질 역시 낮을 수밖에 없다. 협력하는 사회, 서로 상생하며 공존하는 공동체지향적인 사회에서 개인의 행복은 높을 것이며 당연히 사회의 질 역시 높을 것이다. 정부를 신뢰하며 사회구성원이 서로 믿는 사회, 서로 협력하며 공존공생하는 공동체지향적인 사회, 즉 사회자본이 높은 사회에서는 개개인들이 인식하는 행복이 높으며 당연히 사회의 질도 높다고 할 수 있다.

마지막으로, 사회참여 역시 인간의 행복 및 전체 사회의 질을 향상시키는 중요한 요소임에 틀림없다. 가족 및 친지나 친구와 동료들과의 관계지향성 및 각종 모임이나 단체 및 조직 등으로의 참여와 정치로의 참여지향성 그리고 각종 사회봉사활동과 기부 및 지역사회활동 등의 공동체지향성은 모두 인간 개개인들의 행복감을 증진시키며 나아가 사회의 질을 향상시키는 중요한 역할을 수행한다.

4. 행복의 측정

개인의 행복, 번영, 삶의 질 등은 모두 사회구성원의 개인적 차원에서의 복지의 상태를 나타내주는 단어들이다. 개인의 복지로 표현될 수 있는 행복이나 번영 그리고 삶의 질 등은 개인의 주관적 인식을 통한 측정과 이러한 현상을 나타내주는 사회지표를 통한 측정이 모두 가능하다. 즉, 주관적으로 인식하는 하나 또는 그 이상의 질문을 통해 개개인들이 인식하는 행복이나 번영 그리고 삶의 질의 상태를 측정할 수 있으며 빈곤율, 실업률, 범죄율, 영유아사망률, 문맹률 등 사회현상을 나타내주는 객관적 사회지표에 의해서도 국민의 복지와 번영, 행복 그리고 삶의 질의 정도를 측정하는 것이 가능하다. 즉, 개인이 인식하는 주관적 인식의 행복감을 나타내는 행복 개념이 있으며 행복을 다면적 개념으로 이해하여 사회지표를 통해 나타내는 행복 개념이 있다.

• 주관적 질문의 경우

개인이 인식하는 행복이나 번영 그리고 삶의 질 등에 대한 주관적 질문의 경우 측정지표나 질문의 수준이 개인에서 사회로 확대된다. 예를 들어 "나는 필요한 사회복지서비스를 제공받고 있다." 등의 개인적 차원의 질문에서 "우리 사회는 국민에게 적절한 서회복지서비스를 제공하고 있다." 등의 사회적 차원의 질문으로 질문의 유형이 전환되면 개인의 삶의 질이나 번영 그리고 행복에 대한 질문은 전체 사회의 복지 수준이나 번영 그리고 행복 수준 등 전체 사회의 질에 대한 질문으로 전환된다.

예를 들어 Easterlin의 경우 경제성장과 행복을 측정함에 있어 개인이 인식하는 주관적 행복을 10점 척도로 구성된 단 하나의 질문, 즉 "당신은 행복하다고 생각하는가?"로 측정한 설문조사 자료를 활용하였다. 갤럽세계조사(Gallop World Poll, GWP), 세계가치조사(World value survey, WVS)와 유럽인가치조사(European value survey, EVS) 그리고 유럽인사회조사(European social survey, ESS) 등도 마찬가지로 대부분 행복을 하나의 질문으로 측정하며 주로 개인적으로 인식하는 주관적 행복을 측정한다. 예를 들어 개인적으로 느끼는 행복의 감정을 4점 척도로 매우 행복하다, 적당히 행복하다, 행복하지 않다, 전혀 행복하지 않다 중 하나를 선택하는 것으로 측정하기도 하고 10점 척도로 0점 또는 1점에서 10점까지 행복에 대한 인식의 수준을 측정하기도 한다. 가장 단순한 응답은 이원화된 응답으로 "행복하다(yes)와 행복하지 않다(no)"로 구분되기도 한다. 즉, 행복을 매우 단편적으로 인식하여 개인의 감정으로 전환하여 측정한다. 대부분의 주관적 행복이나 번영에 대한 질문은 특정 시점을 중심으로 과거나 지금의 시점에 대한 질문이 주종을 이룬다. 즉, "지금까지 살아오면서", "지난날을 생각해보면", "과거에", "지금 나는…", "현재 나는…", "지금 얼마나 행복한가?" 등의 과거의 경험에 기초한 질문이나 현재의 시점에서 행복의 수준이나 정도를 측정하는 것이 일반적이다.

〈표 5-16〉은 주관적 행복감에 대해 가장 간단하면서 유용하게 사용되는 척도인 세계가치조사의 설문지 안에 들어 있는 행복에 대한 질문을 나타낸 것이다. 세계가치조사의 설문지에 들어 있는 질문항목은 행복감에

대한 대표적인 한 문항의 질문을 포함하고 있다. 이 질문항목을 살펴보
면 〈표 5-16〉과 같다.

표 5-16 세계가치조사의 행복감 질문항목

질문	응답
행복감	
모든 것을 고려할 때 귀하는 현재 어느 정도 행복하다고 생각하십니까?	① 매우 행복하다. ② 행복한 편이다. ③ 행복하지 않은 편이다. ④ 전혀 행복하지 않다.

자료: 지은구 외, 2015, 220, 표 7-15에서 재인용

하나의 질문이 아닌 다중 질문으로 개인이 느끼는 행복에 대한 감
정이나 인식을 질문하는 행복측정도구도 물론 존재한다. 그중 가장 대표
적인 지수가 옥스퍼드행복감질문지(Oxford Happiness Questionnaire,
OHQ)라고 불리는 주관적 행복감측정지수이다. 이 행복감측정지수는
1980년대에 옥스퍼드대학에서 개발되고 총 29개 항목으로 구성된 옥스
퍼드행복감지수(Oxford Happiness Index, OHI)에 기반하여 개발된 척
도로 행복감을 심리적 또는 주관적 번영으로 해석하는 대표적인 척도이
다. 특히 옥스퍼드행복감지수는 Beck의 우울감척도(Beck Depression
Inventory)의 형식을 따라 개발된 것으로 알려져 있다(Hills and Argyle,
2002). 옥스퍼드행복감질문지는 옥스퍼드행복감지수와 같이 총 29개의
문항으로 구성되며 6점 척도이고 12개의 문항은 역문항으로 구성되어
있으며 설문의 대상은 성인이다(지은구 외, 2015).

표 5-17 옥스퍼드행복감질문지

	전적으로 동의하지 않는다	대체적으로 동의하지 않는다	조금 동의하지 않는다	조금 동의한다	대체적으로 동의한다	전적으로 동의한다
1 나는 현재의 나에 대해 만족하지 못한다(-)	①	②	③	④	⑤	⑥
2 나는 다른 사람들에게 굉장히 관심이 많다	①	②	③	④	⑤	⑥
3 나는 내 인생에서 상당히 보람을 느낀다	①	②	③	④	⑤	⑥
4 나는 대부분의 사람들에게 따뜻한 감정을 가지고 있다	①	②	③	④	⑤	⑥
5 나는 잠에서 깨도 별로 쉰 것 같지 않다(-)	①	②	③	④	⑤	⑥
6 나는 나에 대해서 낙관적이지 않다(-)	①	②	③	④	⑤	⑥
7 나에게는 대부분의 일들이 재미있다	①	②	③	④	⑤	⑥
8 나는 일에 언제나 몰입하거나 전념하는 편이다	①	②	③	④	⑤	⑥
9 인생은 좋은 것이다	①	②	③	④	⑤	⑥
10 나는 세상이 참 좋은 곳이라고 생각하지 않는다(-)	①	②	③	④	⑤	⑥
11 나는 잘 웃는다	①	②	③	④	⑤	⑥
12 나는 내 인생의 많은 부분에 대해서 만족한다	①	②	③	④	⑤	⑥
13 나의 외모는 매력적이지 않다(-)	①	②	③	④	⑤	⑥
14 나는 내가 원했던 것과 했던 것에는 차이가 있다(-)	①	②	③	④	⑤	⑥
15 나는 매우 행복하다	①	②	③	④	⑤	⑥
16 나는 많은 것들에서 아름다움을 발견한다	①	②	③	④	⑤	⑥
17 나는 다른 사람을 유쾌하게 해주는 편이다	①	②	③	④	⑤	⑥
18 나는 일들을 잘해내는 편이다	①	②	③	④	⑤	⑥
19 나는 내 인생을 잘 통제하지 못한다고 느낀다(-)	①	②	③	④	⑤	⑥
20 나는 내 시간을 비교적 잘 관리하고 있다	①	②	③	④	⑤	⑥

21	나는 정신적으로 늘 맑게 깨어 있는 편이다	①	②	③	④	⑤	⑥
22	나는 자주 기쁨과 즐거움을 느낀다	①	②	③	④	⑤	⑥
23	나는 결정을 쉽게 내리지 못한다(-)	①	②	③	④	⑤	⑥
24	나는 내 인생의 의미와 특별한 목적의식을 가지고 있지 않다(-)	①	②	③	④	⑤	⑥
25	나는 활력이 넘친다고 생각한다	①	②	③	④	⑤	⑥
26	나는 대개 주변에서 일어나는 일들에 대해 상당한 영향력을 지니고 있다	①	②	③	④	⑤	⑥
27	나는 다른 사람들과 재밌게 지내지 않는다(-)	①	②	③	④	⑤	⑥
28	나는 별로 건강하지 않다(-)	①	②	③	④	⑤	⑥
29	나는 과거에 행복했던 기억들이 별로 없다(-)	①	②	③	④	⑤	⑥

자료: 지은구 외, 2015, 221, 표 7-16에서 재인용

• 객관적 질문의 경우

개인이 생활하면서 인식하거나 경험한 또는 느끼는 주관적 의미의 행복도 중요하지만 보다 객관적으로 보면 행복은 다양한 사회·경제적 조건이나 사회환경 등에 의해서 영향을 받는 매우 다면적 개념이다. 따라서 행복을 객관적 측면에서 측정하기 위해서는 행복에 영향을 줄 수 있는 다양한 사회지표를 활용해야 한다. 주관적 인식으로의 측정은 행복감지수라고 총칭할 수 있으며 객관적 지표로의 측정은 행복지수라고 총칭할 수 있다. 주관적 인식 그리고 객관적 지표로 행복을 측정하는 방법들에 대해 추가적으로 소개하면 아래와 같다.

1) 행복지수

행복지수는 1986년에 설립된 신경제재단이 2006년부터 개발하여 발표한 지수를 말한다. 이 행복지수는 특히 주관적 번영을 행복으로 인

식하는 대표적인 지수로 주로 사회지표와 설문조사의 결과를 혼합한 지표를 이용하여 개별 국가들의 행복지수 값을 발표한다. 2016년까지 이루어진 최근 3년간의 조사에서 코스타리카가 가장 행복감이 높은 국가로 나타났다. 행복지수는 크게 3개의 지표들의 합으로 계산되는데 첫 번째 행복감 구성지표는 기대수명이고 두 번째 행복감 구성지표는 삶의 만족이며 세 번째 행복감 구성지표는 생태발자국지수(ecological footprint)이다. 생태발자국지수는 인류가 매일 소비하는 자원과 배출되는 폐기물을 처리하는 데 필요한 모든 비용을 토지 면적으로 환산한 수치를 말하며 Global Footprint Networks의 데이터를 사용한다. 기대수명은 UNDP의 인간발전보고서(Human Development Report)에 있는 지표를 사용하며 삶의 만족은 150개 국가에서 진행되는 갤럽조사(국가별 15세 이상 약 1천 명의 국민을 대상으로 이루어지는 설문조사)에 포함되어 있는 질문항목을 이용한다. 특히 삶의 만족은 하나의 질문으로 구성되어 있는데 0점에서 10점(최악의 삶이 0점이고 최상의 삶이 10점) 사이에 점수를 표시하는 방식이고 질문은 "당신의 삶은 개인적으로 지금 어디에 위치한다고 느끼는가"이다(지은구·김민주, 2015).

2) 세계행복보고서

Layard와 Clark 그리고 Senik은 세계행복보고서(2016)에서 행복에 대해 정의하고 행복의 구성요소 및 행복의 측정에 대한 구체적인 방안을 제시하였다. 이들이 제시한 행복은 복지경제학에서 주장하는 개인적 수준의 물질적 만족이나 번영 그리고 행복의 수준을 넘는 다차원적인 해석으로, 행복의 다면성을 중심으로한 행복의 구성요소를 제시하였다. 이들은 행복이 타고난 재능과 개인의 삶에 영향을 미치는 환경의 외부적인 특성과 개인적 특성에 의해서 결정된다고 주장하였다.

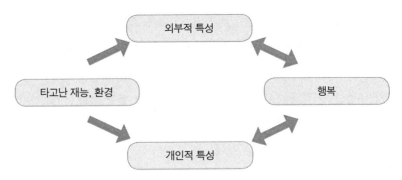

그림 5-2 행복의 구성요소
자료: World Happiness Report, 그림 3-1에서 재인용

Layard와 Clark 그리고 Senik가 제시한 행복의 결정요인인 외부적 특성과 개인적 특성은 아래와 같다.

외부적 특성	소득, 직장, 지역사회와 협치, 가치와 종교
개인적 특성	정신건강, 육체건강, 가족경험, 교육, 성별과 나이

3) 국내총행복(Gross National Happiness, GNH)지수

국내총행복지수(GNH Index)는 행복을 다면적으로 해석하여 측정하기 위해 개발된 사회경제적 발전을 위한 틀로 1972년에 부탄에서 최초로 개발되었다. GNH지수는 행복을 다면적 개념으로 인식하고 활용 가능한 사회지표를 통해 행복을 측정하는 도구로 행복을 심리적 번영, 시간 활용, 지역사회 활력, 문화적 다양성과 복원력, 환경적 다양성과 복원력, 생활기준, 건강 그리고 교육과 협치 등 총 9개 영역으로 구성된 개념으로 보고 각 영역별 총 33개 지표를 활용하여 행복을 측정한다. 측정지표는 33개 영역에서 주관적 인식에 대한 질문과 소득과 같은 객관적 지표 등이 혼합되어 있다는 특징이 있다.

측정 결과는 행복함과 아직 행복하지 않음으로 이원화되는데 행복하다는 크게 "매우 행복하다"와 "전반적으로 행복하다"로, 아직 행복하지 않다는 "가까스로 행복하다"와 "행복하지 않다"로 구분된다. 국가는 행복의 수준을 향상시키기 위해서 제시된 생활기준을 포함한 총 9개의 영역에서 노력하여야 하며 특히 측정한 결과로 부족한 측면에서는 보다 진전된 노력을 기울여야 함이 강조된다. 부탄에서 2010년에 7,142명을 대상으로 이루어진 조사에서는 행복하지 않다는 국민이 10.8%, 가까스로 행복하다는 국민이 47.8%, 전반적으로 행복하다는 국민이 32.6% 그리고 매우 행복하다는 국민이 8.3%인 것으로 나타났다(Ura, 2016, 행복리포트). 이는 행복하다는 국민이 40.9%이고 아직 행복하지 않다는 국민이 59.1%임을 나타내준다.

국내총행복(GNH)은 국내총생산(GNP)으로 측정되는 행복이 행복에 대한 단면적 측정으로 행복을 매우 좁은 개념으로 측정하므로 이를 극복하기 위해서는 보다 포괄적인 관점의 측정도구가 필요하다는 인식에 근거해서 발전했다. GNH는 한 국가의 질을 측정하며 사회의 발전은 물질적이고 영적인 개발이 서로 보완적이고 영향을 주고받을 때 발생하는 것이라고 믿는다. 가장 기본적으로 GNH가 다면적인 개념이기 때문에 주관적 번영이나 행복 이상의 의미를 갖는다는 것이 특징임을 Ura와 동료(2016, 행복리포트)들은 제시하였다. 〈그림 5-3〉은 GNH지수의 9개 측정영역과 33개 세부 측정지표들을 나타낸 것이다. 국가는 행복의 수준을 향상시키기 위해서 생활기준을 포함한 총 9개의 영역에서 노력하여야 함이 강조된다.

이들 9개 측정 영역별 33개 지표들을 구체적으로 살펴보면 다음과 같다.

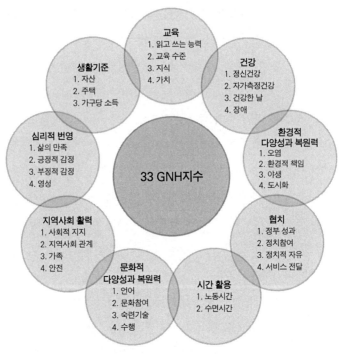

교육
1. 읽고 쓰는 능력
2. 교육 수준
3. 지식
4. 가치

건강
1. 정신건강
2. 자가측정건강
3. 건강한 날
4. 장애

생활기준
1. 자산
2. 주택
3. 가구당 소득

환경적
다양성과 복원력
1. 오염
2. 환경적 책임
3. 야생
4. 도시화

심리적 번영
1. 삶의 만족
2. 긍정적 감정
3. 부정적 감정
4. 영성

33 GNH지수

지역사회 활력
1. 사회적 지지
2. 지역사회 관계
3. 가족
4. 안전

협치
1. 정부 성과
2. 정치참여
3. 정치적 자유
4. 서비스 전달

문화적
다양성과 복원력
1. 언어
2. 문화참여
3. 숙련기술
4. 수행

시간 활용
1. 노동시간
2. 수면시간

그림 5-3 국내총행복(GNH)지수: 총 9개 영역의 33개 측정지표

■ 생활기준

생활기준은 자산, 주택과 가구 1인당 소득을 중심으로 측정한다. 가구소득은 모든 가구원들의 소득을 측정한다. 자산은 토지를 비롯하여 라디오, 스마트폰, 냉장고, TV 또는 자전거와 같은 제품의 소유 여부를 측정한다. 주택의 질은 주거조건에 대한 3개의 질문으로 측정하는데 가구원 수에 따른 방의 수와 지붕의 유형과 화장실의 유형 등에 대한 질문으로 이루어진다.

■ 심리적 번영

심리적 번영은 삶의 만족, 감정적 균형(부정적 감정과 긍정적 감정), 영성

등 3개의 요소에서 측정된다. 삶의 만족은 5개의 영역(삶의 만족에 대한 주
관적 인식에 대한 질문으로 건강, 직업, 가족, 생활수준과 일과 삶의 균형)에
서 얼마나 만족하는가를 5점(1점＝매우 만족, 5점＝매우 불만족) 척도로
측정한다. 감정적 균형은 주관적으로 인식하는 부정적 감정(이기심, 질
투, 분노, 공포, 걱정)과 긍정적 감정(열정, 관대, 용서, 동의, 평온)에 대해
5개의 질문씩 총 10개의 질문으로 구성되며 5점 척도(1점＝결코 없다, 5
점＝매우 많다)이다. 영성은 자기기입식으로 기도와 명상 등에 대한 4개
의 질문으로 구성되어 있다. 응답은 4점 척도로 측정된다.

■ 건강

건강은 육체건강과 정신건강으로 크게 구별된다. 육체건강에 대한
질문은 크게 3개이다. 첫째, 건강에 대한 생각을 자기기입식으로 응답하
는 자가측정에 대한 질문으로 5점 척도이고 '매우 훌륭한'과 '매우 나쁜'
사이에서 선택하도록 되어 있다. 둘째, 건강한 날들에 대한 질문으로 지
난달(30일 기준) 건강한 날의 숫자를 기입한다. 셋째, 장애에 대한 질문
으로 지난 6개월 동안 하루하루 생활하는 데 있어 어려움이 없었는가에
대해 5점 척도로 측정한다. 그리고 정신건강에 대한 질문은 Goldberg에
의해서 개발된 12개 항목으로 구성된 일반건강질문지(General Health
Questionary, GHQ-12)를 이용하여 측정한다.

■ 교육

교육의 정도에 대한 측정은 읽고 쓰는 능력에 대한 질문과 교육 수
준에 대한 질문으로 이루어지는데 6년의 초등교육을 성취하였는지를 질
문한다. 지식에 대한 질문은 전설이나 민속 그리고 전통축제에 대한 지
식, 전통노래에 대한 지식, 헌법에 대한 지식과 HIV/AIDS에 대한 지식

등 총 5개 질문으로 측정하며 5점 척도로 구성되어 있다. 가치에 대한 질문은 살인, 절도, 거짓말, 관계에 있어서의 불협화음과 잘못된 성에 대한 5개 질문으로 구성되며 5점 척도이다.

■ 문화적 다양성과 복원력

문화적 다양성과 복원력의 측정요소는 언어, 숙련기술, 문화참여와 수행(Driglam Namzha, the way of harmony)으로 구성된다. 언어는 자기기입식 4점 척도로 모국어를 얼마나 유창하게 하는지를 측정한다. 숙련기술은 13개의 부탄 전통예술과 공예에 대한 지식과 사람들의 관심을 측정한다. 문화참여는 지난 1년 동안 문화활동에 대한 참여의 정도를 질문한다. 5점 척도로 1점은 '한 번도 참석하지 않았다'이고 5점은 '20일 이상 참석하였다'이다. 수행은 부탄에서 공식적인 모임이나 회합에 참여하여 상호행동하는 것에 대해 어떻게 생각하는지를 3점 척도로 측정한다.

■ 시간 활용

시간 활용은 노동시간과 수면시간에 대한 측정요소로 구성된다. 노동시간은 가족돌봄 시간이나 자원봉사시간 등을 모두 포함하며 하루 8시간을 노동하는지를 질문한다. 수면시간은 하루에 기본적으로 8시간을 수면해야 정상적인 생활을 유지할 수 있다는 것을 전제로 하며 하루 몇 시간 수면을 취하는지를 질문한다.

■ 협치

협치는 정치참여, 정치적 자유, 서비스 전달, 정부 성과(또는 수행력)의 네 요소를 측정한다. 정치참여는 다음 선거에 참여할 의사가 있는지를 질문하며 '예와 아니오, 잘 모른다'에서 선택하도록 되어 있다. 정치적 자유는 언론 및 표현의 자유와 투표참여의 권리 등 총 7개의 질문 항목으로 '예와 아니오, 잘 모른다'에서 선택한다. 서비스 전달은 국가에서 서비스를 제공하는 것으로 가장 가까운 병원, 쓰레기 처리, 전기 및 상수도와 같은 기본적인 서비스의 접근성에 대한 질문으로 구성된다. 정부 성과는 지난 1년 동안 정부의 능력이나 정부의 일처리 능력에 대한 사람들의 주관적 인식을 측정하는 7개 영역(고용, 평등정책, 교육, 건강, 반부패, 환경 그리고 문화)에 대한 질문으로 5점 척도로 구성된다.

■ 지역사회 활력

지역사회 활력은 사회적 지지, 지역사회 관계, 가족, 안전 등의 네 요소로 구성된다. 사회적 지지는 자원봉사와 기부에 대한 질문으로 지난 1년 동안 얼마를 기부하고 며칠을 봉사하였는지를 측정한다. 지역사회 관계는 소속감과 이웃에 대한 신뢰감을 묻는 질문으로 '강한 소속감과 약한 소속감, 잘 모른다' 그리고 '이웃을 신뢰한다와 신뢰하지 않는다, 잘 모른다'에서 선택하도록 되어 있다. 가족은 6개의 질문항목(3점 척도)으로 구성된다. 안전은 지역사회의 안전을 측정하는 질문으로 지난 1년 간 범죄로 인해 피해를 당한 적이 있는지를 질문하며 대답은 '예와 아니오'에서 선택한다.

■ 환경적 다양성과 복원력

환경적 다양성과 복원력은 오염과 환경적 책임, 도시화 그리고 야생의 네 영역을 측정한다. 오염은 7개의 환경적 이슈에 대한 환경적 경각심을 질문하며 4점 척도로 구성된다. 환경적 책임은 환경에 대한 개인의 책임에 대한 감정을 질문하며 4점 척도이다. 야생은 지난 1년 동안의 농작물 수확에 영향을 주는 야생의 손상에 대한 2개의 질문으로 하나는 손상의 존재 여부에 대한 질문이고 다른 하나는 손상의 정도에 대한 질문이다. 도시화는 인구 밀집과 도시의 성장으로 대변되는 급속한 도시화에 대한 질문으로 교통 혼잡, 부적절한 녹색화, 보행자거리 협소, 교외로 향하는 무질서 등에 대한 사람들의 인식을 측정한다.

제6장

사회의 질의 구성요소

    사회의 질을 향상시키기 위해서 무엇이 어떻게 필요한가를 설명하고 이해하기 위해서는 반드시 사회의 질은 무엇으로 구성되어 있는가에 대한 해답을 찾기 위해 노력하여야 한다. 인간의 보편적이고 기초적인 욕구가 해결되면 사회의 질은 개선될 수 있을까? 이러한 견해는 사회의 질을 단편적으로 바라보는 시각이다. 사회의 질은 복잡하며 다면적이다. Gough(1997)는 사회의 질이 빈곤, 사회배제, 인간개발 그리고 삶의 질로 구성되어 있다고 본다. 즉, 그는 사회의 질의 향상이 이들 네 요소를 개선 또는 증진시킴으로써 가능하다고 보았는데 이러한 견해는 삶의 질의 물질적 토대로서 또는 삶의 질과 인간욕구의 해결로서 사회보호시스템이나 실업 극복을 위한 사회포용정책, 나아가 빈곤 및 사회적 위험 극복을 위한 사회복지정책으로부터 인간의 자기실현이나 자기계발의 영역으로 사회의 질의 영역을 확대하였다는 긍정적인 측면을 가진다. 본 장에서는 사회의 질을 구성하는 요소들에 대한 논의를 중심으로 사회의 질의 다면적 영역 및 구성요소를 도출한다.

제1절 사회의 질의 조건적 요소와 규범적 요소 그리고 구조적 요소

사회의 질을 구성하는 요소는 크게 규범적 요소와 조건적 요소 그리고 구조적 요소로 분류될 수 있다. 즉, 사회의 질 이론은 정책결정이나 실천활동을 가능하도록 하기 위한 규범적 가이드라인을 제시하는 규범적 요소와 인간의 번영을 가능하게 하는 사회적 조건을 제시하는 조건적 요소 그리고 사회의 질의 행위자 역할을 설명해주는 구조적 요소에 의해서 설명될 수 있다. 선행연구에 따르면 사회의 질을 구성하는 조건적 요소는 첫째, 사회·경제적 보장, 둘째, 사회통합, 셋째, 사회포용 그리고 넷째, 사회적 임파워먼트로 이루어져 있으며 규범적 요소는 첫째, 사회정의, 둘째, 연대성, 셋째, 동등한 가치 그리고 넷째, 인간의 존엄성으로 구성되어 있다. 그리고 구조적 요소는 사회적 대응, 개인적 능력, 개인적 보장 그리고 사회적 인식 등으로 구성되어 있다(Beck et. al., 1997; Herrmann, 2012; Van der Maesen and Walker, 2012). 이들 요소들에 대해 구체적으로 살펴보면 아래와 같다.

1. 사회의 질의 조건적 요소

사회의 질의 조건적 요소(conditional factor)는 사회의 질 향상 및 인간의 번영을 가능하게 하는 사회적 조건을 나타낸다. Abbott와 Wallace(2012)는 Beck과 동료들(1997)에 의해서 제시된 사회의 질의 구성

요소를 토대로 하여 조건적 요소를 사회·경제적 보장, 사회통합, 사회포
용 그리고 사회적 임파워먼트로 제시하였다. Beck과 동료들(1997)에 따
르면 이 4개의 조건적 요소는 사회의 질을 구성하는 중심 구성요소이지
만 2개의 긴장상태, 즉 수직적 긴장과 수평적 긴장에 놓여 있다고 한다.
수직적 긴장은 거시수준과 미시수준으로 나누어볼 수 있는데 미시수준
은 인간들이 시민으로서 매일매일 경험하고 선택하는 것 그리고 그들에
게 제공되는 기회를 의미하는 것으로 자기 자신의 발전, 즉 전기적 발전
을 나타내며 거시수준은 역사적으로 결정된 과정, 현존하는 사회구조에
대한 설명 그리고 정치적 영향력이나 사회적 배열의 함의 등을 의미하는
것으로 사회적 발전을 나타낸다.

　수평적 긴장은 시스템, 제도, 조직을 한 축으로 그리고 지역사회와
집단, 가족, 네트워크를 다른 한 축으로 하여 이 둘 사이의 긴장을 나타
낸다. 이 2개의 긴장상태에 의해 사회의 질의 구성요소인 사회·경제적
보장, 사회통합, 사회포용 그리고 사회적 임파워먼트가 영향을 받게 된
다. 이를 그림으로 나타내면 〈그림 6-1〉과 같다.

　사회의 질을 구성하는 조건적 요소인 사회·경제적 보장, 사회포용,
사회통합 그리고 사회적 임파워먼트는 사회의 질의 국가별 수준이나 차
이를 설명해주는 주요한 변수이다. 즉, 사회의 질을 구성하는 조건적 요
소가 발전되어 있으면 사회의 질은 높으며 조건적 요소가 낙후되어 있으
면 사회의 질은 당연히 낮을 수밖에 없다. 물론 사회의 질을 구성하는 규
범적 요소와 구조적 요소도 중요한 요소임에 틀림없지만 복지국가의 수
준 또는 사회의 질 수준을 가장 손쉽게 비교 판단할 수 있는 기준은 바로
사회·경제적 보장 수준과 같은 조건적 요소이다. 사회의 질을 구성하는
조건적 요소는 다음과 같이 설명된다.

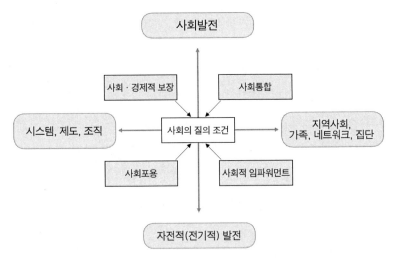

그림 6-1 사회의 질의 조건적 요소

자료: Van der Maesen and Walker, 2012, 61, 그림 3-4에서 재인용

• 사회·경제적 보장

사회·경제적 보장이란 인간이 삶을 안정적으로 유지할 수 있도록 하는 물질적 조건을 의미하며 매일의 삶에 대처할 수 있도록 하고 삶을 즐길 수 있도록 하는 그리고 유용한 기회를 잡을 수 있도록 하는 자원을 의미한다. 따라서 사회·경제적 보장은 단순히 노동의 대가로 지불받는 임금이나 소득 또는 고용과 같은 경제적 보장 이상을 의미하는 것으로 안정적인 삶을 유지할 수 있도록 하는 사회복지서비스에 대한 접근성 확보와 같은 사회적 보장을 포함한다. 특히, 사회·경제적 보장은 사회의 질의 구조적 요소인 개인적 보장을 증진시키는 것을 목적으로 하며 자기실현을 위한 조건으로 공공재나 집합재의 제공을 의미한다. 결국, 사회·경제적 보장은 국민에게 기본적으로 필요한 물질이나 자원의 소유를 나타내므로 건강, 교육, 주거, 고용, 소득 같은 국민의 복지와 번영을 보장하는 사회복지재화와 서비스를 제공하는 것이라고 할 수 있다.

• 사회통합

사회통합(social cohesion)은 공유된 규범, 가치 그리고 동질성에 기초한 사회적 관계의 정도를 나타낸다. 따라서 사회통합은 사회를 하나로 묶고 신뢰를 구축하는 접착제로 모든 국민이 사회참여를 할 수 있도록 하는 그리고 사회적 안정과 지속성을 제공할 수 있도록 하는 기본적 규정이나 법 그리고 제도 등을 의미한다. 즉, 모든 국민이 서로를 신뢰하고 정부 및 조직 등을 신뢰하고 동등한 권리를 가지고 사회에 참여할 수 있는 것, 이를 통해 사회를 하나로 묶어주는 것이 사회통합이라고 할 수 있다. 따라서 사회구성원이나 서로를 믿고 신뢰하며 집단구성원이 사회제도나 조직을 신뢰하고 집합적 동질성과 연대 그리고 사회의 공공선을 향한 소명감을 갖는 것 등이 사회통합의 주요 요소라고 할 수 있다. 결국, 사회통합은 집단적으로 수용된 가치나 규범의 존재를 나타낸다. 또한 사회통합은 사람들의 사회적 인식에 의해 구성된 상호호혜를 필요로 하고 가족, 네트워크, 집단 그리고 지역사회를 함께 하도록 묶는 역할을 한다.

• 사회포용

사회포용(social inclusion)은 국민이 생활하면서 제도나 조직, 사회체계에 소속되어 있다고 느끼는 정도를 나타낸다. 또한 사회보장제도나 각종 기업조직이나 비영리조직, 사회체계로서의 시장 그리고 대한민국이라는 한 사회체계에 내가 소속되어 있고 배제되어 있지 않다고 생각한다면 사회포용의 정도가 높다고 할 수 있다. 하지만 국가의 제도나 정책 그리고 시장이나 각종 조직으로부터 배제되어 있다고 한다면 사회포용의 정도는 매우 낮게 된다. 사회포용은 네트워크 구성원이나 친구나 친척 그리고 가족과의 친밀한 관계 역시 포함한다. 따라서 개개인들의 포용을 촉진시키기 위한 사회포용정책은 다차원적 측면을 포함한다고 할 수 있다. 타인으로부터의 지지나 사회복지정책이나 사회복지서비스로부터의 지원 등은 모두 사회포용을 증가시키며 빈곤을 경감시키는 사회복지정책이나 사회배제를 극복하기 위해 제공되는 다양한 사회정책 등은 모두 사회포용을 위해 중요한 부분이라고 할 수 있다. 결국, 사회포용은 공동체지향성이라는 사회적 대응에 의해서 구성된 제도적 환경을 나타내주고 제도와 구조적 정황 속으로의 진입 가능성을 설명해준다. 따라서 사회포용은 국민을 자기실현을 결정하는 현실과 집합적 형태 속으로 포함되도록 하는 과정이자 사회, 문화, 정치 그리고 경제시스템으로의 참여를 나타낸다.

• 사회적 임파워먼트

사회적 임파워먼트(social empowerment)는 국민 개개인이 존재하기 위한 그리고 그들에게 찾아온 기회를 활용할 수 있도록 하기 위한 객관적인 조건을 의미한다. 임파워먼트는 국민의 교육이나 건강의 수준을 향상시키며 주체적인 삶을 유지하는 인간으로서의 주관적 인식을 강화시키는 역할을 한다. 즉, 사회적 임파워먼트는 모든 국민이 건강하게, 교육을 통해서 그리고 투표와 같은 민주적 의사표현의 기회를 보장받으면서 사회에 참여할 수 있도록 하는 조건을 의미한다. 결국 사회적 임파워먼트를 통해서 국민 개개인들이 자신이 처한 상황을 자신이 통제하고 관리할 수 있다면 자신의 역량이 강화되었음을 느낄 수 있다. 이는 결국 Sen(1993)이 강조한 바와 같이 임파워먼트라는 것은 사람들이 소망하는 것을 할 수 있도록 하는 능력을 갖는 것이라고 정리할 수 있다. 결국, 사회적 임파워먼트는 매일매일의 생활 속에서 사회구성원의 상호행동하는 능력을 고취시킬 수 있도록 하는 사회적 구조의 정도를 나타낸다. 보다

쉽게 설명하면 사회적 임파워먼트는 사회적 관계를 고취시키도록 행동할 수 있는 사람들 개개인들의 능력의 정도를 나타낸다. 모든 국민은 상호부조와 같은 집합적 지향성을 위해 상호행동할 수 있는 개인적 능력을 갖추어야 하며 상호행동은 곧 사회적 관계를 위한 기본적 토대이다.

• 조건적 요소들 사이의 관계

사회의 질의 최소 수준으로 제시된 조건적 요소에 따르면 국민은 첫째, 빈곤, 실업, 질병 그리고 다양한 형태의 물질적 박탈에 대항해서 보호받기 위해 수용할 수 있는 최소 수준의 사회·경제적 보장을 제공받아야 하며, 둘째, 최소한의 사회포용을 위해 배제가 제거되고 최소화되기 위한 메커니즘으로 사회재, 공공재 및 집합재의 제공과 개선된 노동조건 그리고 국민을 차별하지 않고 지지해주는 토대를 구축 및 제공받아야 하고, 셋째, 시민들이 사회적 존재로 그리고 기본적 권리를 부여받은 인간으로 대접받을 수 있도록 하는 사회통합을 제공받아야 한다. 이를 위해 양극화와 사회적 소외 그리고 개인화를 만들어내는 파괴적 패러다임에서 연대와 공동체 그리고 사회정의를 지지하는 사회통합적 패러다임으로의 전환이 필요하다. 넷째, 시민은 사회, 정치, 경제, 문화적 과정에 적극적으로 참여하기 위한 역량이 강화되어야 하며 이를 위해 '학습사회'의 일원이 되어야 한다. 시민 역량강화는 시민 스스로 자신들의 역량을 인지하는 것에서부터 출발한다.

국민은 빈곤이나 다양한 종류의 박탈이나 배제로부터 자기 자신을 보호하기 위해서 반드시 고용 및 사회보장과 같은 사회·경제적 보장에 대한 접근이 가능하여야 한다. 곧 소득, 건강, 주거, 사회서비스, 돌봄 등과 같은 기본적 생활을 보장하는 사회·경제적 보장은 사회의 질을 구성하는 가장 기본적인 조건이다. 또한 국민은 사회통합에 기초하여 있는 지역사회에서 생활할 수 있어야 한다. 사회통합의 가치는 개인이 자기실현과 집합적 동질성을 형성하기 위해 매우 중요한 조건이다. 이를 위해 공유된 규범이나 가치 그리고 연대성과 같은 사회자본을 형성하는 것이 중요하다. 사회포용은 책임 있는 시민이자 국민으로 행동할 수 있도록 하는 조건이다. 특히 국민을 노동시장과 같은 사회적 제도 안으로 포용하는 것은 사회포용에 있어 중요한 영역이다. 또한 국민이 빠르게 변화하는 사회경제적 변화 속으로 완전하게 참여하기 위해서는 자율적이어야 하고 역량이 강화되어야 한다. 사회적 임파워먼트는 사람들이 자신 및 자신들의 삶을 통제 가능하도록 해주는 능력이고 자신들에게 주어진 기회를 잘 활용할 수 있도록 해주는 능력을 의미한다. 따라서 사회적 임파워먼트는 국민의 선택권을 확장시키는 역할을 한다.

결론적으로 보면, 사회의 질을 구성하는 조건적 요소들은 모두 상호 간에 연관이 있다. 예를 들어 사회통합은 공공재나 사회복지재화의 접근에 영향을 주는 사회시스템, 제도, 조직에 의존하며 사회포용도 역시 지역사회와 사회·경제적 보장과 깊은 연관이 있다고 할 수 있다.

조건적 요소	• 사회의 질 향상 및 인간의 번영을 가능하게 하는 사회적 조건 • 조건적 요소인 사회·경제적 보장, 사회포용, 사회통합 그리고 사회적 임파워먼트는 복지국가의 수준 또는 사회의 질 수준을 가장 손쉽게 비교 판단할 수 있는 기준

2. 사회의 질의 규범적 요소

사회의 질을 결정하기 위해서는 규범적 판단이 필요하다. 즉, 사회의 질이 정당한 것인지, 공평한지 또는 적절한 수준인지를 결정하기 위한 가치판단의 기준으로 규범적 근거가 필요하다. 따라서 사회의 질의 규범적 요소(normative factor)는 사회의 질을 향상시키기 위한 정책결

정이나 실천활동을 가능하도록 하는 규범적 조건을 나타낸다. 규범적 요
소는 크게 사회정의, 연대성, 동등한 가치 그리고 인간의 존엄성이다. 또
한 규범적 요소는 사회의 질을 구성하는 윤리적/가치성향적 접근(ethical/value
oriented approach)이라고도 불린다(Herrmann, 2012). 사회의 질의 향
상을 위해 우리가 지향하여야 하는 가치 또는 윤리적 지향점은 바로 사
회정의이자, 국민 모두를 향한 집단적 동질성 확립 및 강화로서의 연대
감 형성, 모든 국민이 차별받지 않고 동등하게 대접받는 평등성 그리고
인간의 존엄성이 보장되는 것이라고 할 수 있다. 즉, 사회의 질의 조건적
요소인 사회·경제적 보장이나 사회통합, 사회포용 그리고 사회적 임파
워먼트는 기본적으로 사회정의와 연대성 그리고 평등과 인간의 존엄성 같은
규범이나 사회적 가치를 지향하는 것이라고 할 수 있다. 나만 잘 먹고 잘
살기 위한 것 그리고 주관적 번영이나 주관적 삶의 질 향상 등이 사회의 질은 아
니며 모든 국민이 동등하게 대접받으면서 인간의 존엄성을 인정받고 강한 유대
감으로 공동체의식이 강화되면서 궁극적으로는 사회정의가 실현되는 것이 곧 사
회의 질이 추구하는 것이라고 할 수 있다.

　　Van der Maesen과 Walker(2012)는 사회의 질을 구성하는 규범
적 요소를 설명하면서 Beck과 동료들(1997)과 Herrmann이 제시한 사
회정의, 연대성, 동등한 가치 그리고 인간의 존엄성을 주요한 규범적 요
소로 동일하게 제시하였다. 이들은 사회의 질을 구성하는 규범적 요소가
조건적 요소와 구조적 요소 사이를 연결한 결과를 판단할 뿐만 아니라 정
책과 실천을 위한 가이드라인의 역할을 수행한다고 강조하였다. 따라서
사회·경제적 보장과 같은 조건적 요소와 개인적 보장과 같은 구조적 요
소 사이에서 사회의 질을 결정하기 위해서는 반드시 가치판단을 위한 기
준으로 규범적 요소가 필요하다. 결국, 사회의 질의 규범적 요소는 국민
의 매일매일의 생활현실과 윤리적 영역 사이를 연결해주는 역할을 한다

고 볼 수 있다. 국민이 매일 살아가는 현실의 세계에서 사회의 질을 형성하는 데 있어 질을 어떤 기준으로 채울 것인가에 대한 가치판단으로서 모든 국민에게 정의롭게 분배되는 것을 강조하는 사회정의나 연대성 등과 같은 가치는 매우 중요한 가치판단의 조건이자 기준이라고 할 수 있다.

사회의 질을 구성하는 규범적 요소들을 구체적으로 설명하면 아래와 같다.

첫째, 사회정의: 개인 행위자들이 자신들의 개인적 보장을 반영하면서 사회에 개입할 때 사회·경제적 보장에 기초한 사회적 관계의 특수한 성격을 나타내는 것이 곧 사회정의이다. 즉, 사회정의는 사회의 질 개선을 위해 사회에 개입하는 개개인들의 기본적 생활을 보장하는 사회·경제적 보장을 통해서 실현된다.

둘째, 연대성: 연대성은 개인 행위자들이 사회적 인식을 반영하면서 사회에 개입할 때 사회통합에 기초한 사회적 관계의 특수한 성격을 나타내는 것이다. 즉, 연대성은 사회의 질의 구조적 요소인 사회적 인식과 조건적 요소인 사회통합을 실현시키기 위한 기본적인 규범이다.

셋째, 동등한 가치: 동등한 가치는 사회적 대응에 기초한 개인 행위자들이 사회에 개입할 때 사회포용에 기초한 사회적 관계의 특수한 성격을 의미한다. 즉, 동등한 가치는 사회의 질의 구조적 요소인 사회적 대응과 조건적 요소인 사회포용을 실현시키기 위한 기본적인 규범이다.

넷째, 인간의 존엄성: 인간의 존엄성은 개인적 능력을 가진 개인 행위자들이 사회에 개입할 때 사회적 역량강화에 기초한 사회적 관계의 특수한 성격을 의미한다. 즉, 동등한 가치는 사회의 질의 구조적 요소인 개인적 능력과 조건적 요소인 사회적 임파워먼트를 실현시키기 위한 규범이다.

결론적으로 사회의 질을 구축하고 향상시키기 위해 사회·경제적 보장, 사회포용과 사회통합 그리고 사회적 임파워먼트를 강화하기 위한 노력 등의 조건적 요소가 필요하다고 했을 때 이러한 조건적 요소가 필시 어떠한 기준이나 판단으로 제공되어야 하는가를 결정하는 것이 규범적 요소이다. 즉, 연대성과 사회정의 그리고 인간의 존엄성과 동등한 가치라는 기준을 적용하여 사회·경제적 보장을 위한 정책들과 사회포용 및 사회통합 그리고 사회적 임파워먼트를 향상시키기 위한 정책 등이 제공되어야 사회의 질이 형성되고 발전한다고 할 수 있다.

규범적 요소	• 사회·경제적 보장, 사회포용과 사회통합 그리고 사회적 임파워먼트와 같은 조건적 요소가 어떠한 기준이나 판단으로 제공되어야 하는가를 결정하는 것 • 국민이 매일 살아가는 현실의 세계에서 사회의 질을 형성하는 데 있어 질을 어떤 기준으로 채울 것인가에 대한 가치 판단

3. 사회의 질의 구조적 요소

Herrmann(2012)에 따르면 사회의 질의 구조적 요소(constitutional factor)는 사회의 질의 행위자/대리인-지향적 접근을 설명해준다. 행위자/대리인-지향적 접근을 설명해주는 핵심개념은 사회적 대응, 개인적 능력, 참여 등이다. 즉, 사회의 질을 개선 및 향상시키기 위해서는 행위자로서의 개인과 대리인으로서의 사회복지기관이나 공공기관 등이 노력하여야 함을 의미하는 것이다. 예를 들어 교육서비스가 제공되어도 참여하지 않으면 교육서비스 제공에 대한 효과는 당연히 낮을 수밖에 없으므로 당연히 교육에 참여하여야 교육에 따른 효과를 통해 개인의 능력이 강화될 수 있다. 또한 개인이 서비스에 참여한다고 해도 기본적으로 서비스 자체가 사회적 보장이나 능력 개발 등과 같이 개인들의 욕구를 해결하고 그들의 욕구에 즉각적으로 대응하여야 하는 수준에서 제공되어야 하므로 대리인의 서비스 대응에 대한 노력과 서비스 향상을 위한 노력은 당연한 것이라고 볼 수 있다. 특히, 사회의 질은 조건적 요소로 보았을 때 사회적 임파워먼트를 통해서 향상되고 개선될 수 있으므로 사회적 임파워먼트를 강화하기 위한 행위자와 대리인의 노력은 매우 중요한 요소이다. 또한 시민사회의 구성원이라는 시민의식 또는 시민참여의식은 국민 개개인들이 행위자로서 가지고 있어야 하는 기본적인 소임이라고 할 수 있다. 민주사회의 시민으로서 각종 조직이나 결정구조 등으로의 적극적인 참여를 통해 사회의 질 개선을 위한 각종 정책이나 사업에 대한 진전을 기대할 수 있다.

한편 Van der Maesen과 Walker(2012)는 사회의 질의 구조적 요소에 대해 행위자관점에서 보다 구체적으로 설명하였는데 이들에 따르면 사회의 질의 이론적 기초로서의 구조적 요소는 "인간 개개인들이 사회의 행위자로서 경쟁력을 갖기 위해 사회적 존재로서 자신들을 스스로 인식하는 것"이라고 설명하였다. 즉, 사회적 존재로서 인식하고 스스로 사회변화 또는 사회환경에 경쟁적이고 적극적으로 대처하는 사회적 행위자로서의 능력을 인식하고 발휘하는 것이 곧 사회의 질의 구조적 요소라는 것이다. 이는 곧 사회의 질의 주체적 행위자가 곧 인간 자신들, 즉 사회적 존재로서 상호행동하는 인간들 자체라는 점을 인식하여야 함을 나타내주는 것이다. 사회의 질은 인간들이 상호행동하면서 사회조건을 변화시키기 위해 노력하여야 가능하다는 점에서 사회의 질의 구조적 요소는 중요한 개념일 수밖에 없다. 이들에 따르면 구조적 요소는 다음의 네 요소로 구성된다.

첫째, 개인적 보장: 권리와 수용할 수 있는 규칙의 존재를 의미한다. 즉, 개인적 보장은 인간의 권리와 규칙의 제도화와 환경적 보장을 포함한다. 특히, 개인적 보장을 위한 규칙이나 권리들은 더불어 살기 위한 집단적 가치와 규범에서 결과하는 것으로 집단 속에서 개인이 행동하는 것을 보장하는 것이다. 결국, '개인적 보장은 사회발전을 위해서는 개인들의 상호행동을 위한 규범이나 규칙을 이해하고 인식하는 것이 중요함'을 나타내주는 것이라고 할 수 있다.

둘째, 사회적 인식: 타인의 존중 경험을 의미한다. 특히, 인간의 존엄성과 존중을 포함한다. 사회적 인식은 사회발전 과정 속에서 인간들의 상호 간의 존중이 중요함을 나타내준다.

셋째, 사회적 대응: 집단, 지역사회 그리고 시스템의 개방성을 의미한다. 즉, 개인이 성장하는 전기적 과정 속에서, 즉 개인이 발전하기 위해서 모든 개인은 집단, 지역사회 그리고 다른 사회시스템과 상호행동해야 함을 인식하는 자기실현 과정을 나타낸다.

넷째, 개인적 능력: 타인들과 관계할 수 있는 능력을 의미한다. 특히 개인들의 사회적인 경쟁력과 인식적인 경쟁력을 의미한다. 이러한 개인적 능력은 곧 개인이 행동할 수 있는 범위를 결정하는 중요한 요인이며 개인의 매일매일의 삶과 개인이 성장하고 발전하는 전기적인 과정 속에서의 자기실현과 연관이 있다.

위의 네 요소는 인간이 사회적 존재로서 타인과 함께 행동하기 위해서 언어, 인식력 그리고 지식 등과 같은 능력이 필요하고, 규칙이나 권리의 수용 가능성과 이해 가능성을 보장해야 하며, 타인의 존재를 인식하고 존중하여야 하고, 사회를 구성하는 집단이나 네트워크 그리고 조직들과 상호 교류하고 소통하여야 함을 설명해주는 것이다. 〈그림 6-2〉는 사회의 질을 구성하는 구조적 요소를 설명해준다.

결국, 사회의 질을 구성하는 구조적 측면에서 보면 사회의 질을 구

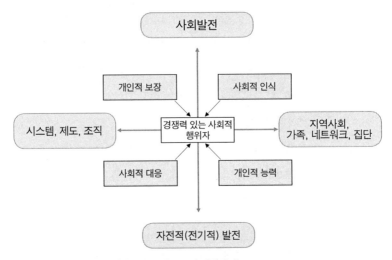

그림 6-2 사회의 질을 구성하는 구조적 요소의 사각체계

자료: Van der Maesen and Walker, 2012, 57, 그림 3-3에서 재인용

성하기 위해서는 결국 사회와 집단 그리고 개인과 상호행동하는 개인 행위자의 능력이 중요하며 상호행동하는 개개인들은 보다 나은 사회를 건설하기 위해서 함께 노력해야 한다.

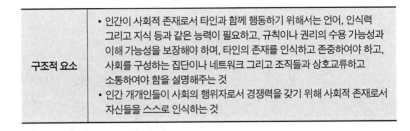

구조적 요소	• 인간이 사회적 존재로서 타인과 함께 행동하기 위해서는 언어, 인식력 그리고 지식 등과 같은 능력이 필요하고, 규칙이나 권리의 수용 가능성과 이해 가능성을 보장해야 하며, 타인의 존재를 인식하고 존중하여야 하고, 사회를 구성하는 집단이나 네트워크 그리고 조직들과 상호교류하고 소통하여야 함을 설명해주는 것 • 인간 개개인들이 사회의 행위자로서 경쟁력을 갖기 위해 사회적 존재로서 자신들을 스스로 인식하는 것

4. 사회의 질의 구성요소 간 관계

사회의 질은 조건적 요소와 규범적 요소 그리고 구조적 요소 등 매우 다면적인 측면으로 구성된 복합개념임을 알 수 있다. 사회의 질의

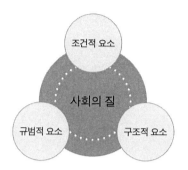

그림 6-3 사회의 질의 구성요소

표 6-1 사회의 질 이론의 구성적 토대

이론	요소	접근방법	핵심개념
사회의 질	조건적 요소	물질적 삶과 제도적 접근	사회·경제적 보장 사회통합 사회포용 사회적 임파워먼트
	규범적 요소	윤리적·가치지향적 접근방법	사회정의 연대성 동등한 가치 인간의 존엄성
	구조적 요소	행위자지향적 접근방법	개인적 보장 사회적 대응 사회적 인식 개인적 능력

조건적 요소는 사회의 질에 대한 물질적 부분으로 사회의 질을 향상시키기 위해서 반드시 필요한 필수조건이다. 하지만 사회의 질을 향상시킨다는 것은 곧 그 사회의 정의, 연대감, 동등성이나 인간의 존엄성을 지향하기 위함이고 사회의 질은 행위자와 대리인의 상호관계와 노력 없이는 불가능하므로 조건적 요소, 규범적 요소 그리고 구조적 요소는 모두 사회의 질의 중요한 요소라고 할 수 있다. 이들 가운데 사회의 질의 수준

을 측정하고 사회의 질의 정도를 확인하기 위해서 그리고 사회의 질을 향상시키기 위해서 가장 중요한 요소는 조건적 요소이다.

사회의 질의 요소별 핵심개념들은 사회의 질의 복합적이고 다면적인 속성을 이해하는 데 도움을 줄 수 있다.

5. 사회의 질과 구성적 토대의 한계

사회의 질을 측정하기 위해서는 반드시 사회의 질이라는 추상적 개념을 정의하고 이 개념을 측정할 수 있는 구성요소를 도출해야 한다. 지금까지 제시된 사회의 질의 측정을 위한 구성요소는 유럽의 연구자들을 중심으로 제안되었다. 그리고 Beck과 동료들(1997)이 최초로 제시한 조건적 요소인 사회·경제적 보장, 사회포용, 사회통합 그리고 사회적 임파워먼트를 활용하여 이 영역에 대한 측정도구들을 찾아 측정을 하는 방안이 활용되어왔다. 이러한 측정방식은 아시아의 연구자들에게도 그대로 전이되어 4개의 구성요소를 측정하기 위해 제시된 측정도구가 아시아 국가에서의 사회의 질을 측정하기 위한 지표나 측정도구를 찾아 적용하는 방식으로 활용되어왔다. 하지만 사회의 질을 측정하는 데 있어 사회의 질의 구성요소로서의 조건적 요소가 전적으로 사회·경제적 보장, 사회포용, 사회통합 그리고 사회적 임파워먼트로 이루어져 있는가에 대한 논의는 사실상 전무하다. 특히 영역별로 중복되는 지표가 존재하고 사회통합이 크게 보면 사회포용을 전제한다는 측면에서 사실상 구성요소에 대한 전반적인 재논의가 필요하다. Beck과 동료들이 제시하고 많은 연구자들에 의해서 활용되고 있는 사회의 질 측정영역(구성요소)의 한계점들을 살펴보면 아래와 같다.

• 먼저 사회통합은 개념 자체가 거시적인 용어로 매우 다면적인 속

성을 갖는다. 사회통합을 강조하는 연구자들에 따르면 사회통합은 사회
포용을 위한 각종 정책이나 제도를 포함하는 것으로 이해된다. Berger-
Schmitt(2000)는 사회통합을 불균형과 불평등의 정도 그리고 사회구성
원 사이의 신뢰, 소속감, 공통의 감정, 공유된 가치, 사회관계의 힘으로
표현하였다. Woolley(1998)는 사회통합을 첫째, 사회배제의 결여로, 둘
째, 사회자본에 기초한 연계와 상호행동으로, 셋째, 집단 동질성에 기초
한 지역사회의 해석과 공유된 가치로 정의해야 함을 강조하였다. 또한
Beauvais와 Jenson(2002)은 사회통합이 다원주의적 관점에 기초하여
다중영역의 개념을 포함한다는 것에 동의하면서 사회통합의 개념을 첫
째, 공동의 가치이자 시민문화, 둘째, 사회질서이자 사회통제, 셋째, 부의
불균형 제거이자 사회연대, 넷째, 사회자본이자 사회네트워크, 다섯째,
동질성이자 장소의 연계라고 주장하였다. 이와 같은 학자들의 정의에 기
초하면 사회통합은 다면적이며 신뢰와 같은 사회자본을 포함하고 나아가
빈곤과 배제 그리고 불평등을 모두 포함하는 개념임을 알 수 있다.

OECD가 매년 발간하는 『한눈으로 보는 사회(Society at a glance)』의
구성을 보면 사회통합을 삶의 만족, 신뢰, 투표참여, 범죄, 사회적 네트
워크로 인식하고 측정지표를 제시하고 있다. OECD의 특징은 삶의 만족
이 사회통합에 포함되어 있다는 것으로 사회통합을 사회자본 이상으로
바라본다는 것을 잘 나타내준다. 삶의 만족은 사회보장이나 경제적 보장
과 같은 사회보호에 대한 주관적 인식을 포함하는 다면적 개념이므로 사
회의 질 측정에 있어 사회통합이라는 다면적이고 복합적인 개념을 측정
요소로 설정하는 것은 논란의 여지가 있다. 따라서 사회통합이라는 개념
보다는 보다 구체적인 사회의 질 측정요소로 신뢰와 같은 사회자본적 측
면을 강조한 개념이 보다 유용함을 알 수 있다.

• 사회포용 역시 거시적이고 다면적인 의미로 일반적으로 사회배제

의 반대 개념이라고 알려져 있다(Berger-Schmitt, 2000). 사회포용은 특히 빈곤과 실업 등과 같은 사회배제의 직접적 원인이 되는 요소들에 대한 대응을 나타내므로 Beck과 동료들이 강조한 사회·경제적 보장의 내용과 의미 그리고 측정영역이 중복될 수 있다. Berghman(1998)은 사회포용이 시민통합을 위한 민주적 그리고 법적 체계, 경제적 통합을 증진시키는 노동시장, 사회통합을 요구하는 사회복지체계 그리고 상호간의 통합을 증진시키는 가족과 지역사회체계를 포함하는 개념임을 강조하였는데 이러한 정의는 곧 사회포용이 위의 요소들을 모두 포함하는 것으로 이해될 수 있음을 나타내준다.

특히, 1989년 유럽위원회(the European Commission)는 유럽연합 관계부처의 사회포용배제에 대한 질문을 받고 2000년 리스본에서 개최된 유럽연합국 정상회담에서 유럽연합의 가장 핵심적인 정책으로 빈곤과 사회배제 퇴치를 상정하였다. 위원회는 2001년 니스(Nice)에서 다시 모여 모든 회원국들이 2년마다 사회포용을 위한 행동계획안(National Action Plan on Social Inclusion, NAPincl)을 제출할 것을 결정하였다. 그리고 구체적인 기준을 첫째, 모든 시민의 자원, 권리, 재화와 서비스에 대한 접근과 고용으로의 참여를 촉진시킨다, 둘째, 배제의 위험을 사전 예방한다. 셋째, 위험에 처한 사람들을 돕는다, 넷째, 배제를 극복하기 위해 모든 관련된 조직이나 단체를 동원한다 등으로 제시하였다(지은구·김민주, 2014). 이러한 위원회의 사회포용을 위한 구체적인 노력에는 사회·경제적 보장을 위한 노력이 포함되어 있어 사회포용이 매우 다면적임과 동시에 일부 내용이 사회통합이나 사회·경제적 보장과 중복됨을 알 수 있다. 사회포용을 위한 사회지표로 Atkitson과 동료들(2002)이 제시한 측정영역은 재정, 교육, 고용, 건강, 주거 그리고 사회참여이다. 이들이 제시한 사회포용의 구성요소를 보면 Beck과 동료들이 사회의 질 측정을 위해 제시한 구성요소인 사회포용이 다른 측정요소인 사회적 임 파워먼트나 사회통합과 일부 중복되는 측정영역을 포함함을 알 수 있다.

위와 같은 내용을 보면 결국 사회의 질을 측정하기 위해 Beck과 동 료들(1997)이 설정한 구성요소가 너무 다면적이고 내용이 중복적인 개 념들로 구성되어 있음을 알 수 있다. 본 연구에서는 사회의 질의 측정 을 위한 개념적 정의와 이론적 틀에 대해서는 Beck, Van der Maesen, Walker 등의 주장에 동의한다. 하지만 측정을 위한 구성요소로 제시된 사회·경제적 보장, 사회포용, 사회통합 및 사회적 임파워먼트에 대해서 는 보다 생산적 논의가 필요함을 인지하고 사회의 질 측정요소 논의의 발전을 위해 새로운 측정요소로 사회적 임금, 사회적 노동, 사회적 재생 산구조 그리고 사회자본을 제시한다.

제2절 사회의 질의 구성요소: 사회적 임금, 사회자본, 사회적 노동 그리고 사회적 재생산구조

1. 사회의 질의 구성요소로서의 사회적 임금

1) 임금과 사회적 임금

자본주의 경제체제하에서 임금은 단순히 노동자들에게 노동의 대가 로 지급되는 지출이 아니라 자본가에게는 이윤 창출을 위해 생산에 필요 한 생산비용의 역할, 노동자에게는 매일매일의 노동력을 재상산하기 위 해 필요한 노동력 재생산을 보장하는 역할 그리고 국가경제적 측면에서 는 상품에 대한 소비를 진작시키는 역할을 수행하는 중요한 도구로 작동한다(지은구, 2005). 즉, 자본주의 사회에서 임금은 자본가에게 이윤을 창출해주는 중요한 역할을 수행함과 동시에 고용관계에 있는 모든 노동자들에게는 하루하루를 살아가기 위해 필요한 기본적인 욕구를 해결하기 위해 수행하는 노동력 재생산을 위한 비용으로 사용된다. 이는 곧 생활필수품들의 소비를 통해 이루어진다. 그러므로 임금은 상품에 대한 소비를 진작시켜 수요공급 법칙에 따라 상품생산에 대한 수요를 자극함으로써 국가경제가 잘 운영되도록 하는 필수적인 역할을 수행한다.

하지만 노동자들이 임금만으로 노동력 재생산을 위해 필요한 기본적인 생활수준을 영위하는 것이 어렵다고 한다면 이는 곧 실질임금의 하락을 의미하는 것이고 노동자들의 궁핍화를 초래하는 데 있어 중요한 원인을 제공하게 된다. 이는 일하는 국민에게 빈곤의 확대재생산을 의미하는 것이고 노동자와 자본가 사이의 사회적 갈등을 초래하는 것으로 사회경제체제에 대한 불신을 초래하는 요인으로 작동한다. 소비는 지출에 의해서 가능하며 생산을 유도하는 강력한 요인이다. 그러므로 임금은 노동자들의 생활을 보장하는 수준의 소비지출을 감당할 수 있는 정도이어야 하며 특히 노동자들이 인간다운 생활을 영위하여 노동력이 재생산될 수 있을 정도의 수준이어야 한다. 특히 노동자들이 지급받는 소득이 실질적인 생활을 영위할 수 없을 정도라고 한다면, 즉 지속적인 물가인상을 실질적으로 반영하지 못하는 소득수준이고 인간다운 생활을 영위할 수 없을 정도의 소득 수준이라고 한다면 이는 곧 빈곤과 불평등을 만연화하고 나아가 사회경제적 불평등의 심화로 국가경쟁력 저하는 물론 사회보장을 담보할 수 없는 혼란과 갈등의 시대로 나아감을 의미하는 것이다.

국민의 실질임금 하락을 상쇄시키고 기본적이고 인간다운 생활을 보장하기 위하여 국가는 국민에게 사회적 임금(social wage)을 지출하게 된다. 사회적 임금은 사회보험 지급금과 각종 공적부조제도에 의해서 지급되는 현금과 현물서비스 그리고 주거 및 사회복지서비스 혜택 등을 모두 포함하는 것으로, 사회적 임금의 수준이 높으면 당연히 국민은 안전하고 건강한 생활을 유지 보전하는 것이 가능하게 된다. 만약 건강보험의 보장성이 낮아 국민이 건강보험에 대한 불신으로 민간보험에 가입하게 된다면 매달 수십만 원씩 민간보험에 들어가는 보험료는 결국 국민의 소비력을 저하시키고 실질임금을 하락시키는 중대한 요소로 작동할 것이다. 또한 월세 및 전세금의 지속적인 상승으로 인하여 국민이 주거비용으로 소득의 절반 이상을 지출하게 된다면 이 또한 국민의 실질생활에 필요한 소득의 축소와 실질임금의 하락을 의미하는 것으로 국민을 심각한 생활고에 시달리게 하고 빈곤과 사회 및 경제적 불평등으로 영원히 고통받게 하는 주된 요인으로 작동하게 된다.

사회적 임금은 '노동의 탈상품화의 결과로 나타나는 국민의 개인적 소득'이다. 국민은 노동시장에의 부착을 통해서가 아니라 필요에 의해서 사회적 임금을 지불받고 기본적 생활을 영위할 수 있게 된다. 가족이나 아동에 대한 돌봄으로 인해 또는 실업이나 질병 등으로 인해 직장으로부터 유리되어야 할 필요가 있으면 그 원인이 소멸될 때까지, 즉 실업이나 질병으로부터 벗어나거나 돌봄이나 보육의 사회적 책임성이 강화되어 돌봄이나 보육의 개인적 책임이 해소될 때까지 국가가 국민의 일상적인 생활이 가능하도록 복지혜택을 소득의 형태로 지불하거나 재화나 서비스로 제공하여 국민의 경제적 부담을 줄이도록 하는 것이 사회적 임금의 궁극적인 목적이다.

2) 사회의 질의 구성요소로서의 사회적 임금

사회적 임금에 대한 개념은 여전히 합의되어 있지 않으며 논쟁적이다. 사회적 임금은 사회적 지출의 일환으로 일반적으로 빈곤층을 포함하여 기본적인 욕구를 해결하지 못하는 국민에게 특히 주택, 교육 그리고 건강에 지출되는 것이라고 Harding(1982)은 주장하였다. 하지만 사회적 임금의 구성요소와 어떻게 사회적 임금을 측정할 것인가에 대해서는 여전히 합의에 도달하지 못한 것으로 평가된다(May, 2004). Harding(1982)은 사회적 임금에 대한 시각은 사회적 임금이 발생하는 범위를 주택, 교육 그리고 건강 등으로 좁혀 바라보는 경향이 있다고 하였다. Harding의 견해를 기초로 Sefton(2002)은 사회적 임금을 복지서비스(예를 들어 건강서비스, 사회주택 그리고 사회서비스)에서 정부가 지출하는 현금 가치화된 혜택이라고 하였다. Rankin(1997)은 사회적 임금을 공공관심에 의해서 생성된 소득으로 간주한다. 그에 따르면 사회적 임금은 국민소득의 일부가 사회적 투입의 활용을 위해 회수되어 지불되는 것으로 국민에게 제공되는 추가소득이 된다. 따라서 Rankin에 따르면 사회적 임금은 추가소득으로 현금혜택만이 구성요소가 되고 복지서비스는 구성요소에 포함되지 않는다고 볼 수 있다. 이런 경우에 소득보장정책의 현금급여인 실업급여나 생계급여 그리고 각종 수당이 대표적인 사회적 임금이다. 따라서 국가에 의해 국민에게 제공되는 현금급여가 사회적 임금이다. Shaikh와 Tonak(1994)는 세금혜택을 포함하여 국민이 제공받는 모든 서비스의 가치를 사회적 임금으로 간주하였는데 이는 사회적 임금에 국가에 의해서 제공되는 모든 서비스를 포함시켜 현금 및 서비스 혜택으로까지 사회적 임금을 구성하는 요소를 확대하게 하도록 하였다. 또한 Meade(1972)는 사회적 임금을 보편적 기초소득과 동등한 것으로 간주하였다. 일반적으로 기초소득(basic income)은 모든 국민에게 보편적으로 제공되는 소득인 데 비해 사회적 임금은 모든 국민이 아닌 반드시 필요한 국민에게만 지급되는 소득이다.

사회적 임금을 국민에게 보장된 최소소득으로 이해하는 경우, 사회적 임금은 기초소득과 함께 소득보장 혜택으로 간주되기도 한다. 하지만 일반적으로 사회적 임금은 사회복지조항에 의해서 제공된 현금과 현물혜택(cash and In-kind benefit)을 포괄하여 일컫는 용어이다. 복지국가는 국민의 기본적인 삶을 유지 보장하기 위하여 기본적으로 사회보장정책을 통하여 현금과 현물혜택을 국민의 권리(entitlement)로 제공한다. 따라서 사회적 임금은 사회복지제공(social welfare provision) 중 하나로 국가에 의해서 국민의 기본적 삶을 유지 보전하기 위하여 제공되는 혜택을 소득으로 간주하여 등장한 용어이다(Sefton, 2002). 즉, 사회적 임금은 국민이 노동을 통하여 벌어들이는 일반적 소득에 추가하여 국가에 의해 국민에게 제공되는 복지서비스를 화폐의 가치로 환산하여 나타난 소득이다. 결국, 사회적 임금을 구성하는 요소는 국가가 국민이나 가구에 제공하는 복지혜택 중 소득(income)과 서비스(services)로 이루어져 있다고 할 수 있다(Friedland and Sanders, 1986).

복지국가의 등장과 발전으로 시장이 아닌 국가개입을 통한 사회정책의 일환으로 제공되는 사회복지제공은 상품의 교환과 구입이 국민에게 제공되는 각종 소득보장정책의 복지혜택(현금과 현물이나 복지서비스)으로 국민의 기본적인 삶을 유지 보전하도록 한다. 소득보장정책으로 제공되는 기본적인 생계보호를 위한 현금혜택은 명백히 추가적인 소득이며 복지서비스 역시 서비스를 필요로 하는 국민에게 필요한 서비스를 제공하여 그들의 현금지출을 보호하므로 추가적인 소득임에 틀림없다. 이러한 추가적인 소득은 곧 사회적 임금으로 국민의 기본적인 생활수준을 보장하고 보존하여 그들 자신 및 가족 그리고 나아가 전체 사회의 질을 보장하는 사회의 질의 기본적인 토대이자 조건으로 작동한다. 결론적으로 사회적 임금은 복지서비스에 지출되는 정부의 모든 지출을 의미하며 복지서비스는 현금서비스 및 사회서비스 등을 모두 포함한다.

사회적 임금	• 사회복지제공 중 하나로 국가에 의해서 국민의 기본적 삶을 유지 보전하기 위하여 제공되는 혜택 • 복지서비스에 지출되는 모든 정부의 지출을 의미하며 복지서비스는 현금 및 재화와 전문적 서비스 등을 모두 포함 • 국민이 노동을 통하여 벌어들이는 일반적 소득에 추가하여 국가에 의해 국민에게 제공되는 사회복지재화와 서비스를 화폐의 가치로 환산하여 나타나는 소득 • 소득보장정책으로 제공되는 기본적인 생계보호를 위한 현금혜택은 추가적인 소득이며 복지서비스 역시 서비스를 필요로 하는 국민에게 필요한 서비스를 제공하여 그들의 현금지출을 보호하므로 추가적인 소득이다. 이 두 소득이 사회적 임금을 구성함 • 노동의 탈상품화의 결과로 나타나는 국민의 개인적 소득 • 사회의 질의 구성요소이자 토대

적극적 사회보장정책의 일환으로 국가는 조세를 통해 확보한 재정으로 기본적인 삶을 유지할 수 없는 국민에게 사회적 임금을 지급하여 기본적인 삶이 유지될 수 있도록 돕는다. 즉, 국가는 사회적 임금을 제공하여 소득 수준의 불균등 및 소득양극화를 수정하기 위해 노력하며 이를 통해 생산활동과 소비활동을 촉진시켜나가기 위해 노력한다. 즉, 사회적 임금은 사회보장정책을 통해서 제공되는 혜택으로 절대적으로 필요한 것, 즉 없어서는 안 되는 것을 소비하지 못하여 기본적인 삶의 유지가 어려운 국민에게 국가가 대신 소비할 수 있는 혜택을 지급하여 인간다운 생활이 가능하도록 하는 것이다. 노령연금, 장애인연금, 아동수당, 가족수당, 청년수당 등은 모두 사회적 임금에 포함된다. 따라서 사회적 임금은 국민의 노동력 재생산을 위해 절대적으로 필요하므로 국민의 생산을 위한 투자로 또는 생산하도록 보장하는 물적 토대로 작동한다. 또한 국

민은 사회적 임금으로 필요한 상품을 소비하므로 소비를 촉진시키는 역할을 주도하며 결국 국민의 탈상품화를 위한 기본 토대가 된다. 따라서 사회보장정책을 통해서 제공되는 혜택으로서의 사회적 임금의 역할은 아래와 같다.

사회적 임금의 역할	• 국민은 사회적 임금을 통하여 필요한 재화와 서비스를 구매하므로 노동력의 재생산을 위한 역할을 한다.
	• 국민은 사회적 임금으로 필요한 상품이나 서비스를 소비하므로 소비를 촉진시키는 역할을 한다.
	• 사회적 임금을 통하여 노동력이 보존된 국민은 생산적 노동을 수행하고 사회적 임금은 빠르게 상품을 소진시키므로 소비를 통해 생산을 확대시키는 역할을 한다. 즉, 사회적 임금은 사회적 생산의 역할을 수행한다.
	• 사회적 임금의 수준이 높으면 탈상품화의 정도도 높음

　복지국가의 탈상품화는 시장이 아닌 국가의 제공을 통해서 필요한 상품이나 서비스를 구매하고 교환하는 것이 가능하도록 하는 것이며 국가에 의해서 제공되는 모든 서비스는 곧 가치적인 측면에서 사회적 임금으로 전환될 수 있다. 따라서 국민의 탈상품화의 정도가 높으면 곧 국민에게 제공되는 사회적 임금의 수준은 높을 수밖에 없고 이는 곧 사회의 질을 향상시키는 중요한 토대로 작동하게 된다.

사회적 임금의 목적	가사노동이나 돌봄과 보육 그리고 실업이나 질병 등으로 인해 노동시장으로부터 유리되어야 할 필요가 있는 국민에게 국가가 기본적인 생활이 가능하도록 소득을 보장하는 것이 주된 목적
사회적 임금의 유형	• 실업급여와 같은 현금 • 의료나 요양, 돌봄, 양육 그리고 사회서비스와 같은 전문적 서비스 • 공공주택과 같은 현물

노동시장에 부착되어 있을 때의 사회적 임금의 총량과 예기치 못한 사건이나 필요에 의해 노동시장으로부터 유리되어 있을 때의 사회적 임금의 총량은 다를 수 있지만 기본적으로 노동시장과 유리되어 있을 경우 지불받는 사회적 임금의 총량은 기본적인 생활이 유지되는 수준이 되어야 한다.

결국, 사회적 임금의 총량은 국가의 사회복지제공에 따른 국민의 사회복지재화와 서비스의 현금화된 가치로 측정될 수 있다. 사회적 임금의 총량이 높으면 그만큼 국민이 제공받는 사회복지 혜택의 수준이 높으므로 복지국가의 탈상품화의 정도에 의해서 사회적 임금의 양이 결정될 수 있어 탈상품화의 정도와 사회적 임금은 밀접한 연관이 있다고 할 수 있다.

2. 사회의 질의 구성요소로서의 사회적 노동

사회적 노동은 개인적 노동과 대비되는 개념이다. '개인적 노동이 개인의 노동시장으로의 개입을 통하여 자신의 노동력을 팔아 노동력을 재생산하는 노동'이라고 한다면 '사회적 노동은 개인에게 절대적으로 필요한 재화와 서비스를 국가가 제공하고 개인이 판매를 목적으로 하는 것이 아닌, 자기 자신을 포함하여 가족과 지역사회 주민, 나아가 전체 사회구성원의 질과 사회의 질을 향상시키기 위해 하는 노동'이라고 정의할 수 있다. 사회적 노동은 기본적으로 노동의 신성함을 기초로 자기계발과 창의성 개발을 통한 사회의 질의 향상을 추구한다. 탈상품화를 통해 국민의 기본적인 삶의 유지가 가능하도록 국가가 보장한다면 국민은 생존을 위한 그리고 노동력 재생산을 위한 노동이 아닌, 삶의 질 그리고 사회의 질의 개선과 더 좋은 사회를 지향하기 위한 사회적 노동에 더 많은 시간과 노력을 기울일 수 있을 것이다. 노동은 더 이상 개인의 생존을 위한 노동이 아니라 사회의 발전을 위한 노동이 되어야 한다.

사회적 노동은 개인의 이익을 위한 노동이 아니라 가족, 집단, 나아가 전체 사회구성원의 이익을 위한 노동이고 사회적 재생산을 위해 필요한 노동이다. 사회적 노동은 가족구성원이나 사회적 약자를 돌보는 돌봄노동과 지역주민과 전체 사회구성원을 위한 봉사활동을 포함한 모든 이타주의적인 노동을 나타낸다. '사회적'이라는 의미가 인간의 상호관계 속에 내재해 있으므로 사회적 노동 역시 인간의 상호관계 속에 내재해 있는 노동으로 인간관계 지향적인 노동이고 상호행동과 상호이해를 바탕으로 하는 노동이라고 할 수 있다.

사회적 노동은 연대성과 지역공동체 지향성을 가지고 사회에 개입하여 각종 사회활동에 참여하면서 나타나는 것으로 임금으로 지불되지 않는 자원봉사활동과 기부활동 그리고 시민사회단체나 조직으로의 참여를 통한 각종 사회참여활동이 사회적 노동의 대표적인 유형이라고 할 수 있다. 결국, 사회적 노동은 노동시장에서 임금으로 지불되지 않는 노동으로 지역사회, 나아가 전체 사회의 발전과 진보를 위하여 국민 개개인들이 사회에 직접 참여하는 사회참여노동이다. 이는 시민사회의 근간이자 시민사회의 시민으로서의 자각과 능력 강화와 자기실현을 실천하고 구체화하는 직접적인 계기를 제공한다.

사회적 노동	• 노동시장에서 임금으로 지불되지 않는 노동으로 지역사회, 나아가 전체 사회의 발전과 진보를 위하여 국민 개개인들이 사회에 직접 참여하는 사회참여노동 • 개인에게 절대적으로 필요한 재화와 서비스를 국가가 제공하고 개인이 판매를 목적으로 하는 것이 아닌, 자기 자신을 포함하여 가족과 지역사회 주민, 나아가 전체 사회구성원의 질과 사회의 질을 향상시키기 위해 하는 노동 • 개인의 생존을 위한 노동이 아니라 사회의 발전을 위한 노동 • 인간관계 지향적인 노동이고 인간의 상호행동과 상호이해를 바탕으로 하는 노동

3. 사회의 질의 구성요소로서의 사회적 재생산구조

1) 재생산

신마르크스주의자들을 포함한 마르크스주의자들은 자본주의 사회에서의 재생산(reproduction)을 자본주의 사회의 확대와 안정성을 설명하는 개념으로 사용하여왔다(Willis, 1981). 즉, 이들은 재생산을 통하여 자본주의 사회가 유지되고 확대된다는 것을 강조한다. 재생산은 자본주의 경제체제를 선호하든 아니면 선호하지 않든 상관없이 하나의 사회를 유지하고 사회가 발전하기 위하여 반드시 필요하다. 재생산 없이는 인간을 포함한 모든 사회의 구조가 유지되고 안정적으로 발전하는 것이 불가능하다. 재생산은 반드시 노동을 필요로 한다. 즉, 재생산을 위해서 사회구성원은 노동을 하여야 한다는 것을 나타낸다.

Marx와 Engels(1969)는 재생산 노동을 설명하면서 "모든 생산을 위한 시스템에는 첫째, 삶의 필수품을 위한 생산, 둘째, 생산을 위해 필요한 노동력과 노동도구의 재생산이 포함된다."고 제시하였다. 따라서 이들에 따르면 생산적 노동은 기본적으로 삶을 유지하기 위해 필요한 필수품을 생산하는 것으로 이해되며 재생산 노동은 노동자들의 노동력 재생산을 위한 노동과 노동도구의 재생산(낡은 기계를 대체하는 새로운 기계와 과학기술을 통한 새로운 도구의 개발)을 위한 노동으로 구분될 수 있다. 또한 Engels(1972)는 생활을 위한 생산과 재생산에는 2개의 측면이 포함되는데 하나의 측면은 생존을 위한 생산이고 다른 하나의 측면은 인간 자신을 위한 생산이라고 설명하였다. 인간 자신들을 위한 생산은 좁게 보면 출산이나 노동력 재생산을 의미하며 넓게 보면 사회적 재생산으로서 인간을 문화적, 사회적, 물질적 존재로 창조하고 재창조하는 것을 의미한다(Ryan, 1981). 생존을 위한 생산은 생활에 필요한 필수품의 생산을 의미한다.

2) 사회적 재생산

재생산은 생산이 가능하도록 또는 다시 생산하도록 하는 것이고 사회적 재생산은 이러한 재생산을 사회나 국가가 만드는 것이라고 할 수 있다. 사회가 지속적으로 발전하기 위해서는 반드시 재생산이 이루어져야 한다. 전통적으로 재생산은 가족의 과업으로 여겨졌으며 자본주의의 발전과 복지국가의 탄생과 발전으로 사회복지 영역에서 매우 중요한 개념으로 등장하였다. 즉, 자본주의가 잘 기능하기 위해서 재생산은 필연적이며 가족은 재생산을 위해 가족구성원을 돌보고 사회화시키며 가족구성원에게 필요한 기본적 욕구를 해결하기 위해 소비하며 아이를 낳아 종의 유지 및 사회 재창조를 하는 과업을 수행하게 된다. 즉, 돌봄(caring), 소비(consumption), 사회화(socialization) 그리고 출산(procreation)은 가족이 수행하는 재생산 기능이라고 할 수 있다. 하지만 자본주의가 발전하면서 가족의 재생산구조를 국가나 사회가 책임지는 사회적 재생산의 중요성이 강조되었다. 돌봄을 사회가 책임지며 출산의 부담을 사회가 책임지고 사회구성원의 사회화 역시 사회가 책임지며 소비가 이루어지도록 가족의 소비 능력을 사회가 책임지는 것이 바로 사회적 재생산의 핵심 기능이라고 할 수 있다. 결국, 출산, 돌봄, 소비 그리고 사회화는 사회적 재생산의 가장 중요한 요소이다. 특히, 자본주의 사회에서 사회적 재생산의 중요성으로 인해 사회복지정책 또는 사회정책의 중요한 경제적 기능으로 사회적 재생산 기능이 지적되고 있는 것은 당연하다고 할 수 있다(Blau and Abramovitz, 2004; 지은구, 2005).

사회적 재생산은 사회적 재생산을 위한 노동(즉, 사회적 재생산 노동)에 의해서 달성된다. 사회적 재생산 노동(social reproductive labor)은 사회적 노동에 포함된다(Laslett and Brenner, 1989). 즉, 사회적 노동이 사회적 재생산을 위한 노동이라는 점에서 사회적 재생산 노동은 곧 사회적 노동의 한 영역이라고 할 수 있다. 무엇을 재생산하는가에 대한 논의는 정치경제학 일반의 중심 논의이며 Marx가 제시한 재생산의 개념에 기인하여 발전한 측면이 있다. 생산한 것을 다시 재생산한다는 측면에서 그리고 재생산은 새로운 것을 창조할 수 있다는 점에서 재생산은 생산과 변증법적 관계에 있다. 사회적 재생산은 Marx가 『자본』에서 언급한 재생산의 개념에 기초한다. 마르크스주의자인 Doob(2013)는 사회적 재생산이 "현 세대에서 다음 세대로 사회적 불평등을 전파하는 행동이나 구조"라고 주장하였다. 즉, 사회적 재생산이 자본주의의 착취구조를 지속시키는 역할을 수행함으로써 사회불평등을 심화시키는 중심적인 역할을 수행한다는 것이다. 사회적 재생산이 불평등에 기초한 사회의 계급구조를 세대를 가로질러 종속시킨다는 이러한 마르크스주의자들의 사회적 재생산에 대한 부정적 인식은 곧 사회적 재생산이 자본주의 생산양식과 계급불평등구조를 유지시킨다는 영속성에 기인한다. 하지만 사회적 재생산은 매일매일의 삶을 유지하고 생존하기 위해 반드시 필요한 노동이며 후속세대를 재생산하는 노동이라는 점에서 마르크스주의자들의 사회적 재생산에 대한 시각은 사회적 재생산을 너무 좁게 바라본 것이라고 할 수 있다(Laslett and Brenner, 1989).

Bourdieu(Bourdieu and Passeron, 1977)는 사회적 재생산에 영향을 주는 4개의 자본, 즉 인적자본, 재정자본, 문화자본 그리고 사회자본을 강조하였다. 그에 따르면 재정자본은 개인의 부와 소득에 영향을 주는 자본이며 문화자본에 영향을 준다. 문화자본은 세대들 사이에 전이되는 비전, 신념, 지식, 기술을 의미하고 사람들이 받는 교육이나 직업훈련 등의 인적자본에 영향을 준다. 인적자본은 사람들이 서로 소속된 사회네트워크와 같은 사회자본을 얻도록 하는 능력을 창조한다. 그리고 사회자본은 사람들이 직업을 찾는 능력에 영향을 줄 수 있다고 한다. 이러한 Bourdieu의 견해는 사회적 재생산을 위한 노동에는 인적자본, 문화자본, 재정자본 그리고 사회자본의 개발과 확보가 필요함을 나타내주는 것이다. 특히 그는 문화자본을 구성하는 교육이 불평등을 재생산함을 주장하였다. 즉, 교육이 사회배제와 사회불평등의 재생산을 경감시키기도 하고 늘리기도 하는 중요한 역할을 수행한다는 것이다. 재생산에 대한 그의 관점은 사회적 재생산 테제(social reproduction thesis)로 알려져 있다(Tzanakis, 2011). 결국, Bourdieu의 사회적 재생산 이론은 교육, 가족 그리고 사회계급 사이의 관계에 초점을 맞추고 Marx의 재생산에 대한 관점을 문화자본으로까지 확대하였다는 측면을 가지고 있다.

사회적 재생산이 "사회화, 사회구조, 사회적 소비(가족에서 이루어지는 소비를 의미), 이념 등을 재생산하는 것"을 의미한다고 제시한 Ferguson와 Lavalette 그리고 Mooney(2002)의 견해는 사회적 재생산이 단순히 계급구조나 착취구조의 전이만을 나타내는 것은 아니라는 점을 강조하는 것이다. 또한 사회적 재생산을 "인간을 문화적, 사회적, 물질적 존재로 창조하고 재창조하는 것"이라고 강조한 Ryan(1981)의 견해에 따르면 사회적 재생산 노동은 인간을 문화적, 사회적, 물질적 존재로 창조하거나 재창조하기 위한 정신노동, 감정노동 그리고 육체노동을 포함하는 것으로 이해될 수 있다(Brenner and Laslett, 1986). 따라서 사회적 재생산 노동에는 직장이나 가정에서의 노동, 임금이 지불되거나 지불되지 않는 노동 등이 모두 포함될 수 있다. 결국 사회적 재생산 노동은 실제 생활을 유지하기 위해 그리고 다음 세대를 재생산하기 위해 필요한 감정노동, 육체노동 그리고 정신노동 등 다양한 노동을 포함하게 된다(Laslett and Brenner, 1989).

사회적 재생산은 "매일매일의 삶의 유지와 세대의 유지에 직접적으로 개입되어 있는 관계와 책임성, 활동이나 태도, 행동과 감정"으로 정의된다.

Glenn(1992)은 사회적 재생산을 "매일의 삶과 세대와 세대 사이에 사람들을 유지시키기 위해 개입된 관계나 일련의 행동"이라고 정의하였다. 국민은 매일매일의 삶을 유지하기 위해 기본적인 욕구를 해결할 수 있는 음식과 주택이 필요하고 생활하기 위해 필요한 물건들을 구입하여야 하며 상황에 따라서는 누군가의 보호와 돌봄이 필요하다. 따라서 사회적 재생산 노동에는 매일매일의 기본적인 생활을 유지하기 위해 음식을 준비하고 청소를 하고 옷을 수선하고 세탁을 하며 생활에 필요한 물건을 사고 고장 난 물건들을 고치며 아이를 돌보고 가족구성원을 감정적으로 지지하고 병든 부모를 돌보는 노동이 모두 포함된다. 매일매일 살아가기 위해 소득을 창출하는 생산적 노동도 반드시 필요하지만 삶 속에 내재화되어 있는 삶을 유지하기 위한 기본적인 사회적 재생산 노동 역시 반드시 필요하다.

Glenn(1992)은 사회적 재생산 노동에 아동을 돌보고 사회화시키며 성인에게 감정적 지원을 제공하는 것과 함께 가족관계를 유지하고 나아가 지역주민과 사회를 하나로 묶는 활동들도 포함시켰다. 따라서 타인을 지지하고 지원하는 노동과 사람과 사람 사이의 관계지향적인 노동은 모두 사회적 재생산 노동에 포함된다고 할 수 있다. 즉, 사람과 사람 또는 집단과 집단, 세대와 세대 사이의 갈등을 봉합하기 위한 노력이나 활동은 모두 사회적 재생산 노동에 포함될 수 있으며 타인을 위한 활동으로서의 자원봉사활동 등은 모두 사회적 재생산을 위한 노동이고 넓게 보면 사회적 노동이라고 할 수 있다. 또한 사회를 보다 정의롭고 건강하게 만들기 위한 다양한 사회행동 역시 사회적 재생산 노동에 포함될 수 있다. 예를 들어 지구온난화에 맞서는 환경단체운동, 정부정책에 대한 비판과 감시의 역할을 하는 NGO운동 등은 모두 건강하고 더불어 잘사는 시민사회를 건설하기 위한 국민의 자발적 참여로 이루어지며 이는 곧 사회를 재생산하는 행동으로 이해될 수 있으므로 사회적 재생산 노동이라고 부를 수 있다. 결국, 사회적 재생산 노동은 개인화된 노동, 개별화된 노동이 아니라 가족, 집단, 나아가 사회를 위한 노동으로 사회화된 노동, 즉 사회적 노동의 일환이라고 할 수 있다.

사회적 재생산 노동을 인간이 처한 상태를 지속시키고 영속화시키는 것을 강조하는 수동적 의미로 이해한다면 사회발전과 사회진보를 위한 행동은 사회적 재생산 노동이 아니며 재생산 노동은 현실을 그대로 인정하고 지속시키는 노동으로 귀속된다. 마르크스주의자들의 견해처럼 사회적 재생산 노동이 사회불평등구조를 영속화시키고 유지시키는 노동이라고 한다면 자본가가 노동자보다 더 많은 부를 소유하고 있는, 상위계급이 하위계급보다 더 많은 자원을 소유하고 있는 그리고 갑이 을보다 더 많은 권력을 소유하고 있는 상황에서 새로운 사회구조의 창조와 새로운 사회의 건설은 불가능에 가깝게 된다. 하지만 인간이 처한 상태를 더 나은 상태로 전환시킨다는 의미를 사회적 재생산 노동이 내포하고 있다면 인간의 창조 및 재창조 그리고 자기계발을 통하여 인간이 직면한 사회구조, 사회적 조건 등이 재생산되고 사회가 정의로운 그리고 더 나은 복지사회로 나아갈 수 있음이 강조될 수 있다. 따라서 사회적 재생산 노동은 능동적이고 창조적인 노동이며 사회진보 및 인간의 발전을 위한 노동이다.

사회적 재생산이 생산수단과 노동하기 위해 필요한 노동력을 재생산한다는 기본적인 영역에 머물러 있다면 사회적 재생산의 창조와 재창조의 의미는 퇴색된다. 예를 들어 노동력을 재생산하는 것은 가지고 있는 노동력을 유지한다는 측면도 있지만 새로운 교육과 훈련 등을 통해 자기창조와 자기계발에 기초한 발전된 노동력을 창조하고 재창조한다는 의미도 갖는다. 또한 사회적 재생산은 인간이 처한 상태에서 인간에게 영향을 주는 사회시스템, 사회구조 그리고 사회제도를 재생산한다는 측면을 포함하고 있으므로 사회적 재생산 노동은 새로운 사회구조와 제도의 창조를 위해 필요한 사회적 노동임에 틀림없다.

사회적 재생산 노동이 삶의 존재를 위한 수단을 분배하고 획득하는 것을 통해서 국민의 노동력을 유지 보전하기 위한 물질적이고 생물학적인 재생산을 그리고 세대를 유지시키는, 즉 종의 유지를 위한 재생산을 의미한다면 사회적 재생산 노동은 음식, 주택, 의복이나 건강서비스와 같은 일상생활을 유지하는 데 필요한 기본적 수단을 확보하기 위한 노동이 된다. 하지만 사회적 재생산 노동은 이보다 더 넓은 의미를 내포하므로 새로운 사회를 창조하기 위한 새로운 노동을 포함하며 이 범주의 사회적 재생산 노동에는 새로운 지식, 기술 그리고 보다 정의로운 사회를 위한 구조와 제도, 특히 인간에게 영향을 주는 사회구조나 환경을 위해 새로운 사회제도와 사회정책을 창조하는 노동이 포함된다.

사회적 재생산	• 현 세대에서 다음 세대로 사회적 불평등을 전파하는 행동이나 구조
	• 매일매일의 삶의 유지와 세대의 유지에 직접적으로 개입되어 있는 관계와 책임성, 활동이나 태도, 행동과 감정
	• 사회화, 사회구조, 사회적 소비(가족에서 이루어지는 소비를 의미), 이념 등을 재생산하는 것
	• 인간을 문화적, 사회적, 물질적 존재로 창조하고 재창조하는 것
	• 출산, 돌봄, 소비 그리고 사회화는 사회적 재생산의 가장 중요한 기능
사회적 재생산 노동	• 매일의 삶과 세대와 세대 사이에 사람들을 유지시키기 위해 개입된 관계나 일련의 행동
	• 개인화된 노동, 개별화된 노동이 아니라 가족, 집단, 나아가 사회구조를 창조 및 재창조하기 위한 노동 • 개인의 노동이 아닌 사회화된 노동, 즉 사회적 노동의 일환
	• 아동을 돌보고 사회화시키며 성인에게 감정적 지원을 제공하는 것과 함께 가족관계를 유지하고 나아가 지역주민과 사회를 하나로 묶는 활동

사회적 재생산 노동	• 사회적 재생산 노동에는 인간을 문화적, 사회적, 물질적 존재로 창조하거나 재창조하기 위해 필요한 정신노동, 감정노동 그리고 육체노동이 포함됨
	• 능동적이고 창조적인 노동이며 사회진보 및 인간의 발전을 위한 노동
	• 새로운 지식, 기술 그리고 보다 정의로운 사회를 위한 구조와 제도, 특히 인간에게 영향을 주는 사회구조나 환경을 위해 새로운 사회제도와 사회정책을 창조하는 노동

3) 사회적 재생산구조와 사회복지

사회적 재생산구조는 종의 유지(출산), 개개인들의 기본적 생존욕구의 해결(소비), 사회에 만연되어 있는 가치나 규범의 수용 등을 포함하는 직장이나 가족의 역할 등에 대한 준비나 자녀 양육(사회화) 그리고 노인이나 아이, 환자, 장애인 등에 대한 돌봄의 역할을 포함한다. 사회적 재생산을 수행하기 위해서는 필연적으로 일정 정도의 생계 수준이 유지되어야 한다. 하지만 시장은 더 많은 이윤을 추구하기 위해 생산성을 증대시키고 높은 가격 수준을 유지하며 낮은 임금 수준을 선호한다. 즉, 시장은 모든 사람들이 자신들의 가족을 유지하고 재생산하는 데 필요한 임금 수준이나 고용 수준을 제공하지 않는다. 부적절한 건강보호, 낮은 임금, 열악한 주거상태, 질 낮은 교육 등은 가족의 보호자로서 노동력을 보존하는 가족의 능력을 손상시키며 이러한 사회적 재생산의 실패는 결국 개개인의 번영과 복지, 나아가 가족과 사회의 복지와 번영에 심각한 장애를 가져다준다. 사회적 재생산의 실패는 기업의 이윤 또는 축적구조와 사회적 안정에도 부정적인 영향을 미친다. 또한 사회적 재생산의 실패는 기업 생산물의 소비자로서, 생산적인 노동자로서 그리고 사회적 참여의 주체인 시민으로서의 사회구성원의 역할에 치명적인 악영향을 초래하게 되고 나아가 사회불안을 야기하게 된다. 결국 사회복지의 사회적 재생산 기능은 국가의 경제성장과 안정을 위한 토대로서 역할을 한다는 것을 알 수 있다(지은구, 2005).

사회적으로 필요한 사회적 재생산구조에는 기본적으로 국민의 삶의 안정과 유지를 위해 제공되는 복지혜택의 기초가 되는 사회복지제도와 정책의 창조와 재창조를 위한 노력이 포함된다. 노동력을 유지 보전하여 기본적인 생활이 가능하도록 하기 위해서는 당연히 적절한 수준의 삶의 보장을 위한 혜택이 제공되어야 한다. 차별적인 노동조건과 낮은 임금, 열악한 건강보호와 사회복지서비스, 낮은 수준의 실업급여 및 연금구조 그리고 열악한 주거조건 등은 모두 저출산에 영향을 주는, 즉 종의 유지 및 세대 간 전이라는 사회적 재생산에 부정적인 영향을 주는 요소임과 동시에 국민의 기본적인 생활조건을 충족시키지 못함으로 인해 노동력 재생산에도 부정적인 영향을 주는 요소이다. 따라서 사회적 재생산을 통해 사회가 유지 보전되기 위해서는 적절한 수준의 사회복지정책과 제도의 발전이 필연적 조건이다. 즉, 적절한 수준의 사회적 혜택(social benefits)은 사회적 재생산을 위한 필수조건이다. 적절한 수준의 사회적 혜택이 제공되지 않는다면 당연히 노동력과 세대 간 전이를 위한 재생산은 불가능하며 나아가 불안한 생활조건으로 인해 창조적인 사회구조 및 제도를 위한 사회적 재생산 노동이 불가능하게 된다. 사회적 재생산을 위해서는 사회자본, 인적자본, 재정자본 그리고 문화자본과 같은 축적된 자본이 필요하지만 이보다 더 중요한 자본은 국가에 의해서 제공되는 기본적 생활조건을 담보하는 사회적 보호를 위한 사회적 혜택이다. '사회적 혜택은 사회적 재생산을 위한 기본적 토대이자 조건'임에 틀림없다. 국민에게 필요한 사회적 재생산을 위한 구조는 국민의 사회적 재생산을 국가가 책임지는 구조를 의미하며 이는 곧 다음의 조건에 의해서 충족된다.

첫째, 모든 국민이 건강한 삶을 유지할 수 있는 건강평등이 창조되는 재생산구조

둘째, 국민의 기본적 생활이 유지될 수 있도록 안정적이고 적절한 소득이 보장되는 재생산구조

셋째, 안락한 주거와 음식이 보장되는 재생산구조

넷째, 자기계발 및 자기실현을 위해 언제든지 시간을 투자할 수 있는 교육 및 훈련이 제공되는 재생산구조

다섯째, 가족구성원의 돌봄을 국가가 책임지는 재생산구조

여섯째, 아동의 보육 및 교육을 국가가 책임지는 재생산구조

위와 같은 사회적 재생산구조는 곧 국가의 적극적 사회복지정책 및 제도에 의해서 이루어질 수 있다. 결론적으로 사회적 재생산은 사회적 혜택을 제공하는 다양한 사회복지제도 및 정책의 정착에 영향을 받으며 사회적 재생산구조가 적절한 수준에서 작동하면 이는 곧 복지국가의 발전에도 영향을 주게 된다. 결국, 사회적 재생산을 위한 사회구조(social reproductive structure, 사회적 재생산구조)는 '사회를 유지 보전하기 위해 가족 건강성을 보장하고 가족구성원을 사회적 위험으로부터 보호하는 사회적 혜택을 제공하는 사회적 구조'로 사회의 질을 결정짓는 중요한 요소가 될 수 있다. 또한 사회의 질을 향상시키기 위한 노력은 국가에 의해서 제공된 사회적 혜택의 수준, 즉 사회적 재생산을 위한 국가의 역할 및 책임에 의해서 크게 영향을 받을 수밖에 없다. 따라서 사회적 재생산구조는 사회의 질에 영향을 주는 주요한 요인이다.

사회적 재생산구조	• 사회적 재생산을 통해 사회가 유지 보전되기 위해서는 적절한 수준의 사회복지정책과 제도의 발전이 필연적 조건 • 사회를 유지 보전하기 위해 가족 건강성을 보장하고 가족구성원을 사회적 위험으로부터 보호하는 사회적 혜택을 제공하는 사회적 구조 • 종의 유지(출산), 개개인들의 기본적 생존 욕구의 해결(소비), 사회에 만연되어 있는 가치나 규범의 수용 등을 포함하는 직장이나 가족의 역할 등에 대한 준비나 보육 및 교육(사회화) 그리고 가족구성원인 노인이나 아이, 환자, 장애인 등에 대한 돌봄의 역할을 하는 사회구조

4. 사회의 질의 구성요소로서의 사회자본

1) 사회자본이란?

(1) 사회자본의 개념

사회자본은 다면적이고 복잡한 성격을 나타내는 개념으로 인식되어 있다. 사회자본에 대한 학자들의 정의를 보면 사회자본은 무형의 가치이고 태도이다(지은구·김민주, 2014). 즉, 눈에 보이지 않고 만질 수 없는 인간(개별적 인간이나 집단에 속해 있는 인간)의 사고나 인식을 지배하는 틀이라고 할 수 있다. 하지만 사회자본이 단순히 인식이나 사고를 나타내지는 않으며 인식이나 사고에 의해 영향을 받은 인간들의 행동 역시 사회자본에 포함된다. 따라서 사회자본은 인간의 행동을 변화시키거나 이끄는 사고 또는 인식으로 매우 추상적인 개념이며 나아가 인간의 행동에 영향을 주는 사회조직과 제도 그리고 사회 전체 환경 등을 망라한 다면적인 수준에서 해석되는 것이 정당하다. 사회자본은 과정이자 결과이다. 사회자본이 과정이라는 것은 사회자본을 형성하고 강화하기 위한 인간 개인들의 행동이 중요함을 의미하는 것이고 사회자본이 결과라는 것은 신뢰나 공동의 가치 등은 행위자들이 사회관계나 네트워크 안에서 구축하는 것이라는 점을 강조한다는 의미이다. 즉, 신뢰를 위한 행동이 사회관계나 네트워크 안에서 구축되어야 사회발전과 사회복지의 증진, 나아가 사회의 질이 향상된다는 점을 강조하는 것이다.

Bhandari와 Yasunobu(2009)는 사회자본을 "축적된 사회적 규범, 가치, 믿음, 신뢰, 의무, 관계, 네트워크, 친구, 회원, 시민사회 참여, 정보 흐름 그리고 경제사회발전에의 기여와 상호신뢰를 위한 집단적 행동과 협력을 부양하는 제도를 망라한 다면적 현상"으로 인식하고 "상호혜택을 위해 협력과 집합적 행동을 촉진시키는 공유된 규범, 신뢰, 네트워크, 사회관계, 제도의 유형으로 있는 집합적 자산"으로 정의하였다. Robinson과 동료들(2002)은 사회자본을 "교환관계에서 기대한 것 이상을 생각할 수 있는, 다른 사람이나 집단의 대접 그리고 잠재적 혜택이나 이익을 만들어낼 수 있는, 다른 사람이나 집단을 향한 개인 또는 집단의 감정"으로 정의하였다. OECD와 세계은행(World Bank) 역시 자체적으로 사회자본에 대한 정의를 제시하였다. OECD(2001)는 사회자본이 집단 안에서나 집단들 사이에서 협력을 촉진시키는 공유된 규범, 가치 그리고 이해를 함께하는 네트워크라고 정의하여 사회자본의 개념을 개인적 수준을 넘어 조직적 수준으로 확대시켰다. 세계은행(2007)은 사회자본에 대해 OECD보다 더욱 광범위한 개념을 제시하였다. 세계은행에 따르면 사회자본은 사회의 사회적 상호행동의 양과 질을 규정하는 제도, 관계 그리고 규범이며 단순히 사회를 지탱하는 제도의 합이 아니라 사회를 함께 있도록 하는 접착제이다. 국제기구의 사회자본에 대한 이러한 견해는 사회자본의 조직 측면과 제도적 측면을 모두 포괄한 정의라고 할 수 있다.

Coleman(1988)은 사회자본이 집합적 행동을 촉진시키는 정보채널, 제도 그리고 사회적 구조라고 정의하였는데 특히 사회자본이 생산성을 향상시키기 위해 경제주체들에 의해서 사용될 수 있는 자원임을 주장하여 사회자본이 경제성장을 위한 자원임을 강조하였다. 그리고 사회자본을 구성하는 요소로 신뢰와 의무, 정보채널, 규범이나 효과적인 제재를 제시하였다. 그에 따르면 이 요소들이 개인과 사회집단 사이의 협력과 제휴를 고취시켜 사회의 효율성 및 사회의 질에 영향을 준다. 따라서 Coleman에 따르면 사회자본은 개인과 집단 사이의 집합적 행동인 협력과 제휴를 고취시키며 사회자본의 형성은 신뢰와 의무, 정보채널, 규범이나 효과적인 제재를 통해 이루어지는데 신뢰와 의무는 타인에 대한 믿음을 나타내는 것으로 다른 사람이 나의 기본적인 가치를 공유한다는 확신을 의미한다(Rodriguez-Pose & Von Berlepsch, 2014).

사회구조는 신뢰를 구축하는 데 있어 중요한 역할을 수행한다. 친구, 가족, 동료와의 모임 등과 같은 정보채널은 행동을 촉진시키는 정보를 제공하여 사회자본을 구축하는 데 도움을 준다. 특히 개인들 간의 네트워크는 정보의 확산을 가중시키며 개개인들의 지식기반을 위한 중요한 자원의 역할을 수행한다. 또한 규범과 효과적인 제재는 사회자본을 구축하는 마지막 구성요소인데 명확하고 확실한 사회적 규범이나 제재가 범죄에 대한 동기를 약화시킨다고 Coleman은 생각하였다. 명확하고 확실한 사회적 규범이나 제재로 인해 지역사회에서 안전하다고 느끼는 개인들은 다른 사람과 더 친밀한 관계를 맺을 수 있다. 또한 효과적인 규범은 교환을 촉진시키며 거래비용을 낮추고 정보비용을 줄이며 계약서 없이 거래가 이루어지는 것을 가능하도록 하여 시민의 책임의식을 고취시키고 자원에 대한 집합적 관리가 가능하도록 하는 장점이 있다(Woolock & Narayan, 2000).

Putnam(2000)은 사회자본이 "상호 이익을 위한 공동 조정과 공동 협력을 촉진하는 네트워크, 규범 그리고 사회적 신뢰와 같은 사회조직의 형태"라고 강조하면서 특히 네트워크의 중요성을 강조하였다. 그에 따르면 개인적인 네트워크가 사회에 혜택을 가져다주며, 개인과 집단 간의 강력한 협력네트워크는 신뢰, 안정, 정부 효율성 그리고 경제성장을 부양시킨다(Rodriguez-Pose & Von Berlepsch, 2014). 특히, 네트워크는 공식적인 네트워크(정치나 시민사회와 직장과 관련된)와 비공식적인 네트워크(가족이나 친구)로 구분되는데 이들 네트워크로 협력적으로 개입하는 것이 중요함을 강조하였다. Putnam(1993)은 사회자본을 구성하는 요소를 네트워크, 신뢰, 연대로 보았는데 연대는 집합적 노력에 대한 공유된 책임감을 의미한다. 그는 연대가 신뢰를 고취시키고 신뢰는 협력을 강화시키므로 사회자본이 구축된다고 생각하였다. 그는 사회자본이 민주주의를 발전시키고 유지시키는 데 있어 핵심적 요소인 점을 강조하였는데 그의 이러한 관점은 미국 사회에서의 사회자본의 쇠퇴가 곧 민주주의 퇴보를 의미하는 것으로 이해될 수 있다. 그는 정부에 대한 낮은 신뢰 수준, 낮은 수준의 시민참여 그리고 텔레비전의 발전과 도시의 분화가 미국 사회의 연계(connection)를 약화시키는 요인으로 작동하고 있음을 강조하였다. 민주주의의 퇴보는 곧 사회의 질의 퇴보를 나타내는 지표가 될 수 있으므로 사회자본의 퇴보는 사회의 질의 퇴보에도 영향을 준다고 할 수 있다.

　　Bourdieu(1985)는 사회자본을 "상호이해와 상호인식의 제도화된 관계를 유지하는 네트워크의 소유와 연관된 실제적이고 잠재적인 자원의 합"이라고 정의하였다. 또한 그는 사회자본이 어떤 상황에서는 경제적 자본으로 전환될 수 있는 사회적 의무(연계)로 구성된다고 보았다. 경제적 자본으로의 전환을 강조하는 그의 사회자본에 대한 견해는 사회자본을 경제자본과의 연관하에서 바라본다는 점에서 사회자본에 대한 개인적 측면의 네트워크를 강조하는 Putnam의 견해와는 구분된다. Bourdieu의 관점에 따르면 특정 집단들은 사회자본을 통해 자원을 유지함으로써 계급적 위치를 보장받을 수 있는데 이는 사회자본이 안정을

위한 도구로 활용될 수 있다는 것을 의미한다. Bourdieu의 경제적 측면
을 강조하는 사회자본에 대한 관점은 시장으로부터의 반환 또는 환수(이
익)를 기대하는 사회관계로 사회자본을 바라보는 Lin에게 영향을 주었
다고 볼 수 있다.

사회자본을 시장과의 연관하에서 사회관계나 사회네트워크 안에 내
재되어 있는 자원으로 보는 Lin(2001)의 관점은 네트워크를 강조하는
Putnam의 정의를 발전시킨 것이라고 이해할 수 있으며 네트워크 안의
자원의 합을 강조하는 Bourdieu에게서 영향을 받은 것이다. 즉, 사회네
트워크를 강조한다는 측면에서 개인 간의 관계나 가족 그리고 집단 간의
관계를 강조하는 개인적 차원의 사회자본의 수준을 넘어서 사회네트워
크와 시장의 관계를 사회자본과 연계시켰는데 이는 사회자본의 개인적
수준과 제도적 수준의 관계를 지적하는 것이라고 이해할 수 있다. 또한
Lin은 사회자본을 "행동의 주체들에 의해서 사용되고 접근되는 사회네
트워크에 내재되어 있는 자원"이라고 조작적으로 정의하였다. 결국, Lin
의 사회자본에 대한 정의는 첫째, 사회자본이 개인적이라기보다는 사회
적 관계에 내재되어 있는 자원을 나타내며, 둘째, 그런 자원은 사회적 관
계를 주관하는 행위자들에 의해 사용되고 접근된다는 점에서 개인의 행
동이 보다 강조된다.

Olson(1982)은 사회자본을 형성하는 데 있어 사회적 협력단체나
조직으로의 참여와 역할을 강조하였다. 사회적 협력단체들은 노동조합,
전문조직이나 로비집단, 정당 등과 같은 특별한 이익집단을 의미하는
데 Olson에 따르면 이러한 단체들이 집단만의 이익이나 자신들의 집단
에 속한 회원만의 이익을 추구하면 부정적 외부효과를 만들어내는 원인
을 제공한다. 이러한 사회적 협력단체의 자기 이익만을 위한 행동은 조
직 혁신과 산출을 감소시키고 효율성을 약화시키는 원인으로 작동한다.

또한 사회적 협력단체들의 이익만을 추구함으로써 나타나는 갈등은 경제적 안정을 약화시키며 경제성장을 제한하고 사회비용을 증가시키는 원인이 된다(Olson, 1982; Keefer and Knack, 1997; Knack, 2003). 결국 Olson은 사회적 협력단체들이 사회 전체를 위한 사회적 파이(pie)를 키우는 것이 아니라 자신들의 이익만을 위한 파이를 갖기 위해 노력하는 것이 사회적 폐해를 가져온다고 보았으며 이를 극복하고 전체 사회의 파이를 키우기 위해 사회적 협력단체들이 노력하여야 함을 강조하였다. 특히 Olson은 사회 및 사회발전을 위해서는 이러한 협력단체로의 참여가 중요하다고 보았다. Olson의 사회자본에 대한 이러한 견해는 사회자본을 개인적인 수준에서 바라본다기보다 조직이나 집단적 수준에서 바라봄을 의미하는 것이고 정치적인 의미를 갖는 것이라고 해석할 수 있다. 특히 Olson의 사회참여에 대한 견해는 참여에 있어서 정치활동이나 정당 가입 그리고 노동조합 가입 등이 사회자본을 구성하는 중요한 요소임을 강조하는 것이라고 할 수 있다. 결국 이후 연구자들이 참여를 지역조직으로의 참여에서 나아가 정치와 전문적인 이익집단으로의 참여로 확대 발전시키고 사회자본의 구성요소에 포함시킨 것은 Olson에 의해 영향을 받은 결과라고 할 수 있다.

사회는 집단, 조직, 가족 그리고 개인 등으로 구성되어 있으며 사회자본은 이 모든 영역에서 형성되는 것이 가능한 만큼 사회자본의 영역은 개인 및 집단을 모두 포괄하는 것이 정당하다. Grootaert와 Van Bastelare는 사회자본이 "경제 및 사회발전에 기여하고 사람들 사이의 상호행동을 지배하는 제도, 관계, 태도와 가치"라고 정의하였다. 이러한 정의에 따르면 사회자본은 사회의 발전에 기여하는 사람들 사이의 상호행동에 기반하고 상호행동은 제도나 관계, 나아가 네트워크 그리고 태도와 가치에 의해서 영향을 받는다고 볼 수 있다. 가치와 태도, 제도와 관계가 사

회발전에 기여하기 위해서는 Putnam이 강조한 바와 같이 상호이익을
위한 공동 조정과 공동 협력이 필요하고 Coleman이 강조한 바와 같이
신뢰와 의무, 정보채널, 규범이나 효과적인 제재 역시 필요하다고 할 수
있다. Newton(1997)은 사회자본을 "상호행동에 영향을 주는 가치와 태
도에 의해 형성된 주관적 현상"이라고 정의하였다. 가치와 태도에 대한
관점은 실제적인 사회관계에 의해 증명된 사회적 협력을 증진시키는 공
유된 규범이나 가치로 사회자본을 바라보는 Fukuyama(2002)에게서도
발견된다. 결국 사회자본에 대한 다면적이고 종합적인 견해를 고려하여
종합하면 사회자본은 "국민 간의 신뢰 향상과 공동체의식 함양에 기초가 되는
국민의 타인이나 조직 등에 대한 신뢰의 정도이자 개인이나 집단들 사이의 상호
행동을 지배하는 협력적 관계, 네트워크 그리고 태도와 가치"라고 정의할 수
있다(지은구·김민주, 2014).

(2) 개인적 사회자본과 집합적 사회자본

사회자본은 개인적 수준의 사회자본과 집합적 수준의 사회자본으
로 구분될 수 있는데 사회의 질과 연관이 깊은 사회자본은 집합적 사회
자본이다. Bourdieu(1986)는 개인적 사회자본을 설명하면서 사회자본
이 상징적이고 물질적인 교환에 의해 유지되는 그리고 상호인식에 기
초한 사회관계의 네트워크를 효과적으로 동원하고 그렇게 하도록 활동
하는 사람의 잠재성과 연관이 있음을 강조하였다. 즉, 사회자본은 개인
적 인지력과 인식 또는 잠재성과 깊은 연관이 있다. 개인이 활동적으로
사회네트워크에 소속되어 자원을 동원하기 위해 노력하는 것이 사회자
본을 강화하는 핵심적 행동이다. 사회자본을 개인적 수준에서 바라보는
관점의 기본 전제는 사회자본으로부터 기본적으로 이익을 얻고 유지하
며 창조하는 것이 바로 개인이고 개인이 사회자본의 관찰 및 측정을 위

한 기본적이고 자연적인 하나의 단위라는 점이다(지은구·김민주, 2014).
Yang(2007)은 사회자본의 개인적 속성을 강조하는 것은 개인이 목적
을 성취하기 위한 수단으로 사회자본을 활용하기 때문이라고 강조하였
다. 또한 그는 사회자본이 개인의 활동적인 역할을 강조하는 것임을 명
확히 하였다. 결국, 개인이 사회자본을 통해 자원에 접근하는 정도는 개
인적 인맥이나 관계, 특히 개인적 관계가 활용할 수 있는 자원에 의존한
다는 것이 사회자본을 개인적 속성으로 보는 관점의 특성이므로(Sobel,
2002) 개인적 사회자본의 경우 사회네트워크를 효과적으로 동원하고 활
동적으로 작동하도록 하는 개인의 능력이 사회자본의 창출에 영향을 준
다고 할 수 있다. 위와 같은 설명을 보면 개인적 사회자본은 사회의 질보다는
개인의 질과 보다 더 깊은 연관이 있을 수 있음을 알 수 있다.

　집합적 사회자본은 사회자본이 개인적이라기보다는 집합적 속성을
지닌다고 본다(지은구·김민주, 2014). Adler와 Kwon(2002)은 사회자
본의 근원이 행위자가 소속되어 있는 사회 또는 사회구조에 놓여 있다
고 강조하였으며 Coleman(1990)은 사회자본이 개인적 수준에서 이
해되는 것이 아니라 사회구조적 요소로 이루어져 있음을 주장하였고
Putnam(1993)과 Fukuyama(1995)는 사회자본의 집합적 또는 거시
적 행동을 강조하여 사회자본을 집합적 수준에서 보아야 한다고 강조
하였다. Granovetter(1985), Coleman(1990), Putnam(1993), Fukuy-
ama(1995), Newton(2001), Bowels와 Gintis(2002), Van der Gaag
와 Snijders(2003) 등과 같은 집합적 사회자본의 지지자들은 사회자본
이 사회적 속성을 가지고 있는 것으로 바라보았는데 여기서 사회적 속성
이라는 것은 사회자본이 개인들을 협력하게 하고 집합적으로 행동하게
하는 관계 및 네트워크와 연관이 있다고 보는 것을 의미한다(Putnam,
1993).

집합적 사회자본은 "전체 사회에 혜택이 되는, 집합적으로 생산되고 집합적으로 소유되는 선이나 가치 또는 이익"을 의미한다. 따라서 집합적 사회자본은 개인보다는 사회에 대한 혜택을 보다 강조한다. 집합적 사회자본의 기본 전제는 사회관계가 실현되기 위해서는 한 사람의 개인적 수준이 아니라 최소 2명 이상의 사람들이 있어야 가능하다는 것이다. 즉, 한 사람이 아니라 두 사람 이상의 행위자들이 행동을 하여 모든 행위자들에게 혜택을 가져다주고 그것이 결국은 개인과 집합 모두에게 혜택으로 돌아간다는 것이 강조되는 것이다. 따라서 집합적 사회자본은 네트워크 안에서 상호행동하는 구성원들의 합을 나타내는 것이라고 볼 수 있다. 이는 Putnam이 왜 사회자본을 교량자본과 결합자본으로 유형화하였는지를 잘 설명해준다. 즉, 구성원들의 상호행동을 위해 교량자본이 필요하고 상호행동을 더욱 효과적으로 하여 자원의 총량을 극대화하기 위해 결합자본이 필요한 것이라고 해석할 수 있다.

집합적 수준에서 사회자본은 신뢰나 규범 그리고 사회통합으로 표현되기도 한다(Bhandari & Yasunobu, 2009). 이는 신뢰나 규범 그리고 사회통합을 위한 가치 등이 모두 집합적 행동을 위한 기본적 토대이기 때문이며 네트워크와 관계가 바로 신뢰, 규범이나 사회통합과 같은 사회자본의 요소에 의해서 결정되기 때문이다. 관계나 네트워크에서 이루어지는 상호 간의 신뢰나 규범 그리고 사회통합은 곧 개인들이 집합적 행동을 하고 상호협력을 하도록 하는 중요한 역할을 수행한다. 따라서 집합적 사회자본의 측정은 신뢰나 공유된 가치나 규범 등의 속성을 측정하는 것을 통해서 가능하다(지은구·김민주, 2014).

사회적 관계나 사회네트워크로의 관여 그리고 사회참여의 정도로 측정 가능한 개인적 수준의 사회자본과 개인들 간의 신뢰와 공유된 가치나 규범 등으로 측정되는 집합적 사회자본은 사회자본을 구성하는 중요

한 두 축이라고 할 수 있다. 결국, 사회는 개개인들로 구성되어 있고 개
인들은 자기만의 고립된 사회를 만들어서 그 속에서 개별적으로 자기들
만의 이익만을 위해 사는 것이 불가능하므로 모든 사회구성원이 상호행
동과 상호교류와 협력을 통해서 보다 나은 사회를 만들기 위해 노력하여
야 한다는 측면에서 보면 사회자본은 집합적 수준에서 해석되는 것이 당
연하다. 이는 혼자만의 노력으로는 사회자본이 구축되고 동원되는 것이
어렵고 공동의 이익 실현을 위한 노력과 협력이 전체 사회를 보다 풍요
로운 복지사회로 건설하는 원동력이기 때문이다(지은구·김민주, 2014).

결국, 사회자본은 개인적 수준과 동시에 집합적 수준에서 이해되는
개념임을 알 수 있다. Scrivens와 Smith(2013)는 사회자본을 "사회적
관계를 위한 생산적 가치"라고 강조하면서 개인적 속성과 집합적 속성을
포함한 개념으로 구분하여 그 구성요소를 아래와 같이 제시하였다.

표 6-2 사회자본의 해석

	네트워크구조와 행동	생산적 자원
개인적	개인적 관계	사회네트워크 지원
집합적	시민 개입	신뢰와 협력적 규범

자료: Scrivens and Smith(2013), 19, 표-1에서 재인용

Scrivens와 Smith(2013)는 사회자본을 측정하기 위한 요소로 개인
적 관계, 사회네트워크 지원, 시민개입 그리고 신뢰와 협력적 규범을 제시하고
이들을 측정하는 지표 및 도구를 제시하였다. 지금까지 연구자들에 의해
서 제시된 사회자본의 개념을 정리하면 〈표 6-3〉과 같다.

표 6-3 사회자본의 개념

개인적 사회자본	처분할 수 있는 자원과 지지를 제공할 수 있는 사람의 수	Boxman과 동료들 (1991)
	재정과 인간자본를 활용할 수 있는 기회를 받을 수 있는 친구, 동료 그리고 일반적인 접촉	Burt(1992)
	조직 안이나 조직 사이에서 다른 사회적 행위자의 자원에 접근하여 획득할 수 있는 네트워크 연계를 동원하고 만들어낼 수 있는 사회적 행위자의 과정	Knack(1999)
	행위자가 사회구조로부터 이끌어낼 수 있는 그리고 그들의 이익을 성취하기 위해 활용할 수 있는 자원: 사회자본은 행위자들 사이의 관계 안에서의 변화에 의해서 창출된다.	Baker(1990)
	사회네트워크와 사회구조 안에서 회원들의 혜택을 보장하는 행위자의 능력	Portes(1998)
집합적 사회자본	집합적 행동을 촉진시키는 정보채널, 제도 그리고 사회적 구조	Coleman (1988, 1990)
	집단적 행동문제의 해결을 촉진시키는 시민들 사이의 협력적 관계의 망	Brehem and Rahn (1997)
	자발적인 협력과 확대된 네트워크가 나타나는 신뢰와 관용의 문화	Inglehart(1997)
	• 집단과 조직 안에서 공동의 목적을 위해 함께 일하는 사람들의 능력 • 구성원 사이의 협동을 추구하는 집단의 구성원 사이에 공유된 일련의 비공식적 가치나 규범의 세트	Fukuyama (1995, 1997)
	집단 전체의 발전을 증진시키는 시민사회 안에서 개발된 자발적 수단과 과정	Thomas(1996)
	집단구성원이 계속적인 행동을 하도록 하는 상호행동의 유형에 관한 공유된 지식, 이해, 규범과 기대	Ostrom(2000)
	개개인들 사이의 관계, 사회네트워크, 상호호혜의 규범과 구성원 사이에서 일어나는 믿음	Putnam(2000)
	집단구성원과 개개인들 속에서 협동을 촉진시키는 규범과 사회네트워크를 모두 포함하는 용어	Grafton(2005)

	상호혜택을 위해 협력과 집합적 행동을 촉진시키는 공유된 규범, 신뢰, 네트워크, 사회관계, 제도의 유형으로 있는 집합적 자산	Bhandari and Yasunobu(2009)
집합적 사회자본	교환관계에서 기대한 것 이상을 생각할 수 있는, 다른 사람이나 집단의 대접 그리고 잠재적 혜택이나 이익을 만들어낼 수 있는, 다른 사람이나 집단을 향한 개인 또는 집단의 감정	Robinson과 동료들 (2002)
	집단 안에서나 집단들 사이에서 협력을 촉진시키는 공유된 규범, 가치 그리고 이해를 함께하는 네트워크	OECD(2001)
	• 사회의 사회적 상호행동의 양과 질을 규정하는 제도, 관계 그리고 규범 • 정부, 정치권력, 법의 규칙, 법적 시스템, 시민의 자유와 정치적 자유와 같은 가장 공식화된 제도적 관계와 구조	World Bank (2007, 2011)

결국, 한 사람이 아무리 열심히 사회자본을 동원하려고 노력하여도 한 사람만의 노력으로 사회자본이 구축되는 것이 어렵다는 측면은 사회자본의 개인적 속성과 거시적 속성 또는 집합적 속성의 혼합적 성격을 나타내는 것임을 알 수 있다(지은구·김민주, 2015). 또한 사회자본이라는 추상적이고 다면적인 개념의 영역을 측정하기 위한 요소, 즉 사회자본의 영역에 대한 연구자들의 연구결과는 〈표 6-4〉와 같이 정리될 수 있다.

표 6-4 사회자본의 영역(측정요소)

사회자본의 영역 (측정요소)	신뢰와 의무, 정보채널, 규범이나 제재(sanction)	Coleman (1988, 1990)
	신뢰, 규범, 네트워크, 협동, 장기적 관계	Putnam (1993, 1995)
	장기적인 신뢰와 관계, 공유된 비전, 상호이익에 대한 경제적 보상, 재정적 연관	Keyes, Schwartz, Vidal and Bratt(1996)
	신뢰, 시민규범, 제휴(association)	Knack and Keefer (1997)

정치적 참여, 지역사회 개입, 비공식적 네트워크, 신뢰, 규범	Healy(2002)
집합 효능, 지역사회에 대한 심리적 인식, 이웃 간 통합, 지역사회 능력	Lochner와 동료들 (1999)
신뢰, 제휴	Paxton(1999)
지역사회로의 참여, 사회정황에서의 활동, 신뢰와 안전감, 이웃과의 연계, 친구와 가족과의 연계, 다양성에 대한 관용, 삶의 가치, 직무 연계(work connection)	Onyx and Bullen (2000)
신뢰, 협동(cooperation)의 태도, 네트워크	Paldam(2000)
네트워크와 규범	Woolcock and Narayan(2000)
집단의 특성, 규범화, 사람들과의 어울림, 일상생활에서의 사회활동, 이웃과의 관계, 자원봉사활동, 신뢰	Narayan and Cassidy(2001)
역량강화(empowerment), 참여, 조직활동과 공동의 목적, 상호호혜와 네트워크, 집합적 규범과 가치, 신뢰, 안전 그리고 소속	Forrest and Kearns (2001)
신뢰, 상호이해, 공유된 가치와 행동, 네트워크	Cohen and Prusak (2001)
제도, 관계, 태도와 가치	Grootaert and Van Bastelare(2002)
집단과 네트워크, 신뢰와 단결성, 집단적 활동과 협력, 정보와 의사전달, 사회적 응집성과 포용력, 권한과 정치활동	Grootaert, Natayan, Jones, and Woolcock (World Bank, 2004)
신뢰, 상호행동, 사회적 규범	Rodriguez and Berlepsch(2012)
개인적 관계, 사회네트워크, 시민 개입 그리고 신뢰와 협력적 규범	Scrivens and Smith(2013)
사회적 참여, 사회적 네트워크 및 사회적 지원, 호혜 및 신뢰, 시민참여, 지역사회에 대한 견해	영국의 ONS(2003)
공유된 규범, 가치 그리고 네트워크	OECD(2001)
제도, 관계 그리고 규범	World Bank(2007)

이상과 같이 사회자본의 개념 및 개념을 측정하기 위한 요소들을 종합하여 정리하여보면 다음과 같다.

사회자본	• 국민 간의 신뢰 향상과 공동체의식 함양에 기초가 되는 국민의 타인이나 조직 등에 대한 신뢰의 정도 • 개인이나 집단들 사이의 상호행동을 지배하는 협력적 관계, 네트워크 그리고 태도와 가치
사회자본의 측정요소	신뢰, 상호행동 또는 협력과 상호호혜, 사회적 규범이나 공유된 규범. 행동 또는 가치, 사회네트워크, 관계, 사회참여활동(시민 개입)

2) 주관적 번영, 행복 그리고 삶의 질과 사회자본의 관계

국민 개개인들이 주관적으로 인식하는 삶의 질이나 행복의 정도, 개인의 번영과 삶의 만족 등은 모두 신뢰, 관계나 네트워크, 상호협력 그리고 연대나 상호이해 등으로 구성되는 사회자본의 형성과 밀접한 연관이 있다고 알려져 있다. 행복과 사회자본의 연관에 대한 연구들은 특히 사회자본이 단순히 경제적 번영을 나타내주는 것이 아니라 인간 생활 전반에 영향을 줄 수 있는 행복이나 삶의 질을 향상시키는 중요 요소라는 것을 의미하는 것이므로 국민 개개인의 행복을 향상시키기 위해서는 사회자본 향상을 위한 국가적 노력이 중요하다는 점을 각인시키는 것이라고 할 수 있다. 국민 개개인들의 삶의 질 향상은 곧 사회의 질에도 중요한 영향을 주는 요소이므로 행복이나 삶의 질과 밀접한 관계가 있는 사회자본은 사회의 질과도 밀접한 관계가 있다고 할 수 있다.

삶의 만족이나 주관적 번영 그리고 주관적 행복과 사회자본에 대한 대부분의 연구들은 행복과 관련된 요인들과 사회자본이 밀접한 연관이 있음을 나타내준다. 대표적으로 Helliwell과 Putnam(2004)은 가족의 통합, 이웃, 종교 그리고 지역사회의 연대와 같은 사회자본이 인간의 육체적 건강과 주관적 번영이나 행복을 향상시키는 주요한 요인이라는 점을 밝혔으며 Bjørnskov(2003) 역시 세계가치조사의 자료를 바탕으로 조사를 한 결과 사회자본이 인간의 행복과 삶의 만족에 영향을 주는 중요한 요소라는 점을 증명하였다. 특히 Bartolini와 Sarracino(2014)는 GDP와 사회자본 그리고 인간의 주관적 행복의 관계에 대한 연구에서 GDP는 3년 이하의 단기과정에서 행복에 영향을 주지만 3년 이상의 장기과정에서는 사회자본이 행복에 더 많은 영향을 주는 요소임을 증명하였다. 또한 유럽 11개국을 대상으로 한 주관적 번영과 사회자본의 관계에 대한 연구에서 Sarracino(2010)는 영국을 제외한 모든 대상국가에서 사회자본이 주관적 번영을 설명하는 중요한 요소임을 증명하였고 Win-kelmann(2009) 역시 독일사회경제패널데이터(1984~2004년)를 사용한 조사에서 사회자본이 인간의 번영 수준을 예측하는 중요한 예측변수임을 증명하였다. Leung과 동료들(2011)은 Coleman의 연구에서 제시된 사회자본의 3대 주요 요소인 신뢰와 의무, 정보채널, 규범과 구속 그리고 소속감이 행복과 의미 있는 관계임을 밝혔으며 Chang(2009)은 대만의 사회발전패널데이터를 사용한 조사에서 대만의 경우 역시 주관적 행복이 사회자본과 밀접한 연관이 있음을 증명하였다.

위에서 제시된 연구들은 모두 사회자본을 구성하는 요소들이 인간의 주관적 행복, 번영 그리고 삶의 만족을 향상시킬 수 있는 중요 변수임을 증명하는 것으로 사회자본이 향상되면 인간의 행복이 증진되고 이는 곧 사회의 질의 향상을 위해 사회자본이 중요한 외생변수임을 의미하는 것이라고 할 수 있음을 잘 나타내준다고 할 수 있다.

3) 사회의 질과 사회자본의 관계

국민을 위한 사회의 질이 보장되어야 사회자본이 강조하는 국민 상호간의 신뢰와 정부조직 및 정부사업 그리고 정치가들에 대한 신뢰가 형성되고 더불어 잘사는 사회를 건설하여야 한다는 공감대 및 공유된 비전을 가질 수 있다. 특히 복지국가의 탈상품화와 돌봄과 보육의 사회화 등과 같이 노동시장에 전적으로 의존하지 않아도 기본적인 생활이 보장될 수 있어야 국민 개개인들이 각종 사회활동을 위해 참여하고 친구 및 가족 그리고 이웃을 포함한 사회구성원과의 관계지향적인 생활을 유지할 수 있게 된다. 결국, 이웃, 친구 그리고 각종 단체나 협회 등과의 관계와 네트워크를 통한 자기실현과 사회참여활동을 활성화시키기 위해서는 사회자본을 향상시키기 위한 노력이 일차적으로 필요하다. 이러한 공동체 지향적인 사회자본의 향상은 곧 자기실현과 사회참여활동 증진 그리고 삶의 질 개선을 위한 각종 사회·경제적 조건들의 확충과 함께 제도적 개선을 가져다줄 것이고 이는 곧 전체 사회의 질을 향상시키는 토대로 작동할 것이다.

사회자본은 공동체주의 관점, 네트워크 관점, 제도적 관점 그리고 상승(시너지) 관점 등으로 구분되어 설명되기도 한다(Woolcock and Narayan, 2000; 지은구·김민주, 2014). 공동체주의 관점은 사회자본을 협회, 클럽, 시민조직 등과 같은 사회단체나 조직과 동일하게 바라본다는 특징이 있으며 네트워크 관점은 사람 사이의 수직적, 수평적 연관 그리고 지역사회 안에 존재하는 집단이나 조직 사이의 관계의 중요성을 강조하고 시너지 관점은 국가나 정부의 관료체계(즉, 제도적 측면)와 시민사회의 행위자들 사이의 관계나 동맹이 국가발전에 시너지 효과를 가져다준다는 것을 강조한다.

사회자본을 제도적 관점으로 바라본다면 성숙한 시민사회와 역동적인 사회네트워크는 사회적, 정치적, 법적 그리고 제도적 환경의 산물이다(지은구·김민주, 2014). Woolcock과 Narayan(2000)은 제도적 관점의 사회자본이 사회의 각종 제도가 사회자본에 영향을 주는 것을 의미한다고 설명한다. 특히, 그는 집단적 이익이나 관심을 위해 행동하는 사회집단이 가진 사회자본의 수준이 그들이 거주하는 국가나 사회의 공식적 제도의 질에 의해서 영향을 받는다고 보았다. 이러한 그의 견해는 사회정책이나 정치 그리고 경제정책에 영향을 주는 사회제도가 사회집단이 행동하는 데 영향을 주고 사회집단의 행동 강화는 곧 사회자본이 향상되는 데 도움을 줄 수 있음을 의미하는 것이다(North, 1990). Knack과 Keefer(1997)는 사회자본을 사회의 경제적, 정치적, 법적 제도의 질과 동일시하였는데 이들은 신뢰나 시민의 자유, 법, 정치 등의 제도적 질이 경제성장과 긍정적 관계에 있음을 주장하였다. 특히, Knack(1999)는 법이나 정치 등과 같은 제도적 측면의 사회자본이 빈곤을 경감시키고 나아가 소득불평등을 약화시킨다고 주장하였다. 이러한 사회자본의 제도적 관점에서 볼 때 사회복지제도를 포함한 각종 제도의 질, 즉 수준이 국민의 사회자본에 영향을 주는 직접적 요인이 된다고 볼 수 있다. 사회복지제도를 포함한 국가의 각종 제도나 정책들의 질은 사회의 질의 직접적인 조건적 요소이자 토대이므로 사회의 질의 향상은 곧 제도의 질에 영향을 받고 제도의 질은 또한 국민의 시민의식과 공동체의식에 영향을 주어 사회자본을 향상시키는 요소가 된다. 결국, 사회자본의 제도적 관점과 공동체주의 관점에 따르면 사회의 질과 사회자본의 향상은 밀접한 연관이 있음을 알 수 있다.

사회에 내재되어 있는 수많은 사회단체들이 자신들의 이익만을 추구함으로써 나타나는 이익을 위한 갈등은 경제적 안정을 약화시키며 경제성장을 제한하고 사회비용을 증가시키는 원인이 된다는 Olson(1982)과 Knack(2003) 등의 주장은 곧 사회 전체를 위한 사회적 파이를 키우는 정부의 노력이 중요하다는 점을 나타내준다. 특히 이들은 사회조직이나 단체들이 자신들의 이익만을 위한 파이를 갖기 위해 노력하는 것은 사회적 폐해를 가져온다고 보았고 이를 극복하고 사회 전체의 파이를 키우기 위해 정부와 각종 사회조직들이 노력하여야 함을 강조하였다. 이들의 이러한 주장은 곧 사회자본의 사회단체나 조직으로의 참여와 사회단체의 집합주의적이고 공동체지향적인 행동과 역할을 강조하는 것이라고 볼 수 있다. 사회자본에 대한 이들의 주장을 확대해석하면 개인적 삶의 질만을 향상시키기 위한 노력은 그 사회의 개인의 이익이나 만족을 나타내주며 극단적인 경우에는 개인 이기주의를 부추기는 역할을 할 수 있다. 그러므로 공동체지향적인 사회자본의 형성을 통해 개인이 사회의 구성원이고 사회가 개인들의 활발한 사회참여와 상호행동과 상호협력과 같은 관계지향적인 행동을 통해 발전함을 인지시키는 것이 중요하다. 즉, 개인의 발전을 사회발전을 위한 토대로 인식하는 개인의 성향은 곧 사회발전을 위해 반드시 필요한 토대이다. 결국, 개인의 삶의 질만을 중요시하고 이를 개선하기 위해 노력하기보다는 전체 사회구성원의 삶의 질에 영향을 주는 사회의 질의 향상을 위해 노력하는 것이 곧 사회자본을 향상시키고 나아가 사회 전체를 위한 사회적 파이를 키우는 행동이 된다.

사회의 질의 개선은 국민의 사회참여활동 및 사회생활과 개인적 그리고 사회적 네트워크 참여를 촉진시키고 이는 곧 국민 간의 신뢰 향상과 공동체의식 함양에도 긍정적인 영향을 줄 수 있다. 사회의 질의 수준이 낮은 국가의 국민은 빈곤과 장기적 실업 그리고 사회배제 등 사회적 위험에 대한 국가적 대책의 수준이 낮은데 이는 곧 국민의 기본적 생활과 삶의 수준이 낮음을 의미하고 사회활동에 대한 의지와 사회활동 및 사회참여에 대한 현실적 조건도 낮음을 의미한다. 가족과 친구 등과의 관계 유지 및 각종 단체 및 사회조직으로의 참여와 정치참여 그리고 다양한 사회봉사활동으로의 참여 등은 모두 기본적 삶의 조건이 유지되는 선에서 이루어지는 것이라고 할 수 있으며 기본적 생활 수준을 유지 및 영위하는 것이 어려운 국민은 자신의 생활을 보장받기 위한 행동 이외에 사회자본 향상을 위한 노력을 기울이는 것이 어려울 수 있다.

Bourdieu는 앞에서도 지적한 바와 같이 사회자본을 포함한 재정자본, 인적자본, 문화자본이 사회적 재생산을 구성하는 요소임을 강조하였는데 이러한 그의 주장은 사회자본이 사회적 재생산에 중요한 요소임을 의미하는 것이다. 또한 사회적 재생산구조는 사회의 질을 구성하는 중요한 요소이므로 사회자본과 사회의 질은 밀접한 연관이 있음을 알 수 있는데 이는 특히 특정 사회가 가지고 있는 사회자본의 수준이나 정도가 사회의 질의 수준을 판단하는 데 있어 중요한 요인임을 나타내준다.

한편, Beck과 동료들은 사회의 질의 구성요소 또는 조건적 요소에서 사회통합을 강조하였는데 사회통합은 사회자본의 요소에 포함되는 개념이다. Beck과 동료들은 사회통합을 설명하면서 연대성과 사회적 네트워크를 사회통합을 나타내주는 대표적인 요건으로 설명하고 있다. Abbott와 Wallace(2014) 역시 사회의 질을 구성하는 사회통합의 지표에서 정부에 대한 신뢰, 국민 상호 간의 신뢰 등 사회자본의 중요 요인인 신뢰에 대한 질문항목을 지표로 제시하였다. Beck과 동료들(1997) 그리고 Van der Maesen과 Walker(2012) 등의 연구에 따르면 사회자본을 구성하는 요소인 신뢰나 연대감, 사회적 네트워크 그리고 공동체지향성 등은 모두 사회의 질을 구성하는 조건적 요소인 사회통합을 구성하는 중요한 요소이다. 이는 곧 사회의 질 향상을 위한 노력이 사회자본의 향상 정도에 영향을 받는다는 것을 잘 나타내준다.

결국, 사회자본과 사회의 질의 관계에 대한 핵심적 논의는 사회자본의 형성이 지역사회 또는 사회에 미치는 긍정적인 파급 효과에 대한 논의에 기인한다. 사회자본은 한 사회의 발전을 담보하는 동력이며 사회의 질 향상을 위한 기본 전제조건으로 작동한다. 사회자본을 강조하는 학자들의 실증적 연구에 따르면 사회자본은 한 사회의 사회·경제적 발전을 가져다주는 가장 확실한 동력이다. Putnam(2000)은 사회자본의 경제적 기능을 강조하면서 사회자본이 첫째, 사람들이 신뢰하고 상호행동함으로써 더욱 쉽게 집합적인 문제를 해결하는 것을 허락하며 이는 곧 더 나은 사회의 질 또는 사회적 번영을 가져다줄 것이라고 주장하였다. 그리고 둘째, 사회자본은 지역이 잘 기능할 수 있도록 바퀴에 기름을 치는 것과 같은 역할을 하기 때문에 사람들이 상호신뢰하고 믿으면 모든 기업이나 경제활동 등의 모든 사회거래는 더 낮은 비용으로 더 잘 돌아갈 것이라고 주장하였으며, 셋째, 사회자본은 다른 사람들과의 활동적이고 신뢰를 바탕으로 하는 연계를 중요한 요인으로 인식하므로 사회구성원이 서로에게 선을 행할 수 있는 성격을 유지시키고 발전시키도록 한다고 주장하였다. Putnam(2000)은 사회자본이 사회에 가져다주는 혜택을 다음과 같이 제시하였다(지은구, 2007).

첫째, 아이들의 발전이 사회자본에 의해서 개발된다. 가족, 학교, 동료집단 그리고 지역 안에서의 신뢰, 연계망, 상호호혜의 규범 등은 아이들의 선택과 기회에 영향을 미치고 아이들의 행동과 계발에 영향을 준다.

둘째, 더 깨끗한 공공장소, 더 친절한 사람들, 보다 안전한 거리를 만드는 데 사회자본이 일조함으로써 범죄율과 빈곤율의 감소 등에 영향을 미친다.

셋째, 신뢰와 사회적 연계가 번창한 곳에서는 개인, 기업, 나아가 국가가 번창하기 때문에 사회자본이 사회·경제적 불이익을 완화시키는 역할을 담당한다.

넷째, 사회자본이 사람들이 더 좋은 건강을 유지하도록 도움을 주기 때문에 사회적 지출을 줄이는 역할을 한다. 혼자 활동하고 생각하고 생활하는 것보다 같이 행동하고 생활하는 것이 정신건강이나 신체건강을 위해서 훨씬 더 좋기 때문이다.

사회자본을 강조하는 학자들의 연구결과에 따르면 사회자본은 빈곤 경감과 사회불평등 개선 등과 같은 사회·경제적 발전과 밀접한 연관이 있다. Cohen과 Prusak(2001)는 사회자본이 사회·경제적 성장과 발전에 영향을 미치는 결정적인 이유를 다음과 같이 제시하였다(지은구, 2007).

첫째, 더 좋은 지식을 공유함으로 인해 상호 간의 신뢰, 공유된 목적 등이 더 진척된 연구개발을 할 수 있는 토대가 된다.

둘째, 사회적 거래를 더 줄이는 것을 통해 계약이나 서열 관료주의적 규칙 등과 같은 공식적인 협약 메커니즘에 들어가는 사회자본의 거래비용을 절감시킴으로써 경제성장과 발전의 과정 그리고 경제적 수행력에 영향을 미칠 수 있다.

셋째, 낮은 이직률, 고용이나 훈련에 들어가는 비용의 절감 그리고 개인적 조직이 추구하는 가치의 공유를 통해 기업 발전과 고용안정에 도움을 준다.

넷째, 조직적 안정과 공유된 이해 때문에 더 큰 응집력이 생기는 것도 사회·경제적 발전에 긍정적인 영향을 미친다고 볼 수 있다.

결국, 불신과 반목의 연속 그리고 갈등은 사회발전을 위한 국가의 사회적 지출을 증대시키며 사회적 불안을 가져다주지만 사회자본이 확충된다면 이러한 사회적 지출이 사라지게 되어 더욱 안정적인 사회경제 발전을 추구할 수 있게 된다. Fukuyama(1999)는 사회자본을 확충시키는 방법으로 국가가 간접적으로 사회적 안전망과 같은 사회복지재화와 서비스 등의 필요한 공공재를 효과적으로 제공함으로써 사회자본의 창출에 기여할 수 있다고 강조하였는데 이는 곧 사회의 질을 구성하는 조건적 요소인 사회·경제적 보장을 위한 노력이나 사회보호시스템 구축을

위한 노력이 곧 사회자본 향상을 위한 노력과 일맥상충한다는 점을 나타
내는 것이다. 따라서 사회자본 확충을 위한 사회보호시스템 구축은 사회
자본을 향상시키기도 함과 동시에 사회의 질을 개선하는 사회·경제적
조건으로 작동한다고 결론지을 수 있다.

제7장
삶의 질, 탈상품화 그리고 사회의 질의 측정

제1절 삶의 질과 측정

1. 삶의 질이란?[1]

삶의 질(quality of life)은 매우 다면적인 영역을 포함하는 추상적 개념이지만 가장 일반적으로는 개인의 번영을 의미하고 조금 구체적으로는 개인의 삶에 대한 만족이나 경험을 나타낸다고 할 수 있다. 따라서 사회복지서비스를 제공받는 이용자 개개인들의 삶의 질은 이용자들의 행복감, 건강, 자존감 등을 모두 포함하는 개념으로 개인의 번영의 수준이

....

1   이하의 내용은 지은구·김민주, 2017, 『사회서비스성과관리척도집』, 학지사의 제9장을 참고하였음.

나 만족의 정도로 표현되어 나타날 수 있다. 보다 구체적으로 살펴보면 '삶의 질'은 일반적으로 삶의 외적 부분과 내적 부분을 통합하여 나타내며 번영과는 유사한 의미로 이해되지만 복지나 행복 그리고 만족을 포함하는 광의적 개념이다. Ventegodt와 Anderson 그리고 Merrick(2003)은 삶의 질을 만족과 행복 그리고 욕구의 충족을 포함하는 개념으로 이해하였으며 Musschenga(1997)은 삶의 질이 삶의 조건을 규정하는 외적 질과 내적 질로 구성된다고 정의하고 행복은 삶의 질을 설명하는 내적 질이라고 주장하였다. Nordenfelt(1993) 역시 삶의 질을 복지와 만족을 포함하는 개념으로 이해하였는데 그에 따르면 복지는 삶의 질을 구성하는 요소이므로 삶의 질과 복지는 같은 개념이 아니다. 그 역시 다른 학자들과 같이 삶의 질이 외적인 복지와 내적인 복지로 구성된다고 주장하고 외적인 복지는 우리에게 영향을 미치는 외부환경이고 내적인 복지는 외부환경에 대한 개인의 반응이나 경험이라고 설명하였다.

　통상 삶의 질은 생활만족이나 삶의 만족 개념을 포함하며 심리적 번영이나 행복감보다도 넓은 의미로 이해된다. Allardt(1976)은 복지를 (전반적) 번영과 동일한 의미로 해석하였으므로 그가 제시하는 복지는 곧 삶의 질을 나타낸다고 할 수 있다. 또한 Veen-hoven(2004)은 삶의 질을 번영(well-being)과 동일한 의미로 이해하였다. 이러한 학자들의 견해에 따르면 전반적 번영과 삶의 질은 비슷한 개념임을 알 수 있다. 즉, Allardt는 개인의 복지나 번영이 삶의 질의 내적 부분과 외적 부분으로 구성되며 소득, 주택, 정치적 지지, 사회적 관계, 건강, 교육, 흥미로운 일하기, 삶의 만족, 대체할 수 없음 등을 포함하는 개념으로 이해하였는데 이를 그림으로 나타내면 〈그림 7-1〉과 같다.

　〈그림 7-1〉에 나타난 바와 같이 Allardt는 번영을 자기인식, 자율성,

	외적 질	내적 질
삶의 기회	소득 주택 정치적 지지 사회적 관계	건강 교육
삶의 결과	대체할 수 없음	흥미로운 일하기 삶의 만족

그림 7-1 Allardt의 번영(복지)의 영역
자료: Veenhoven, 2004, p. 16, 그림 5에서 재인용

	외적 질	내적 질
삶의 기회	물리적 환경 주거환경 재정적 자원 사회적 지지 안전 정보 교통	육체건강 정신건강 일할 수 있는 능력 학습능력 에너지
삶의 결과		고통 불안 건강 만족 자신에 대한 만족 삶의 만족

그림 7-2 세계보건기구의 삶의 질 구성영역
자료: Veenhoven, 2004, p. 17, 그림-6에서 재인용

타인과의 관계, 환경 지배력, 삶의 목적, 개인적 성장 등 주로 내적인 심리적 부분의 영역으로만 인식한 Ryff의 개념에 비해 매우 넓게 번영을 바라봄을 알 수 있다. 번영을 삶의 질과 동일하게 바라보는 또 하나의 대표적인 척도는 세계보건기구의 삶의 질 척도이다. 세계보건기구 역시 삶의 질을 매우 넓은 요인으로 구성된 개념으로 바라본다는 공통점이 있다. 〈그림 7-2〉는 세계보건기구의 삶의 질 구성영역을 나타낸다.

Ventegodt와 동료들(2003) 역시 삶의 질을 만족을 포함한 개념으로 제시하였는데 이들이 제시한 삶의 질의 영역은 첫째, 만족, 둘째, 행복, 셋째, 욕구의 충족, 넷째, 자기실현, 다섯째, 삶의 의미이다. 여기서 삶의 의미, 자기실현이나 만족, 행복 등은 내적 질에 포함되는 요소들이고 욕구의 충족은 외적 또는 물질적 측면을 의미한다고 볼 수 있다.

Diener와 Suh(1997)는 선행연구를 통하여 삶의 질을 결정하는 요소를 설명하는 접근방법으로 3개를 제시하였다. 이들에 따르면 삶의 질은 첫째, 종교적, 철학적 가치와 같은 규범적 사고에 의해서 설명될 수 있다. 즉, 좋은 삶이란 것은 종교적 원칙하에 타인을 돕는다든지 또는 생활상에서 올바른 행동을 하는 것 등과 이성적 사고와 연관이 있다. 둘째, 삶의 질은 선호에 대한 만족과 깊은 연관이 있다. 즉, 선호하는 물건이나 자원 같은 것을 확보하고 취득함으로써 좋은 삶이 보장된다고 할 수 있다. 따라서 이 관점에 따르면 사람들은 경제적·물질적 측면에서 갖고 싶은 것을 소유할 때 삶의 질이 향상될 수 있게 된다. 셋째, 삶의 질은 개인의 경험의 측면에서 설명될 수 있다. 이 관점에 따르면 삶의 질을 결정하는 요소로 기쁨, 즐거움, 삶의 만족 등이 포함된다. 결국, 이들이 제시한 삶의 질을 결정하는 요소들을 살펴보면 삶의 질은 매우 다양한 영역에서 이루어지며 특히 물질적 측면과 심리적 측면 그리고 규범적 태도 등이 삶의 질에 영향을 준다고 볼 수 있다.

이상과 같이 선행연구를 종합하면 삶의 질은 생활 만족이나 삶의 만족을 포함하는 개념이며 삶의 내적 부분과 외적 부분을 모두 포함하는 개념으로 주관적 행복감이나 좁은 의미의 심리적 번영의 개념에 비해 폭넓은 개념이며 전반적 번영과는 유사한 의미임을 알 수 있다. 따라서 삶의 질은 "육체건강 및 정신건강, 교육, 재산, 가족, 종교적 신념이나 신앙 그리고 환경을 포함한 개인의 생활 만족이나 번영의 수준이나 정도"로 정의할 수 있다.

삶의 질	• 삶의 질은 삶의 조건을 규정하는 외적 질과 내적 질로 구성 • 외적인 복지는 우리에게 영향을 미치는 외부환경이고 내적 복지는 외부환경에 대한 개인의 반응이나 경험 • 삶의 질은 생활 만족이나 삶의 만족을 포함하는 개념이며 삶의 내적 부분과 외적 부분을 모두 포함하는 개념으로 주관적 행복감이나 좁은 의미의 심리적 번영의 개념에 비해 폭넓은 개념 • 삶의 질의 구성영역은 첫째, 만족, 둘째, 행복, 셋째, 욕구의 충족, 넷째, 자기실현 다섯째, 삶의 의미 등 • 육체건강 및 정신건강, 교육, 재산, 가족, 종교적 신념이나 신앙 그리고 환경을 포함한 개인의 생활 만족이나 번영의 수준이나 정도

2. 삶의 질의 측정

삶의 질은 다면적 영역을 포함하는 개념이고 추상적인 개념임이 사실이다. 따라서 삶의 질을 측정하는 것은 매우 추상적인 개념을 측정하여야 한다는 점에서 삶의 질이라는 개념을 정리하는 것만큼이나 어려운 과제이다. Stiglitz와 Sen 그리고 Fitoussi(2009)는 삶의 질을 측정하는 세 가지 접근방법을 아래와 같이 정리하였다.

• 첫 번째 접근방법: 심리적 조사에 영향을 받은 측정방법으로 주로 삶의 질을 주관적 번영(subjective well-being)의 개념으로 이해한다. 이러한 주관적 삶의 질 접근은 기본적으로 인간 자신이 스스로 결정할 수 있는 판단력을 가지고 있다는, 즉 자신의 조건이나 상황의 최고 판단자는 인간 자신이라는 철학적 토대에 기초한다. 이러한 접근방법은 경제학적 기류로 자기 자신의 만족을 추구하는 만족주의 전통과 밀접한 연관이 있다. 따라서 개인이 자신의 삶에서 행복하고 만족하려고 하는 보편적 목적을 지닌다고 전제한다. 이 경우에 대표적인 삶의 질 측정지표는 삶의 질에 대해 개인들이 인지하거나 경험한 주관적 인식을 묻는 질문들로 구성된다.

• 두 번째 접근방법: 인간의 능력(capability)을 강조하는 측정방법이다. 인간의 삶을 능력으로 보는 접근은 인간이 존재하려고 하고 무엇인가를 하려고 하는 존재라는 점(인간의 기능)과 이 기능들 중에서 인간이 선택할 수 있는 자유를 가진다는 점(능력)을 전제한다. 이 능력은 기본적인 생활을 할 수 있는 능력으로부터 정치활동에 참여할 수 있는 능력까지 매우 복잡하고 다양한 측면을 가진다. 따라서 개개인들은 자유의지에 따라 무엇인가를 할 가치가 있는 것을 할 수 있는 능력을 가져야 한다는 점이 강조된다. 이 경우 대표적인 삶의 질 측정지표에는 소득이나 교육 수준, 사회참여활동 여부 등과 같이 개인의 능력 정도에 대한 지표들이 포함된다.

• 세 번째 접근방법: 비화폐적 영역의 지표들을 활용하는 측정방법이다. GNI와 GDP와 같은 화폐적 가치로 표현되는 지표 이외에 비화폐적 가치로 표현되는 다양한 지표들을 활용하는 것이 세 번째 접근의 핵심적 내용이다. 우리의 삶의 질이 시장에서 교환되는 재화와 서비스를 지불할 수 있는 사람들의 소득의 정도나 재산의 정도에 의해서 영향을 받을 수 있지만 시장에서 교환을 위해 지불할 수 없는 사람들 그리고 이외에 비화폐적인 요소들에 의해서도 영향을 받음은 주지의 사실이다. 이 경우 대표적인 삶의 질 측정지표에는 개인에게 영향을 주는 사회, 환경적 요소를 나타내는 지표들과 배제, 차별 그리고 불평등이나 불공평을 나타내주는 대부분의 지표들이 포함된다.

삶의 질을 측정하는 지표나 지수의 측면에서 보면 일반적으로 삶의 질에 대한 측정방법은 삶에 대한 만족이나 번영의 정도를 나타내는 사회지표를 통하여 측정하는 방법과 이용자들이 경험하거나 인식하는 주관적 삶의 질을 측정하는 방법으로 크게 양분된다. 다시 말해 삶의 질을 측정하는 대

표적인 방법은 첫째, 국민의 삶과 관련된 다양한 통계자료를 바탕으로
한 사회지표(social indicator)를 활용하여 측정하는 방법, 둘째, 국민 개
개인들에게 질문한 주관적 지표(subjective indicator)를 활용하여 그들이
경험한 또는 평가하는 삶의 질을 측정하는 방법이다. 사회지표를 통한
방법을 객관적 방법이라고 하는데 이는 사회지표가 객관적 지표(objec-
tive indicator)로 객관적이라는 인식에 근거한다. 주관적 지표를 통한 방
법은 개인들이 경험하거나 인지한 삶의 질을 측정하는 것으로 주관적 지
표를 활용하므로 주관적 방법이라고 한다. 또한 개인들이 주관적으로 인
식하는 주관적 삶의 질을 측정한다고 했을 때, 측정방법으로 복합항목
(multiple-item)으로 질문하는 것이 일반적이다. 이는 행복감과는 달리
개개인들이 인식하는 삶의 질을 단일항목으로 질문하여 삶의 질이라는
개념을 논리적으로 측정하는 것이 어렵기 때문이다.

객관적 사회지표를 통하여 삶의 질을 측정하는 경우 국민 개개인들
이 인식하는 주관적인 삶의 질이 반영되어 측정된다기보다는 발표된 사
회지표를 통해 수량화된 삶의 질이 측정되므로 현실과의 괴리가 발생할
수 있다. 즉, 국민이 느끼는 삶의 질의 수준과 사회지표를 통한 삶의 질
의 수준에 격차가 발생할 수 있다. 또한 객관적 사회지표 자체가 현실을
반영하지 못하는 경우에는 삶의 질에 대한 측정결과에 심각한 오류가 발
생할 수 있다는 한계를 갖는다. 예를 들어 우리나라에서 발표하는 실업
률이나 빈곤율이 과연 현실을 반영한 객관적인 사회지표인가에 대해서
는 여전히 논란이 되고 있다.

삶의 질을 사회지표를 통해 측정하는 객관적 지표를 사용하는 가
장 대표적인 측정도구로는 The Economist Intelligence Unit의 삶의
질 지수, Happy Planet Index, 유엔이 개발한 Human Development
Index가 있으며 객관적 지표와 주관적 지표를 동시에 활용하는 측정도

구로는 World Happiness Report 등이 있다. 2013년에 OECD는 「주관적 번영을 측정하기 위한 OECD 지침」이라는 보고서에서 객관적 지표인 사회지표를 통해 삶의 질을 측정하기 위한 영역으로 다음과 같은 8개 영역을 제시하였다.

① 고용상태: 실업률과 같은 각종 고용상태를 나타내는 지표

② 심리적·육체적 건강상태: 기대수명이나 자살률과 같은 지표

③ 일과 여가의 균형: 1일 평균 노동시간, 여가시간 등의 지표

④ 교육과 기술: 교육 수준과 같은 지표

⑤ 사회적 관계: 친구나 가족과의 접촉이나 자원봉사활동, 고독지수 등과 같은 지표

⑥ 사회개입 및 협치: 부패인식지수나 투표참여 등과 같은 지수

⑦ 환경적 평등: 대기오염 등과 같은 지표

⑧ 개인적 보장: 소득이나 범죄율 등과 같은 지표

사회지표를 통해 객관적으로 삶의 질을 측정하는 대표적인 지수인 The Economist Intelligence Unit의 삶의 질 지수를 소개하면 아래와 같다.

The Economist Intelligence Unit의 삶의 질 지수

객관적 사회지표로서 특정 사회나 국가의 삶의 질을 측정하는 가장 대표적인 측정도구는 2005년 The Economist Intelligence Unit이 세계 111개국의 삶의 질을 측정하는 데 사용한 삶의 질 지수이다. 우리나라는 삶의 질 측정에서 111개국 중 30위를 차지하였으며 1위는 아일랜드인 것으로 조사되었다. The Economist Intelligence Unit이 개발한 삶의 질 지수는 아래와 같은 약 9개 영역의 다양한 지표들로 구성되어 있다(지은구 외, 2014).[2]

....

2   The Economist Intelligence Unit's Quality of Life Index (http://www.economist.com/media/pdf/QUALITY_OF_LIFE.pdf)

① 건강: 기대수명
② 가정의 삶: 이혼율
③ 지역사회의 삶: 높은 종교기관 출석률(예를 들어 교회나 성당)과 노동조합 가입률
④ 물질적 번영: 1인당 GDP
⑤ 정치적 안정과 보장: 정치 안정성과 보장의 순위
⑥ 기후와 지리: 위도
⑦ 직업 보장: 실업률
⑧ 정치적 자유: 정치적 그리고 시민 자유의 평균 지수값
⑨ 성 평등: 남성과 여성의 소득 격차

The Economist Intelligence Unit이 개발한 삶의 질 지수는 사회를 반영하는 사회지표를 통해서 삶의 질을 측정하므로 개개인들이 인식하는 삶의 질에 대한 정도를 완전하게 반영한다고 할 수 없다. 이러한 문제를 극복하기 위한 가장 좋은 방안은 삶의 질에 대한 개개인들의 주관적 인식의 정도를 측정하는 것이다.

통계자료와 같은 객관적 지표를 사용하는 경우 개인의 인식에 기초하지 않고 상대적으로 쉽게 정의되고 손쉽게 확보할 수 있는 양화된 지표를 활용하며 가장 큰 장점은 객관성이라고 할 수 있지만 다양한 약점을 동시에 지니고 있다. Diener와 Suh(1997)는 사회지표를 사용하는 경우 첫째, 사회지표가 틀릴 수 있다는 점(예를 들어 성폭력이나 가정폭력 건수 등), 둘째, 사회지표인 통계자료 자체가 어떤 경우에는 현실을 반영하기가 어렵다는 점(예를 들어 빈곤율이나 실업률 등), 셋째, 사회지표를 주관적 결정에 의해 임시방편적으로 선택할 수도 있다는 점 등을 사회지표를 사용할 때 발생할 수 있는 한계 또는 약점으로 지적하였다.

결론적으로 삶의 질을 측정하는 경우 심리적 측면을 반영하는 주관적 삶의 질에 대한 지표로 측정하기보다는 삶의 질이 다면적 구성요소로 구성된다고 보고 삶의 질을 구성하는 다양한 영역에서 자료를 수집하여 삶의 질을 측정하는 방식이 일반적이다. 이는 개인이 사회와의 관계하에

서 매일매일의 삶을 유지하므로 사회의 조건이 개인의 삶에 영향을 미친다는 기본적인 전제에 기초한다. 이 경우 삶의 질 지표에는 개인의 능력이나 자유로운 선택의 조건 여부 그리고 사회적 배제와 차별, 불평등구조와 환경적 요소를 나타내는 다양한 지표들이 포함될 수 있다. 삶의 질을 측정하는 대표적인 영역들을 제시하면 아래와 같다

첫째, 사회적 위기나 위험에 대한 사회적 보장

둘째, 소득이나 실업 등에 대한 경제적 보장

셋째, 장애, 인종, 성, 나이, 학력, 부의 대물림, 소득양극화와 같은 불평등구조나 차별

넷째, 대기오염과 같은 환경적 조건

다섯째, 각종 폭력이나 범죄로부터 안전한 사회적 안정

여섯째, 타인과 어울려서 함께 생활하는 사회적 관계

일곱째, 조직이나 단체, 협회나 각종 모임 또는 정치적 활동에 참여할 수 있는 조건

여덟째, 건강과 교육 그리고 문화나 레저를 즐길 수 있는 시간

삶의 질 지표의 특징을 정리하면 아래와 같다.

첫째, 삶의 질 지표는 다면적 조건들로 구성된다.

둘째, 삶의 질 지표는 다양한 지표들로 구성됨과 동시에 또한 상호-교차적이다. 상호-교차적이라는 의미는 어떤 한 지표가 좋아진다고 해서 삶의 질이 좋아진다기보다 하나의 지표가 좋아지면 다른 지표에도 영향을 주어 지표들이 서로 영향을 주고받는다는 점을 나타낸다. 예를 들어 소득지표로 소득이 증가한다고 해도 다른 지표들이 삶의 질에 영향을 주므로 다

른 지표들도 상호-교차적으로 동시에 향상되어야 삶의 질이 향상된다. 결국, 소득이 향상되어도 삶의 질을 나타내는 다른 지표들이 동시에 개선되어야 삶의 질이 향상될 수 있다.

셋째, 삶의 질 지표는 하나 이상의 지표들로 구성되어 총체성을 띤다. 이는 삶의 질 지표가 단순한 하나의 지표가 아닌, 다양한 지표들로 구성된 하나 이상의 지표가 묶인 지수나 척도로 지표들의 전체적인 합이 곧 삶의 질을 총체적으로 나타낸다는 것을 의미한다.

국민 개개인들이 주관적으로 인식하는 삶의 질을 측정하는 대표적인 측정도구들을 소개하면 아래와 같다.

3. 삶의 질 척도

1) 세계보건기구의 간편 삶의 질 척도: WHOQOL-BREF(WHO Quality of Life-BREF)

WHOQOL-BREF는 세계보건기구가 개발한 간편 삶의 질 척도를 의미한다. 본래 WHO는 100개의 질문항목으로 구성된 삶의 질 척도를 개발하고 제시하였으나 질문항목이 너무 길어 총 26개 항목으로 구성된 간편 삶의 질 척도를 1996년에 제시하게 되었다. 간편 삶의 질 척도는 전체 26개의 항목들로 구성되었으며, 2개의 질문을 제외한 24개의 질문항목은 4개의 영역으로 분류되어 있다. 구체적으로 살펴보면 전반적인 삶의 질과 건강에 대한 질문 2문항과 4개 영역의 24개 문항을 포함하여 총 26개의 질문항목으로 구성되어 있다. 구체적인 질문영역에 대한 설명은 〈표 7-1〉과 같다.

표 7-1 WHOQOL-BREF의 구조

번호	내용	문항
전반적인 삶의 질과 건강		2
제1영역: 건강 영역		
1	고통과 불안	1
2	에너지와 피곤	1
3	수면과 휴식	1
4	이동	1
5	일상적인 행동	1
6	의약이나 치료에 대한 의존	1
7	작업능력	1
제2영역: 심리적 영역		
8	긍정적인 감정	1
9	사고, 학습, 기억, 집중	1
10	자기존경	1
11	신체적 이미지와 외모	1
12	부정적인 감정	1
13	종교/정신/개인적 신념	1
제3영역: 사회적 관계 영역		
14	대인관계	1
15	사회적 지지	1
16	성생활	1
제4영역: 환경 영역		
17	물리적 안전과 보장	1
18	거주환경	1
19	재정자원	1
20	건강과 사회적 보호: 유용성과 질	1
21	새로운 기술과 정보를 획득할 수 있는 기회	1
22	여가와 레저를 위한 기회와 참여	1

23	물리적 환경	1
24	대중교통	1
	총 26문항	

*지은구 외, 2015, 198, 표 7-5에서 재인용

총 26개 질문으로 구성된 WHOQOL-BREF는 자기기입식으로 개인들이 인식하는 주관적 삶의 질을 측정한다는 특징이 있다. 〈표 7-2〉는 간편 삶의 질 척도를 한국어로 번역한 것이다. 한국어로의 번역에는 미국에서 박사학위를 받은 3명의 사회복지학자들이 참여하였으며 최대한 한국적 상황에 맞도록 번역하였다.

표 7-2 WHOQOL-BREF(세계보건기구의 간편 삶의 질 척도)

번호	문항	1	2	3	4	5	체크
1	당신은 당신의 삶의 질을 어떻게 평가하겠습니까?	매우 나쁨	나쁨	보통	좋음	매우 좋음	
2	당신은 당신의 건강상태에 대해 얼마나 만족하고 있습니까?	매우 불만족	불만족	보통	만족	매우 만족	
3	당신은 (신체적) 통증으로 인해 당신이 해야 할 일들을 어느 정도 방해받는다고 느끼십니까?(−)	전혀 아니다	약간 그렇다	그렇다	많이 그렇다	매우 많이 그렇다	
4	당신은 일상생활을 잘하기 위해 얼마나 치료가 필요합니까?(−)	전혀 아니다	약간 그렇다	그렇다	많이 그렇다	매우 많이 그렇다	
5	당신은 인생을 얼마나 즐기십니까?	전혀 아니다	약간 그렇다	그렇다	많이 그렇다	매우 많이 그렇다	
6	당신은 당신의 삶이 어느 정도 의미 있다고 느끼십니까?	전혀 아니다	약간 그렇다	그렇다	많이 그렇다	매우 많이 그렇다	
7	당신은 얼마나 잘 정신을 집중할 수 있습니까?	전혀 아니다	약간 그렇다	그렇다	많이 그렇다	매우 많이 그렇다	

8	당신은 일상생활에서 얼마나 안전하다고 느끼십니까?	전혀 아니다	약간 그렇다	그렇다	많이 그렇다	매우 많이 그렇다
9	당신은 얼마나 건강에 좋은 주거환경에 살고 있습니까?	전혀 아니다	약간 그렇다	그렇다	많이 그렇다	매우 많이 그렇다
10	당신은 일상생활을 위한 에너지를 충분히 가지고 있습니까?	전혀 아니다	약간 그렇다	그렇다	많이 그렇다	매우 많이 그렇다
11	당신의 신체적 외모에 만족합니까?	전혀 아니다	약간 그렇다	그렇다	많이 그렇다	매우 많이 그렇다
12	당신은 당신의 필요를 만족시킬 수 있는 충분한 돈을 가지고 있습니까?	전혀 아니다	약간 그렇다	그렇다	많이 그렇다	매우 많이 그렇다
13	당신은 매일매일의 삶에서 당신이 필요로 하는 정보를 얼마나 쉽게 구할 수 있습니까?	전혀 아니다	약간 그렇다	그렇다	많이 그렇다	매우 많이 그렇다
14	당신은 레저(여가)활동을 위한 기회를 어느 정도 가지고 있습니까?	전혀 아니다	약간 그렇다	그렇다	많이 그렇다	매우 많이 그렇다
15	당신은 얼마나 잘 돌아다닐 수 있습니까?	전혀 아니다	약간 그렇다	그렇다	많이 그렇다	매우 많이 그렇다
16	당신은 당신의 수면(잘 자는 것)에 대해 얼마나 만족하고 있습니까?	매우 불만족	불만족	보통	만족	매우 만족
17	당신은 일상생활의 활동을 수행하는 당신의 능력에 대해 얼마나 만족하십니까?	매우 불만족	불만족	보통	만족	매우 만족
18	당신은 당신의 일할 수 있는 능력에 대해 얼마나 만족하고 있습니까?	매우 불만족	불만족	보통	만족	매우 만족
19	당신은 당신 스스로에게 얼마나 만족하고 있습니까?	매우 불만족	불만족	보통	만족	매우 만족
20	당신은 당신의 개인적 대인관계에 대해 얼마나 만족하고 있습니까?	매우 불만족	불만족	보통	만족	매우 만족

21	당신은 당신의 성생활에 대해 얼마나 만족하고 있습니까?	매우 불만족	불만족	보통	만족	매우 만족
22	당신은 당신의 친구로부터 받고 있는 도움에 대해 얼마나 만족하고 있습니까?	매우 불만족	불만족	보통	만족	매우 만족
23	당신은 당신이 살고 있는 장소의 상태에 대해 얼마나 만족하고 있습니까?	매우 불만족	불만족	보통	만족	매우 만족
24	당신은 의료서비스를 쉽게 받을 수 있다는 점에 대해 얼마나 만족하고 있습니까?	매우 불만족	불만족	보통	만족	매우 만족
25	당신은 당신이 사용하는 교통수단에 대해 얼마나 만족하고 있습니까?	매우 불만족	불만족	보통	만족	매우 만족
26	당신은 침울한 기분, 절망, 불안, 우울감과 같은 부정적인 감정을 얼마나 자주 느낍니까?(-)	전혀 아니다	드물게 그렇다	제법 그렇다	매우 자주 그렇다	항상 그렇다

* 지은구 외, 2015, 199, 표 7-6에서 재인용

간편 삶의 질 척도는 성인을 대상으로 하며 리커트 5점 척도로 점수가 높으면 높을수록 삶의 질이 높음을 나타내준다. 역질문(3, 4, 26)은 점수를 역으로 합산하여야 한다.

• 점수화 방법

아래의 공식은 삶의 질 척도 계산 공식을 나타내며 계산은 앞에서 제시한 척도들의 계산 방식과 동일하다.

$$S = \frac{(\sum(Y) - N)(100)}{[(N)(4)]}$$

Y = 각 질문항목의 점수

N = 정확하게 응답한 문항 수

= 각 항목의 점수들을 모두 합한 값에 응답자들이 응답한 문항 수를 뺀다. 만약 모든 문항에 대해 응답했다면 삶의 질 척도는 26을 빼면 된다. 그리고 이 값에 100을 곱하고 응답자들이 정확하게 응답한 문항 수에 4를 곱한 숫자로 나누어주면 총점이 나온다. 만약 모든 항목에 대해 5점으로 응답했다면 총점은 100이 되며, 반대로 1점으로 응답했다면 총점은 0이 된다.

2) Nottingham 건강 프로파일(health profile): 삶의 질

Nottingham 건강 프로파일은 신체적 건강뿐만 아니라 사회적 건강에 대한 응답자들의 인식을 측정하므로 인지된 삶의 질과도 같은 맥락에서 이해될 수 있다. Nottingham 건강 프로파일은 삶의 질을 두 영역에서 측정한다. 첫 번째는 6개의 영역에서 38개의 지표들로 측정하게 되는데 6개 영역은 에너지, 고통, 감정반응, 잠(sleep), 사회적 고립, 육체적 이동이며 각 영역은 중요도에 따라 가중치 점수를 갖는다. 〈표 7-3〉은 Nottingham 건강 프로파일의 6개 영역 38개 지표를 나타내준다(지은구, 2014).

표 7-3 건강 프로파일의 6개 영역 38개 지표(Part Ⅰ)

영역	질문	가중치	
에너지	나는 곧 에너지가 방전된다.	24.00	
	모든 것에 노력이 필요하다.	36.80	100.00
	나는 내내 피곤하다.	39.20	

고통	나는 계단을 오르내릴 때 고통스럽다.	5.83	
	나는 서 있을 때 고통스럽다.	8.96	
	자세를 바꿀 때 고통스럽다.	9.99	
	앉아 있을 때 고통스럽다.	10.49	100.00
	걸을 때 고통스럽다.	11.22	
	밤에 고통스럽다.	12.91	
	나는 참을 수 없는 고통을 가지고 있다.	19.74	
	나는 지속적인 고통을 겪고 있다.	20.86	
감정 반응	매일매일이 부담이 된다.	7.08	
	끝에 서 있는 느낌이다.	7.22	
	내 자신에게 즐거운 것이 무엇인지 잊어버렸다.	9.31	
	요 며칠간 나는 쉽게 성질을 부렸다.	9.76	
	여러 일들이 나를 우울하게 한다.	10.47	100.00
	나는 우울한 상태에서 일어난다.	12.01	
	저녁에도 걱정이 떠나지 않는다.	13.95	
	나는 감정 상실을 느낀다.	13.99	
	삶을 살아갈 가치가 없다고 느낀다.	16.21	
잠	나는 새벽에 깬다.	12.57	
	잠자리에 드는 데 많은 시간이 걸린다.	16.10	
	밤에 거의 잠을 자지 못한다.	21.70	100.00
	잠자기 위해 약을 먹는다.	23.37	
	밤새 깨어 있는 것 같다.	27.26	
사회적 고립	사람과 어울리는 것이 어렵다.	15.97	
	사람과 접촉하는 것이 어렵다.	19.36	
	내 가까이에 아무도 없다고 느낀다.	20.13	100.00
	외롭다고 느낀다.	22.01	
	나는 다른 사람에게 짐이 된다고 생각한다.	22.53	

	무엇인가에 접근하는 것이 어렵다.	9.30	
	구부리는 것이 어렵다.	10.57	
	계단을 오르내리는 것에 문제가 있다.	10.79	
육체적 이동	오래 서 있는 것이 어렵다.	11.20	100.00
	실내에서만 걸을 수 있다.	11.54	
	나 혼자 옷 입는 것이 어렵다.	12.61	
	밖에서 걷기 위해 도움이 필요하다.	12.69	
	나는 전혀 걸을 수 없다.	21.30	

자료: 지은구 외, 2015, 204, 표 7-7에서 재인용

Nottingham 건강 프로파일의 두 번째 지표는 건강에 영향을 줄 수 있는 7개 영역의 지표들로 일, 사회적 삶, 가정생활, 성생활, 가사 돌보기, 관심이나 취미, 휴가로 구성되어 있다. 각각의 질문은 〈표 7-4〉와 같으며 대답은 예와 아니오 중 하나를 선택하도록 되어 있다.

표 7-4 건강 프로파일의 7개 영역(Part Ⅱ)

당신의 건강상태에 아래의 것들이 문제를 일으킵니까?	예	아니오
일		
가사 돌보기(청소, 요리, 수선 등)		
사회적 삶(밖에 나가기, 친구 만나기, 극장 가기 등)		
가정생활(가족구성원과의 관계)		
성생활		
관심이나 취미		
휴가		

자료: file:///Cl/algoritmo/nottingham health profile.htm

3) 김흥규와 유현정(2004)의 삶의 질 척도

　한국의 성인들을 대상으로 삶의 질을 측정하는 대표적인 척도로는 김흥규와 유현정(2004)이 개발한 삶의 질 척도가 있다. 이들은 선행연구를 통하여 삶의 질을 개념화하고 요인분석을 통해 최종 삶의 질 척도를 개발하였다. 이들이 개발한 척도는 삶의 질을 총 6개 영역 15개 요인으로 구성된 개념으로 보며 요인분석을 통해 최종 93문항의 척도를 제시하였다. 이들은 먼저 선행연구와 전문가 집단의 합의를 거쳐 가정, 교육, 경제·노동, 사회복지·보건, 안전·환경, 문화 등 6개 영역으로 구성된 240개의 예비문항을 개발하고 30세 이상에서 60세 이하의 성인 남녀 736명을 대상으로 설문조사하여 영역별 삶의 질 응답을 얻었다. 문항양호도와 문항내적합치도(Cronbach α계수)로 신뢰도를 검증하고 구성타당도를 얻기 위해 탐색적 요인분석을 실시하였으며 이러한 결과를 기초로 15개 요인으로 구성된 총 93개 문항의 성인의 삶의 질 척도를 개발하였다. 개발된 문항의 재검증에는 8개 시·도를 중심으로 총 1,226명이 선정되었다. 최종적으로 신뢰도를 확인한 결과 6개 영역, 총 15요인으로 구성된 93문항 리커트 5점 척도의 한국 성인의 삶의 질 척도(Scale for Korean Adult's Quality of Life, SKAQOL)가 개발되었다. 〈표 7-5〉는 이들이 개발한 삶의 질 척도이다.

표 7-5 김흥규와 유현정(2004)의 삶의 질 척도

영역	요인	문항 번호	문항 내용
가정	심리·정서적 가치 (요인2-1)	A18	안정적인 생활을 하고 있다.
		A9	가족 간에 같이 즐기는 여가가 있다.
		A3	가족 간 의사소통에 만족한다.
		A13	모든 가족구성원이 가족생활을 행복하게 여긴다.
		A11	가정에 들어가면 편안함과 행복을 느낀다.
	인지적 가치 (요인2-2)	A4	부부간의 행복도 수준이 높다
		A22	가족을 위해 희생하는 것이 즐겁다고 생각한다.
		A17	이웃을 의식한 주거생활 문화(소음 피해 등)를 지키며 산다.
		A23	가족 간 문제해결에 즐겁게 대처한다.
		A16	자녀가 부모를 신뢰하고 자랑스럽게 생각한다.
		A5	자녀에 대한 사랑과 관심도가 높다.
		A24	우리 가족은 배우는 것을 즐겁게 생각한다.
교육	심리·정서적 가치 (요인7)	B17	가족들의 교육열에 만족한다.
		B18	교육 가능한 가족 분위기가 조성되어 있다.
		B21	학업에 대한 성취도가 높은 편이다.
		B14	자녀를 위한 장기적인 교육계획을 추진할 능력이 있다.
		B12	자녀들의 학교생활 성취도에 대해 만족한다.
		B16	내 개성과 적성에 자긍심이 있다.
		B15	교사들과의 인간관계가 좋다.
	시설제도 여건에 대한 가치 (요인9)	B36	자녀의 개성과 적성을 개발 신장시키는 데 현재 다니는 학교의 교육과정에 만족한다.
		B37	자녀의 적성에 맞고 원하는 교육을 받고 있다고 생각한다.
		B34	자녀의 학교에는 인터넷 및 최신의 시청각 교육시설이 잘 되어 있다.
		B35	성인을 위한 사회교육기관이 충분하다.
		B26	학교의 학생을 위한 다양한 교육프로그램에 만족한다.
		B27	내 주변에는 존경할 만한 인물들이 많다.

영역	요인	문항 번호	문항 내용
교육	인지적 가치 (요인6)	B23	자녀들이 교육활동에 참여하기 위해 외국에 간 적이 있다.
		B25	가족 간에 도서 관련 토론이 많다.
		B20	음악회, 연극을 정기적으로 관람하고 있다.
		B11	예술창작활동을 즐긴다.
		B8	외국 문화를 접할 기회가 많다.
		B15	가족구성원이 예술활동을 즐긴다.
		B9	내 적성에 맞는 교육을 받았다.
경제 · 노동	경제적 가치 (요인4)	C1	현재 소득에 만족한다.
		C2	현재 안정된 수입원을 가지고 있다.
		C3	내 스스로의 생활을 할 만큼 재정 자립도가 있다.
		A2	가족의 소득 수준에 대해 만족한다.
		C4	경제적인 어려움 때문에 사회활동에 부담을 느끼지는 않는다.
		D3	저축 또는 자금상태에 여유가 있다.
		B4	가족의 교육비 지출 정도는 걱정이 안 된다.
	인지적 가치 (요인5)	C26	내 직업은 전문성을 필요로 한다.
		C27	내가 하는 일은 사회기여도가 높다고 생각한다.
		C17	나의 직업에 대해 자부심이 있다.
		C18	현재의 직무에 대해 자신감이 있다.
		C20	내 능력을 인정받고 있다.
		B7	내 직업은 계속적인 신지식을 필요로 한다.
		C16	사회적 위신과 명예가 있는 직업이다.
	심리·정서적 가치 (요인12)	C29	출퇴근 시간을 내 마음대로 조정할 수 있다.
		C28	내 직장은 휴가를 마음대로 조정할 수 있다.
		C34	직장 내 스트레스를 호소하는 동료가 없다.
		C36	직장 내 업무 지원이 충분하다.

영역	요인	문항 번호	문항 내용
사회 복지 · 보건	시설제도 여건에 대한 가치 (요인3-1)	D20	사회복지정책으로 혜택을 보장받게 될 것이다.
		D26	국가연금제도에 만족한다
		D12	국가의 복지혜택으로 안녕감을 갖고 생활하고 있다.
		D28	침수·이상기후 등의 재해보상제도에 만족한다.
		D18	국가의 복지정책에 대해 잘 알고 있다.
		D27	고용보험제도에 만족한다.
		D31	문제발생시 이용할 수 있는 사회복지시설이 충분하다.
안전 · 환경	시설제도 여건에 대한 가치 (요인3-2)	E28	민생치안 상태가 만족스럽다.
		E29	시민의 의사가 충분히 반영되고 있다.
		E30	수돗물을 안심하고 마신다.
		E25	시설·건물·교량 등에 대한 안전대책이 잘 되어 있다.
		E23	문제발생시 국가의 보상체계에 대해 만족한다.
		E1	거리 교통안전 대책에 만족한다.
		D33	지역의 행정서비스에 만족한다.
	심리·정서적 가치 (요인8)	E3	주변에 유흥가가 밀집되어 있지 않아 만족한다.
		E4	주변의 녹지조성이 잘 되어 있다.
		E20	주변의 녹지조성 비율에 만족한다.
		E8	대기오염문제로 걱정을 하지 않고 있다.
		E2	거리범죄가 없어 안심하고 생활한다.
		E26	환경은 쾌적하고 안전하다.
		B33	학교 주변에 유해환경이 없다.
	사회적 가치 (요인11)	E16	교통법규 위반 경험이 없다.
		E15	환경을 생각하여 일회용품 사용을 하지 않는다.
		D22	우리 사회의 신뢰지수는 높다.
		E14	동일 취미를 갖는 동호회나 모임을 즐긴다.

영역	요인	문항 번호	문항 내용
문화	심리·정서적 가치 (요인1-1)	F14	여가의 일정시간을 사회에 공헌하는 데 보낸다.
		F32	취미활동을 위해 전체 가계비용에서 많은 투자를 한다.
		F11	예술작품을 직접 접하는 기회를 많이 갖는다.
		F15	테니스, 골프 등 운동을 하면서 여가를 선용한다.
		F10	여가시간의 대부분을 수준 높은 문화생활로 보낸다.
		F16	여가생활을 통하여 삶의 활력을 얻는다.
		F20	문화 관련 정보 수집에 지출이 높다.
	인지적 가치 (요인1-2)	F24	내 여가활동은 인격 형성에 도움이 된다.
		F21	자기계발을 위해서 여가시간을 활용하고 있다.
		F26	내세울 만한 여가활동을 한 가지 이상 가지고 있다.
		F23	내 생활은 매스컴이나 기타 인쇄물 등 매체 접근이 편리하다.
		F22	여가시간의 선용을 위해 계획적으로 생활한다.
		F31	나의 여가생활 내용이 사회적으로도 가치가 있다.
		F25	나는 나 자신의 발전을 위한 교육활동에 적극 참여하고 있다.
	시설제도 여건에 대한 가치 (요인10)	F2	도서관이나 영화관 시설이 쾌적하고 편리하다.
		F1	이용 가능한 도서관이나 영화관이 주변에 많다.
		F3	공연장이나 전시장을 이용하기에 편리하다.
		F5	여가 및 문화생활 공간에 만족하고 있다.

자료: 지은구·김민주, 2017, 188, 표 9-3에서 재인용

이들이 개발한 삶의 질 척도의 단점은 삶의 질의 조작적 개념을 등한시하고 단순히 삶의 질의 개념이 다면적이라는 점만 부각시켰다는 것과 삶의 질을 구성하는 요소가 15요인으로 너무 포괄적으로 구성되어 있고 특히 이 요인들을 구성하는 문항수가 93개로 너무 많다는 것이다. 예

를 들어 시설제도 여건에 대한 가치의 4문항은 1문항이나 2문항으로도
줄일 수 있는 질문들이라고 할 수 있다.

4) 임근식(2012)의 삶의 질 척도

임근식(2012)은 선행연구를 통해 삶의 질을 만족감, 안전감, 편리
감, 쾌적감, 신뢰감, 행복감 등 6개의 요소로 구성된 개념으로 보고 이에
적합한 12개 문항을 개발하여 제시하였다. 응답은 리커트 5점 척도로 구
성되어 있다. 임근식의 삶의 질 척도의 특징은 삶의 질을 주관적 관점에
서 인식하는 주관적 삶의 질을 측정하였다는 것이고 삶의 질에 영향을
미치는 요소로 지역경제 여건, 사회복지 여건, 안전 여건, 주거환경, 교
통, 정보, 행정 여건, 기초생활 여건, 쾌적한 환경, 문화체육생활, 교육환
경, 사회적 여건, 지역애착심 등을 설정하였다는 것이다. 하지만 임근식
의 삶의 질 척도는 삶의 질에 영향을 주는 요소 자체가(주거환경, 교통,
정보 등) 삶의 질을 구성하는 요소가 될 수 있다는 점에서 한계를 나타낸
다고 볼 수 있다.

표 7-6 임근식(2012)의 삶의 질 척도

분야 (6)	내용(12)	① 매우 높음	② 높음	③ 보통	④ 낮음	⑤ 매우 낮음
1. 만족감	1) 삶의 일상생활에서 느끼는 물질적 만족감은					
	2) 삶의 일상생활에서 느끼는 비물질적 만족감은					
2. 안전감	1) 생활주변에 있어서 방범 등의 치안에 대한 위태로움이 없는 느낌의 안전감은					
	2) 생활주변에 있어서 화재, 홍수 등의 재난, 재해로부터의 위태로움이 없는 느낌의 안전감은					

3. 편리감	1) 거주지 생활주변의 교통시설, 운동시설, 복지시설 등 공공시설 이용에 있어서 편하고 이용하기 쉬운 느낌의 편리감은	
	2) 생활주변 공공기관 등의 이용에 있어서 편하고 이용하기 쉬운 느낌의 편리감은	
4. 쾌적감	1) 거주지 생활주변 환경에 있어서 친자연환경 조성에 따른 쾌적감은	
	2) 직장생활 등 일터의 주변에 있어서 친자연환경 조성에 따른 쾌적감은	
5. 신뢰감	1) 이웃 간 인간관계에서 믿고 의지하는 마음의 신뢰감은	
	2) 일터의 인간관계에서 믿고 의지하는 마음의 신뢰감은	
6. 행복감	1) 물질적인 생활 속에서 느끼는 행복감은	
	2) 비물질적인 생활 속에서 느끼는 행복감은	

자료: 지은구·김민주, 2017, 193, 표 9-4에서 재인용

5) Campbell(1976)의 주관적 삶의 질 척도

개인이 인식하는 주관적 삶의 질 척도로 Campbell(1976)에 의해 개발되어 타당도가 검증된 도구가 있다(Robinson,1991). Campbell의 주관적으로 인식하는 삶의 질 척도는 최근에 경험한 삶에 대한 느낌을 측정하는 8개의 문항과 전반적인 삶의 만족도를 측정하는 1개의 문항으로 구성되어 있다. 삶에 대한 느낌은 2개의 형용사를 짝지어 제시하고 최저 1점에서 최고 7점 사이의 어느 한 곳에 표시하도록 한 7점 리커트 척도이다. 전반적인 삶의 만족도는 퍼센트 개념을 사용하여 1.1의 가중치를 두어 계산하며 11점 리커트 척도이다. 점수의 범위는 삶에 대한 느낌 8~56점, 전반적인 삶의 만족도 1.1~12.1점으로 점수가 높을수록 삶의 질이 높다는 것을 의미한다.

표 7-7 Campbell(1976)의 주관적 삶의 질 척도

---

(1) 삶에 대한 느낌

요즘 당신은 삶에 대해 어떻게 느끼고 있습니까? 아래 문항에는 당신의 삶을 나타내는 낱말이 짝지어져 있습니다. 당신이 느꼈던 삶을 보기와 같이 그 낱말의 적당한 위치에 표시해주세요.

> **〈보기〉 만일 당신의 삶이 아주 기뻤다면**
> 기쁜 ☐ ☐ ☐ ☐ ☐ ☐ ☐ 슬픈
>
> **당신의 삶이 기쁘지도 슬프지도 않았다면**
> 기쁜 ☐ ☐ ☐ ☐ ☐ ☐ ☐ 슬픈
>
> **당신의 삶이 아주 슬펐다면**
> 기쁜 ☐ ☐ ☐ ☐ ☐ ☐ ☐ 슬픈

당신은 당신의 삶에 대해 요즘 어떻게 느끼십니까?

❶ 재미있는	☐ ☐ ☐ ☐ ☐ ☐ ☐	지루한
❷ 즐거운	☐ ☐ ☐ ☐ ☐ ☐ ☐	비참한
❸ 가치 있는	☐ ☐ ☐ ☐ ☐ ☐ ☐	쓸모없는
❹ 우호적인	☐ ☐ ☐ ☐ ☐ ☐ ☐	외로운
❺ 가득 찬	☐ ☐ ☐ ☐ ☐ ☐ ☐	텅 빈
❻ 희망적인	☐ ☐ ☐ ☐ ☐ ☐ ☐	비관적인
❼ 보람 있는	☐ ☐ ☐ ☐ ☐ ☐ ☐	실망스러운
❽ 행운이 따르는	☐ ☐ ☐ ☐ ☐ ☐ ☐	운이 없는

(2) 전반적인 삶의 만족도(해당되는 %에 O표)

모든 점을 고려해볼 때, 당신은 자신의 생활에 어느 정도 만족하십니까?

0% 10% 20% 30% 40% 50% 60% 70% 80% 90% 100%

자료: 지은구·김민주, 2017, 194, 표 9-5에서 재인용

■ Campbell와 Converse 그리고 Rodgers의 삶의 질 척도(1976)

Cambell과 동료들은 1976년에 『미국인의 삶의 질(The quality of American life)』이라는 저서를 통하여 삶의 질을 측정할 수 있는 척도를 제시하였다. 이들은 삶의 질을 전반적 번영과 동일한 의미로 이해하였다. 따라서 이들이 제시한 삶의 질 척도의 특징은 세계보건기구의 삶의

질 척도와 마찬가지로 삶의 질을 매우 다양한 영역으로 구성된 개념으로 본다는 것이다. 이들은 삶의 질을 구성하는 영역으로 첫째, 도시와 이웃(22문항), 둘째, 주거상태(12문항), 셋째, 국가(7문항), 넷째, 현재생활에 대한 느낌(10문항), 다섯째, 교육(6문항), 여섯째, 고용(51문항), 일곱째, 소득, 여가시간, 조직(16문항) 등을 제시하였다.

6) 사회서비스 이용자들을 위한 삶의 질 척도

(1) 삶의 질 측정영역

지은구와 김민주(2017)는 사회서비스를 이용하는 이용자들을 대상으로 활용 가능한 객관적인 삶의 질 척도를 개발하여 제시하였다. 이들에 따르면 삶의 질은 행복을 포함하는 개념으로 인간의 삶에 영향을 주는 외적 환경과 내적 환경, 물질적 영역과 비물질적 영역, 사회·경제·문화적 측면을 모두 포함하는 개념이라고 할 수 있다. 따라서 사회서비스 제공기관에서 제공하는 다양한 사업들에 참여함으로써 이용자들은 생활상에서 심리·정서적으로 행복감이 향상될 수 있으며 나아가 다양한 서비스(물질적·비물질적 통합서비스와 같은) 혜택을 통하여 전반적인 삶의 질이 개선될 수 있다.

이들은 선행연구를 기초로 하여 삶의 질이 내적 질과 외적 질로 구성되는 영역이라고 보며 내적 질은 주로 인간 개개인의 상태를 나타내는 요소들로 구성되고 외적 질은 인간 개개인에 영향을 미치는 주로 물질적이고 사회·경제·문화적인 요소들로 구성되어 있다고 본다. 〈그림 7-3〉은 삶의 질 측정요소 및 측정변수들을 나타낸다.

삶의 질은 〈그림 7-3〉과 같이 다양한 영역으로 구성되어 있어 전반적인 행복감이나 만족과 달리 단일항목으로는 측정이 불가능하다. 삶의 질은 내적 질과 외적 질로 구성되며 측정은 두 영역을 구성하는 다양한

내적 질:
육체건강과 정신건강, 삶의 만족 및
의미, 자아실현과 개인적 능력

삶의 질
측정요소

외적 질:
교통이나 주거환경, 안전과 같은 물리
적 환경, 경제적 안정, 사회적 관계와
지지, 사회적 보호, 정보

그림 7-3 삶의 질 측정요소
자료: 지은구·김민주, 2017, 106, 그림 9-1에서 재인용

변수들에 대한 측정을 통해서 가능하다. 외적 질은 인간의 질에 영향을 미치는 사회·경제적 환경을 그리고 내적 질은 인간의 내면의 질에 영향을 미치는 내적 환경을 나타낸다. 내적 질을 구성하는 요소는 인간 개개인들의 내적 측면, 즉 육체건강과 정신건강, 삶의 만족 및 의미, 자기실현, 자기결정이나 일에 대한 통제를 포함한 개인적 능력 등을 포함한다. 외적 질을 구성하는 요소는 경제적 안정, 사회적 안정이나 관계 그리고 가족이나 친구로부터의 지지, 교통이나 주거환경 그리고 의료나 사회복지서비스와 같은 사회적 보호 그리고 정보(정보환경) 등을 포함한다.

　지은구와 김민주(2017)는 사회서비스를 이용하는 이용자(성인 및 노인)들에게 공통적으로 적용할 수 있는, 그들이 주관적으로 인식하는 삶의 질의 상태를 측정하기 위하여 선행연구를 통하여 삶의 질 측정영역에 대한 예비 질문항목을 도출한 후 이미 세계보건기구에서 개발한 간편 삶의 질 척도를 기초로 하여 수정·보완하였다. 그리고 보완된 예비척도를 사회복지전문가들과 학자들 및 실무자들로 구성된 집단의 1차 면접을 통해 삶의 질을 구성하는 13개 영역의 총 22개의 문항으로 구성된 예비 성인 및 노인을 위한 삶의 질 척도를 개발하였다. 삶의 질 척도의 측정영역과 측정문항, 출처는 〈표 7-8〉과 같다.

표 7-8 삶의 질 척도의 측정문항과 출처

영역	번호	측정문항	출처
건강	1.	나는 나의 건강상태에 대해 전반적으로 만족한다.	WHOQOL-BREF
	2.	나는 충분한 수면을 취하고 있다.	WHOQOL-BREF
	3.	나는 침울한 기분, 절망, 불안, 우울감과 같은 부정적인 감정을 잘 느끼지 않는다.	WHOQOL-BREF
	4.	나는 성생활에 대해 전반적으로 만족한다.	WHOQOL-BREF, Nottingham 건강 프로파일
	5.	나는 걷고 생활하는 데 육체적으로 어려움을 느끼지 않는다.	WHOQOL-BREF
삶의 의미	6.	나는 인생이 즐겁다.	WHOQOL-BREF
	7.	나는 내가 살아온 삶이 어느 정도 의미 있다고 생각한다.	WHOQOL-BREF
능력	8.	나는 새로운 것을 배울 수 있는 능력이 있다.	WHOQOL-BREF
	9.	나는 스스로 일할 수 있는 능력에 대해 만족하는 편이다.	WHOQOL-BREF
안전	10.	나는 주변 환경이 안전하다고 생각한다.	WHOQOL-BREF
경제	11.	나는 경제적으로 어렵지 않다.	WHOQOL-BREF
정보	12.	나는 생활에 필요한 정보를 손쉽게 구할 수 있다.	WHOQOL-BREF
여가	13.	나는 취미 및 여가활동을 즐기는 편이다.	Nottingham 건강 프로파일
자기 실현	14.	나는 내가 살아온 삶에 대해 전반적으로 만족한다.	자체개발
관계	15.	나는 다른 사람들이 나를 좋아한다고 생각한다.	자체개발
	16.	나는 타인과의 관계에 대해 만족하는 편이다.	자체개발
	17.	나는 가족이나 친구들과 좋은 관계를 맺고 있다고 생각한다.	WHOQOL-BREF

주거	18.	나는 안전하고 쾌적한 주거환경에서 살고 있다.	WHOQOL-BREF
사회적 보호	19.	나는 손쉽게 의료서비스를 받을 수 있다는 점에 대해 만족한다.	WHOQOL-BREF
	20.	나는 필요한 사회서비스를 받을 수 있다는 점에 대해 만족한다.	자체개발
교통	21.	나는 이용 가능한 교통수단(버스나 지하철 등)에 대해 만족한다.	WHOQOL-BREF
행복	22.	나의 삶은 전반적으로 행복하다.	임근식(2013)

(2) 사회서비스 이용자들의 삶의 질 척도

사회서비스를 제공받는 이용자들이 인식하는 삶의 질 척도는 12개 영역의 총 21개 문항으로 측정하도록 구성되어 있으며 리커트 7점 척도를 활용하였고 질문항목에 대한 가독성을 높이기 위하여 모두 긍정적인 질문으로 구성되었다. 선행연구를 통해 개발된 척도는 8개 영역의 28개 문항으로 구성되어 있었으나 2차에 걸친 전문가들을 대상으로 한 초점집단면접을 통해 수정·보완되어 내용타당도가 향상된 최종 21개 문항의 척도가 개발되었다. 특히, 1차 전문가면접 이후 수정된 삶의 질 예비 척도 22개 질문항목 중 중복 가능성 및 적절성에 대한 지적으로 2차 전문가면접에서 1개의 요인(행복 요인)과 그 요인에 속한 1개의 문항이 삭제되었다. 최종 수정된 사회서비스 이용자들이 인식하는 삶의 질 척도는 〈표 7-9〉와 같다.

표 7-9 사회서비스 이용자들이 인식하는 삶의 질 척도

영역	번호	삶의 질에 대한 질문	전혀 그렇지 않다	대체적으로 그렇지 않다	조금 그렇지 않다	보통이다	조금 그렇다	대체적으로 그렇다	항상 그렇다
건강	1.	나는 나의 건강상태에 대해 전반적으로 만족한다.							
	2.	나는 충분한 수면을 취하고 있다.							
	3.	나는 침울한 기분, 절망, 불안, 우울감과 같은 부정적인 감정을 잘 느끼지 않는다.							
	4.	나는 성생활에 대해 전반적으로 만족한다.							
	5.	나는 걷고 생활하는 데 육체적으로 어려움을 느끼지 않는다.							
삶의 의미	6.	나는 인생이 즐겁다.							
	7.	나는 내가 살아온 삶이 어느 정도 의미 있다고 생각한다.							
능력	8.	나는 새로운 것을 배울 수 있는 능력이 있다.							
	9.	나는 스스로 일할 수 있는 능력에 대해 만족하는 편이다.							
안전	10.	나는 주변 환경이 안전하다고 생각한다.							
경제	11.	나는 경제적으로 어렵지 않다.							
정보	12.	나는 생활에 필요한 정보를 손쉽게 구할 수 있다.							
여가	13.	나는 취미 및 여가활동을 즐기는 편이다.							

영역	번호	삶의 질에 대한 질문	전혀 그렇지 않다	대체적으로 그렇지 않다	조금 그렇지 않다	보통이다	조금 그렇다	대체적으로 그렇다	항상 그렇다
자기 실현	14.	나는 내가 살아온 삶에 대해 전반적으로 만족한다.							
관계	15.	나는 다른 사람들이 나를 좋아한다고 생각한다.							
	16.	나는 타인과의 관계에 대해 만족하는 편이다.							
	17.	나는 가족이나 친구들과 좋은 관계를 맺고 있다고 생각한다.							
주거	18.	나는 안전하고 쾌적한 주거환경에서 살고 있다.							
사회적 보호	19.	나는 손쉽게 의료서비스를 받을 수 있다는 점에 대해 만족한다.							
	20.	나는 필요한 사회서비스를 받을 수 있다는 점에 대해 만족한다.							
교통	21.	나는 이용 가능한 교통수단 (버스나 지하철 등)에 대해 만족한다.							

자료: 지은구·김민주, 2017, 199, 표 9-6에서 재인용

• 점수화 방법

아래의 공식은 삶의 질 척도 계산 공식을 나타낸다.

$$S = \frac{\left(\sum(Y) - N\right)(100)}{[(N)(6)]}$$

Y = 질문항목의 점수

N = 응답한 질문의 수

• 응답한 질문의 수에 6을 곱하는 이유는 7점 척도이기 때문이며 만약
5점 척도라고 한다면 4를 곱하여야 한다.

= 각 항목의 점수들을 모두 합한 값에 응답자들이 응답한 문항 수
를 뺀다. 만약 모든 문항에 대해 응답했다면 삶의 질 척도는 21을 빼면
된다. 그리고 이 값에 100을 곱하고 응답자들이 정확하게 응답한 문항
수에 6을 곱한 숫자로 나누어주면 총점이 나온다. 만약 모든 항목에 대
해 6점으로 응답했다면 총점은 100이 되며, 반대로 1점으로 응답했다면
총점은 0이 된다. 점수가 높으면 높을수록 개인들이 인식하는 삶의 질의
정도는 높음을 나타낸다.

7) 객관적 사회지표를 통한 삶의 질 측정

국민이 개인적으로 인지하는 삶의 질의 측정도구 이외에 사회지
표를 통해서 삶의 질을 측정하는 도구들이 있다. 가장 대표적인 지표는
OECD의 번영지수(Well-being Index)이며 이외에도 삶의 질을 주관적
측정과 객관적 측정으로 구분한 Stiglitz 등(2009)의 측정도구 연구가 있
다. 이들을 살펴보면 아래와 같다.

(1) Stiglitz 등(2009)의 삶의 질 측정

Stiglitz와 Sen 그리고 Fitoussi(2009)는 삶의 질의 다면적 속성과
측정의 어려움을 인정하고 삶의 질을 측정하기 위한 기본적인 가이드라
인을 제시하였다. 이들은 삶의 질을 주관적 측정과 객관적 측정으로 구
분하고 〈그림 7-4〉와 같은 측정요소를 제시하였다.

Stiglitz, Sen 그리고 Fitoussi는 구체적인 지표나 질문을 제시하지
않았지만 삶의 질을 기본적으로 주관적 삶의 질과 객관적 삶의 질을 측
정하는 방식으로 구분하여 제시하였다. 주관적 삶의 질은 개인의 삶의

그림 7-4 Stiglitz와 Sen 그리고 Fitoussi의 삶의 질 측정

질에 대한 경험이나 인식을 묻는 질문에 대한 보고의 형식으로 측정이 가능함을 제시하였다. 주관적 삶의 질 측정은 예를 들어 5점 척도(5점＝매우 만족, 1점＝매우 불만족)나 10점 척도 등을 이용한 질문을 통하여 삶의 질 수준을 개개인들이 스스로 평가하도록 하여 삶의 질의 주관적 수준을 측정하는 방식이다. 주관적 측정에 대해 이들이 제시한 방식은 두 가지인데 첫 번째 방식은 국민 개개인들의 개인적 삶의 영역(가족이나 일 그리고 재정상황 등)에 대해 국민이 스스로 평가하는 방식이고 두 번째 방식은 고통, 걱정, 분노, 기쁨, 자긍심과 존경 등과 같은 실제적 감정에 대한 국민 개개인들의 느낌이나 감정을 측정하는 방식이다.

　다른 한편 객관적 삶의 질 측정은 국민 개개인들의 삶에 영향을 미치는 요소들을 건강, 교육, 균형적인 시간, 정치적 참여와 협치, 개인적 그리고 경제적 불안정, 사회적 관계 등을 나타내는 수량화된 객관적인 사회지표를 활용하여 삶의 질의 수준을 측정하는 방식이다. 이들 객관적 삶의 질 영역들에 대한 구체적인 측정요소들은 다음과 같다.

- 개인적 불안정: 개인적 불안정은 범죄, 사고, 자연재해와 같은 개인의 생활안정에 위험을 가져다주는 지표들을 포함한다.
- 경제적 불안정: 경제적 불안정은 실업, 질병, 노년과 같은 개인의

생활안정에 위험을 가져다주는 지표들을 포함한다.

- 건강: 건강은 사망률과 환자의 수로 측정한다.
- 교육: 교육은 학교등록률, 교육비 지출, 졸업률, 문맹률 등의 지표로 측정한다.
- 균형적인 시간: 균형적인 시간은 소득 창출을 위해 소비하는 시간과 개인적인 활동을 위해 소비하는 시간의 균형을 의미하며 주로 노동시간, 직장통학시간, 지불되지 않은 가사노동시간(돌봄이나 청소 등), 여가시간 등을 나타내는 지표들로 측정한다.
- 정치적 참여와 협치: 정치적 참여와 협치는 다양한 정당의 기능, 참정권, 정부의 결정에 있어서의 탈중앙화의 정도, 결정에 참여할 수 있는 정도, 언론 자유, 시민행동으로의 참여와 노동조합과 시민조직으로의 자유로운 참여, 헌법이나 각종 법에 명시된 인간의 권리, 자유에 대한 권리, 사법부의 기능 등을 나타내는 지표들로 구성된다.
- 사회적 관계: 사회적 관계는 주로 정치적 개입, 사교집단이나 단체, 조직 등의 회원 여부, 자원봉사, 이웃이나 가족 등과의 접촉, 타인에 대한 신뢰, 종교활동, 인종, 종교 그리고 계급을 뛰어넘는 우정, 사회적 결기 수준, 비공식적인 지지의 유용성 등의 지표들로 측정된다.
- 환경적 조건: 환경적 조건은 물이나 공기의 질, 깨끗한 물을 사용하지 못하는 사람들의 수, 대기오염으로 사망한 사람들의 수, 소리나 오염 등으로 위험한 상황에 처해 있는 사람들의 수 등으로 측정한다.

(2) OECD의 개인적 번영지수

OECD는 2011년부터 번영지수를 개발하여 국가별 번영지수를 발표하고 있다. OECD가 개발한 번영지수는 Stiglitz와 Sen 그리고 Fitoussi(2009)가 제시한 삶의 질 측정 개념과 요소들을 적용하여 발전시킨 것으로 번영을 삶의 질과 동일한 개념으로 이해하고 개인의 번영과 물질적 조건 등으로 구성된 총 11개의 요소로 영역별 측정도구들을 제시하고 있다. 그리고 번영의 지속성을 위한 자연자본, 인적자본, 경제자본, 사회자본의 토대가 필요함을 지적하고 있다. 특히 OCED의 번영지수는 Sen이 제시하였던 능력접근(capacity approach)모델(Sen, 1985; Alkire and Sarwar, 2009; Anand et al, 2011)에 기초하여 개개인들의 선택과 기회를 강화하고 확대시킬 수 있는 영역들을 번영을 측정하는 구성요소에 포함시켰다는 특징이 있다(OECD, 2015).

OCED의 번영지수는 크게 삶의 질 영역에서 8개의 요소와 물질적

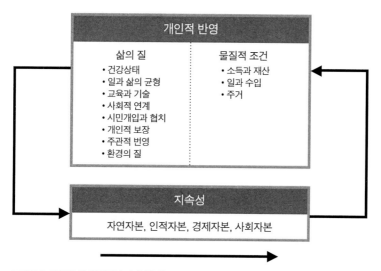

그림 7-5 OCED의 번영지수의 측정 틀
자료: OECD, 2015, *How's Life 2015*, p. 23, 그림 1-1에서 재인용

조건 영역의 3개의 요소를 포함하여 총 2개 영역의 11개의 하위영역에서 지표를 선정하여 번영을 측정하도록 되어 있다. 번영지수의 측정 틀을 그림으로 나타내면 〈그림 7-5〉와 같다.

위의 총 11개 하위영역의 지표들과 측정을 위한 도구들을 살펴보면 〈표 7-10〉과 같다.

표 7-10 번영지수의 측정영역과 지표

영역	하위영역	측정요소	지표
소득과 재산	가구소득	가구의 순 조정된 가처분소득	$ 구매력평가지수(purchasing power parities, PPPS)
	재정적 부	순 가구의 재정적 부	$ 구매력평가지수
일과 수입	고용	고용률	15~64세의 고용률
	수입	전일제 노동자 1인당 평균 연수입	$ 구매력평가지수
	직업 보장	일자리를 잃을 가능성	연도별 실업자의 유입률(%)
	장기간 실업	장기 실업률	1년 이상 실업을 한 노동자(%)
일과 삶의 균형	노동시간	장시간 일하는 노동자	일주일에 50시간 이상 일하는 노동자(%)
	일을 쉰 시간	개인적 일이나 레저를 위해 소비한 시간	하루에서의 시간(전일제 노동자)
주거	1인당 방의 수	1인당 방의 수	1인당 평균 방의 수(화장실, 창고, 부엌, 다용도실 제외)
	주거 적당성	주거 적당성	주택과 주택 유지를 위해 소비하는 가구당 순 가처분소득(%)
	기초적인 위생	기본적인 위생시설의 여부	수세식 변기가 없는 사람들의 비율(%)
환경의 질	물의 질	물의 질에 대한 만족	물의 질에 만족하는 사람의 비율(%)
	공기의 질	공기오염(PM2.5)	PM2.5, 큐빅미터당 μg

건강상태	기대수명	출생부터의 기대수명	기대수명(나이)
	인지된 건강	인지된 건강상태	개인이 평가한 건강상태가 '좋음' 또는 '좋음 이상'으로 보고된 성인들의 비율(%)
교육과 기술	교육 성취	성인의 교육 성취	25~64세 사람들 중 중등교육 이상을 마친 사람들의 비율(%)
	인지력	15세 이상 학생들의 인지력	OECD의 국제학생평가시험의 수학, 과학, 독해의 평균 점수
	성인의 기술	16~65세 성인들의 능력	OECD의 국제성인능력평가의 읽고 쓰는 능력과 수리능력
사회적 연계	사회적 지지	인지된 사회적 네트워크의 지지	문제가 발생하였을 때 같이 해결할 수 있는 친구나 친척을 가진 사람들의 비율(%)
시민 개입과 협치	투표 참여	투표 참여	등록된 사람들 중 투표에 참여한 사람들의 비율(%)
개인적 보장	공격에 의한 죽음	공격에 의한 죽음	인구 10만 명당 비율
	보고된 피해	보고된 공격	지난 12개월 동안 공격을 당해 신고한 사람들의 비율(%)
주관적 번영	삶의 평가	삶의 만족	0~10점 척도로 보고된 평균값

• OECD의 개인적 번영지수의 특징

　OECD의 개인적 번영지수는 삶의 질과 행복 등으로 표현되는 인간의 번영 수준을 다양한 영역에서 측정한다는 장점을 지닌다. 번영의 심리적인 측면을 삶의 만족 정도를 통해서 측정하여 주관적 평가를 포함하였다. 그리고 국민 개개인을 중심으로 건강한 삶을 살기 위해 필요한 조건들을 포괄하여 측정하였다. 즉, 번영을 위한 물질적 조건과 개인적 삶의 번영을 위한 조건을 모두 포함하여 인간의 번영 정도를 측정하였다.

특히, 주로 개인이 매일매일 생활하면서 인식하거나 인지하는 또는 개인이 건
강하고 안전한 삶을 살아가는 데 필요한 적당한 수준의 물질적 조건이나 환경적
조건을 측정하였다는 특징이 있다. 측정의 대상은 개인이나 가구 중심이다. 하
지만 OECD의 개인적 번영지수는 사회의 질과 비교하여 다음과 같은 점
이 상이하다고 할 수 있다.

첫째, 사회복지서비스 등과 같이 국민의 전반적인 사회적 위험에 대응하
는 사회보호시스템은 측정영역에 포함되어 있지 않으며 번영을 위한 사
회의 수준이 아닌, 주로 개인이나 가구의 수준만을 측정한다.

둘째, 사회·경제적 보장을 나타내는 지표 중 고용의 질(비정규직이나 임시
직 비율이나 임금 격차 등)을 나타내는 지표와 빈곤의 심각성을 나타내주
는 빈곤율, 소득양극화 등과 같은 사회배제 현상을 나타내주는 지표가 부
재하다.

셋째, 정부에 대한 신뢰나 이웃 등에 대한 신뢰의 정도를 나타내는 지표와
연대감이나 공동체에 대한 인식의 정도를 나타내는 사회자본에 대한 측
정이 부재하다.

넷째, 인종이나 성, 나이 등의 원인에 기초하는 사회적 포용이나 차별에
대한 사회의 인식 정도를 측정하는 지표가 부재하다.

다섯째, 자기실현을 위한 노력의 정도나 개인적 능력이나 역량강화를 위
한 사회적 노력에 대해 측정하는 지표가 부재하다.

여섯째, 노동의 탈상품화의 정도나 노동력 재생산을 위한 정책적 지원의
정도 그리고 사회적 재생산을 위한 사회적 참여활동의 정도를 측정하는
지표가 부재하다(예를 들어 가족돌봄이나 보육의 국가책임 정도 등).

일곱째, 시민사회의 일원으로 기부나 자원봉사, 시민조직이나 시민행동
등으로의 참여활동을 측정하는 사회참여지표가 부재하다.

결국 개인적 번영지수는 개인의 삶의 질이나 행복의 정도를 측정하므로 사회의 수준이나 사회적 삶의 질 정도를 측정하는 사회의 질 측정 영역이나 지표와는 상이한 특성을 갖고 있다고 결론지을 수 있다.

제2절 탈상품화와 측정

1. 탈상품화지수

Esping-Andersen(1990)이 제안한 탈상품화지수(decommodification index)는 기본적으로 수집된 사회지표를 통해서 상품화의 정도를 비교한다. 그가 사용한 탈상품화지수는 연금, 실업급여 그리고 질병수당(sick pay)에서 추출된 임금대체비율이다. 이를 이용하여 그는 복지국가를 보수주의 복지국가, 자유주의 복지국가 그리고 사회민주주의 복지국가로 유형화하였다. 물론 객관적이라고 생각되는 국가의 통계지표인 사회지표를 분석하여 탈상품화의 정도를 측정하는 것은 의미가 있지만 국민 개개인들이 인지하는 주관적 관점에서의 탈상품화 정도를 측정하는 것 역시 탈상품화의 정도를 측정하는 지표로 의미가 있을 수 있다. 하지만 임금대체가 가능한 현금혜택의 복지서비스만을 대상으로 자료를 수집하고 분석하였다는 점 등은 한계점으로 지적되기도 한다. 그럼에도 복지국가를 구분하는 사회적 모델의 기준을 탈상품화지수라는 개념을 활용하여 제시하고 측정 가능한 지수를 통하여 복지국가를 유형화하였다는 점에서 매우 중요한 연구 업적임에는 틀림없다.

Esping-Andersen은 탈상품화지수를 통해 복지국가를 유형화할 때 모든 복지국가를 대상으로 분석을 한 것이 아니라 자료 수집이 가능한 18개 국가들을 대상으로 하였다. 탈상품화지수는 크게 연금과 실업급여

및 질병수당이며 자료는 SSIB data files[3]를 이용하였다. 구체적인 측정
방법은 아래와 같다.

- 연금: 연금은 아래와 같이 5개의 변수를 활용하여 측정하였다.

  변수1: 노동자 1인의 정상적인 임금 대비 최소연금혜택

  변수2: 1인당 표준 연금대체비율(표준연금혜택)

  변수3: 급여자격 획득을 위해 기여한 기간(year)

  변수4: 개인에게 지불된 총 연금의 분담금(연금재정의 개인적인 몫)

  ⇒ 개별국가들은 4개의 변수에서 각각 1, 2, 3점의 점수를 받는
  다. 1점은 탈상품화의 수준이 낮음을, 2점은 중간 수준을 그
  리고 3점은 탈상품화의 수준이 높음을 나타낸다. 1, 2, 3점의
  점수 부여는 평균값과 표준편차를 이용한다. 예를 들어 평균
  값 이하에서 표준편차보다 크면 1점, 평균이 표준편차 범위
  에 있으면 2점 그리고 평균값 이상에서 표준편차보다 크면 3
  점을 부여한다.

  변수5: 연금혜택을 받는 사람들의 비율(%)

  ⇒ 위의 4개의 변수에서 나온 1, 2, 3점의 점수들을 모두 합한 후
  연금을 실제적으로 받는 사람들의 비율(%)에 가중치를 준다.

  ⇒ 그리고 대체율 변수의 점수(변수1과 변수2)에는 2를 곱하여
  점수를 1, 2, 3이 아닌 2, 4, 6으로 만든다.

  ※ 호주와 같이 연금이 자산조사에 기초하는 경우 기여기간에 0을
  그리고 혜택을 받는 사람들에게는 가중치 0.5를 부여하였다.

----

3   "Society for the Study of Ingestive Behavior"의 자료

- 실업급여 및 질병수당: 실업급여와 질병수당의 변수는 대부분 동일하며 아래와 같다.

변수1: 질병 또는 실업 후 처음 26주 기간 동안의 표준노동자의 세전혜택 소득대체비율(표준급여의 대체비율)

변수2: 혜택을 받기 전에 고용된 주(week)의 수

변수3: 급여를 받기 위해 대기한 날짜의 수

변수4: 급여를 받을 수 있는 주의 수

변수5: 질병수당/실업급여를 실제로 받는 비율(%)

⇒ 탈상품화지수는 3개의 측정영역(연금, 실업급여, 질병수당)의 값들을 모두 합하여 국가별로 점수를 부여한다.

위와 같은 현금혜택의 연금, 실업급여 그리고 질병수당을 중심으로 계산한 18개 국가의 탈상품화 점수는 〈표 7-11〉과 같다.

표 7-11 국가별 탈상품화 점수

국가	탈상품화 점수
호주	13.0
미국	13.8
뉴질랜드	17.1
캐나다	22.0
아일랜드	23.3
영국	23.4
이탈리아	24.1
일본	27.1
프랑스	27.5
독일	27.7
핀란드	29.2
스위스	29.8

오스트리아	31.1
벨기에	32.4
덴마크	32.4
핀란드	38.1
노르웨이	39.3
스웨덴	39.1
평균(M)	27.2
표준편차(SD)	7.7

자료: Esping-Andersen, 1990, 52

2. 혜택관대성지수와 복지관대성비율

복지국가의 수준을 비교하기 위해 또는 복지국가에서 제공하는 복지혜택의 정도를 측정하기 위해 활용하는 측정도구로 복지의 관대성을 측정하는 도구가 있다. 가장 대표적인 것이 Scruggs와 Allan이 제시한 복지국가의 혜택관대성지수(benefit generosity index)이며 또 다른 하나는 Castle이 활용하여 제시한 복지관대성비율(welfare generosity ratio)이다. 이 두 지표 값은 복지국가의 복지 수준을 나타내준다는 점에서 동일한 의미를 갖지만 측정영역과 지표 값의 추출 면에서 상이한 방식을 나타낸다. 이 두 측정도구를 설명하면 아래와 같다.

1) Scruggs와 Allan의 복지국가의 혜택관대성지수

Scruggs와 Allan(2006, 2008)은 Esping-Andersen(1990)이 제시한 탈상품화지수를 수정·보완하여 관대성지수 또는 혜택관대성지수라고 명명하였다. 이들은 복지국가를 구분하기 위해 사용한 탈상품화지수의 측정요소인 현금혜택, 즉 연금, 실업급여 그리고 질병수당을 중심으로 각 영역별 5개의 측정요소를 제시한 후 측정된 값들을 합산하는 방식으로 복지국가를 재유형화하였다. 혜택관대성지수를 구성하는 복지혜택인 연금, 실업보험 그리고 질병수당에 대한 측정요소와 내용을 보면 〈표 7-12〉와 같다.

표 7-12 혜택관대성지수의 측정요소와 내용

핵심프로그램	측정요소	측정내용	측정치
실업보험	대체율	세후혜택	0~4점
	자격획득기간	자격혜택을 위해 필요한 고용기간	주(weeks)
	대기일	혜택받기 전까지의 기간	일(days)
	혜택기간	40세의 실업자에게 혜택이 제공되는 기간	주
	포함범위	실업보험을 받는 사람들의 비율	%
질병수당	대체율	세후혜택	0~4점
	자격획득기간	자격혜택을 위해 필요한 고용기간	주
	대기일	혜택받기 전까지의 기간	일
	혜택기간	질병에 걸린 40세의 사람에게 혜택이 제공되는 기간	주
	포함범위	질병수당을 받는 사람들의 비율	%
연금	최소대체율	은퇴자의 세후 소득대체비율	0~4점
	표준대체율	세후대체비율	0~4점
	자격획득기간	표준혜택을 받기 위해 필요한 보험가입기간	년(years)
	기여비율	연금혜택을 위한 고용인(고용인+고용주)의 기여금	%
	포함/혜택비율	공적 연금을 받는 사람들의 비율	%

- 대체율 측정값: 소득대체율 점수는 0에서 4점(0점은 대체율 없음, 4점은 대체율이 가장 높음)
- 대체율 외의 다른 변수 측정값: 각각 1, 2, 3점의 점수를 받는다. 1점은 탈상품화의 수준이 낮음을, 2점은 중간 수준을 그리고 3점은 탈상품화의 수준이 높음을 나타낸다.

- 1, 2, 3점의 점수 부여는 평균값과 표준편차를 이용한다. 예를 들어 평균값 이하에서 표준편차보다 크면 1점, 평균이 표준편차 범위에 있으면 2점 그리고 평균값 이상에서 표준편차보다 크면 3점을 부여한다.
- 점수 부여 값의 수준은 점수가 높으면 복지혜택의 관대성 수준이 높은 것으로 해석된다. 즉, 짧은 대기기간, 짧은 자격획득기간, 긴 혜택기간 등은 높은 혜택관대성지수 값을 나타낸다.
- 각 영역별 5개의 지표 중 혜택범위를 제외한 4개 영역의 점수를 합한 후 혜택범위 비율(coverage rate)을 곱하면 영역별 점수가 도출된다. 대체율의 경우에는 더 좋은 추정치를 위해 2를 곱한다. 이와 같은 계산방법을 영역별로 제시하면 다음과 같다.

- **실업보험과 질병수당 계산방법**
2 × 대체율 점수(0~8) + 혜택 기간(1~3) + 자격획득 기간(1~3) + 대기일(1~3) × 포함 범위(혜택을 받는 사람들의 비율)

- **연금 계산방법**
2 × 최소대체율 점수(0~8) + 2 × 표준대체율 점수(0~8) + 자격획득 기간(1~3) + 고용인과 고용주의 기금의무기여금(1~3) × 은퇴한 사람 중 혜택을 받는 사람들의 비율

이와 같은 계산을 통해 Scruggs와 Allan은 국가별 혜택관대성지수를 1985년과 2000년을 중심으로 비교하였는데 이들이 제시한 혜택관대성지수에 따른 결과를 표로 나타내면 〈표 7-13〉과 같다.

표 7-13 복지국가별 혜택관대성지수

국가	실업수당		질병수당		연금수당	
	1985	2000	1985	2000	1985	2000
호주	3.5	3.6	3.8	3.7	5.8	5.8
오스트리아	6.5	6.5	10	10	13.2	15.1
벨기에	11.2	12.5	11.4	9.5	12.6	14.3
캐나다	7.4	7.5	6.9	7	12.4	13.5
덴마크	9.6	10.3	12.5	10.7	14.7	14.2
핀란드	6.8	8.1	11.7	10.6	16.2	12.7
프랑스	7	7	9.5	8.8	14.8	13.9
독일	7.5	7.1	13.2	12.6	11.3	10.8
아일랜드	6.6	8.2	5.7	7.3	12.6	9.8
이탈리아	5	8.4	7.6	7.6	13.7	15.2
네덜란드	12.2	10.9	11.2	11.1	15.4	14.6
노르웨이	10.4	10.8	13.6	13.6	15.3	14.6
스웨덴	10.1	10.3	14	12.6	17.2	13.3
스위스	10.6	9.5	12.3	3	12	11
영국	5.4	5.4	5	6.7	11.7	11.1
미국	8.7	9	0	0	12.2	11.9
평균(M)	8.0	8.4	9.3	8.4	13.2	12.6
표준편차(SD)	2.5	2.3	4.1	3.8	2.6	2.5

자료: Scruggs와 Allan, 2006, 892, 표 3에서 재인용.

〈그림 7-6〉은 Scruggs(2014)이 유럽 18개 국가의 1975년부터 2010
년까지의 연금수당, 실업수당 그리고 질병수당의 혜택관대성지수 평균
값의 변화를 나타낸 것이다.

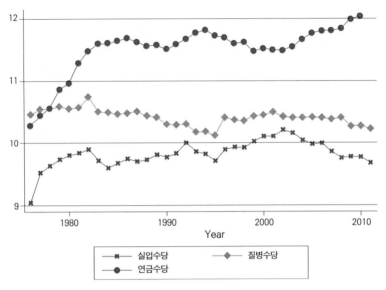

그림 7-6 사회보험에 대한 혜택관대성지수의 변화(1975~2010)
* 자료: Scruggs, 2014, 10, 그림 1에서 재인용

〈그림 7-6〉을 보면 유럽 18개국의 연금수당에 대한 혜택관대성지수
는 상대적으로 상향하는 경향이 있지만 실업수당이나 질병수당에 대한
혜택관대성지수는 그다지 변화가 나타나지 않음을 알 수 있다. 이러한
결과는 곧 노인인구 증가에 따른 연금지출액의 증가로 연금에 대한 혜택
관대성지수는 증가하고 있지만 실업이나 질병에 대한 보호나 보장은 그
다지 개선되지 않고 있음을 잘 나타내준다고 할 수 있다.

• 혜택관대성지수의 특징 및 한계

혜택관대성지수는 관대성지수로도 불리며 복지국가에서 제공하는
대표적인 현금제도인 연금, 질병수당, 실업보험 등을 단순히 소득대체율
로 나타낸 지수가 아니고 소득대체율을 포함하여 연금, 질병수당, 실업
보험의 혜택을 수량화된 가치로 나타낸 지수이다. 따라서 혜택관대성지

수는 현금혜택의 사회적 임금의 수준을 파악하는 데 도움을 주는 지수이다. 하지만 혜택관대성지수는 현금으로 수량화할 수 있는 현금복지혜택의 비중을 비교하는 데 주로 많이 사용되므로 현금으로 수량화할 수 없는 현물이나 전문적 서비스는 혜택관대성지수에 포함되지 않는 경우가 발생한다. 이 지수가 전체 복지혜택의 수준을 나타내는 데 한계가 있음은 Esping-Andersen의 탈상품화지수와 동일하다고 할 수 있다.

2) Castles의 복지관대성비율

복지관대성비율은 단순하지만 증가하는 복지욕구에 대하여 복지국가가 얼마나 잘 대처하고 있는가를 측정하는 데 사용될 수 있는 측정도구이며 Castles(2004)에 의해서 제시되었다고 알려져 있다. 복지관대성비율은 복지국가 지출증대의 가장 결정적인 원인이 노인인구와 실업의 증가에 있다는 것을 전제로 65세 이상의 인구비율과 실업률로 사회적 지출(GDP에서 차지하는 사회적 지출 비율)을 나눈 것이다. 즉, 복지관대성비율이란 복지지출의 요인이 되는 의존인구(dependant population)를 노인인구와 실업자로 간주하여 사회복지지출에 이 두 요인을 반영한 비율이라고 할수 있다. 따라서 복지관대성비율이 높으면 높을수록 국가가 복지욕구에적절히 대처하고 있다는 것을 의미한다.

Castles(2004)은 자신의 책에서 OECD의 Labour Force Statistics(1980~2000) 자료를 가지고 1980년과 1998년의 두 시점을 중심으로 21개 국가의 복지관대성비율을 측정하여 제시하였다. 그의 연구에 따르면 1998년을 기준으로 볼 때 미국, 캐나다, 영국 등은 스웨덴과 같은 북유럽 복지국가들에 비해 복지관대성비율이 낮았다. 이는 복지에 의존하는 인구가 많음에도 복지지출이 상대적으로 낮게 유지됨을 의미한다. 복지관대성비율이 가장 낮은 국가는 스페인으로 스페인은 유럽 다른 나라

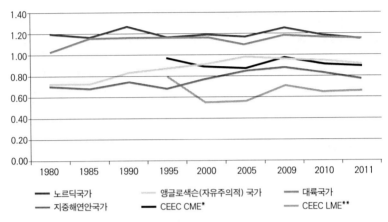

그림 7-7 복지국가의 복지관대성비율(1980~2011)

자료: Orosz, 2013), 3, 그림 1에서 재인용

*CEEC(Central Eastern European Countries) CME(대륙국가): 체코, 헝가리, 폴란드, 슬로베니아

**CEEC LME(자유주의국가): 에스토니아, 슬로바키아

에 비해 실업률이 매우 높음에도 불구하고 복지지출은 낮아 복지관대성 비율이 매우 낮게 나타났다. 그에 따르면 21개국 평균 복지관대성비율은 1980년에 1.04에서 1998년에 1.03으로 평균 0.01이 줄어들었는데 이 는 1980년과 1998년 사이에 GDP에서 차지하는 전체 사회적 지출이 4% 증가(18.7%에서 22.7%)한 것에 비추어보면 노인인구의 증가와 실업 증 가에 대처하기 위한, GDP에서 차지하는 사회적 지출이 더 높아야 함을 나타내준다고 할 수 있다. 〈그림 7-7〉은 Orosz(2013)가 OECD의 자료 와 World Bank의 자료를 바탕으로 복지관대성비율을 도출하여 제시한 것이다.

Orosz는 Esping-Andersen(1990)의 복지국가 분류를 수정하여 제 시한 Sapir(2006)의 분류 방식을 적용하였다. Sapir(2006)는 복지국가 의 유형을 크게 노르딕국가, 앵글로색슨(자유주의적)국가, 대륙국가 그 리고 지중해연안국가 등으로 구분하였다. 노르딕국가는 덴마크, 스웨덴,

핀란드, 네덜란드이고 앵글로색슨(자유주의적)국가는 아일랜드와 영국이며 대륙국가는 오스트리아, 벨기에, 프랑스, 독일, 룩셈부르크이고 지중해연안국가는 그리스, 이탈리아, 포르투갈, 스페인이다. 〈그림 7-7〉을 보면 노르딕국가와 대륙국가의 복지관대성비율이 2010년을 기점으로 비슷한 경향을 보이는 것으로 나타남을 알 수 있다.

• 복지관대성비율의 특징 및 한계

복지관대성비율은 간편한 방식, 즉 2개의 지수 값을 통해서 복지국가의 수준을 측정할 수 있다는 간편성이 가장 큰 특징이라고 할 수 있다. 즉, 복잡한 방식을 거치지 않아도 혜택관대성비율보다 손쉽게 지수 값을 구할 수 있다. 하지만 간편성은 장점이면서 동시에 한계를 나타낸다. 즉, 2개의 영역에서 복지수여자들에게 지출된 비용만으로 복지국가의 관대성을 측정한다는 것은 무리가 따른다. 또한 복지관대성비율이 나라별로 국민이 가지고 있는 복지욕구가 상이하다는 것을 고려하지 않는다는 점 역시 한계로 지적되고 있다.

Orloff(1993)와 Daly(1997) 그리고 Esping-Anderson(1999) 등은 복지관대성비율이 기본적으로 다음과 같은 문제점을 내포하고 있다고 주장하였다. 첫째, 복지관대성비율은 복지욕구에 대하여 복지국가가 얼마나 잘 대처하고 있는가를 평균적인 비율로 나타내주지만 모든 국가들이 동일한 복지혜택을 제공하는 것은 아니고 국가에 따라 매우 상이한 복지혜택이 제공된다는 것이 반영되지 못한다는 약점이 있다. 둘째, 모든 지출이 복지혜택의 단지 두 범주(노인인구와 실업자)로만 구분되기 때문에 복지욕구에 대한 다양한 수준이 반영되지 못한다는 약점이 있다. 예를 들어 가족구조의 변화로 말미암은 한부모가정 등과 같은 새로운 욕구 주도층의 등장이 복지관대성비율에 고려되지 못하고 있다.

제8장

사회의 질의 측정

제1절 사회의 질의 측정요소와 지표

1. 측정도구로서의 사회의 질

사회의 질은 사회의 발전 정도를 나타내는 기준이다. 우리는 그동안 한 사회의 발전 정도를 나타내는 사회지표로 가장 일반적으로 GDP를 활용하여왔지만 GDP는 사회의 발전 정도를 완벽하게 설명하지 못하는 한계를 가지고 있어 이에 대한 새로운 기준이 필요하였다. 예를 들어 한 국가의 GDP가 10년 동안 10배 증가하였다고 해서 그 국가의 발전이 10년 동안 10배 발전하였다고 할 수 없고 GDP가 10배 증가하였다고 해서 사회적 번영이나 개인적 번영의 정도가 10배 증가하였다고 단정할 수 없으며 사회의 질 역시 그전에 비해 10배 개선되었다고 할 수 없다.

앞에서 설명한 바와 같이 GDP는 국민 개개인들의 매일매일의 삶을 반영하지 못한다. 총량적 의미에서 GDP를 통해 경제성장이 이루어졌다고 해서 국민의 매일매일의 삶에 부정적인 영향을 미치는 각종 사회문제가 해결된 것은 아니기 때문이다. 예를 들어 GDP가 증가한다고 해서 그만큼 빈곤문제가 해결되는 것은 아니며 실업문제 역시 GDP가 증가한다고 줄어들거나 해소되는 것은 아니다. 사회적 박탈이나 양극화의 수준은 GDP의 증대와 상관없이 지속적으로 확대되는, 국민의 삶의 수준에 부정적인 영향을 주는 심각한 위협요소이다. 하지만 역설적으로 Deininger과 Squire(1996) 등 많은 연구결과에 따르면 OECD 국가를 포함한 대부분의 자본주의 사회에서 공평한 사회의 성장률이 그렇지 못한 국가에 비해 높다는 사실은 공평성을 강조하는 사회의 경쟁력이 그렇지 못한 사회에 비해 높다는 것을 나타내준다(Beck et al, 1997).

GDP나 GNI로 대변되는 국가의 경제성장을 통해, 곧 국가의 공평성을 위한 노력을 통해 그 분배 몫이 골고루 국민에게 할당되도록 하여야 하는 것이 중요하다. 사회의 질은 사회의 공평성의 정도, 나아가 경제발전이 반영하지 못하는 사회발전 정도 또는 사회의 번영 정도를 나타내주는 하나의 기준이자 측정도구이다. 또한 사회의 질은 구체적으로 보면 사회정책과 공공정책과 관련하여 사회를 이해하는 하나의 방식이다. 즉, 사회의 질은 인간이 번영할 수 있는 사회적 조건을 이해하는 데 도움을 준다(Abbott and Wallace, 2012). 따라서 사회의 질은 개인적 번영을 가능하게 해주는 사회적 조건으로 사회적 번영의 정도를 나타낸다. 결국, 개인적 번영에 영향을 주는 사회적 번영의 정도를 나타내주는 것이 사회의 질이라고 할 수 있다.

사회의 질 수준에 의해 한 사회의 발전 정도를 이해하고 확인하기 위해서는 사회의 질을 나타내주는 측정도구가 반드시 필요하다. 즉, 사회의 질을 보여주는 측정도구 없이는 사회의 질 수준을 확인하고 파악하는 것이 불가능하기 때문이다. 사회의 질은 다면적 영역을 포함하는 개념이므로 사회의 질을 측정하는 도구 역시 매우 다양한 영역을 포괄하는 방식으로 나타난다. 본 연구에서는 사회의 질을 측정하기 위한 구성요소로 사회적 임금, 사회적 노동, 사회적 재생산구조 그리고 사회자본을 제시하는데, 각각의 구성영역별로 사회의 질을 측정하기 위한 매우 다양한 지표들이 필요하게 된다.

2. 사회의 질의 측정을 위한 사회의 질 지표

사회의 질의 측정은 사회의 질을 구성하는 조건적 요소의 실현이나 성취 정도를 보여주는 지표(객관적 지표나 주관적 지표 등)를 통해서 나타나고 비교된다. 따라서 사회의 질을 측정하는 모든 지표는 곧 사회의 질의 조건적 요소의 충족 정도를 측정한다. 사회 질의 구성요소인 사회적 임금, 사회적 노동, 사회적 재생산구조 그리고 사회자본은 개인, 집단, 지역사회 또는 사회가 성취하여야 하는 사회의 질 수준을 결정하는 자원의 정도를 나타내준다. 사회의 질을 구성하는 조건적 요소의 변화의 정도나 수준은 곧 지표를 통해서 분석되고 이해될 수 있다. 통상 조건적 요소를 타나내는 자원의 충족 정도는 양적 자료를 통해서 수집되어 분석된다. 양적 자료는 수량화된 가치로 나타나는 자료로 주로 정부의 발표에 의한 사회지표가 대표적이다. 동시에 개개인들의 주관적 인식(이나 주관적 견해)에 대한 조사를 통해 얻어진 자료 역시 사회의 질의 정도를 측정하는 주요한 자료로 역할을 한다.

양적 자료이든 주관적 견해를 담은 질적 자료이든 간에 사회의 질의 수준을 나타내주는 지표들은 사회행위자로서 집단적 동질성의 형성을 위해 노력한 인간들의 노력에 대한 판단을 이해하는 데 도움을 준다. 결국, 사회의 질을 발전시키는 데 필요한 조건들이 얼마나 이루어져 있고

개선되었으며 충족되었는지를 사회의 질 지표(social quality indicators)들
은 보여준다. 따라서 사회의 질 지표는 사회의 질을 판단하는 근거이고 합
리적 이유(rationale)이다.

　　사회의 질 지표의 가장 중요한 존재 근거는 사회의 질 지표가 반드시 현 사
회의 질을 반영하고 해석할 수 있도록 해주는 지표여야 한다는 점이다. 즉, 사
회의 질이 개인적 삶의 질 영역을 포함한다고 전제하면 사회의 질의 하
부영역인 삶의 질 영역에서의 지표는 모두 삶의 질의 수준을 나타내어
국민 개개인들의 삶의 질을 반영하고 해석할 수 있는 지표들로 구성되어
있어야 한다. 사회적 임금 등 사회의 질을 구성하는 영역에서 각종 통계
지표들을 통한 사회의 질의 증명은 곧 귀납적 방법을 통한 증명, 즉 경험
적 방법을 통한 증명을 의미한다. 경험적 방법을 통한 사회의 질의 측정
은 곧 실증주의적 논리에 근거한 수량화된 지표를 통해 사회의 질을 측
정하는 방법이다. 수량화된 지표는 숫자를 의미하며 백분율이나 분수 또
는 소수 등의 숫자를 통해서 사회의 질이 표현되고 이해된다. 예를 들어
사회의 질을 구성하는 측정요소 중 인간의 삶의 질이 포함된다고 한다면
삶의 질 역시 국민에게 조사된 주관적 인식에 대한 수량화된 지표로 표
현된다. 즉, 사회의 질 지표는 수량화된 지표들로 구성되지만 지표의 성
격상 사회의 질을 구성하는 요소들에 대한 국민 개개인들의 주관적 인식을 나타
내주는 지표들과 사회의 질이라는 사회현상을 객관적으로 나타내주는 사회지표
들로 구성된다.

　　우리는 사회의 질을 나타내주는 합리적 근거를 갖춘 사회의 질을 구
성하는 요소에 대한 (경험적) 지표를 통해서 특정 사회의 질의 수준을 분
석하고 이해할 수 있으며 지역사회와 국가들 간의 사회의 질의 수준을
비교할 수 있다. 따라서 사회의 질 향상을 위해 특정 조건이 부족한지 아
니면 충분한지를 이해하기 위한 가장 최선의 합리적 근거는 바로 사회의

질을 나타내는 객관적 지표의 개발 및 발견에 놓여 있다고 할 수 있다. 따라서 지표의 적절성과 타당성은 바로 특정 사회의 질 수준에 대한 판단을 신뢰할 수 있는가를 결정하는 가장 중요한 근거이다.

이러한 사회의 질 지표에 대한 중요성으로 인해 2001년 EFQS는 유럽 14개국과 2개의 시민단체들을 포함한 유럽인사회질지표네트워크(the European Network on Indicators of Social Quality, ENIQ)를 발족하고 사회의 질을 구성하는 조건적 요소인 사회·경제적 보장, 사회포용, 사회통합 그리고 사회적 임파워먼트를 측정할 수 있는 사회지표를 개발하고 정리하는 프로젝트에 착수하여 2005년에 유럽 14개국에 적용 가능한 사회지표보고서를 제시하였다(Van der Maesen et al., 2005). 이후 사회의 질을 측정하기 위한 지표에 대한 연구는 전 세계적으로 꾸준히 이루어지고 있다. 아시아 권역에서도 사회의 질의 향상을 위한 노력을 세계적인 보편타당한 노력으로 인정하고 이를 객관적으로 측정하기 위한 사회의 질 지표에 대한 연구들이 2000년대 후반 이후 시작되었다.

ENIQ의 사회의 질 지표에 대한 연구는 Beck과 동료들(1997)이나 Van der Maesen과 동료들(2005, 2012)이 제시한 사회의 질을 구성하는 조건적 요소, 즉 사회·경제적 보장, 사회포용, 사회통합 그리고 사회적 임파워먼트를 나타내는 수량화된 지표를 찾는 것을 의미한다. 물론 이들 4개의 조건적 요소의 영역들 중에서 사회·경제적 보장을 나타내는 지표는 사회자본의 요소를 포함한 사회통합의 영역을 나타내는 지표들보다 객관적이고 보편적이다. 그래서 이 지표는 많은 국가들이 공통적으로 사용하는 지표들로 구성되어 있다는 특징이 있다. 즉, 사회자본지수는 객관적이고 보편타당한 지표를 제시하지 못한 반면 사회보장 영역의 실업률지표나 빈곤율지표는 상대적으로 객관적인 타당성을 지닌 지표들로 구성되어 있다.

본 연구에서는 ENIQ와 달리 사회의 질 지표가 사회의 질을 구성하는 요소인 사회적 임금, 사회적 노동, 사회적 재생산구조 그리고 사회자본의 구현 정도를 나타내주는 객관적 사회지표와 국민들의 주관적 인식을 묻는 주관적 지표들로 구성된다고 보며, 특히 사회의 질 지표는 나라별 특성을 고려하는 상이성 수준에서 개발되어야 한다고 제안한다.

3. 사회의 질 지표의 상이성

사회의 질 수준을 나타내는 사회지표는 국가별로 또는 대륙별로 매우 다르게 나타날 수 있다. 예를 들어 OECD 가입국들에 대한 사회의 질 지표는 OECD가 수집한 자료를 중심으로 분석되며 유럽 국가들의 경우에는 유럽연합의 자료(예를 들어 Eurostat 자료, 유럽인재단 자료 등)들로부터 사회의 질 지표를 도출해낼 수 있다. 이는 북미 국가나 남미 국가 그리고 아시아 국가들에 대해서도 동일하게 적용될 수 있다. 사회의 질 지표의 객관성은 OECD 가입국들에 대한 자료에서 가장 우수할 것이라고 할 수 있지만 OECD 자료는 특정 가입국만의 특수성을 고려하지 않는다는 한계점을 동시에 갖는다.

결국, 사회의 질 지표는 사회의 질을 구성하는 조건을 나타내는 지표의 범위 내에서 국가별 특성을 반영한 자료들로 분석될 수 있다. 예를 들어 사회보장을 나타내는 지표로 빈곤율은 중위소득가구 50% 이하 가구 비율로 나타낼 수 있어 모든 국가들에 공동으로 적용되는 사회보장지표의 하나로 활용될 수 있지만 영유아사망률 같은 지표는 국가별 편차가 심하여 공동지표로 활용하는 것에 무리가 있다. 즉, 영유아사망률 같은 지표는 신흥국들에게는 중요한 사회보장지표일 수 있지만 경제성장이 어느 정도 이루어진 국가들인 경우(예를 들어 스칸디나비아반도의 국가들)는 영유아사망률이 대부분 낮아 사회의 질을 나타내는 사회보장공

동지표로 의미가 없을 수 있다. 따라서 사회보장 수준은 국가별로 차이
가 존재하므로 사회의 질을 나타내는 사회보장지표 역시 국가별로 상이
한 자료와 지표를 활용하고 적용하는 것이 바람직할 수 있다.

　　이러한 국가별 상이성을 인정한다면 현재 활용할 수 있는 사회의 질
지표는 상대적으로 매우 적을 수밖에 없음은 주지의 사실이다. 사회의
질을 측정하는 구성요소, 즉 측정영역이 사회적 임금, 사회적 노동, 사회
적 재생산구조 그리고 사회자본의 네 영역이라고 가정한다면 이들 영역
에서 사회의 질을 측정하는 영역별 지표들의 수는 매우 제한적인 것이
현실이다. 특히, 주관적 인식이 측정되는 사회자본의 영역에서 활용할
수 있는 공통적인 사회의 질 지표의 수는 더욱 제한적일 수 있다.

4. 사회의 질 지표 요소들 간의 관계

　　사회의 질이 본 연구가 제시하는 인간이 기본적 삶을 유지할 수 있
도록 하는 삶의 질 조건과 사회에서 인간으로서 기본적인 대접을 받으면
서 다른 사람이나 조직 등과 상호행동하기 위해 필요한 자기실현과 사회
참여활동을 할 수 있도록 돕는 사회적 조건 등 크게 두 요소로 구성되어
있다고 인정하든, 아니면 Beck과 동료들(1997)이 주장한 사회·경제적
보장, 사회포용, 사회통합 그리고 사회적 임파워먼트의 네 영역으로 구
성되어 있다고 인식하든 반드시 고려하여야 할 점은 구성요소들과의 관
계이다. 즉, 특정 조건이 향상 내지는 증가하면 다른 조건들도 동시에 영
향을 받고, 나아가 사회의 질이 향상되는 것인지 아니면 특정 조건들이
각각 사회의 질에 어떠한 영향을 미치는 것인지를 확인하는 것이 필요하
다. 예를 들어 삶의 질 조건으로서 소득이 증대된다고 하는 것이 사회적
조건인 사회참여활동을 증진시켜 결과적으로 사회의 질을 향상시키게
되는지 또는 사회·경제적 보장이 향상되면 사회의 질을 구성하는 사회

포용이나 사회통합 등 다른 사회의 질 요소에도 영향을 미쳐 전반적인 사회의 질이 향상되는 것인지에 대한 확인 또는 경험적 증거가 필요하다.

사회의 질이 개선되기 위해서는 반드시 물질적 조건으로서 소득의 향상 내지는 국가의 경제성장 또는 GDP의 증대 등이 가장 중요하고 필요하다는 점은 일부 학자들이 꾸준히 제기해온 이슈이다. 하지만 앞에서 이미 설명한 바와 같이 Easterlin의 역설 이후 지속적으로 제시되어온 연구들에 따르면 GNI나 GDP의 성장이 빈곤에 일정 정도 영향을 주지만 일정 정도의 경제성장이 이루어진 국가들의 경우 국민의 행복감에 영향을 주지 못한다는 점이 입증되었다. 이러한 연구결과들은 삶의 질 조건으로서의 소득의 보장이나 사회·경제적 보장의 조건으로서의 소득의 보장이 사회의 질을 위한 기본적인 물적 토대임은 부인할 수 없지만 사회의 질 개선을 위한 유일한 조건이 아니라는 점을 나타내준다. 이러한 결과는 곧 사회의 질의 구성요소들은 모두 상호 간에 영향을 주지만 어떤 한 요소가 배타적이고 독점적인 지위를 갖지 못하다는 점을 잘 나타내준다. 즉, 사회의 질을 구성하는 구성요소들은 모두 상호관계 속에서 이해되어야 한다는 점이 중요하다.

5. 사회의 질 지표의 원칙

사회의 질을 나타내주는 지표들은 어떠한 조건을 충족시키는 지표들로 구성되어야 하는가? 즉, 사회의 질 지표로 활용하기 위해서는 어떠한 조건의 지표들을 활용해야 하는가 역시 지표 선정에 있어 매우 중요한 부분이다. Van der Maesen과 Walker(2012)는 사회의 질 지표의 원칙으로 지표의 적절성, 지표의 충분성, 지표의 일괄성 그리고 자료의 사용 가능성 등을 제시하였다. 이들 원칙을 자세히 설명하면 아래와 같다.

• 지표의 적절성

지표의 적절성(appropriateness)은 사회의 질을 측정하는 지표로 적절한가라는 측면을 나타낸다. 사회의 질 지표는 국민이나 연구자 또는 정책기획가들에게 특정 사회의 질을 나타내거나 사회의 질 현상을 이해할 수 있도록 해주는 지렛대의 역할을 하므로 당연히 사회의 질을 적절하게 반영하여야 한다. 특히, 사회의 질 지표는 특정 사회의 문화적 특성이나 경제적 특성 또는 사회의 변화를 반드시 반영하여야 하는데 이것이 곧 지표 적절성의 핵심적 내용이다. 사회의 조건이 변화하는데 만약 사회의 질 지표가 이를 반영하지 못한다고 한다면 또는 특정 사회의 구체적인 성격을 반영하지 못한다고 하다면 당연히 사회의 질 지표는 특정 사회의 질을 적절하게 나타내고 반영할 수 없게 된다. 특히 지표의 적절성은 사회의 질의 수준에 대한 국가별 상대적 비교를 분석함에 있어서 매우 중요한 요소로 사회의 질 지표는 모든 사회에 모두 적용할 수 있을 정도의 적절한 지표여야 한다는 점은 너무나도 명백한 사실이라고 할 수 있다.

• 지표의 일괄성

사회의 질 지표가 적절하다고 판단된다면 그 다음으로 생각해볼 원칙이 바로 지표의 일괄성(coherence)이다. 지표의 일괄성은 지표가 서로 중복됨을 막기 위한 원칙으로 모든 사회의 질을 나타내는 지표는 그 지표만의 성격이 있고 다른 지표들과 중복되지 않는 선에서 사회의 질을 나타내줄 수 있어야 한다. 예를 들어 두 지표가 소득보장의 정도를 중복해서 나타낸다고 한다면 둘 중 하나의 지표를 사용하는 것이 올바른 지표의 사용법이라고 할 수 있다.

• 지표의 충분성

사회의 질을 나타내는 지표가 적절하고 일괄성이 있다고 판단되면 그 다음으로 점검하여야 하는 것이 지표의 충분성(adequacy)이다. 지표의 충분성은 사회의 질을 측정하는 지표가 사회의 질의 구성요소들을 얼마나 효과적으로 나타내주는가를 보여준다. 예를 들어 소득보장의 정도를 나타내주는 하나의 지표가 빈곤율이라고 하고 구체적인 지표를 중위소득가구 50% 이하 가구 비율로 측정한다면 이 지표가 국민의 빈곤의 정도를 나타내주기에 충분한 지표인가를 판단하는 것이라고 할 수 있다. 만약 하나의 지표로 빈곤의 정도를 나타내주기에 부족하다면 빈곤의 상태를 나타내주는 다른 지표를 찾아 같이 사용하여야 한다. 따라서 지표의 충분성은 국민의 매일매일의 생활을 이해하는 데 그리고 사회의 질의 조건을 이해하는 데 필요한 핵심적인 지표의 특성이라고 할 수 있다.

• 자료의 사용 가능성

사회의 질을 나타내는 지표가 적절하고 일괄성이 있으면서 충분하다면 마지막으로 고려할 사항은 사회의 질 지표를 나타낼 수 있는 충분한 자료(data)가 있는가이다. 예를 들어 소득보장의 정도를 나타내는 지표로 사회의 질 수준에 대한 국제 비교를 하기 위해 중위소득 가구 50% 이하 가구 비율을 사용한다고 했을 때 특정 국가들이 중위소득 기준을 빈곤 기준으로 사용하지 않고 절대적 빈곤 개념인 최저생계비를 빈곤 기준으로 사용한다고 하면 자료의 부족으로 중위소득가구비율을 사용하지 못하는 경우가 발생할 수 있다. 따라서 지표의 활용 여부는 관련된 자료의 존재 여부에 의해서 결정된다고 할 수 있다.

제2절 사회의 질의 측정도구

1. Van der Maesen과 Walker의 사회의 질 측정영역과 지표

Van der Maesen과 Walker(2012)는 2005년에 Van der Maesen과 동료들에 의해서 제시된 사회의 질 측정지표를 수정한, 사회의 질의 측정영역 및 측정요소를 제시하였다. 이들은 사회·경제적 보장 영역의 6개의 측정요소, 사회통합 영역에서 사회자본에 해당하는 4개의 측정요소, 사회포용 영역에서 4개의 측정요소 그리고 사회적 임파워먼트 영역에서 5개의 측정요소를 제시하였다. 각각의 요소들의 특징은 아래와 같다.

- 사회·경제적 보장: 국민 개개인들이 매일매일의 삶을 유지 보전하기 위해서 필요한 기본적 자원을 확인하는 영역
- 사회포용: 국민 개개인들이 시설, 조직, 체계, 사회적 관계로의 참여와 접근 가능성을 확인하는 영역
- 사회통합: 인간 상호 간의 조건과 연계 그리고 관계를 발전시키기 위한 국민 개개인들의 개입의 기본적 자원을 확인하는 영역
- 사회적 임파워먼트: 국민 개개인들이 매일매일의 삶 속에서 창조적인 활동을 할 수 있는지를 확인하는 영역

사회의 질을 구성하는 네 조건적 요소의 측정요소들을 표로 나타내면 〈표 8-1〉과 같다.

표 8-1 Van der Maesen와 Walker의 사회의 질의 측정영역과 측정요소

사회 · 경제적 보장	사회통합
• 소득보장과 같은 재정자원 • 주택 • 환경 • 건강과 돌봄 • 노동 • 교육	• 신뢰 • 통합적 규범과 가치 • 사회적 네트워크 • 동질성
사회포용	**사회적 임파워먼트**
• 시민의 권리 • 노동시장 • 서비스(공공 및 민간) • 사회적 네트워크	• 지식기반 • 노동시장 • 제도의 지원 • 공공영역 • 개인관계

자료: Van der Maesen and Walker, 2012, 103

Van der Maesen과 Walker(2012)는 유럽인사회질위원회(ENIQ)가 제시한 사회의 질의 네 구성요소에서 총 95개의 지표들을 정리하여 제시하였는데 이들 지표는 ENIQ의 '유럽인 반-빈곤네트워크'와 '사회복지국제위원회'로부터 도움을 받았다(Van der Maesen et al., 2005; Gordon et al., 2005). 구체적인 지표의 요소들을 살펴보면 아래와 같다.

1) 사회 · 경제적 보장 영역의 지표요소

유럽인사회질위원회(ENIQ)가 제시하고 Van der Maesen과 동료들이 2005년에 수합하여 발표한 사회의 질을 구성하는 조건적 요소인 사회 · 경제적 보장 영역은 총 5개의 영역과 12개의 하위영역 그리고 총 24개의 하위영역별 지표들로 구성된다.

표 8-2 사회 · 경제적 보장 영역과 측정지표

영역	하위영역	지표
재정자원	소득 충분성	건강과 의복, 음식, 주거에 들어가는 가구소득(중위소득가구나 중위소득가구 이하)
	소득보장	• 전기적 사건들이 어떻게 가정의 수준에서 빈곤에 영향을 가져다주는가? • 유럽연합의 빈곤선 위에서 생활하는 복지혜택을 받는 가구원의 수
주택과 환경	주거보장	• 집을 유지할 수 있는 사람들의 비율 • 가구의 비율(한 집에 여러 가구가 사는 경우)
	주거상태	• 가구원 1인당 공간 • 물이나 전기, 난방 없는 집에서 살고 있는 사람들의 비율
	환경조건	• 1만 명의 거주자 중 범죄 공격을 받은 자의 수 • 평균 이상의 오염된 환경에 살고 있는 가구의 수
건강과 돌봄	건강 제공 보장	의무적인 또는 자발적인 보험에 가입된 국민의 비율
	건강서비스	• 인구 1만 명당 의사 비율 • 병원까지의 평균 거리(시간으로 측정) • 응급상황에 대처하는 평균 시간
	돌봄서비스	지불된 또는 지불되지 않은 돌봄에 들어가는 평균 시간
일	고용보장	• 고용주가 근로조건이나 근로계약 등의 변화를 시행하기에 앞서 공지하는 시간 • 근로계약 종결 전의 공지 시간 • 일시직, 비정규직으로 고용된 노동자들의 비율 • 불법으로 고용된 노동자들의 비율
	작업조건	• 가족돌봄이나 아동양육 등의 이유로 노동시간이 줄어든 고용인들의 수 • 1백 명당 상해를 입은 노동자의 비율 • 정규직 고용인들의 일주일 근무시간
교육	교육보장	• 의무교육을 끝내지 못하고 학교를 떠난 학생들의 비율 • 실제소득 대비 교육비 지출비율
	교육의 질	직장을 찾기 위해 졸업장 없이 학교를 떠난 학생들의 비율

2) 사회통합 영역의 지표요소

유럽인사회질위원회(ENIQ)가 제시하고 Van der Maesen과 동료들이 2005년에 수합하여 발표한 사회의 질을 구성하는 조건적 요소인 사회통합 영역은 총 4개의 영역과 11개의 하위영역의 영역별 지표들로 구성된다.

표 8-3 사회통합 영역과 측정지표

영역	하위영역	지표
신뢰	일반적인 신뢰	세계가치조사 또는 Hall(1999)이 제시한 일반적 신뢰에 대한 질문(I, C, F 등 3개) = 대중 공간 사용에 있어 두려움(1개 질문) = 도움이 필요할 때 도움을 줄 수 있는 사람에 대한 2개의 질문
	구체적인 신뢰	시설에 대한 신뢰 — 세계가치조사의 시설에 대한 신뢰 질문 2개(정부, 선출직 관료, 정당, 군대, 법체계, 언론, 노동조합, 경찰, 종교시설, 공공서비스, 대기업, 은행과 같은 재정시설, 지역사회 지도자에 대한 신뢰 등)
		개인에 대한 신뢰 — 세계가치조사의 개인적 신뢰에 대한 질문 3개(가족, 친구, 이웃, 동료, 매일 만나는 사람들에 대한 신뢰)
통합적 규범	이타주의	자원봉사, 자선 또는 자선활동조직 회원 여부, 헌혈, 기부
	정의	공식적/제도적/법적/실천 — 유엔인권선언 준수, 시민자유지수, Gastill의 정치권리지수, 사법부의 독립, 정의로운 행정, 임의구속의 정도, 부패지수, 정치적 차별에 직면한 사람들의 비율, 정치적 차별지수, 시민권리를 위한 행동, 정보 I, C에 대한 접근과 강제집행 제한
	공동체 지향성과 상호호혜	정치적 안정, 시위와 저항, 파업, 살인율, 자살률, 실업률 I, C.
사회적 네트워크	수평적 네트워크	협회나 단체 또는 시설의 숫자와 유형, 회원의 정도, 의사결정으로의 참여 정도, 지지네트워크(C)에의 의존
	수직적 네트워크	지방과 지역사회 그리고 중앙조직과의 연계, 지방정부나 지역사회조직과 정부기관(I, C) 사이의 연계
	교차적인 결속력	수평적이나 수직적 집단이나 협회 등의 교차적인(여러) 회원권을 가진 회원의 정도, 소셜네트워크 분석을 통해서 측정

	민족/유럽인	외국인에 대한 편견, 이민자, 난민, 망명자에 대한 대접, 시민권을 가진 사람들의 비율, 민족적 자긍심, 국가대표에 대한 지원, 분리운동을 하는 사람들의 비율
동질성	지역/지역사회/지방	외부자(타지역사람)들에 대한 편견, 지역사회 동질성(C)
	대인관계	가족소속감과 친족네트워크(F)

3) 사회포용 영역의 지표요소

유럽인사회질위원회(ENIQ)가 제시하고 Van der Maesen과 동료들이 2005년에 수합하여 발표한 사회의 질을 구성하는 조건적 요소인 사회포용 영역은 총 5개의 영역과 15개의 하위영역의 영역별 지표들로 구성된다.

표 8-4 사회포용 영역과 측정지표

영역	하위영역	지표
시민의 권리	법적/정치적 권리	• 시민권 소유자나 거주 권리를 가진 인종집단의 비율 • 선거권을 가진 인종집단의 비율 • 높은 사회경제적 지위를 가진 인종집단의 비율
	사회적 권리	• 실업급여를 받을 권리가 있는 사람들의 비율 • 공적연금을 받을 권리가 있는 사람들의 비율
	시민의 권리	• 무료법률서비스를 받을 권리를 가진 사람들의 비율 • 차별(나이, 성, 인종)을 경험한 사람들의 비율과 차별을 받은 경우 구제의 가능성
노동시장	고용으로의 접근	• 고용의 유형과 경제활동인구의 비율 • 12개월 이상 장기실업자의 비율 • 계절직, 비정규직 등의 비율(교육 수준과 직위 사이의 격차)
	고용의 질	• 작업장에서의 사고/사망 비율 • 건강상 위협에 노출되어 있는 직종의 비율 • 고용이 불안정한 사람들의 비율(계절직, 정규직) • 직무훈련을 받는 사람들의 비율

공공서비스	건강서비스	1차 진료서비스에 접근 가능한 사람들의 비율
	주거와 교육	• 주거가 불안정하거나 노숙인인 사람들의 비율 • 상이한 주택에 접근 가능한 사람들의 비율 • 고등교육까지 접근 가능한 사람들의 비율
	사회적 돌봄	사회적 돌봄으로의 접근이 가능한 사람들의 비율이나 돌봄 인력을 지원받을 수 있는 사람들의 비율
민간서비스	재정적 서비스	• 은행계좌를 가진 사람들의 비율 • 주택담보대출을 가진 사람들의 비율 • 신용이 거부된 사람들의 비율
	교통	• 자동차를 소유한 사람들의 비율 • 대중교통 접근성의 수준
	상업시설	• 슈퍼나 상점의 근접성 • 카페나 레스토랑 등의 방문 횟수
	레저	• 스포츠나 관련 행동에 참여하는 사람들의 비율 • 영화, 연극, 콘서트 등 문화활동에 참여하는 사람들의 비율
사회적 네트워크	우정	• 친구들과의 접촉 기간이나 수준 • 외로움이나 격리감을 느끼는 사람들의 비율
	이웃 참여	• 사교모임이나 활동에 참여하는 사람들의 비율 • 종교기관에 참여하는 사람들의 비율 • 이웃과 정기적으로 접촉하는 사람들의 비율
	가정생활	• 친척들과 접촉하는 기간과 수준 • 세대간 도움이나 지원의 기간과 수준

사회적 네트워크는 사회포용의 정도를 측정할 수 있는 하위영역들로 구성되어 사회통합 영역에서 활용된 사회적 네트워크의 지표들과는 상이성을 갖는다.

4) 사회적 임파워먼트 영역의 지표요소

유럽인사회질위원회(ENIQ)가 제시하고 Van der Maesen과 동료들이 2005년에 수합하여 발표한 사회의 질을 구성하는 조건적 요소인

사회적 임파워먼트 영역은 총 5개의 영역과 14개 하위영역의 영역별 지
표들로 구성된다.

표 8-5 사회적 임파워먼트 영역과 측정지표

영역	하위영역	지표
지식기반	지식의 활용	지식기반에 의해 사회적 이동을 하는 정도
	정보의 사용 가능성	• 계산하고 읽고 쓸 수 있는 사람들의 비율 • 무료언론의 활용 가능성 • 인터넷 접근 가능성
	정보의 이용자 친절성	• 사회서비스에 대한 다중언어 정보의 제공 • 무료옹호, 조언, 안내 등의 제공
노동시장	고용계약에 대한 통제	• 노동조합에 가입한 사람들의 비율 • 집단적인 동의가 가능한 사람들의 비율
	직장 이동에 대한 전망	• 직무훈련을 받는 고용인들의 비율 • 공적으로 제공되는 직업훈련을 받을 수 있는 사람들의 비율 • 직무복귀제도에 참여하는 고용인들의 비율
	직장과 가정생활의 화해	• 가정생활–직장균형정책을 사용하는 조직의 비율 • 가정생활–직장균형을 측정하는 도구를 사용할 수 있는 고용인들의 비율
제도(조직)의 개방성과 지원	정치시스템의 개방과 지원	직접민주주의와 컨설테이션의 존재 유무
	경제시스템의 개방	주요 경제적 결정(공장 폐쇄나 이전 등)에 대한 공공개입의 수
	조직의 개방성	직장협의회가 있는 조직이나 기관의 비율
공공장소	집단행동에 대한 지원	• 자원봉사나 비영리 시민주도조직을 위해 책정된 예산(중앙/지방정부)의 비율 • 지난 12개월 동안 계획된 시위나 집회와 실제로 실행된 시위나 집회
	문화적 풍부성	• 문화활동을 위해 책정된 예산(중앙/지방정부)의 비율 • 자체적으로 조직된 문화집단이나 이벤트의 수 • 개인적으로 풍부한 문화사업을 경험한 사람들의 비율

	육체적·사회적 독립성을 지원하기 위한 서비스의 제공	장애인들을 위해 책정된 예산(중앙/지방정부)의 비율
개인관계	개인적 지원서비스	방과 전이나 후의 아동돌봄의 수준
	사회적 행동을 위한 지원	주택과 환경 디자인에서 포용의 정도(회합장소, 조명, 설계 등)

　노동시장은 사회적 임파워먼트의 정도를 측정할 수 있는 하위영역들로 구성되어 사회포용 영역에서 활용된 노동시장의 지표들과는 상이성을 갖는다.

　• Van der Maesen과 동료들이 제시한 사회의 질 지표에 대한 총평
　Van der Maesen과 동료들이 제시한 사회의 질 지표의 특징을 정리하면 아래와 같다.

　첫째, 사회의 질 지표에 주관적 인식에 대한 질문(세계가치조사)과 정부가 발표하는 사회지표가 혼합되어 있다.
　둘째, 4개의 조건적 요소와 각각의 요소에 따른 세부영역과 하위영역 그리고 세부지표(95개)들은 유럽연합에는 적용 가능할 수 있지만 아시아를 포함한 북미 등 다른 국가에의 적용은 지표 설정과 자료의 한계 등으로 대폭적인 수정이 불가피할 것으로 사료된다.
　셋째, 4개의 조건적 요소별로 중복되는 영역이 존재한다. 예를 들어 노동시장이 사회포용 영역과 사회적 임파워먼트 영역에서 중복된다. 물론 두 영역에서 노동시장의 하위영역이 다르게 설정되어 있지만 지표 선정에 혼란이 있을 수 있다.
　넷째, 중복되는 지표들이 일부 존재한다. 특정 하위영역에서 선정된 지표

가 다른 하위영역에서 선정된 지표들과 동일한 경우에는 삭제가 필요하
다. 예를 들어 계절직, 비정규직 등의 비율이 고용으로의 접근과 고용의
질을 나타내는 하위영역에서 동일하게 선정되었다.

2. Beck과 동료들의 사회의 질 측정지표

Beck과 동료들(1997)은 사회의 질을 측정하는 요소를 조건적 요소
로 최초로 지정하고 이를 측정할 수 있는 사회지표들을 영역별로 아래
와 같이 제시하였다. 이들이 제시한 세부영역과 지표들은 유럽인사회질
위원회(ENIQ)가 제시하고 Van der Maesen과 동료들이 2005년에 수
합하여 발표한 사회의 질을 구성하는 조건적 요소의 영역과 지표 설정에
근간이 되었다. 이들은 구체적인 사회의 질 지표를 제시하지는 않았지만
지표나 지수 발견 또는 개발을 위한 조건적 요소의 하위영역을 제시하였
다. 이들이 제시한 하위영역들을 정리하면 〈표 8-6〉과 같다.

표 8-6 Beck과 동료들의 사회의 질 측정지표

영역	하위영역
사회·경제적 보장	• 매일매일의 삶을 유지할 수 있는 기본적 욕구 해결을 위한 그리고 사회보호를 위한 복지제공 • 기본적 소득의 보장 • 질병 예방과 건강 증진 • 노동력 재생산을 통한 노동력 증진
사회포용	• 빈곤과 불평등 • 고용정책 • 사회적 차별
사회통합	• 사회적 네트워크 • 연대나 집단적 동질성 • 지역차별이나 인종차별

사회적 임파워먼트	• 복종하지 않을 수 있는 능력 • 잠재성 개발 • 현존하는 삶 속에서 무언가를 독립적으로 결정하는 또는 결정에 참여할 수 있는 시민의 경쟁력

3. Abbott와 Wallace(2014)의 사회의 질 측정지표

Abbott와 Wallace(2014)는 자신들이 제시한 사회의 질 모델의 구성요소, 즉 사회·경제적 보장, 사회통합, 사회포용 그리고 사회적 임파워먼트를 측정하기 위한 사회적 지표를 활용하여 유럽연합 나라들(유럽연합에 최근 가입한 10개국)의 사회의 질 수준을 측정하였다. 특히, 이들은 2003년에서 2007년 사이에 실시된 유럽인의 삶의 질 설문조사를 토대로 사회의 질을 측정할 수 있는 지표들을 활용하여 사회의 질의 수준을 측정하였다. 이들은 국민 1인당 GDP가 증가한다고 해서 국민의 경제적 보장 수준이 향상되는 것은 아니라는 점 그리고 GDP보다도 번영을 나타내는 지표가 사회·경제적 지표로 더 유용하다는 점을 증명하기 위해 사회발전을 위한 지표로 사회의 질 이론(모델)을 적용하였다. 이들이 제시한 사회의 질 구성요소별 지표는 〈표 8-7〉과 같다.

표 8-7 Abbott와 Wallace의 사회의 질 측정지표

사회의 질 구성요소	사회의 질 요소별 측정지표	구체적인 지표 내용
사회· 경제적 보장	가구소득	가구의 순소득(net income)에 대한 질문

	박탈지수	기본적인 재화나 서비스를 구입할 수 있는 능력에
		대한 일련의 질문
		예) 당신의 가정은 원한다면 아래의 것들을 하거나
		  가질 수 있습니까?
		  – 집을 따뜻하게 유지
		  – 일주일 정도의 휴가비 지출
		  – 낡은 가구의 교체

사회 · 경제적 보장	박탈지수	– 육류가 포함된 식사 – 새로운 의류 구입 – 일주일에 한 번 정도의 가족 외식
	기본음식을 취할 수 있는 능력(절대적 빈곤)	지난 12개월 동안 음식을 위해 지불할 돈이 없었는지에 대한 질문(예/아니오)
	목적에 도달할 수 있는 능력	상대적 박탈감의 주관적 인식에 대한 질문으로 가구소득의 적절성에 대한 질문으로 구성 – 가족구성원 전체의 소득 – 가족구성원 중 한 사람 이상이 소득을 창출하는가? – 가족이 원하는 것을 해결할 수 있는 경제적 능력을 가지고 있는가?
사회통합	일반적 신뢰	사람들을 믿을 수 있는가에 대한 질문=10점 척도
	정부에 대한 신뢰	– 연금과 사회보장체계에 대한 신뢰의 정도= 4점 척도 – 사회복지혜택에 대한 신뢰의 정도=4점 척도 – 정부에 대해 어느 정도 믿는가에 대한 질문=10점 척도
	사회갈등에 대한 인식	사회집단들 사이에서의 갈등에 대한 일련의 질문 – 우리나라에서 다음의 집단들 사이에 어느 정도의 긴장이 존재한다고 생각하는가에 대한 질문 : 부자와 빈자 사이, 노년세대와 젊은 세대 사이, 상이한 인종집단이나 종교집단 사이, 여성과 남성 사이, 경영자와 노동자 사이
사회포용	사회적 지지	도움을 받을 수 있는지 또는 도움을 받을 수 없는지에 대한 질문 – 당신이 가족문제, 개인문제, 우울해서 누군가와 얘기하고 싶을 때, 돈이 갑자기 필요할 때(약 500유로 이상) 얘기할 상대가 있는가 또는 지원을 받을 수 있는가에 대한 질문
	친구나 친척을 만나는 횟수	직접 대면하여서 일주일에 얼마나 자주 친척이나 친구, 가족, 이웃들을 만나는가에 대한 질문
	결혼 여부	결혼 유무(동거 포함)
	투표참여	투표참여 유무 – 최근에 선거에서 투표하였는가에 대한 질문
	정당이나 노동조합으로의 가입	정당이나 노동조합 참석 유무

사회포용	사회로부터 격리된 느낌	나는 사회로부터 격리되어 있는 것 같다는 질문=5점 척도
사회적 임파워먼트	교육	교육 수준에 대한 질문
	건강에 대한 자기평가	스스로 평가하는 자신의 건강상태에 대한 질문=5점 척도
	자기 삶에 대한 통제의 정도	인생이 점점 복잡해지고 있는데 해결방안을 찾을 수 있는가에 대한 질문=5점 척도

4. Berman과 Phillips(2000)의 사회의 질 측정지표

Berman과 Phillips(2000)는 사회의 질의 구성요인을 Beck와 동료들이 제시한 4개의 요소, 즉 사회·경제적 보장, 사회포용, 사회통합, 사회적 임파워먼트로 보고 이를 측정하기 위해 사회의 질을 구성하는 측정요소에 적합한 측정지표를 〈표 8-8〉과 같이 제시하였다.

표 8-8 Berman과 Phillips(2000)의 사회의 질을 구성하는 측정요소 및 측정지표

사회의 질의 영역	세부 측정영역	측정지표
사회·경제적 보장	물질적 보장	순소득의 분배(소득5분위, 소득10분위 지표 등)
	고용보장	실업률, 임시직 노동자 비율, 산업재해율 등
	주거보장	노숙인 비율, 주거 불안정, 쾌적함 부족
	건강 유지	환자 수, 사망률
사회포용	사회보장시스템 포용	- 사회보장시스템으로의 접근성 - 인구통계적 변수(나이, 성, 지역, 인종, 고용지위 등)에 따른 낮은 소득
	노동시장 포용	- 고용 접근성에 대한 차별 - 인구통계적 변수에 따른 정규직, 임시직 여부
	주거시장 포용	- 주거(주거지역) 접근성의 보장 - 주거혜택 및 보호받는 주택의 수(월세 보조나

사회포용	주거시장 포용	영구임대주택 등) – 인구통계적 변수에 따른 노숙인 비율
	건강보호 적용 범위	건강서비스 접근성 보장(인구통계적 변수에 따른 사망률)
	교육서비스 포용	인구통계적 변수에 따른 교육 및 문화적 서비스에서의 차별이나 접근성 보장 여부
	정치 포용	선거권 제한, 입후보 자격 제한
	지역서비스 포용	지역서비스나 여가시설에 대한 접근 보장
	사회적 지위 포용	– 동등한 기회와 차별반대 입법 – 사회 및 여가시설 접근성 보장
사회통합	경제적 통합	지니계수, 소득분배와 부의 분배, 노동시장 참여 비율
	사회지위 통합	– 성, 인종, 장애 등에 대한 차별 수준 – 차별에 대한 주관적 인식과 경험
	정치 통합	선거참여율
	공공 안전	– 공공장소에서의 범죄 – 범죄 위험이나 안전에 대한 주관적 인식
	이타주의	자발적 조직이나 자선활동에 대한 기부나 참여
사회적 임파워먼트	사회·문화적 임파워먼트	– 경찰, 군인, 법조인이나 아나운서 등과 같은 집단구성원 비율 – 상이한 인구집단의 문화생활에 대한 인식
	정치적 임파워먼트	– 젠더별, 인종별 선출정치인이나 정부각료의 수
	경제적 임파워먼트	– 인구통계적 변수에 따른 기업지도자나 부의 분배
	사회·심리적 임파워먼트	– 삶의 질이나 개인적 임파워먼트에 대한 자기기입식 주관적 평가

5. 아시아 국가들을 위한 사회의 질 지표

Wang(2009)은 Beck과 동료들(1997)이 제시한 사회의 질의 조건적 요소에 기초하여 유럽인사회질위원회(ENIQ)가 제시하고 Van der Maesen과 동료들이 2005년에 수합하여 발표한 총 95개의 세부적인 사회의 질 지표를 아시아 국가들에 적용 가능한 지표들로 정리하여 총 79

개의 지표를 제시하였다. 그가 제시한 지표들을 유럽 국가들에 적용하도록 제시된 95개의 지표들과 비교해보면 〈표 8-9〉와 같다.

표 8-9 Wang이 제시한 아시아 국가의 사회의 질 지표 비교

사회 · 경제적 보장 영역	하위영역	지표
재정자원	소득 충분성	1. 소득 부족에 대한 주관적 인식 2. 소득 충분성에 대한 객관적 지표
	소득보장	3. 소득대체비율 4. 소득불평등
주택과 환경	주거보장	5. 주택소유율 6. 주거적당성(애매함)
	주거상태	7. 가구원 1인당 공간 8. 물이나 전기, 난방 없는 집에서 살고 있는 사람들의 비율
	범죄와 안전	9. 1만 명의 거주자 중 범죄 공격을 받은 자의 수
	환경조건	10. 재난으로 사망한 인구 10만 명당 비율 11. 환경적 위험이나 자연재해의 위협에 대한 주관적 인식 12. 군사갈등, 테러공격, 정치적 안정에 대한 주관적 인식
건강과 돌봄	건강 제공 보장	13. 무료건강서비스에 접근할 수 있는 사람들의 비율
	건강서비스	14. 인구 1만 명당 의사/간호사/응급처치구조원 비율 15. 병원까지의 평균 거리(시간으로 측정) 16. 응급상황에 대처하는 평균 시간 17. 환자/정부에 의해 지불된 입원비용의 비율
일	고용보장	18. 근로계약 종결 전의 공지 시간 19. 일시직, 비정규직으로 고용된 노동자들의 비율 20. 불법으로 고용된 노동자들의 비율 21. 실업보험 적용을 받는 노동자의 비율 22. 실업률
	작업조건	23. 1백 명당 상해를 입은 노동자의 비율 24. 정규직 고용인들의 일주일 근무시간
교육	교육보장	25. 의무교육을 끝내지 못하고 학교를 떠난 학생들의 비율 26. 의무교육 종결 나이
	교육의 질	27. 직장을 찾기 위해 졸업장 없이 학교를 떠난 학생들의 비율

사회통합 영역	하위영역	지표
신뢰	일반적인 신뢰	28. 사람들을 신뢰하는 정도
	구체적인 신뢰	29. 정부, 선출직 관료, 정당, 군대, 법체계, 언론, 노동조합, 경찰, 종교시설, 경제적 거래에 대한 신뢰 30. 아동에 대한 부모의 의무를 나타내는 가족, 친구, 레저, 부모, 정치의 중요성 31. 부패
통합적 규범/가치	이타주의	32. 일주일에 자원봉사하는 시간 33. 자선활동에 관여하는 사람들의 비율
	관용	34. 다문화주의와 이민자의 수용 35. 타인의 주체성, 신념, 행동, 생활습관의 수용
	사회적 계약	36. 빈곤의 원인(개인/구조)에 대한 신념 37. 빈곤층의 생활을 개선하기 위해 세금을 더 지불할 의사 38. 노인의 생활을 개선하기 위해 세금을 1% 더 지불할 의사 39. 이웃이나 지역사회 사람들을 위해 거리를 청소한다든지, 서류를 대신 작성한다든지, 쓰레기를 줍는 것과 같은 무엇인가를 할 의사/이웃 주민들을 돕기 위해, 이웃에 있는 노인이나 장애인, 병자 등 욕구를 가진 사람들을 위해 물건을 살 의사
사회적 네트워크	네트워크	40. 정치단체, 자원봉사단체, 기부단체, 스포츠클럽 등의 회원 여부 41. 가족, 친구, 이웃으로부터 받는 지원 42. 친구나 동료들과의 접촉 빈도
동질성	민족/아시안 동질성	43. 민족적 긍지 44. 아시안 동질성
	지역/ 지역사회/ 지방 동질성	45. 지방 동질성
	대인과의 동질성	46. 가족, 친족 소속감

사회포용 영역	하위영역	지표
시민의 권리	법적·정치적 권리	47. 선거권을 가진 사람의 비율 48. 선거권을 갖고 이를 행사한 사람들의 비율
	사회적 권리	49. 공적연금을 받을 권리가 있는 사람들의 비율 50. 남성과 여성의 임금 차이 비율
	시민의 권리	51. 무료법률서비스를 받을 권리를 가진 사람들의 비율 52. 차별(나이, 성, 인종)을 경험한 사람들의 비율
	경제적·정치적 네트워크	53. 기업이나 재단의 임원이나 의회에 진출한 여성의 비율
노동시장	고용으로의 접근	54. 12개월 이상 장기실업자의 비율 55. 일시직, 비정규직 등의 비율
서비스 (공공서비스/ 민간서비스)	건강서비스	삭제
	주거	삭제
	교육	56. 중등학교 등록률 57. 고등교육 등록률
	사회적 돌봄	58. 노인보호서비스 평균 대기시간
	재정적 서비스	삭제
	교통	삭제
	시민/ 문화서비스	59. 인구 1만 명당 스포츠시설의 수 60. 인구 1만 명당 공공과 민간 시민/문화시설(영화관, 콘서트홀, 연극무대, 박물관 등)
사회적 네트워크	이웃 참여	61. 이웃과의 접촉 빈도
	우정	62. 친구와의 접촉 빈도
	가정생활	63. 외로움이나 격리감의 수준 64. 친척과의 접촉 빈도 65. 가족이 받는 지원 수준

사회적 임파워먼트 영역	하위영역	지표
지식기반	지식의 활용	66. 문맹률
	정보의 사용 가능성	67. 무료언론의 활용 가능성 68. 인터넷 접근 가능성/가구당 인터넷 접근성/ 　　인터넷 사용자 비율
	정보의 이용자 친절성	69. 사회서비스에 대한 다중언어 정보의 제공 70. 공공정보에 대한 접근 권리 71. 무료옹호, 조언, 안내 등의 제공
노동시장	고용계약에 대한 통제	72. 노동조합에 가입한 사람들의 비율 73. 집단적인 동의의 적용을 받는 사람들의 비율
	직장 이동에 대한 전망	74. 공적으로 제공되는 직업훈련을 받을 수 있는 　　사람들의 비율
	직장과 가정생활의 화해	75. 가정생활-직장균형정책을 사용하는 조직의 비율 76. 가정생활-직장균형을 측정하는 도구를 사용할 　　수 있는 고용인들의 비율
제도(조직)의 개방성과 지원	정치시스템의 개방과 지원	삭제
	경제시스템의 개방	삭제
	조직의 개방성	삭제
공공장소	집단행동에 대한 지원	삭제
	문화적 풍부성	77. 문화활동을 위해 책정된 예산(중앙/지방정부)의 　　비율 78. 자체적으로 조직된 문화집단이나 이벤트의 수
개인관계	육체적·사회적 독립성을 지원하기 위한 서비스의 제공	삭제
	개인적 지원서비스	삭제
	사회적 행동을 위한 지원	삭제

ENIQ가 제시하고 Van der Maesen과 동료들이 2005년에 제시한 사회의 질 지표와 Wang이 제시한 지표의 가장 큰 차이점은 Wang이 제시한 지표에서 16개의 지표가 삭제 내지는 수정되었다는 점이다. 유럽 국가들의 사회적 특성만을 고려한 지표들은 당연히 아시아 국가들에 적용하기 위해서 삭제되거나 수정되어야 한다. 두 지표의 구체적인 차이점을 살펴보면 아래와 같다.

첫째, Wang이 제시한 지표에서는 개인관계에 대한 지표들이 모두 삭제되었다. 개인관계에 속한 지표들은 대부분 개인의 사회적 임파워먼트를 고양시키기 위한 서비스들로 구성되어 있다는 점에서 포함되었어야 할 지표였다.

둘째, 제도의 개방성과 지원을 나타내는 지표들 역시 삭제되었는데 이들 지표 역시 사회적 임파워먼트를 고양시키기 위한 제도적·조직적 차원의 개방성을 나타낸다는 점에서 포함되었어야 할 지표였다.

셋째, 사회포용 영역에서 대중교통을 나타내는 지표가 삭제되었는데 대중교통시설이나 기반시설은 국민의 생활과 밀접한 연관이 있다는 점에서 포함되었어야 할 지표였다.

넷째, 사회포용 영역의 건강서비스와 주거가 삭제되었는데 이는 사회·경제적 보장의 영역에 있는 일부 지표와 중복 가능성이 있는 지표로 삭제되어도 무방하다.

다섯째, 사회통합 영역의 지표 중 하나인 빈곤의 원인(개인/구조)에 대한 신념을 묻는 지표는 사회의 질과는 연관이 있어 보이지 않는 질문으로 삭제되어도 무방하다고 생각된다.

여섯째, 돌봄과 사회서비스 영역에서의 질문이 축소 내지는 삭제되었는데 돌봄과 사회서비스 영역은 자료의 한계가 아니라면 사회의 질을 판단하는 중요한 요소로 측정에 포함되었어야 할 지표이다.

Wang(2009)이 제시한 78개의 사회의 질 지표를 분석하면 아래와 같다.

첫째, 사회의 질을 구성하는 조건적 요소로 유럽 국가들이 제시한 지표들이 아시아 국가들에 아무런 논의 없이 적용될 수 없다는 논거에는 동의할 수 있다. 이는 각 국가들의 사회·문화적 정황이 다르기 때문에 그 사회의 특성을 반영한 사회의 질 지표가 반드시 고려되어야 하고 필요하다는 점에 근거한다. 같은 고용이나 빈곤의 영역이라고 해도 고용상황이나 빈곤의 상황을 나타내는 지표는 나라별로 다를 수 있다.

둘째, 이러한 국가별 상이성을 인지한다면 모든 아시아 국가들에 적용 가능한 사회의 질 지표를 통합적으로 제시하기는 어렵다고 볼 수 있다. 사회의 질을 구성하는 요소와 영역 그리고 영역별 하위영역에 유럽 국가들과 아시아 국가들이 동질성을 가질 수 있다는 점에 동의할 수 있지만 구체적인 지표들의 설정에는 나라별 상이성이 반드시 고려되어야 한다. 특히, Wang이 제시한 사회의 질 측정모델의 지표 선정에 한국, 대만, 홍콩, 일본, 태국의 학자가 한 명씩 참여했다고 해서 아시아 국가들을 대변하는 사회의 질 지표라고 일반화할 수는 없다. 유럽과 같은 절차적 정당성과 객관적이고 보편타당한 지표 선정과정은 아시아 국가별 상대적 비교를 위한 지표 개발에 있어 당연한 과정이다.

셋째, Wang이 제시한 하위영역별 지표(총 78개)는 본래 제시되었던 95개의 지표 중 17개가 축소된 것이지만 삭제된 17개의 지표 중 상당수의 지표에 하위영역의 변수를 설명해줄 수 있는 지표들이 포함되어 있으며 삭제의 근거도 부족하다. 물론 Wang은 지표 선정에 대한 기준으로 지표의 내용, 유용 가능성, 적절성과 적합성 그리고 대체성 등을 제시하였지만 만약 자료의 부족이 삭제의 원인이라고 한다면 이는 곧 나라별 활용 가능한 지표에 대한 충분한 고려가 부족함을 나타내준다.

넷째, Wang(2009)이 제시한 78개의 사회의 질 지표는 여전히 사회의 질의 측정도구로서 너무 많은 질문으로 구성되어 있다는 생각을 지울 수 없다. 사회·경제적 보장, 사회통합, 사회포용 그리고 사회적 임파워먼트를 사회의 질을 구성하는 기본 조건으로 인정하는 것까지는 이해할 수 있다. 하지만 그에 해당하는 지표들이 아시아 국가들의 특성에 맞지 않고 자료가 부족한 일부 지표 17개를 제외하고 일부 수정했음에도 불구하고 여전히 많은 78개를 활용하고 있다.

결론적으로 세계가치조사와 같은 아시아 국가들의 국민에게 공통적으로 정보를 수집할 수 있도록 하는 공통조사가 없는 상황에서 아시아 국가들이 제공하는 수량화된 사회보장이나 경제적 보장을 위한 지표들 이외에 국민 개개인들의 인식을 대변하는 지표의 선정은 현실적으로 객관성을 담보하는 것이 어렵다. 이 점을 감안한다면 구체적인 지표의 선정보다는 사회의 질을 구성하는 조건적 요소의 제시 그리고 요소별 측정영역과 하위영역까지만 가이드라인을 제시하고 구체적인 지표는 아시아 국가들의 상황에 맞는 지표들을 자율적으로 선정하도록 하는 것이 바람직할 수도 있다. 현재 Wang에 의해 제시된 78개의 사회의 질 지표 중 많은 수의 지표들이 아시아 국가들에 공통적으로 적용하여 공통적인 지표의 값을 수집하여 국가별 사회의 질을 비교 측정하는 것이 가능해 보이지 않는 지표들도 상당수가 존재하고 있음은 주지의 사실이다. 국가별 상대적 비교를 위한 사회의 질 지표를 수집하기 위해서는 구성요소에 대한 영역별 지표에서 대표적인 지표들을 제외하고 중복 가능한 지표나 수집 불가능한 지표들을 대폭 축소하고 수정하여 적용 및 활용 가능하도록 하는 것이 바람직하다고 생각된다.

6. 사회건강지수

1) 사회건강지수란?

사회건강지수는 미국 사회의 번영을 측정하는 도구로 16개의 지표를 종합점수로 환산하여 사회의 건강한 정도를 나타낸 지수이다. 사회건강지수는 미국의 사회정책혁신센터(Institute for Innovation in social Policy)가 개발했다. 사회정책혁신센터는 1987년부터 미국의 사회건강지수를 매년 발표하고 있다. 사회건강지수는 한 사회의 건강 정도를 하나의 지표로 나타내는 것이 불가능해서 사회의 건강을 간접적으로 나타낸다고 간주되는 16개의 사회적 지표를 선별하여 점수를 합산하는 방식으로 이루어져 있다. 16개 지표를 세대별로 구분하여 제시하면 〈표 8-10〉과 같다(지은구, 2013).

표 8-10 사회건강지수 지표

아동	성인	전체 국민
아동빈곤 유아사망률 아동학대	건강보험 보장 범위 실업률 주간 임금	소득불평등 안락한 주택 식품안전 알코올과 연관된 교통사고 사망자 수 살인율
청소년	**노인**	
10대 자살률 10대 약물중독률 고등학교 중도탈락률	65세 이상 노인빈곤율 65세 이상 노인의 건강비용 본인부담액	

자료: 지은구, 2013, 46, 표 2-4에서 재인용.

16개 지표를 합한 사회건강지수의 총 만점은 100점으로 2011년에 미국의 사회건강지수는 50.2점이었다. 사회건강지수는 주로 미국에서 활용되고 있으며 측정이 시작된 1970년에 64점에서 2011년에 50.2점으로 약 21.6% 정도 감소하여 미국의 사회건강 정도가 30년 전에 비해 전반적으로 크게 악화된 것으로 나타났다. 사회정책혁신센터는 수집된 자료를 수년간 분석하여 16개 측정 분야에서 사회적 발전이 일어난 분야와 사회적 퇴보가 진행된 분야를 구분하여 제시하였는데 이를 표로 나타내면 다음과 같다.

발전이 일어난 분야(7개 분야)	퇴보가 일어나 분야(9개 분야)
유아사망률 안락한 주택 알코올과 연관된 교통사고 사망자 수 10대 약물중독률 고등학교 중도탈락률 살인율 65세 이상 노인빈곤율	아동빈곤 아동학대 10대 자살률 실업률 주간 임금 건강보험 보장 범위 소득불평등 식품안전 65세 이상 노인의 건강비용 본인부담액

2) 사회건강지수의 16개 지표 설명

사회건강지수의 16개 측정지표에 대한 구체적인 설명은 〈표 8-11〉과 같다.

표 8-11 사회건강지수의 16개 측정지표 설명

사회건강 측정지표	지표 설명
유아사망률	출생 아동 1천 명당 1년 내 사망한 아동의 수
아동빈곤	빈곤선 이하의 가정에 살고 있는 18세 아동을 둔 가정의 비율

아동학대	인구 1천 명당 0~18세 아동의 학대신고 건수
10대 자살률	인구 10만 명당 15~24세의 자살한 사람의 비율
10대 약물중독률	고등학교 3학년까지 불법적 약물을 섭취한 학생의 비율
고등학교 중도탈락률	학교를 졸업하지 못한 18~24세 사람들의 비율
실업률	실업한 사람들의 비율(실업률)
주간 임금	평균 주간 소득
건강보험 보장 범위	국가가 제공하는 공적 건강보험혜택을 받지 못하는 인구의 비율
65세 이상 노인빈곤율	빈곤선 이하에 사는 65세 이상 노인의 비율
65세 이상 노인의 건강비용 본인부담액	85세 이상 노인들이 건강보호에 지출하는 세전소득의 비율, 건강보호지출액
살인율	인구 10만 명당 살해당한 사람의 비율
알코올과 연관된 교통사고 사망자 수	교통사고 사망자 중 알코올과 연관된 교통사고 사망자의 수
식품안전	음식불안전 가구(충분하고 건강한 음식에 접근하지 못하는 가구)의 비율
안락한(주거할 만한) 주택	주거안락성지수(Housing Affordability Index)의 점수
소득불평등	지니계수

* 자료: http://iisp.vassar.edu/ish.html

7. 사회발전지수

1) 사회발전지수의 내용

사회발전지수(social progress index)는 GDP와 같은 경제적 지표만으로는 사회발전의 정도를 측정하는 것이 불가능하다는 인식 아래 미국의 Social Progress Imperative(SPI)가 개발한 지수로 SPI는 매년 사회발전지수를 발표하고 있다. SPI는 사회발전을 "시민들의 기본적인 욕구를 해결하고 시민의 삶의 질과 지역사회의 질을 유지 향상시키기 위해 블럭을 만들고 인간 개개인들의 완전한 잠재능력을 고취시키기 위한 조건을 창출하는 사회의 능력"으로 정의하고 사회발전의 구성요소를 기본적 인간욕구, 번영의 토대 그리고 기회로 구분하여 측정을 한다. 특히 이들은 국제기구(OECD나 UN 등)들이 수집한 사회지표와 개개인들의 경험이나 인식에 바탕을 둔 질문 등을 활용하여 사회발전의 수준을 측정하는데 사회발전의 정도가 가장 높은 최상의 점수는 100점이다. 2017년에 128개국을 조사한 결과 사회발전지수가 가장 높은 국가는 덴마크로 90.57점이었고 점수가 가장 낮은 국가는 중앙아프리카공화국으로 28.38을 기록하였다. 사회발전지수의 측정영역별 지표들을 살펴보면 〈표 8-12〉와 같다.

표 8-12 사회발전지수의 측정영역별 지표

구성요소	측정영역	측정지표
기본적 인간욕구	영양 및 기본적인 건강보호	낮은 영양 음식 부족으로 인한 사망 산모사망률 영유아사망률 감염에 의한 사망
	물 및 위생시설	물파이프로의 접근성 개선된 물자원으로의 접근 개선된 위생시설에 대한 접근
	주거지	안락한 주거의 유용성 전기 접근성 집 안 공기오염
기본적 인간욕구	개인의 안전	살인율 폭력범죄 수준 인지된 범죄행위 정치적 테러 교통사고 사망

번영의 토대	기본적 지식으로의 접근성	성인문맹률 초등학교 등록률 중학교 등록률 중등학교 등록에 있어서의 성차별
	정보 접근과 의사소통	스마트폰 사용률 인터넷 사용률 언론자유지수
	건강 관리	기대수명 자살률 비전염병으로 인한 사망
	환경의 질	외부 공기오염 상수도 처리 온실가스 방출 다양한 생물과 서식장소
기회	개인의 권리	정치적 권리 표현의 자유 집회의 자유 사적 재산권
	개인의 자유와 선택	생활에서의 자유 종교의 자유 15~19세의 결혼 부패 만족할 만한 피임
	관용과 포용	이민자에 대한 관용 동성애자에 대한 관용 소수인종에 대한 폭력과 차별 종교적 관용 지역사회 안전망
	고등교육으로의 접근	25세 이상 3차 교육을 받은 사람들의 교육 연수 여성의 교육 연수 교육 성취의 불평등 세계대학랭킹에 포함된 대학의 수 세계대학랭킹에 포함된 대학에 등록한 학생의 수

2) 사회발전지수의 특징과 한계

〈표 8-12〉에서 보는 바와 같이 사회발전지수의 특징은 수량화된 지표인 사회지표와 개인이 경험하거나 인식한 정도를 측정하는 질문을 사용하여 사회의 발전 정도를 측정한다는 점이다. 또한 사회발전지수는 특정 국가의 발전 정도를 측정하는 아주 기본적인 지표들로 구성되어 있으므로 사회복지정책이나 사회참여활동 그리고 복지의 수준 등 사회의 질을 측정하는 지표들이 대부분 제외되어 있음을 알 수 있다. 즉, 아주 기본적인 생활을 영위하는 데 필요한 필수적인 항목들을 중심으로 점검한다. 따라서 사회발전지수는 저개발된 또는 개발이 진행 중인 국가의 개발 정도를 측정한다는 점에 초점이 맞추어져 있는 지수라고 분류할 수 있다.

8. 경제적 번영지수

1) 경제적 번영지수란?

경제적 번영지수(economic well-being index)는 Osberg(1985, 2001)에 의해서 제시된 사회의 경제적 번영을 측정하는 도구이다. Osberg는 GDP와 같은 지표만으로는 국가의 경제적 번영을 측정하는 것이 불가능함을 인지하고 미국, 영국, 호주, 캐나다, 스웨덴, 노르웨이의 1980년에서 1996년까지의 자료를 중심으로 경제적 번영지수를 개발하였다. Osberg는 경제적 번영을 크게 소비흐름, 부의 축적, 평등, 경제적 보장으로 구성된 개념으로 인식하고 각각의 영역에서 수집 가능한 측정지표(사회지표)를 중심으로 분석을 시도하였다. Osberg의 경제적 번영지수를 도식화하면 〈그림 8-1〉과 같다.

그림 8-1 경제적 번영지수의 측정영역별 지표

* 자료: OECD(2001), The Well-bing of Nations, p. 75, 그림 A-1에서 재인용·

2) 경제적 번영지수의 특징 및 한계

경제적 번영지수는 국가의 경제적 번영의 정도를 GDP 지표를 제외한 다양한 경제적 지수들을 중심으로 측정한다는 특징이 있다. 특히 빈곤이나 소득불평등 그리고 실업이나 질병, 한부모가정빈곤과 노인빈곤 등을 경제적 번영 정도에 포함하여 측정하고 있다는 점에서 경제성장 중심의 측정지표들이 갖는 한계를 극복하는 데 일조할 수 있는 틀을 제공하였다. 이 점은 본 지수의 장점이라고 할 수 있다. 특히 지수 값을 1점으로 하여 영역별 가중치를 산정하였다는 점은 지수 계산의 용이점과 객관적 측정의 가능성이라는 측면에서 장점을 갖는다. 하지만 경제적 번영 지수는 국가나 사회의 경제적 번영의 정도를 측정한다는 측면에서 사회의 질이라는 거시적 측정도구와 비교하면 경제적 보장이나 소득보장이라는 한 측면만을 측정하므로 사회의 질의 단편적인 측면만을 측정한다는 한계를 동시에 내포한다.

제3절 사회의 질 측정도구의 특성

1. 삶의 질과 사회의 질 측정의 차이점

삶의 질은 개인의 삶이나 번영에 영향을 미치는 질을 의미하는 용어이며 사회의 질은 개인을 포함한 사회 전체의 번영에 영향을 미치는 질을 의미하는 용어로 그 영역이 미시적이고 거시적으로 구별되는 상이한 개념이라고 할 수 있다. 따라서 개인적 번영(individual well-being)은 삶의 질을 그리고 사회적 번영(social well-being)은 사회의 질을 나타낸다. 사회의 질은 사회구성원 모두에게 영향을 준다는 점에서 매우 중요한 사회발전을 위한 토대이다.

사회의 질은 "사람들의 번영과 개인의 잠재성을 향상시킬 수 있는 조건하에서 그들이 속한 사회에서 사회, 경제 그리고 문화적인 생활에 참여할 수 있는 정도나 수준"을 의미(Beck et al., 1997)하고 삶의 질은 "육체건강 및 정신건강, 교육, 재산, 가족, 종교적 신념이나 신앙 그리고 환경을 포함한 개인의 생활만족이나 번영의 수준이나 정도"를 나타내는 개념이다. 이러한 개념적 차이에 기반하여보면 삶의 질이 개인적 측면을 많이 포함하는 반면 사회의 질은 사회적 측면을 보다 강조한다. 예를 들어 선행연구들을 종합하여보면 삶의 질을 구성하는 요인에는 일반적으로 개인에게 영향을 주는 조건이나 환경들이 주로 포함된다. 즉, 개인의 건강상태나 소득 수준뿐만 아니라 주관적 만족과 행복의 정도, 욕구의 충족, 자기실현 그리고 삶의 의미 등 개인적인 생활상태나 주관적으로 인식하는 경험이 많이 포함된다. 반면 사회의 질을 구성하는 요소에는 사회·경제적 보장이나 사회포용과 사회통합이나 공동체지향성을 위한 그리고 정부나 이웃 등에 대한 신뢰와 자기실현을 위한 노력 등과 같은 사회적 임파워먼트를 향상시키기 위한 제도나 정책 등 주로 사회적 조건이나 상황을 나타내는 요소들이 많이 포함된다.

특히 개인적 삶의 질이나 번영에는 개인의 심리적 측면의 삶의 만족 등과 같은 경험이나 인식을 측정하는 영역이 포함되지만 사회의 질에는 개인의 상황보다는 사회의 객관적 상태에 대한 질문이 주로 포함된다는 측면에서 상이한 점이 있다. 즉, 번영이나 삶의 질은 개인적 측면의 상황이나 조건을 측정하므로 측정영역이 주로 개인을 둘러싼 미시적 측면의 사회·환경적 요소이지만 사회의 질은 개인에게 영향을 미치는 거시적 측면의 사회적 조건을 측정한다. 또한 개인의 번영과 삶의 질의 측정영역에는 기부나 자원봉사활동 그리고 시민행동 등과 같은 사회참여활동 등에 대한 측정이 개인적 번영과 무관하다는 측면에서 제외되어 있는 것이 일반적이다. 이러한 이유로 일반적으로 사회의 질의 측정영역이 개인적 번영이나 삶의 질 측정영역보다 많고 지표도 더 다양하다고 할 수 있다.

사회의 질과 삶의 질은 모두 질에 대한 사회적 상황과 개인적 상황을 다룬다는 점에서 비슷하지만 질에 대한 인식의 수준은 개인적인 차원과 사회적인 차원이라는 점에서 매우 다르다고 할 수 있다. 사회의 질의 수준이 높으면 국민이 인지하는 삶의 질의 수준도 높을 것이고 반대로 삶의 질의 수준이 높다면 사회의 질의 수준 역시 높을 수 있다.

표 8-13 삶의 질과 사회의 질의 차이점

삶의 질	사회의 질
• 육체건강 및 정신건강, 교육, 재산, 가족, 종교적 신념이나 신앙 그리고 환경을 포함한 개인의 생활만족이나 번영의 수준이나 정도 • 개인적 수준(미시적) • 개인에게 영향을 미치는 조건이나 환경 • 개인적 생활이나 삶의 만족에 대한 주관적 심리적 상태나 수준의 주관적 평가 • 개인에게 영향을 미치는 소득의 수준과 고용 그리고 안전의 정도와 주거 및 환경 수준 • 친구나 친척 그리고 동료와의 관계의 수준 • 개인적 수준의 욕구와 건강 중심	• 사람들의 번영과 개인의 잠재성을 향상시킬 수 있는 조건하에서 그들이 속한 사회에서 사회, 경제 그리고 문화적인 생활에 참여할 수 있는 정도나 수준 • 사회적 수준(거시적) • 사회에 영향을 미치는 조건이나 수준 • 기부, 사회봉사 그리고 시민운동 등 사회참여활동의 정도에 대한 객관적 평가 • 고용의 질, 빈곤의 정도와 소득불균형, 박탈감 그리고 인종, 나이, 성 등에 대한 차별 등 사회배제와 포용의 정도 • 정부와 민간조직 등에 대한 신뢰와 공동체지향성 등 사회자본의 수준 • 사회적 수준의 욕구와 건강 중심

2. 사회의 질 지표의 특성

연구자들에 의해서 이미 제시된 사회의 질의 측정도구 이외에도 사회번영지수나 인간개발지수, 사회건강지수 또는 행복지수와 삶의 질 지수 등 다양한 영역에서 사회와 개인의 번영이나 상황을 측정하는 도구들이 개발되어 있다. 하지만 이러한 측정도구들은 각각 장점 및 단점을 내포하고 있어 사회의 질을 측정하는 객관적이고 대표적인 측정도구로의 활용 가능성이 낮다. 위에 소개된 사회의 질 측정과 관련이 있는 측정도구들의 한계를 정리하여 제시하면 아래와 같다.

첫째, Beck과 동료들이 제시하고 유럽 학자들에 의해서 발전되어 아시아 국가에도 일부 적용되었던 사회의 질 지수는 국가별 사회의 질을 측정하기 위해 제시된 이론적 틀과 모형에 근거하여 도출되었다는 점에서 가장 명확한 개념적 틀과 측정요소들을 지닌다는 장점이 있지만 주요한 한계는 사회의 질 측정요소별로 중복되는 요소가 존재한다는 점이다. 사회 · 경제적 보장과 사회포용의 일부 지표 그리고 사회통합과 사회포용의 일부 지표가 중복되어 측정영역에 대한 보다 구체적인 정의와 측정요소에 대한 수정이 필요하다. 또한 유럽 국가 중심의 지표라는 특징으로 인해 아시아 국가로의 적용에 있어 대륙별 특성이 고려되지 못하였다는 점 역시 한계이다.

둘째, 사회건강지수는 사회구성원의 건강을 위한 조건으로서 개인의 건강에 영향을 미치는 사회적 조건들에 대한 지표들이나 개인의 건강 악화로 나타날 수 있는 상태 등에 대한 지표 등을 중심으로 사회의 건강상태를 측정한다. 따라서 개인의 건강과 이에 영향을 미치는 사회적 조건을 주로 측정하므로 보다 거시적 측면에서 사회의 질의 수준을 측정하는 사회의 질 측정과는 영역과 범위가 상이한 지수라고 할 수 있다.

셋째, 사회개발지수는 사회구성원의 사회문제나 사회적 위험에 대한 지표들보다는 사회발전의 경제적 측면의 측정지표들을 많이 포함하고 있다. 사회개발지수의 지표들은 대부분의 개인이 삶을 살아가는 데 기본적으로 필요한 가장 필수적인 조건(물이나 위생상태 등)에 대한 질문들이 주종을 이루고 있어 복지국가의 사회의 질 측정에는 적합하지 않다.

넷째, 사회번영지수는 개인이 사회에서 살아가는 데 필요한 번영의 정도를 나타내는 지표들 중심이다. 즉, 사회문제나 사회적 위험 그리고 사회보호의 수준을 나타내는 지표나 경제적 보장의 정도를 나타내는 지표들보다는 주로 개인의 삶에 영향을 미치는 주변환경에 대한 지표가 주종을 이룬다는 한계가 있다.

다섯째, 사회발전지수는 지표의 성격상 개발이 진행 중인 개발도상국의 사회발전의 정도를 나타내는 지수라고 정의할 수 있다. 즉, 이미 경제적 성장을 이룬 OECD 가입국들이나 선진복지국가들은 사회발전지수의 지표들로 사회발전 정도를 측정하는 것이 부적절한데 이는 열악한 위생, 주거, 생활상태 등을 나타내주는 지표들이 대폭 포함되어 있기 때문이다.

여섯째, 위의 지수 외에 행복지수나 삶의 질 지수는 사회의 환경이나 조건보다는 개인의 행복이나 삶의 조건에 더 많은 강조점을 둔다는 점에서 그리고 개인이 인식하는 주관적 경험에 대한 지표들이 많이 포함되어 있다는 점에서 사회의 질 측정과는 거리가 있다.

Beck과 동료들에 의해 처음 제시된 사회의 질 측정도구를 제외하고 위에 언급된 개인을 중심으로 하여 사회의 상태를 나타내주는 다양한 측정도구들은 각각의 장점과 한계를 동시에 내포하며 사회의 질 측정보다는 미시적인 측면의 사회조건이나 사회상태를 측정한다는 한계를 가지고 있다. 사회의 질의 측정도구가 반드시 가지고 있어야 할 중요한 성격은 다음과 같다.

※ 사회의 질의 측정도구가 반드시 가지고 있어야 할 중요한 성격

첫째, 간결성: 사회의 질의 측정도구는 측정영역을 대표할 수 있는 지표들로만 구성되어 있어야 한다. 즉, 복잡하고 중복적인 질문이 아닌 간결한 질문으로 특정 질문에 대한 현상을 나타낼 수 있는 지표들로 구성되는 것이 중요하다. 따라서 복잡하고 다양하며 중복적인 성격의 지표들을 포함하는 것보다 수집 가능하고 정확한 지표들을 중심으로 간략화하여 측정영역의 지표들을 구성하는 것이 중요하다.

둘째, 명확성: 사회의 질의 측정도구는 명확하고 정확하게 특정 질문에 대한 현상을 이해할 수 있는 지표들로 구성되는 것이 중요하다. 즉, 하나의 질문에 하나의 대답을 할 수 있는 지표들이 포함되어야 한다. 하나의 질문에 여러 대답을 할 수 있는 지표들이 여럿 존재한다면 이중 가장 명확하게 질문에 대한 대답을 할 수 있는 지표를 선택하여 사회의 질 현상을 나타내주어야 한다. 따라서 측정하고자 하는 사회현상이 무엇인지 정확하게 인식하고 그 현상을 명확하게 나타내줄 수 있는 지표들로 사회의 질 지수가 구성되는 것이 중요하다.

셋째, 객관성: 사회의 질의 측정도구 안에 포함되는 질문이나 지표들은 OECD 자료와 같이 객관적인 사회지표와 개인의 사회조건이나 현상에 대한 경험이나 인식의 정도를 측정하는

주관적 지표들이 포함되는 혼합형 지표들로 구성될 수 있지만 주관적 지표들도 객관적인
상태를 측정할 수 있도록 최대한 수량화되고 객관화되어 있는 지표들을 사용하여야 한다.

3. 사회의 질 측정의 영역별 지표

본 연구에서 제시하는 사회의 질의 구성요소는 사회적 노동, 사회적
임금, 사회적 재생산구조 그리고 사회자본이다.

첫째, 사회적 임금은 국민의 기본적 삶을 유지 보전하기 위하여 제공하는
혜택으로 국민이 노동을 통하지 않고 벌어들이는, 국가에 의해 국민에게
제공되는 사회복지재화와 서비스를 화폐의 가치로 환산하여 나타나는 소
득이다. 이는 노동의 탈상품화의 정도나 결과를 화폐적 가치로 수량화하
여 나타내주는, 사회의 질의 구성요소이자 토대이다. 사회적 임금의 혜택
수준이 높으면 높을수록 사회의 질의 정도는 높다고 예측할 수 있다.

둘째, 사회적 노동은 공동체의식과 연대성에 기초하여 개인들의 역량강화
를 통하여 자율적으로 실현되는 노동이자 노동시장에서 임금으로 지불되
지 않는 노동으로 사회의 발전을 위하여 국민 개개인들이 사회에 직접 참
여하는 사회참여노동이고 인간관계 지향적인 노동이며 인간의 상호행동
과 상호이해를 바탕으로 하는 노동이다. 국민의 사회적 노동으로의 참여
정도가 높으면 높을수록 사회의 질의 정도는 높다고 기대할 수 있다.

셋째, 사회적 재생산구조는 사회를 유지 보전하기 위해 가족건강성을 보
장하고 가족구성원을 사회적 위험으로부터 보호하는 사회적 혜택을 제공
하는 사회적 구조로 종의 유지(출산), 개개인들의 기본적 생존욕구의 해
결(소비), 사회에 만연되어 있는 가치나 규범의 수용 등을 포함하여 직장
이나 가족의 역할 등에 대한 준비나 자녀 보육 및 교육(사회화) 그리고 가
족구성원인 노인이나 아이, 환자, 장애인 등을 돌보(돌봄)는 역할을 하는

사회구조를 의미한다. 사회적 재생산구조가 잘되어 있으면 있을수록 사회의 질의 정도는 높다고 기대할 수 있다.

넷째, 사회자본은 국민 간의 신뢰 향상과 공동체의식 함양에 기초가 되는, 국민의 타인이나 조직 등에 대한 신뢰의 정도로 개인이나 집단들 사이의 상호행동을 지배하는 협력적 관계, 네트워크 그리고 태도와 가치로 정의되며 사회자본의 정도가 높으면 높을수록 사회의 질의 정도는 높다고 기대할 수 있다.

각각의 사회의 질의 구성요소는 측정영역들을 포함하는데 구성요소별 측정영역들은 아래와 같다.

사회의 질 구성요소	구성요소별 개념	요소별 주요 측정영역
사회적 임금	• 국가에 의해서 국민의 기본적 삶을 유지 보전하기 위하여 제공되는 혜택으로 국민이 노동을 통하지 않고 벌어들이는, 국가에 의해 국민에게 제공되는 사회복지재화와 서비스를 화폐의 가치로 환산하여 나타나는 소득	• 빈곤과 실업에 대한 소득보장 혜택 • 연금 및 건강서비스 혜택 • 최저소득보장 혜택 • 기타 사회서비스 혜택(현금+현물)
사회적 노동	• 공동체의식과 연대성에 기초하여 개인들의 역량강화를 통하여 자율적으로 실현되는 노동이자	• 자원봉사활동이나 기부 참여 • 노동조합 참여 • 시민운동 등의 참여
사회적 노동	노동시장에서 임금으로 지불되지 않는 노동으로 사회의 발전을 위하여 국민 개개인들이 사회에 직접 참여하는 사회참여노동이고 인간관계 지향적인 노동이며 인간의 상호행동과 상호이해를 바탕으로 하는 노동	

사회적 재생산구조	• 사회를 유지 보전하기 위해 가족건강성을 보장하고 가족구성원을 사회적 위험으로부터 보호하는 사회적 혜택을 제공하는 사회적 구조로 종의 유지(출산), 개개인들의 기본적 생존욕구의 해결(소비), 사회에 만연되어 있는 가치나 규범의 수용 등을 포함하여 직장이나 가족의 역할 등에 대한 준비나 자녀 보육 및 교육(사회화) 그리고 가족구성원인 노인이나 아이, 환자, 장애인 등을 돌보(돌봄)는 역할을 하는 사회구조	• 공공 보육서비스의 국가 제공 및 책임의 정도 • 문맹률 • 학교중도탈락비율 및 의무교육의 연수 • 사교육비 지출 정도 • 장애인 및 노인들을 위한 돌봄서비스 혜택
사회자본	• 국민 간의 신뢰 향상과 공동체의식 함양에 기초가 되는, 국민의 타인이나 조직 등에 대한 신뢰의 정도 • 개인이나 집단들 사이의 상호행동을 지배하는 협력적 관계, 네트워크 그리고 태도와 가치	• 친구, 동료, 이웃, 정부 등에 대한 신뢰 • 공공기관 및 관료들의 부패의 정도(부패지수) • 밤거리 안전과 같은 사회안전 정도 • 살인율, 범죄율, 자살률 • 이웃이나 친구, 친척과의 관계 • 사모임, 단체, 민간조직 등에의 참여 • 투표참여 여부 • 지지네트워크의 여부

각각의 측정영역별로 측정 가능한 지표들을 정리하여 제시하면 아래와 같다.

• 사회적 임금의 측정지표

구성요소	측정영역	측정지표	자료
사회적 임금	• 빈곤과 실업에 대한 혜택 • 연금 및 건강서비스 혜택 • 소득보장 혜택 • 기타 사회서비스 혜택	• 복지관대성비율 • GDP 대비 총 사회적 지출 • GDP 대비 가구당 사회적 혜택(social benefit, 현금+현물) • GDP 대비 공적지출에서 차지하는 가족혜택(family benefit, 현금+현물) • GDP 대비 질병, 장애 등에 대한	OECD data/socx/ Health Data

공적 지출(public spending on incapacity)
- GDP 대비 건강서비스에 대한 공적지출
- 국민 1인당 건강지출에 있어서의 정부혜택
- GDP 대비 주거복지서비스에 대한 공적 지출

• 사회적 노동의 측정지표

구성요소	측정영역	측정지표	자료
사회적 노동	• 자원봉사활동이나 기부 참여 • 노동조합 참여 • 시민운동 등의 참여	• 자원봉사활동 시간 • 매년 기부금 액수 • 노동조합 가입률 • 각종 집회나 시위나 데모 등에의 참석 정도 • 시민사회조직 회원 여부	World Value Survey data/ OECD data

• 사회적 재생산구조의 측정지표

구성요소	측정영역	측정지표	자료
사회적 재생산 구조	• 공공 보육서비스의 국가제공 및 책임 • 교육보장 수준 • 장애인 및 노인들을 위한 돌봄서비스 혜택	• 문맹률 • 학교중도탈락비율 및 의무교육의 연수 • 사교육비 지출 정도 • 공교육에 대한 국가의 지출 • 보육서비스에 대한 공적지출 • 공공보육시설의 수 • 일주일 평균 노동시간 • 장시간 노동하는 노동자의 비율 • 출산휴가의 기간(여성과 남성) • GDP 대비 돌봄서비스에 대한 공적 지출	Education at a glance (OECD) Well being index (OECD)

• 사회자본의 측정지표

구성요소	측정영역	측정지표	자료
사회자본	• 친구, 동료, 이웃, 정부 등에 대한 신뢰 • 밤거리 안전과 같은 사회안전도 • 이웃, 친구, 친척과의 관계 • 사모임, 단체, 민간조직 등에의 참여 • 투표 참여	• 인구 10만 명당 살인율 • 인구 10만 명당 범죄율 • 인구 10만 명당 자살률 • 부패지수 • 정부에 대한 신뢰의 정도 • 지역주민이나 이웃주민에 대한 신뢰의 정도 • 친구, 이웃이나 친척과의 만남의 정도 • 사적 모임 참여의 정도 • 밤거리안전에 대한 인식의 정도 • 자살률, 살인율, 범죄율 • 투표 참여 여부 • 지원 또는 지지네트워크의 질	Well being index (OECD)/ OECD data/ Gallop World Poll/World Values Survey

■ 본 연구에 제시된 사회의 질의 구성요소별 측정지표들은 제한적으로 측정 가능하고 수집 가능한 지표들을 중심으로 나열한 것으로 더욱 객관적으로 수량화되어 있는 지표들을 찾고 수집하려는 노력은 사회의 질의 정도를 보다 객관적으로 이해하고 국가별 비교를 하기 위한 토대임을 밝힌다. 또한 위의 자료들은 국가별 상대적 비교를 위해 OECD가 세계은행 등 각종 국제기구들이 수집한 자료와 국가별로 OECD에 제출하여 수집된 자료들을 중심으로 제시하였으므로 위의 측정영역별로 개별국가들이 가지고 있는 수량화된 자료들 역시 개별 국가들의 사회의 질의 성격을 밝히기 위해 활용될 수 있음은 당연하다.

제9장

한국 사회모델과 사회의 질 수준

제1절 사회의 질 모델과 아시아 국가의 상이성 그리고 한국

1. 한국 복지국가와 사회의 질

한국은 복지국가의 기본적 틀을 구축한 지 얼마 되지 않는 후발복지국가 중 하나라고 분류할 수 있다. 사회보험과 공적부조가 1990년대에 들어와서야 기본적인 틀을 갖추었으며 2000년대에 들어와서 사회복지서비스 또는 사회서비스에 대한 국가제공의 틀이 구축되기 시작했다. 특히 한국은 중국, 일본 그리고 대만 등과 함께 유교 중심의 전통을 중시하는 유교주의 복지국가라고도 분류되지만 복지국가의 유형을 구분하면 어떤 복지자본주의의 틀을 가지고 있는 국가인지를 구분하는 것은 매우 어렵고 복잡한 시도와 노력을 필요로 한다. 일단 Esping-Andersen(1990)

이 유형화한 자유주의, 보수주의 사회민주주의 복지국가 유형을 적용한다면 한국은 자유주의 복지국가에 포함될 수 있고, Sapir(2006)의 복지국가 분류방식인 노르딕국가, 앵글로색슨(자유주의적)국가, 대륙국가 그리고 지중해연안국가 중 앵글로색슨국가에 포함될 수 있는 조건을 갖추고 있다. 하지만 이러한 복지국가 유형화 기준은 주로 유럽 국가 중심 또는 유럽 국가에 부차적으로 북미 국가들이 포함되어 있어 아시아 국가로서 한국이 위의 유형화 집단으로 구분되는 데는 많은 한계를 가진다.

복지국가의 수준이나 유형은 곧 사회의 질에도 중요한 토대를 제공하므로 복지국가의 수준을 결정짓는 여러 측정도구들을 활용하여 한국 복지국가의 수준을 파악하고 사회의 질의 정도를 파악하는 것은 한국 복지국가의 성격을 이해하기 위해 매우 중요하면서도 가장 기초적인 작업이다. 따라서 한국 복지국가의 성격을 규명하고 사회의 질을 구성하는 요소들에 적합한 수집 가능한 자료들을 활용하여 한국 사회의 질의 정도를 파악하는 것은 의미가 있다. 이를 위해서는 기본적으로 복지국가를 설명해주는 한국식 사회모델의 성격을 살펴보고 복지국가의 특성을 규명하는 것이 우선적인 작업이며 이를 토대로 사회의 질 수준을 측정하기 위한 사회의 질 측정모델을 구축하여 이에 적합한 측정지표들을 중심으로 한국 사회의 질 수준을 파악하는 것이 중요하다.

Esping-Andersen(1990)이 유형화한 복지국가의 특징을 살펴보면 먼저 미국으로 대표되는 자유주의 복지국가(미국, 호주, 캐나다)는 탈상품화의 수준이 낮으면서 사회적 권리의 영역을 제한하며 선별적 복지혜택인 자산조사에 의한 혜택과 낮은 수준의 보편주의적 현금전이와 사회보험시스템이 주종을 이룬다. 독일로 대표되는 보수주의 복지국가(오스트리아, 프랑스, 독일, 이탈리아)는 조합주의국가라고도 불리며 국가가 복지제공자로서 시장을 대체하는 것을 강조하여 사적보험과 직장혜택이 제한적인 역할을 하고 성당 중심의 종교적 성격과 가족 중심의 보호를 강조한다. 또한 사회보험은 전통적으로 남성 중심으로 일하지 않는 여성을 배제하고 가족혜택은 모권을 고취시킨다. 단기보호(day care)와 가족서비스는 상대적으로 저발달된 특징을 갖고 있는데 이는 국가가 가족이 구성원에게 서비스를 제공하는 것이 불가능한 경우에만 개입하는 보완의 원칙에 근거한다. 스웨덴으로 대표되는 사회민주주의 복지국가(노르웨이, 덴마크, 스웨덴, 네덜란드)는 보편주의 원칙과 사회적 권리의 탈상품화가 신중간계급에까지 확대되어 있으며 시장과 가족에 의존하지 않고 가족서비스의 비용을 사회화하며 개인의 독립성을 위한 능력을 최대화한다는 원칙을 유지한다. Esping-Andersen의 복지국가 유형의 특징은 복지자본주의를 유지하고 있는 복지국가를 정치경제적 측면에서 구분하여 복지정권으로 유형화하였다는 점이라고 할 수 있다.

Kuhnle과 Alestalo(2000)는 Alestalo와 Flora(1994)가 제시한 국가, 시장, 자발적 조직(시민사회) 그리고 가족의 복지제공의 역할을 중심으로 대륙국가(오스트리아, 독일, 프랑스, 벨기에), 스칸디나비아국가(덴마크, 핀란드, 노르웨이, 스웨덴), 남유럽국가 그리고 영국으로 유럽의 복지국가를 4개의 유형으로 구분하였다. Kuhnle과 Alestalo에 따르면 스칸디나비아국가는 국가의 복지제공 역할을 중요시하며 남유럽국가(이탈리아, 스페인, 그리스, 포르투갈)는 다른 복지국가들에 비해 가족과 자발적 조직의 역할을 더 중요하게 여긴다는 특징이 있음을 제시하였다. 이들의 복지국가 유형은 복지국가를 일차적으로 지리적으로 구분하고 그 지역적 특색을 국가, 시장 그리고 가족과 시민사회라는 요소를 적용하여 분석하였다는 점에 특징이 있다.

Sapir(2006)는 복지국가를 노르딕국가, 앵글로색슨(자유주의적)국가, 대륙국가 그리고 지중해연안국가로 분류하였는데 그에 따르면 노르딕국가(덴마크, 핀란드, 스웨덴, 네덜란드)는 매우 높은 사회보호지출과 보편적 복지제공 그리고 활동적 정책도구에 기초한 노동시장에 대한 포괄적 재정 개입을 특징으로 한다. 앵글로색슨(자유주의적)국가(아일랜드, 영국)는 상대적으로 큰 사회적 원조시스템을 특징으로 하는데 특히 현금 전이는 노동세대에 일차적으로 초점이 맞추어져 있다. 노동시장 측면에서 보면 상대적으로 취약한 노동조합과 낮은 임금고용 그리고 큰 임금편차가 특징이다. 대륙국가(오스트리아, 벨기에, 프랑스, 독일, 룩셈부르크)는 실업혜택, 연금과 같은 사회보험에 기초하며 회원 수는 줄어들고 있지만 여전히 노동조합이 강력한 협상력을 유지하고 있다. 그리고 지중해 연안국가(그리스, 이탈리아, 스페인, 포르투갈)는 노령연금에 사회적 지출을 집중하고 있으며 권리 부여에 대한 세밀한 구분을 통해 복지혜택을 제공하고 있다. 특히 사회복지시스템은 전형적으로 고용보호와 노동시장에서 조기 은퇴한 사람들에게 맞추어져 있다. 임금구조는 강력하게 억제되고 있으며 집단협상에 의해서 이루어진다. Sapir(2006)의 복지국가 분류는 Boeri(2002)가 제시한 세 가지의 기준에 기초하여 이루어졌는데 그 기준은 첫째, 소득불평등과 빈곤에 대한 제거 노력, 둘째, 보장받지 못하는 노동시장 위험에 대한 보호, 셋째, 노동시장 참여에 대한 보상이다.

위에 제시된 유럽 학자들의 연구결과에 근거하여 한국 복지국가의 성격을 규명하기 위한 초보적인 논의 역시 국내에서 일부 이루어졌다(조영훈, 2001; 남찬섭, 2002; 백승호·안상훈, 2007; 김연명, 2013). 한국이 복지제공에 있어 시장-국가-민간비영리-가족 등의 혼합형모형으로 구성되어 있음은 논의의 여지가 없다. 복지국가의 성격 구분에 따른 유형화에 있어 시장화를 강조하는 미국식 자유주의형이나 가족과 자발적 조직의 역할이 더 중요한 스페인이나 이탈리아 같은 남유럽북지국가 유형 그리고 사회보험과 가족 중심의 특성을 가진 독일과 같은 보수주의 복지국가의 성격도 일부 포함하고 있다고 주장되지만, 이러한 논의는 대부분 외국 학자들이 제시한 유형화모델에 한국 복지국가의 특성을 고려하여 적용한 자의적 수준의 분석이라고 평가할 수 있다. 한국 복지국가는 한국만의 특성을 가진 복지체제를 나타낸다. 물론 복지선진국들로부터 다양한 제도나 정책들을 수렴하여 발전시킨 측면도 있다. 하지만 한국식 복지자본주의라는 경제적 토대에 기초해서 정치, 사회, 문화적 특성을 반영하여 발전하여왔다는 점은 한국식 복지국가의 모형을 기존 연구자들(특히 유럽 학자들)이 유형화한 모형에 작위적으로 적용하여 분석하는 데는 한계가 있음을 잘 나타내준다.

위의 분류방식에 따르면 한국은 정치 이데올로기적으로는 자유주의 복지국가 모형에 근접하며 지리적 영역의 특성으로 유형화한 모형에 따르면 남유럽복지국가의 모형에 근접한다. 객관적인 수치를 바탕으로 분석하면 한국은 사회복지의 전 영역에서 가장 낮은 수준의 국가적 지출을 하는 저개발된 복지국가들 중 한 곳에 지나지 않는다. 즉, 한국 복지체제의 성격은 OECD 국가 중 가장 낮은 사회복지지출을 근간으로 하여 낮은 수준의 국가 직접제공 그리고 가족 중심의 책임과 수준 높은 비영리 자발적 조직의 복지제공 참여, 영리조직들의 복지제공에 따른 혼탁한 시장구조를 특징으로 한다. 한국 사회의 질은 이러한 한국식 복지국가 성격에 영향을 받아서 형성되고 발전될 수 있다고 해석될 수 있으므로 사회의 질은 반드시 복지국가의 특성과의 연관 하에서 설명되고 이해되어야 한다.

한국의 사회의 질 수준이나 사회의 질을 측정하기 위한 도구 등에 대한 연구는 거의 이루어지지 않았다. 한국의 사회의 질에 대한 대표적인 연구로는 Yee와 Chang(2009)의 논문이 있다. 이들은 Beck과 동료들에 의해서 제시된 사회의 질 개념과 조건적 요소로서 사회·경제적 보장, 사회포용, 사회통합 그리고 사회적 임파워먼트를 인용하였지만 사회의 질의 네 구성요소에 대한 측정을 시도한 것이 아니라 단순히 사회통합을 위해 활용 가능한 지표들을 사용하여 사회통합을 위한 중요 요인으로 투명성과 같은 사회자본 요소를 제시하였다. 즉, 이들의 주된 연구결과는 한국의 경우 신뢰로 대표되는 사회포용의 수준이 매우 낮으며 투명성이 사회통합을 향상시키는 주요 요소라는 것을 밝혔다는 점이다. 한국의 경우 사회·경제적 보장의 수준이 매우 낮다는 점과 고용 및 돌봄의 질과 수준이 낮다는 점 그리고 주거보장이 매우 불안정하다는 점 등을 고려하면 보다 심도 있는 객관적인 측정지표들을 활용한 사회의 질 연구가 필요함을 나타내준다고 할 수 있다.

한국 사회의 질 수준이나 정도를 객관적으로 추측하거나 예측할 수 있는 자료의 부족과 연구의 부족은 가장 기본적으로는 한국 사회의 질을 설명해주는 복지국가 사회모델에 대한 연구의 한계를 드러내주는 것이며 나아가 객관적인 한국 사회의 질 수준을 논의하기 위한 본격적인 연구가 반드시 이루어져야 함을 나타내주는 것이라고 할 수 있다. 본 장에서는 본격적으로 한국 복지국가의 사회모델에 대한 논의를 기초로 하여 한국 사회의 질 수준을 파악한다. 한국 복지국가의 성격을 설명하는 한국형 사회모델(social model)을 도출하는 것은 복지국가의 수준 또는 사회의 질의 정도를 이해하고 파악하기 위한 가장 기초적인 작업이다. 본 장에서는 Walker(2009)가 제시한 사회모델의 8개 기준을 활용하여 한국 사회모델의 성격을 규명하기 위해 시도할 것이며 한국형 복지국가 사회모델을 설명해주는 활용 가능한 사회지표들을 중심으로 한국 사회의 질의 수준을 이해하고 파악하기 위한 기초적인 논의를 시도해본다. 특히 본 장에서는 Castles(2004)이 제시한 복지관대성비율과 본 연구에서 제시한 사회의 질 구성요소인 사회적 임금, 사회적 재생산구조, 사회적 노동 그리고 사회자본의 수준을 확인할 수 있는 자료들을 중심으로 한국 사회의 질 수준을 파악하고 확인하기 위해 노력할 것이다.

2. 사회모델이란?

사회모델이란 무엇인가? 사회모델은 복지국가의 성격을 설명해주는 이론적 틀이자 토대로 사회모델에 따라 매우 상이한 복지국가의 유형이 설명될 수 있다. 유럽 국가이든 북미 국가이든 아시아 국가이든간에 복지자본주의의 형태를 유지하고 있는 대부분의 복지국가들은 사회모델의 특성에 따라 그 성격이 구분될 수 있다. Walker(2009)는 복지국가의 성격을 구분하기 위해 가족, 시장, 국가의 역할과 GDP 대비 사회적 지출 수준, 복지제공을 결정하는 복지결정모델, 국민의 탈상품화 정도 그리고 빈곤 및 불평등의 정도 등 8개의 기준으로 복지국가를 구분지을 수 있는 사회모델 기준을 제시하였다. 한편 Gough(1997)는 GDP에서 차지하는 높은 수준의 사회보호 비율과 시민들의 높은 기대, 실제로 높은 지출액을 유럽 사회모델의 특성으로 제시하였다. Gough가 제시한 사회모델의 특성은 주로 재정적 측면에서의 기준으로 Walker가 제시한 여러 기준들에 비해 상대적으로 취약하다고 볼 수 있다.

유럽 국가에는 유럽 국가의 공동적 특성을 반영한 사회모델이 존재하며 북미 국가에는 북미 국가의 특성에 맞는 그리고 아시아 국가에는 아시아 국가의 특성에 맞는 사회모델이 존재한다는 것은 대륙별 복지국가의 특성이 다르다는 점을 나타내주는 것이다. 물론 공통적으로 적용될 수 있는 아시아 사회모델의 특징 이외에 개별 아시아 국가들이 갖는 고유한 특징이나 성격이 존재할 수 있음은 당연하지만 모든 국가별 특성을 고려하여 개별 국가들에 맞는 사회모델의 기준을 제시하는 것은 복지국가별 상대적 비교의 측면에서 어렵다고 할 수 있다. 아시아 국가들 중에서 중국, 일본, 한국, 대만 등을 다시 동아시아 국가로 집단화할 수 있고 유럽 역시 서유럽, 동유럽, 북유럽 등으로 구분지을 수 있는데, 이러한 집단화는 집단적 특성을 반영하는 사회모델의 성격이 공통적으로 도출되어야 함을 기초로 한다. 즉, 동질의 사회모델로 집단화되는 국가들은 모두 공동의 사회모델의 성격이나 특성을 가지고 있어야 한다.

Taylor-Gooby(1998, 2004)는 유럽 국가들 중 서유럽 국가 사회모델의 중요한 성격으로 복지에 대한 국가적 책임성의 국민적 수용을 제시하였으며 이는 복지정책적 측면에서 노인들에 대한 소득보장과 건강보호의 발전을 가져다주었음을 강조하였다. 또 다른 한편으로 Jones(1990, 2003)와 Rozman(1991)은 동아시아 사회모델의 중요한 성격으로 유교를 강조하였다. 하지만 유럽의 가톨릭성당 중심의 종교적 신념은 수천 년에 걸쳐 유럽인들의 생활과 태도 그리고 가치관에 영향을 준 반면 아시아, 특히 동아시아에 영향을 준 유교는 신앙이라기보다는 이데올로기이고 가치관이며 무엇보다도 중국을 제외한 동아시아 국가의 전 국민의 생활 전반에 영향을 주었다고 볼 수 없으므로 유교가 동아시아 복지국가의 사회모델을 설명하는 중요한 기준이자 성격이라고 해석하기에는 무리가 따른다.

복지국가의 성격을 나타내주는 사회모델은 특정 국가의 제도적 측면과 가치적 측면에서의 사회의 질을 구조적이고 역사적인 측면에서 이해할 수 있도록 도와주는 중요한 기준이다. 즉, 사회구성원의 번영과 사회 전체의 번영에 동시에 영향을 주는 사회의 질 수준의 주요한 결정요인이 바로 사회모델의 특성이라고 할 수 있다. 이는 복지국가별 사회의 질 수준이 곧 복지국가의 기본적인 토대이고 복지국가의 성격을 이해하도록 돕는 가장 확실한 지표임을 나타내준다.

본 연구에서는 한국 사회의 질 수준을 확인하기 위한 기초 작업으로 한국형 사회모델에 대한 성격을 분석하기 위해 국가별 사회모델을 집단화할 수 있는 기준으로 Walker가 제시한 8개의 기준을 활용한다.

3. 유럽 복지국가와 아시아 복지국가의 사회모델 비교

복지국가를 설명하는 사회모델 측면에서 본다면 유럽은 복지국가의 역사가 가장 오래되었으면서 동시에 GDP 대비 30% 이상의 많은 사회적 지출을 쓰는 선진복지국가들로 구성되어 있다. 특히 사회복지제공에 있어 국가의 책임이 강조되면서 대부분 보편주의적 시스템으로 할당이 이루어진다. 물론 Esping-Andersen(1990)이 분류한 것과 같이 영국, 독일, 프랑스 그리고 스웨덴이나 핀란드 등의 국가별 상이성은 존재하지만 서유럽 국가들은 대부분 비슷한 연대의식과 공동체의식을 기초로 사회복지시스템을 발달시켰다.

이와 비교하여 아시아 국가들은 대부분 복지국가의 역사가 짧으면서 사회적 지출 역시 유럽 국가들에 비해 GDP 대비 10% 안팎의 지출을 하고 있고 가족이나 민간조직 중심의 자선적 복지의 제공이 발달하였다는 특징이 있다. White와 Goodman(1998)은 아시아 국가들의 사회모델의 특성을 첫째, 복지에 대한 낮은 지출, 둘째, 복지의 사회적 역할에 있어 시민의 권리와 연관된 사회적 권리의 제공자로 국가보다는 가족, 지역사회, 고용주에 대한 강조, 셋째, 세금 기반의 지불방식이나 보편주의에 기반한 사회보험보다는 선별주의에 기초한 선호라고 주장하였다.

물론 이러한 대륙 간의 복지국가를 설명하는 사회모델의 차이점은 자본주의의 발달 과정과 맞물리는 사회적·정치적 특성과 경제기반 그리고 문화적 차이성에 근거한다고 볼 수 있다. Walker(2009)는 Esping-Andersen(1990)이 활용한 기준에 덧붙여 8개의 기준을 사용하여 서유럽과 동아시아 국가(한국, 일본, 대만, 싱가포르, 중국, 홍콩)의 복지국

가를 설명해주는 사회모델을 비교해주고 있다. 이를 표로 나타내면 〈표
9-1〉과 같다.

표 9-1 유럽과 동아시아 국가의 사회모델 비교

역할	동아시아	서유럽
가족	중간-높음	낮음-중간
시장	중간-높음	낮음-중간
국가	낮음-중간	중간-높음
GDP 대비 사회적 지출(%)	5~15	17~34
복지결정모델	개인, 가족, 민간단체나 조직, 기업	개인, 국가. 기업
연대의 범위	가족	국가
탈상품화의 정도	낮음	중간-높음
빈곤/불평등의 정도	중간-높음	낮음-중간

자료: Walker(2009), 222에서 재인용

4. 한국 사회모델

한국 사회의 질 및 복지국가 발전을 설명해주는 사회모델은 White
와 Goodman(1998)이 지적한 동아시아 국가들이 갖는 세 가지 특성을
그대로 유지한다. 즉, 한국은 복지지출이 낮고 선별주의적 혜택이 강하
며 주로 국가보다는 가족에게 사회복지제공의 책임을 돌리고 있다. 한
가지 특이한 점은 한국의 경우 민간비영리 자선단체나 조직이 가족과 함
께 중요한 사회복지제공을 담당하여왔다는 것이다. 이는 자본주의의 이
행 시기에 서구의 선교사 중심의 종교조직이 사회복지제공에 많은 기여
를 하여왔다는 점과 한국전쟁 이후 수많은 난민과 아동 및 부녀자를 위
한 자선단체들이 한국에서 활동하였다는 역사적 사실에 근거한다. 이러
한 종교 및 민간자선단체들의 사회복지제공은 1970년대까지 이어졌으

며 1980년대 이후 한국이 더 이상 원조를 받아야 하는 절대적 빈곤국가가 아니라 아시아 경제를 주도하는 경제국으로 발전하면서 한국에서의 원조활동의 필요성이 사라져 외국의 자선단체들이 한국 사람들에게 조직이나 단체를 이양하고 철수하면서 지금까지 이어지고 있다. 특히 이러한 민간조직의 사회복지제공은 1983년 사회복지사업법이 개정되어 사회복지관사업이 국고보조사업으로 전환되면서 민간비영리조직들이 국고보조금으로 국가와의 계약을 통해 사회복지를 제공하는 대리인으로서 역할을 하게 된 배경이 되었다.

따라서 한국의 경우 사회복지제공은 국가보다 민간조직의 제공이 중심이며 민간조직은 대부분 사회복지법인과 종교법인을 포함한 비영리법인 중심이다. 결국, 한국의 복지국가를 설명하는 사회모델의 이론적 토대는 주인-대리인이고 사회복지의 기획은 국가가 하지만 사회보험과 공적부조를 제외한 대부분의 사회복지제공은 민간조직이 계약을 통해서 제공한다. 이것이 한국 사회복지 전달체계의 핵심적 영역이다. Gilbert와 Specht 그리고 Terrell(1993, 2005)이 제시한 사회복지정책 분석모델을 적용하여 한국 사회복지체계를 분석하면 요점은 다음과 같다.

• 할당: 한국의 복지할당은 선택주의와 보편주의 방식을 혼합하여 사용하고 있어 혼합형 할당이라고 볼 수 있다. 예를 들어 2018년부터 제공되는 아동수당은 0~5세 이하의 아동들에게 제공되는 대표적인 보편적 혜택이며 노인들에게 제공되는 기초연금 역시 65세 이상의 대부분의 노인들에게 제공되는 보편적 혜택이다. 하지만 공적부조인 국민기초생활보장제도는 선택주의에 기초한 대표적인 혜택으로 소득 및 자산조사를 통해 기준을 설정하여 기준 이하의 사람들에게만 혜택을 제공한다. 장애인돌봄이나 노인돌봄 등과 같은 사회서비스사업 역시 동일하다.

• 재정: 2016년에 한국의 GDP 대비 사회적 지출은 10.4%로 자료
가 집계된 29개 OECD 국가 중 29위였다. 이는 한국의 GDP 대비 복지
재정의 총량이 열악한 수준임을 나타내준다. 2016년의 전체 예산에서
차지하는 복지부 소관의 복지예산 비중은 14.4%로 전체 예산 386조 7
천억 원 중 55조 6천억 원이었다. 참고로 보건복지·노동 등을 모두 합
한 예산은 약 122조 원으로 전체 예산의 31.8%를 차지한다.

• 제공: 한국의 사회복지제공의 기본적 틀은 현금과 재화, 전문적
서비스 그리고 바우처와 신용(근로장려금) 등으로 구분된다. 실업급여
나 공적부조 그리고 각종 수당은 현금으로 제공되며 2007년 이후에 돌
봄 영역의 사회서비스사업에서 바우처를 지불방식으로 채택하여 바우처
(전자바우처)가 이용자들에게 제공되고 있다. 그리고 2008년부터 도입
된 근로장려금제도는 노동빈곤층에게 세금을 되돌려주는 대표적인 신
용(credit)반환제도이다. 정부보조금으로 운영되는 비영리사회복지조직
에서는 대체적으로 사례관리, 상담이나 교육 그리고 정서적 지지와 같은
전문적 서비스를 주로 제공한다. 상품이나 재화로 제공되는 사회복지서
비스로는 대표적으로 노숙인들에게 제공되는 의류나 식사 그리고 절대
빈곤층에 제공되는 영구임대주택 등과 같은 주거복지 영역의 서비스가
있다.

• 전달체계: 한국의 사회복지서비스의 전달체계는 1990년대 전까
지는 민간자선단체의 비공식적 부분이 중심이었으며 1990년대 이후부
터는 주인-대리인 이론에 입각한 비영리제공모델이 중심이었고 2000년
이후 사회복지서비스 영역에 시장을 도입하고 상업화를 인정하면서 이
익을 추구하는 민간조직들이 대거 사회복지서비스 전달을 책임지고 있

다. 물론 사회복지서비스의 경우 적은 부분이지만 국가가 직접 사회복지를 전달하는 영역도 존재한다. 또한 1990년대 이후부터는 공적부조와 사회보험의 경우 국가가 서비스 전달의 주체이지만 건강서비스의 경우는 비영리병원조직이 그리고 노인장기요양서비스는 영리기관과 비영리기관이 중심적으로 서비스를 전달하는 주체이다. 결론적으로 공적부조를 제외한 사회복지서비스는 국가가 직접 제공하기보다는 민간조직(영리조직 및 비영리조직을 포함)이 국가의 재정지원하에 서비스를 제공하는 민영화 중심의 서비스 전달체계라는 성격을 내포하고 있다. 2016년(3월)을 기준으로 민간비영리조직(사회복지법인, 비영리법인, 학교법인 등)은 전국의 종합사회복지관(455개 기관)의 90% 이상을 운영하고 있으며 국가 직접 주도의 종합사회복지관(지자체가 직접 운영하는 기관)은 약 6%(28개 기관) 정도에 머물러 있다(한국사회복지관협회, 2016). 건강서비스 영역의 경우 2015년 기준으로 총 3,205개의 전국의 병원 중 국공립 병원은 단지 75개에 불과하며 의료법인을 포함한 비영리법인이 운영하는 병원은 1,404개(약 43%) 그리고 개인이 운영하는 병원이 1,706개(약 53%)로 국가가 직접 서비스를 제공하는 국공립병원보다는 비영리법인과 영리개인을 포함한 민간병원의 수가 절대적으로 많다. 보육서비스의 경우 보건복지부(2014)의 보육통계를 살펴보면 국공립이나 비영리법인이 운영하는 보육시설을 제외한 영리보육시설[1]이 전체 보육시설의 약 89%를 차지하고 있는 실정이다. 즉, 2014년을 기준으로 전체 보육시설 약 43,742개 중에 국공립 보육시설은 2,499개로 5.7%를 차지하고 있고 민간(영리조직)이 38,981개이며 사회복지법인을 포함한 비영리법인 보육시설이 1,468개로 5.1%를 차지하고 있다. 그리고 노인요양서비스 중

....

1　여기서 보육시설은 복지부가 관할하는 어린이집을 의미함.

방문요양서비스기관의 경우는 영리기관의 시장 진입이 허용된 이래로
급속하게 시장화가 일어난 영역으로 전체 8,029개의 기관 중 영리기관
이 7,298개, 비영리기관이 677개 그리고 국공립기관이 5개로 영리기관
이 전제 기관의 91%를 차지하고 있다. 사회서비스사업의 경우 국공립제
공기관은 전무하며 2007년 이후에 영리기관의 시장 진입이 급격하게 늘
어나 2010년을 기준으로 영리기관의 수는 41.7%(58.3%는 비영리제공기
관)를 차지하고 있는 것으로 나타났다(지은구, 2016에서 재인용).

Walker(2009)가 제시한 8개의 사회모델 비교 기준을 적용하여 한
국의 복지국가 사회모델을 나타내면 〈표 9-2〉와 같다.

표 9-2 한국의 사회모델의 특징

기준	수준	역할
가족	높음	• 돌봄은 가족의 책임: 돌봄과 양육에서 개인 및 가족의 책임이 강조됨 　= 2013년을 기준으로 OECD 34개 가입국 중 가족에 대한 혜택(현금과 현물 포함)은 GDP에서의 공적지출 중 약 1.1%를 차지하여 31위를 기록(OECD 평균은 2.1%). 가족혜택에 대한 정부지출이 매우 낮다는 것은 그만큼 가족복지에 대한 책임이 가족에게 있음을 나타냄[1] 　= 가구의 민간보험료 지출이 매우 높음: 건강보험보장성 약화로 인해 민간보험에 가입한 가구의 가구당 가입 개수는 2012년 4.64개, 월평균 납입료는 34만 3,488원. 민간실손보험에 가입한 건수는 2013년을 기준으로 3천5백만 건에 달함[2] 　= GDP 대비 공교육 지출비가 매우 낮음[3]. 2013년을 기준으로 4.1% 지출(OECD 평균은 4.7%, 32개국 중 27위) 　= 아동 1인당 사교육에 들어가는 가구당 월평균액이 2016년을 기준으로 256,000원으로 높음[4] 　= 건강 분야에 들어가는 공적지출이 매우 낮음. GDP에서 차지하는 건강 분야의 공적지출 수준은 2016년을 기준으로 4.3%(OECD 평균은 6.5%, 전체 35개 가입국 중 32위)[5] 　= 국민 1인당 지출하는 의료비용에서 정부혜택은 약 56%를 차지하여 가족이나 개인 부담 의료비율이 매우 높음(2016년 기준으로 1인당 의료비 2,729달러에서 정부 부담은 1,538달러, 개인 또는 가족 부담은 1,191달러)[6], 2015년 기준으로

가족	높음	가구소득에서 차지하는 의료비 가족 부담의 비율이 5.1%로 OECD 국가 중 스위스를 제외하고 가장 높음[7]

시장	높음	• 건강 및 돌봄서비스(영유아 및 아동, 노인, 장애인 등)는 대부분 복지혼합으로 시장화되어 있어 시장화의 정도가 높음
		• 2007년과 2008년에 서비스가 개시된 사회서비스투자사업 중 돌봄사업, 아동심리정서발달사업 그리고 노인장기요양사업의 재가요양은 대부분 영리기업에서 사업을 독점하고 있음.
		  = 보육시설: 영리보육시설이 2014년을 기준으로 89%를 차지[8]
		  = 요양시설: 영리재가노인요양기관이 2015년을 기준으로 91%를 차지[9]
		• 건강서비스 영역에서 2015년 기준으로 전국 3,205개의 병원 중 영리병원이 1,706개(약 53%)[10]

국가	낮음	• 국가는 전체 사회복지서비스를 기획하고 재정을 지원하며 민간기관들을 관리하는 주체적 역할을 담당. 서비스제공의 측면에서 국가의 역할은 제한적이고 주로 민간비영리조직과 영리조직들이 서비스를 제공함
		• 국가가 직접 복지서비스를 제공하는 비율은 전제 공급 중 영역별로 상이하지만 모든 영역에서 평균 10% 이상을 넘지 못하고 있음
		  = 건강서비스 영역에서 국공립병원은 전체 3,205개 중 64개[11]
		  = 보육서비스 영역에서 국공립보육시설은 2014년 기준으로 5.7%[12]
		  = 사회서비스 분야 중 장애인 및 노인돌봄서비스 영역에서 2012년 기준 국공립시설은 0%[13]
		  = 장기요양 영역에서 2015년 기준 노인요양 국공립시설은 전체 2,707개 중 2개[14]
		  = 장기요양서비스에서 2015년을 기준으로 국가는 GDP 대비 약 0.8%를 지출하고 있음[15]. OECD 국가의 평균 지출은 1.7%

GDP 대비 사회적 지출(%)	낮음	• 2016년 35개 OECD 국가 중 멕시코를 제외하고 가장 낮음(10.36%, 2016년, OECD 평균 21%)[16]
복지결정모델	개인, 가족, 민간조직	• 사회복지 영역별로 상이하지만 공적부조와 일부 사회보험을 제외하고 대체적으로 민간비영리조직과 영리조직이 중심

연대의 범위	가족	• 국민의 가족적이고 개인적인 사고로 인해 연대는 주로 가족 중심으로 이루어짐. 사회적 책임의식이나 사회헌신에 대한 사고는 매우 낮음. 　= 사회헌신에 대한 인식조사(조사 대상국 58개)에서 평균 3.47로(5점 척도, 점수가 높을수록 사회헌신에 대한 소명감이 없음) 헌신에 대한 의식이 매우 낮음[17] 　= 지역사회의 공동체의식 또한 낮음. 공동체의 일원이라고 생각하지 않는다는 응답이 6.6%로 대표적인 다민족 사회인 미국(4.1%)보다도 높음[18] 　= 정부에 대한 신뢰는 매우 낮음[19]. 2015년을 기준으로 정부에 대한 신뢰도는 OECD 평균 약 42%, 한국은 28%로 34개국 중 29위 • 한국은 연대나 공동체의식을 나타내는 사회자본 수준이 매우 낮음 　= 친구나 가족과의 연대의 질도 매우 낮은 수준: 친구나 친척으로부터의 지원네트워크(support network)의 질에 대한 OECD 2016년 자료를 보면 76%로 35개국 중 34위를 차지하여 네트워크의 질이 매우 낮음[20] 　= 타인에 대한 신뢰도도 낮음: 2013년을 기준으로 26.59%, OECD 평균은 2010년 자료를 기준으로 36.02%[21]
탈상품화의 정도	낮음	• 국민의 탈상품화 정도는 낮음. 　= 복지관대성비율은 2015년 기준으로 0.63(OECD 국가 중 32위) 　= 연금에 대한 공적지출의 수준이 낮아 탈상품화 수준이 낮음. 2014년을 기준으로 GDP에서 2.6%를 지출(OECD 평균은 8.2%)[22] 　= 노동가능인구의 소득보장에 대한 공적지출 수준이 낮아 탈상품화 수준이 낮음. 2014년을 기준으로 GDP에서 1.3%를 지출(OECD 평균은 4.2%)[23] 　= 건강서비스에 대한 공적지출 수준이 낮음. 2014년을 기준으로 GDP에서 3.9%를 지출(OECD 평균은 6.0%)[24] 　= 사회서비스에 대한 공적지출 수준이 낮음. 2014년을 기준으로 GDP에서 1.4%를 지출(OECD 평균은 2.3%)[25] • 노동인구 중 실업급여 수혜자가 매우 낮음은 탈상품화 정도가 낮음을 동시에 나타냄. 2012년을 기준으로 실업급여 수혜자 비율이 0.9%(OECD 평균은 2.33%)[26]
빈곤/ 불평등의 정도	높음	• 한국은 2015년부터 상대적 빈곤율을 사용하여 소득보장정책을 운영하고 있으며 생계보장을 받는 소득 수준은 중위소득의 30% 이하 수준임(OECD의 빈곤 기준은 대체적으로 중위소득 50% 이하)[27]

빈곤/ 불평등의 정도	높음	• 한국의 상대적 빈곤율(OECD 기준 중위소득 50% 이하)은 2014년을 기준으로 14.4%. OECD 평균은 11.4%로 매우 높음[28] • 소득양극화는 매년 심화되고 있음. 2015년 통합소득*을 기준으로 소득상위 10%는 약 1억 2천만 원 그리고 소득하위 10%는 166만 원으로 격차는 약 72배[29]

* 통합소득: 근로소득이나 사업소득, 임대소득·투자소득·이자소득 등을 합한 소득

1. OECD, 2016, Social Expenditure Data Base(SOCX)
2. 국민건강보험공단·한국보건사회연구원, 2014, 한국 의료패널 심층분석 보고서
3. OECD, 2016, Education at a glance
4. KOSIS 통계지표
5. OECD Stat Extracts, health data 자료
6. OECD, 2017, Health statistics
7. OECD, 2017, Health statistics
8. 복지부, 2014, 보육통계
9. 복지부. 2015, 노인복지시설현황
10. 국가통계포털, 2015, http://kosis.kr
11. 국가통계포털, 2015, http://kosis.kr
12. 복지부, 2014, 보육통계
13. 복지부, 2012, 지역사회서비스투자사업안내
14. 복지부. 2015, 노인복지시설현황
15. OECD, 2017, Health statistics
16. OECD, 2016, Social Expenditure Data Base(SOCX)
17. World Values Survey(Wave 6)
18. World Values Survey(Wave 6)
19. Gallop World Poll(www.Gallop.com), 2016년 2월
20. 문제가 발생하였을 때 같이 문제해결을 할 수 있는 친구나 친척이 있다고 대답한 사람들의 비율. OECD, 2016, Better life index
21. World Values Survey(Wave 6)
22. OECD, 2016, Society at a glance; OECD, 2016, Social Expenditure Data Base(SOCX)
23. OECD, 2016, Society at a glance; OECD, 2016, Social Expenditure Data Base(SOCX)
24. OECD, 2016, Society at a glance; OECD, 2016, Social Expenditure Data Base(SOCX)
25. OECD, 2016, Society at a glance; OECD, 2016, Social Expenditure Data Base(SOCX)
26. OECD, Benefit recipients Database(SOCR)
27. 국민기초생활보장제도의 급여별 선정기준은 생계급여의 경우 중위소득의 30%로 2017년을 기준으로 중위소득 30% 수준은 1인 가구의 경우 495,879원이고 4인 가구의 경우는 1,340,214원임(중위가구의 50% 수준은 4인 가구의 경우 2,233,690원임)
28. OECD, 2016, Income Distribution Database
29. 국민의당 박주현 의원이 국세청으로부터 제출받은 "2008~2015년 통합소득(근로소득과 종합소득) 100분위 자료"

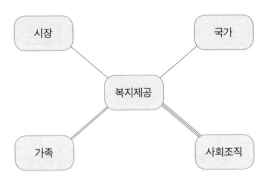

그림 9-1 한국 복지제공의 특성

* – : 약한 영향력
　= : 중간의 영향력
　≡ : 강한 영향력

　　Kuhnle과 Alestalo(2000)의 복지국가 유형화를 위한 기준을 적용하면 한국 복지국가의 특성은 〈그림 9-1〉과 같이 나타난다. Kuhnle과 Alestalo(2000)는 복지국가를 시장, 국가, 가족 그리고 사회조직(자발적 조직 또는 시민사회)의 역할을 중심으로 구분하였는데 한국의 경우는 순수 비공식부분의 자발적 조직보다는 국가로부터 국고보조금을 지원받아 위탁 운영하는 복지제공기관들이 많다는 특징이 있다. 그리고 복지에 있어 전통적으로 가족이 중요한 기능을 담당하여왔고 국가가 직접 복지를 제공하는 경우는 제한적이며 국민이 시장으로부터 직접 복지서비스를 제공받도록 하는 복지혼합이 이루어져 있다. 〈그림 9-1〉은 한국 복지제공의 특성을 나타낸 것으로 시장과 국가는 복지제공에 참여하고 있지만 가족이나 자발적 조직(비영리 사회조직)에 비해 그 정도가 약하며 복지제공에 있어 사회조직의 책임이 가장 강한 것이 특징이다.

　• **국가**

　　국가의 제한적인 복지제공은 한국 복지국가 성격을 규정하는 중요한 요소이다. 사회적 지출이 매우 낮은 한국의 복지제공 특성에 비해 상대적으로 질 좋고 다양한 복지서비스가 제공되는 결정적인 이유는 국가 직접제공보다 높은 기술력과 지식을 겸비하고 저렴한 민간사회복지사들로 인력이 충원된 민간 비영리조직이 1980년 중반 이후 대거 사회복지 영역에 유입되면서 복지서비스의 질적 발전을 가져다주었기 때문이다. 국가는 사회복지정책 및 서비스를 기획하고 10%도 채 안 되는 공공 직접제공의 취약한 토대를 가지고도 민간 영역에 저렴한 비용으로 재정적 지원을 제공하여 최대한의 효과를 누리고 있다.

● 시장(준시장)

건강보험 영역에서의 영리병원(개인의원 포함)이 제3자 지불방식으로 비용을 보전받는 시장화 이후인 2000년 중반 이후에 한국의 노인, 장애인, 영유아 등의 돌봄서비스 영역에서 급속한 시장화가 이루어졌다. 일부에서는 돌봄서비스 영역이 시장화가 일어난 것이 아닌 준시장화(유사시장화)가 발생한 영역이라고 주장하기도 하지만 돌봄서비스 영역에서 서비스를 제공받기 위해서는 국가재정과 가족 부담이 동시에 발생한다는 점에서 준시장화라고 보기에는 한계가 있다. 특히, 사회적 가치나 공공의 가치 실현이 목적이 아닌 개인의 이익을 강조하는 민간영리조직의 돌봄 영역으로의 대거 진입은 한국 돌봄서비스 영역을 가장 혼탁하게 만든 주범이라고 할 수 있다.

한국의 사회복지제공에 있어 준시장 또는 유사시장은 성립되지 않았으며 작동하지도 않는다. 정부는 2007년에 이용자들에게 선택권을 제공하기 위해 사회복지제공에 있어 시장 진입장벽을 낮추고 서비스 제공기관들이 상호 간의 경쟁을 통해서 서비스의 품질을 향상시키도록 하는 사회서비스사업을 시작하였고 2008년에는 노인장기요양서비스도 시작하였다. 그리고 이러한 시장을 곧 준시장이라고 주장하였지만 현실적으로 현장에서 비영리 사회서비스 제공기관들이 경쟁보다는 협력과 조정을 통한 통합적 서비스를 제공하기 위해 노력하고 있고 실질적인 경쟁은 심리상담서비스나 재가요양서비스의 민간영리기관들을 중심으로 발생하고 있으므로 준시장화가 아닌 시장화라고 보는 것이 적당하다. 또한 준시장화는 이용자들이 본인 부담 없이 국가의 전액 재정지원으로 서비스 혜택을 받는 것을 원칙으로 하지만 한국의 경우에는 사회서비스나 돌봄서비스, 요양서비스를 제공받기 위해서 추가부담비용이 발생하고 이러한 추가부담비용은 영리기관의 이윤 확보를 위해 이용자를 선별하는 기제로 작동하므로 한국의 준시장은 성립되지도 않았으며 운영될 수도 없는 조건이라고 할 수 있다. 결론적으로 보면 한국에서는 2007년 이후 사회서비스 영역에서 준시장화가 아닌 사회복지시장화가 급속하게 진행되고 있다고 할 수 있다.

• 가족

한국 사회복지 할당의 가장 기본적인 기준은 선별주의이다. 즉, 가족이 구성원의 복지를 일차적으로 책임지고 국가는 최소수준으로 혜택을 받을 만한 사람들에게만 혜택을 제공하는 최소부담원칙과 가족부담 원칙을 고수하였다. 이로 인하여 대표적인 공적부조제도인 국민기초생활보장제도는 중위소득가구의 약 35% 수준 이하의 가구만을 대상으로 생계보호 혜택을 제공하고 그나마 가족부담 원칙에 따라 부양의무자 기준을 적용하여 혜택을 제한하는 기형적 모습을 띠고 있으며 노인 및 장애인 돌봄서비스도 빈곤가구(차상위계층 포함)에만 서비스를 제공한다. 노인장기요양서비스 역시 최소부담 원칙에 따라 기본적인 시간 이외에 추가적인 재가요양서비스가 필요한 경우에는 비용을 가족이 책임을 지며 요양시설에 입소하는 경우도 가족부담금의 비율이 높다.

　• 사회조직(비영리조직)

　한국은 민간조직들인 사회복지법인, 학교법인, 사단법인 등 비영리법인 중심의 사회복지제공의 특성을 나타내지만 자발적 조직의 복지제공에 있어 약 60% 이상의 재정이 국가로부터 유입되는 복지제공의 특성을 가지고 있다. 따라서 이러한 국고보조금 지원사업은 국가와 비영리법인이 정부와의 계약관계로 서비스를 제공하는 전형적인 주인-대리인의 관계를 나타낸다는 특징이 있다. 하지만 비영리조직은 정부가 기획한 복지혜택만을 제공하는 것이 아니라 자체적인 재정이나 민간보조금을 통해 복지혜택을 기획하고 제공한다는 측면에서 단순한 대리인의 역할을 수행하는 것만은 아니라는 특징 역시 갖고 있다. 이러한 비영리조직 제공 중심의 한국 복지국가의 발달은 비영리조직의 소명감 및 사회적 가치를 성취하기 위한 노력에 힘입은 바가 크다.

5. 한국 복지국가의 성격

　한국은 후발 복지국가이다. 1980년대 중반 이후에 복지국가의 물적 토대를 위한 사회보험의 입안 및 시행이 이루어지기 시작하여[2] 2000년에 이르러서야 국민기초생활보장제도라고 일컬어지는 전 국민을 대상으로 하는 공적부조제도가 운영되기 시작하였고 2000년대 중반 이후에서야 본격적으로 사회서비스에 대한 국가지출이 제공되기 시작하였다. 특

....

2　1986년 12월 최저임금법 제정, 1988년 시행, 1988년 1월 1일 국민연금법 시행, 농어촌지역의료보험 시행, 최저임금제 시행, 1989년 7월 1일 도시지역의료보험 시행, 1995년 7월 1일 고용보험법 시행, 1995년 농어민 연금시행, 1995년 12월 30일 사회보장기본법 제정, 2000년 10월 1일 국민기초생활보장법 시행

히, 사회보장기본법이 1995년에 제정되었으므로 복지국가의 역사는 매우 짧음을 알 수 있다. 하지만 경제적 측면에서 본다면 한국은 1996년에 OECD에 가입한 국가이며 국내총생산(GDP)으로 나타나는 경제규모 면에서는 세계 10위권(2010년 10위, 2016년 13위)을 유지하는 경제대국이고 국민의 GNI는 3만 달러(2016년 기준 약 27,000달러)를 눈앞에 두고 있는, 경제적 부의 성장을 어느 정도 달성한 국가로 발돋움하였다. 1990년대 중반 이후에 OECD에 가입하고 경제규모 면에서 세계 10위권을 유지하고 있다는 점에 비추어보면 한국 복지국가의 발전은 매우 더디다고 할 수 있다.

한국 복지국가의 수준을 확인하는 것은 한국 사회의 질 수준을 간접적으로 이해하는 데 있어 중요한 역할을 한다. 한국 복지국가의 수준을 통해서 나타나는 복지국가의 성격을 분석하고 확인하는 것은 곧 한국의 사회발전 및 사회의 질 개선을 위한 기본적인 노력이며 복지국가들과의 상대적 비교를 위한 중요한 자료이다. 한국 복지국가의 성격을 규정하는 중요한 기준으로 앞에서 설명한 국가, 시장, 가족 그리고 사회조직의 복지제공 분석을 통해서 나타난 바와 같이 한국은 가족 및 비영리 자발적 조직 중심의 복지제공시스템을 구축하고 있으며 국가와 시장 역시 직접적 복지혜택을 제공하는 전형적인 혼합형모델을 나타내고 있다. 또한 Walker가 제시한 8개의 기준으로 복지국가 사회모델의 성격을 구분하여도 복지 결정에 있어 국가보다는 가족의 책임이 높고 시장이 돌봄 및 건강서비스 영역에 중요한 영향을 미치고 있으며 국가의 직접적인 복지제공의 수준은 보육서비스 영역을 포함하여 전체 10% 이하 수준에 머물러 있고 GDP 대비 사회적 지출 수준은 OECD 가입국 중 멕시코를 제외하고 가장 낮은 것으로 나타나고 있다.

여기서는 OECD의 자료를 중심으로 가입국들과의 상대적 비교를 통해 한국 복지국가의 성격을 보다 구체적으로 비교 확인한다. 이를 위해 OECD data set[3]를 활용하여 가장 최근의 자료를 중심으로 한국 복지국가의 성격을 국제적 비교를 통해 분석하려고 시도한다. 복지국가의 성격 규명을 위해 활용한 자료는 GDP 대비 연금지출 비율, 노동인구에 대한 소득지원 비율, 건강서비스지출 비율, 사회서비스지출 비율, 전체 사회적 지출 비율, 가족복지혜택지출 비율(현금＋현물) 그리고 복지관대성비율이다. 위의 7개의 변수 중 복지관대성비율은 GDP 대비 사회적 지출비를 노인인구와 실업률을 합산하여 나눈 것이고 나머지 6개의 변수들은 모두 수량화된 가치로 나타낸, GDP에서 차지하는 '사회적' 영역으로의 지출 비율을 나타낸다. OECD 가입국은 2017년을 기준으로 총 35개국이며 본 비교조사를 위해서 영역별 자료가 가장 부족한 슬로바키아를 제외한 총 34개 가입국가들의 복지 수준을 위의 7개 변수를 가지고 비교 분석하였다.

연구방법으로는 spss 21.0을 통한 군집분석을 활용하였으며 자료의 기준은 2015이고 2015년의 국가별 자료가 부족한 경우에는 2014년과 2013년의 자료를 동시에 활용하였다.[4] 〈표 9-3〉은 군집분석의 결과를 나타낸 것이다.

표 9-3 군집분석 결과

	군집 1	군집 2	군집 3	군집 4	군집 5	F	P
연금지출	14.38	8.72	2.47	5.55	9.25	27.953	.000
소득지원	4.65	4.34	1.37	3.90	6.18	5.538	.002
건강서비스	6.78	6.28	3.50	5.71	6.77	4.012	.010

....

3   https://data.oecd.org, https://stats.oecd.org. http://dx.doi.org/10.1787/888933405505
4   자료는 부록을 참조

사회서비스	1.57	2.44	1.70	1.79	5.43	7.532	.000
사회적 지출	27.92	22.3	9.20	17.23	28.80	78.330	.000
복지관대성	.86	.94	.67	.83	1.08	3.676	.015
가족혜택 (현금+현물)	1.78	2.36	.97	1.95	3.35	3.647	.016
	사회적 지출에서 연금 및 건강보호에 대한 지출이 가장 높은 유형의 집단	사회서비스에 대한 지출과 복지관 대성비율이 상대적으로 높은 유형의 집단	사회적 영역에서 전체적으로 가장 낮은 지출과 복지관 대성비율이 가장 낮은 유형의 집단	사회적 영역에 대한 사회적 지출과 복지관 대성비율 등이 모두 평균 이하인 유형의 집단	사회적 지출 수준이 연금을 제외한 모든 영역에서 가장 높으며 복지관대성 역시 가장 높은 유형의 집단		

* $p < 0.05$

〈표 9-4〉는 군집분석을 통해 자료를 분석하여 집단화한, 34개 OECD 가입국가들을 대상으로 분류한 복지국가의 유형이다.

표 9-4 복지국가의 유형(34개 OECD 가입국가)

구분	1집단	2집단	3집단	4집단	5집단
국가	그리스 스페인 오스트리아 이탈리아 포르투갈 프랑스	네덜란드 노르웨이 독일 룩셈부르크 슬로베니아 영국 일본 체코 폴란드 헝가리	멕시코 칠레 한국	뉴질랜드 라트비아 미국 스위스 아이슬란드 아일랜드 에스토니아 이스라엘 캐나다 터키 호주	덴마크 벨기에 스웨덴 핀란드
합계	6개국	10개국	3개국	11개국	4개국

• 1집단: 1집단에 포함된 국가들은 스페인, 오스트리아, 이탈리아, 포르투갈, 프랑스, 그리스, 오스트리아 등 총 6개국으로 주로 지중해연안복지국가와 유럽 대륙의 복지국가들이다. 1집단의 특성을 살펴보면 GDP 대비 총 사회적 지출의 비중이 매우 높았고(전체 집단 중 2위, 약 27.92% 지출) 사회적 지출에서 연금에 대한 지출이 절반 정도를 차지하여 비중이 매우 높았으며(전체 집단 중 1위, 평균 14.38% 지출) 건강서비스에 대한 지출도 높았고(전체 집단 중 1위, 약 6.78% 지출) 노동인구에 대한 소득지원도 높았다(전체 집단 중 2위, 약 4.65% 지출). 하지만 사회서비스에 대한 지출은 상대적으로 다른 집단군에 비해 가장 낮았다(약 1.57% 지출, 전체 집단 중 5위). 또한 복지관대성비율은 전체 집단 중 3위를 차지하였다(.86). 하지만 GDP 대비 공적지출에서 현금과 현물을 포함한 가족복지혜택에 대한 비율은 약 1.78%로 전체 5개 집단 중 4위를 기록하였다. 결국 전체적으로 7개 영역에서 모든 변수 값을 고려하여보면 1집단은 안정적 복지국가집단으로 규정할 수 있다.

• 2집단: 2집단에 포함된 국가들은 네덜란드, 노르웨이, 독일, 룩셈부르크, 슬로베니아, 영국, 일본, 체코, 폴란드, 헝가리 등 총 10개국으로 주로 유럽 국가들이다. 아시아 국가로는 일본이 2집단에 포함된다. 2집단의 특성을 살펴보면 GDP 대비 총 사회적 지출이 약 20% 이상(22.31%)을 차지하였으며(전체 집단 중 3위) 연금에 대한 지출이 전체 집단 중 3위(약 8.72% 지출)를 차지하였고 건강서비스에 대한 지출(약 6.28% 지출)도 전체 집단 중 3위를 차지하였으며 노동인구에 대한 소득지원도 전체 집단 중 3위(약 4.34% 지출)를 차지하였고 사회서비스(약 2.44% 지출)와 복지관대성비율(.94)은 전체 집단에서 2위를 차지하였다. 그리고 GDP 대비 공적지출에서 현금과 현물을 포함한 가족복지혜택에 대한 비율은 약 2.36%로 전체 5개 집단 중 2위를 기록하였다. 즉, 2집단

은 전체적으로 7개 영역에서 모든 변수 값을 고려하여보면 발전하는 복지 국가집단이라고 규정할 수 있다.

• 3집단: 3집단에 포함된 국가들은 한국, 칠레, 멕시코 등 총 3개국 으로 남미 국가와 동아시아의 한국이다. 3집단의 특성을 살펴보면 사회 서비스 영역(전체 집단에서 4위)을 제외하고 6개의 모든 지표가 가장 낮 은 수준을 나타낸다. 즉, 3집단은 전체적으로 7개 영역에서 모든 변수 값을 고려하여보면 저개발 복지국가집단으로 구분될 수 있다. 3개국 모두 GDP 대비 사회적 지출의 비율이 10%선 이하이며 사회적 지출 대비 실 업률과 노인인구의 비율을 종합적으로 나타내는 복지관대성비율은 .67 을 나타내었다. GDP 대비 공적지출에서 현금과 현물을 포함한 가족복 지혜택에 대한 비율은 약 0.97%로 전체 5개 집단 중 5위를 기록하였고 노동인구에 대한 소득지원도 전체 집단 중 5위(약 1.37%)를 차지하였다.

• 4집단: 4집단에 포함된 국가들은 뉴질랜드, 라트비아, 아이슬란 드, 미국, 스위스, 아일랜드, 에스토니아, 이스라엘, 캐나다, 터키, 호주 등 총 11개국으로 주로 여러 대륙 국가들이 혼합되어 있다. 미국을 포 함하여 자유주의복지국가로 분류되었던 국가들이 상당수 포함되었음을 알 수 있다. 4집단의 특성을 살펴보면 GDP 대비 총 사회적 지출이 약 17.23% 정도를 차지하고 있으며(전체 집단 중 4위) 연금에 대한 지출이 전체 집단 중 4위(약 5.55% 지출)를 차지하였고 건강서비스에 대한 지출 (약 5.71% 지출)도 전체 집단 중 4위를 차지하였으며 노동인구에 대한 소 득지원도 전체 집단 중 4위(약 3.90% 지출)를 차지하였고 사회서비스는 약 1.79% 지출로 전체 집단 중 3위를 차지하였다. 복지관대성비율(.79) 은 전체 집단에서 4위를 차지하였고 GDP 대비 공적지출에서 현금과 현 물을 포함한 가족복지혜택에 대한 비율은 약 1.95%로 전체 5개 집단 중 3위를 기록하였다. 즉, 4집단은 전체적으로 7개 영역에서 모든 변수 값을

고려하여보면 보수적 복지국가집단이라고 규정할 수 있다.

　• 5집단: 5집단에 포함된 국가들은 벨기에, 덴마크, 스웨덴, 핀란드 등 총 4개국으로 주로 노르딕복지국가들이다. 5집단의 특성을 살펴보면 GDP 대비 총 사회적 지출이 약 28.80% 정도를 차지하여 가장 높은 지출을 하고 있었으며(전체 집단 중 1위) 연금에 대한 지출이 전체 집단 중 2위(약 9.25% 지출)를 차지하였고 건강서비스에 대한 지출(약 6.77% 지출)도 전체 집단 중 1위를 차지하였으며 노동인구에 대한 소득지원도 전체 집단 중 1위(약 6.18% 지출)를 차지하였고 사회서비스(약 5.43% 지출, 전체 집단 중 1위)와 복지관대성비율(1.08)도 전체 집단에서 1위를 차지하였다. 그리고 GDP 대비 공적지출에서 현금과 현물을 포함한 가족복지혜택에 대한 비율 역시 높아 약 3.35%로 전체 5개 집단 중 1위를 기록하였다. 즉, 5집단은 전체적으로 7개 영역에서 모든 변수 값을 고려하여보면 대부분 최상위를 기록하고 있어 발전된 복지국가집단이라고 규정할 수 있다.

　결론적으로 OECD가 취합한 최신 자료들을 비교 분석한 결과 한국은 멕시코, 칠레와 함께 가장 발전이 더딘 복지국가의 유형에 속한다. 내용적으로 볼 때 복지관대성비율이 낮고 가족혜택에 대한 공적지출 수준이 낮다는 것은 그만큼 탈상품화의 정도가 낮음을 의미하는 것이고 복지의 전 영역에서 사회적 지출 수준이 낮아 복지의 수준이 대체적으로 낮은 수준에 있음을 알 수 있다. 하지만 칠레나 멕시코와는 달리 GNI나 GDP로 나타나는 경제 수준이나 경제적 발전단계가 높으므로 복지에 대한 국가적 지출 수준의 증액과 탈상품화의 정도를 강화하기 위한 물적 토대가 멕시코나 칠레에 비해 우수하다는 점에 비추어보면 빠른 시간 안에 발전하는 복지국가로 진입할 가능성이 높은 국가라고 결론지을 수 있다. 〈표 9-5〉는 칠레와 멕시코, 한국의 경제 수준과 비슷한 뉴질랜드와 스페인의 지표들을 비교한 것이다.

표 9-5 한국의 경제 수준 비교   (달러, 2015)

국가	1인당 GNI	1인당 GDP
한국	34,515	34,421
멕시코	17,382	17,894
칠레	22,586	23,210
뉴질랜드	36,379	37,724
스페인	34,793	34,867
이스라엘	36,203	36,519
이탈리아	37,204	37,407

자료: https://data.oecd.org[5]

　　OECD의 자료를 분석하면 한국과 비슷한 규모의 GNI와 GDP를 가진 나라는 스페인과 뉴질랜드, 이스라엘, 이탈리아이다. 이탈리아와 스페인은 지중해연안국가 또는 남유럽국가에 해당되고 뉴질랜드와 이스라엘은 자유주의 복지국가의 유형에 속하는데 위의 분석틀에 따르면 스페인과 이탈리아는 1집단에 그리고 뉴질랜드와 이스라엘은 4집단에 포함된다. 결국 한국은 지금의 경제적 수준으로 전체 사회복지 영역에 대한 지출을 OECD 평균 이상으로 지출하게 되면 안정적 복지국가로 발전할 수도 있는 여력이 충분하다고 결론지을 수 있다.

....

5   OECD가 제시하는 1인당 GNI와 GDP는 각국의 통화단위로 산출된 GNI와 GDP를 단순히 달러로 환산해 비교하지 않고 각국의 물가 수준을 함께 반영한, 즉 구매력평가지수(purchasing power parity)를 반영한 액수이다.

제2절 한국 사회의 질

1. 한국 사회의 번영지수

한국은 경제적으로 발전된 복지자본주의 국가이다. 특히 한국은 Easterlin의 역설이 통용되어 GNI나 GDP 등과 같은 경제적 부의 성장이 빈곤이나 불평등에 더 이상 영향을 주지 못하는 경제대국이며 다양한 영역에서의 사회적 갈등과 인구 고령화, 저출산, 장기적 실업과 청년실업 그리고 임시직·비정규직 노동자들이 전체 노동시장의 절반을 차지하는 노동시장의 분절 현상이 심각하고 소득양극화가 날로 증대하여 사회 배제의 정도가 높은 사회적 특성을 지니고 있다.

한국의 사회적 지출은 2016년을 기준으로 GDP 대비 약 10.4%로 OECD 평균인 21%의 절반 정도에 지나지 않았으며 한국의 청년실업률은 10%대를 기록하였고 중위소득가구의 약 35% 이하인 가구만이 생계보조비를 지원받아 빈곤에 대한 지원이 미약하였으며 소득양극화는 정부가 통계자료를 수집한 이래로 가장 많은 격차를 보였다. 2015년의 국세청의 자료를 보면 소득상위 10%와 소득하위 10% 사이의 월 소득격차는 약 72배에 달하는 것으로 나타났다(서울경제, 2017. 10. 12).[6]

한국 사회의 질 수준이 낮음은 OECD의 자료를 통해서도 간접적으로 드러난다. OECD가 2011년 이후에 매년 발표하는 번영지수는 삶의 만족을 포함한 총 11개 영역의 지표들로 구성된, 사회의 질을 간접적으로 측정할 수 있는 도구인데 2016년의 자료를 보면 한국 국민이 인식하

....

6   근로소득과 종합소득을 합친 통합소득을 기준으로 소득상위 10%의 소득은 월 평균 1억 1,974만 원이었으며 하위 10%의 소득은 166만 원이었다. 또한 상위 10%는 5년 사이에 1,264만 원이 늘었지만 하위 10%는 23만 원이 증가하는 데 그쳤다.

는 삶의 만족도는 전체 35개 가입국들 중에서 31위를 차지하여 매우 낮은 것으로 나타났다. OECD 국가들의 평균 삶의 만족도는 10점 만점에 6.5점인데 한국은 5.8점을 기록하였다. 삶의 만족도가 가장 높은 국가는 덴마크로 7.5점이고 가장 낮은 국가는 5.1점으로 포르투갈이 차지하였다. 한국은 삶의 만족도가 낮은 대신 국민의 개인소득이 평균 36,653달러로 전체 국가들 중 19위를 기록하여 소득 수준은 OECD 평균인 40,974달러에 근접한 것으로 나타났다. 또한 장기간 노동을 하는 노동자들의 비율은 23.12%로 34위에 해당하여 많은 노동자들이 노동시간이 매우 높은 열악한 노동조건에 있는 것으로 나타났다. 가입국들 중 노동자들의 노동시간이 가장 긴 국가는 터키(39.26%)였으며 OECD 평균은 13.02%였다. 네덜란드의 노동자들은 단지 0.4%만이 장시간 노동을 하는 것으로 나타나 가장 우수한 노동시간을 갖는 것으로 나타났다. 지지네트워크의 질은 76%를 차지하여 OECD 가입국 중 가장 낮은 것으로 나타났는데 OECD 평균 지지네트워크의 질은 88%였고 가장 우수한 지지네트워크의 질을 나타낸 국가는 뉴질랜드로 99%였다. 〈표 9-6〉은 2016년 개인적 번영지수의 국가별 지표들을 나타내준다.

　〈그림 9-2〉는 OECD의 개인적 번영지수의 측정영역 중 한국의 자료가 집계된 2013년부터 최근인 2016년까지의 개인적 가처분 소득, 삶의 만족, 일주일에 50시간 이상 일하는 노동자들의 비율(%), 개인적 일이나 여가로 보내는 시간을 나타낸다. 그래프를 보면 국민의 개인소득은 2013년 35,406달러에서 2016년 36,653달러로 약 1,250달러 정도 상승하였지만 삶의 만족은 미세하나마 하락하였고 여가로 보내는 시간은 거의 늘어나지 않고 있어 사회의 질을 반영하는 국민의 개인적 삶의 질이 개선되고 있다고 보기 어렵다는 것을 알 수 있다. 물론 주당 50시간 이상 노동하는 노동자들의 비율이 2013년 27.66%에서 2016년 23.12%로 줄어

표 9-6 2016년 개인적 번영지수의 국가별 지표

지표 국가	주거: 기초시설이 없는 주택 (%)	주거: 주거비율 (%)	주거: 1인당 방의 수 (비율)	소득: 가구 순조정 가처분소득 ($)	소득: 가구 순조정 순재정적 재산 ($)	일: 노동시장 불안정성 (%)	일: 고용률 (%)	일: 장기 실업률 (%)	일: 개인소득 ($)	지역사회: 지지 네트워크의 질 (%)	교육: 교육적 성취 (%)	교육: 학생의 기술 (평균값)	교육: 교육 연수 (년)	환경: 공기 오염 (µg/m³)	환경: 물의 질 (%)	시민활동: 개발에서 이해 당사자의 돌의 개입 (평균값)	시민활동: 투표 참여 (%)	건강: 기대 수명 (년)	건강: 자기가 보고한 건강상태 (%)	삶의 만족 (평균값)	안전: 혼자 있을 때 느끼는 밤길에서의 안전 (%)	안전: 살인율 (%)	일과 삶의 균형: 장시간 노동하는 노동자 (%)	일과 삶의 균형: 개인적 돌봄이나 레저에 보내는 시간 (시간)
호주	1.1	20	2.3	33138	48836	3.9	72	1.32	51148	95	77	512	19.2	6	94	2.7	93	82.2	85	7.3	62.6	0.8	13.39	14.35
오스트리아	1.1	21	1.6	33667	55623	2.2	71	1.53	45888	93	84	500	17.1	15	91	1.3	75	81.2	69	7.1	81.2	0.4	7.32	14.55
벨기에	2.1	21	2.2	28700	89057	3.6	62	4.26	48093	88	74	509	18.8	19	83	2.2	89	80.7	74	6.9	69.6	1.1	4.73	15.77
캐나다	0.2	21	2.5	30474	75775	3.9	72	0.89	48164	94	90	522	16.3	12	90	3	68	81.5	89	7.4	81.7	1.1	3.83	14.41
칠레	9.4	18	1.2	15094	18172	8.1	62	1.67	21370	82	61	436	16.3	18	71	3	49	78.8	60	6.5	50.2	3.8	13.84	14.91
체코공화국	0.7	26	1.4	18953	20170	4.7	69	2.72	21185	90	93	500	17.4	17	88	2.6	59	78.3	60	6.6	70.1	0.9	5.99	15.03
덴마크	0.5	25	1.9	26945	54839	2.3	73	1.66	49589	96	80	498	19.6	11	95	2.1	86	80.4	72	6.6	85.2	0.3	2.21	15.87
에스토니아	7.2	19	1.6	16665	15728	7.6	70	3.32	21020	90	91	526	17.8	9	84	2.8	64	77.3	53	5.6	85.8	4.8	3.29	14.9
핀란드	0.6	22	1.9	28238	24482	2.6	70	1.97	40742	94	87	529	19.7	14	94	2.3	70	81.1	65	7.4	85.6	0.6	3.6	15.17
프랑스	0.5	21	1.8	31925	53881	4.6	64	4.21	40828	89	87	500	16.4	15	80	2.1	80	82.3	67	6.4	67.2	0.6	7.77	16.36
독일	0	22	1.8	33652	49822	2.7	64	2.21	43872	94	87	515	18.1	15	94	2.1	72	80.9	65	7	74.6	0.5	4.96	15.55
그리스	0.5	26	1.2	18099	17568	32	49	19.47	26436	83	68	466	18.5	15	69	1.9	62	81.4	74	5.6	62.5	1.5	6.37	14.74
헝가리	5.3	20	1.6	15614	17774	7.8	62	3.78	21399	82	83	487	17.2	16	76	1.2	64	75.7	57	5.3	53.2	1.2	3.76	16.04
아이슬란드	0.1	24	2	27918	31861	0.7	82	0.67	53286	95	73	484	19.6	7	97	1.6	79	82.1	82	7.5	78.1	0.3	13.79	15.04
아일랜드	4.4	20	2	22969	31881	5	61	6.98	25635	86	85	516	17.8	8	82	0.8	70	81.1	80	6.8	66.3	0.8	4.11	14.13
이스라엘	0.8	24	1.2	22116	50051	3.9	68	0.63	29635	85	85	474	15.9	26	65	0.9	72	82.1	80	7.1	59.3	1.8	14.74	15.3
이탈리아	6.4	22	1.4	25004	56833	11.8	57	7.79	34744	90	59	490	16	18	70	1.5	75	82.8	59	5.8	59.3	0.8	3.33	13.94
일본	4.2	22	1.9	27323	92818	2.4	73	1.5	35672	91	94	540	16	16	87	1.3	53	83.4	35	5.9	70.2	0.3	21.89	14.89
한국	14.7	16	1.5	19372	30852	2.1	65	0.01	39663	76	90	542	17.5	29	76	2.4	76	81.8	35	5.8	67.7	0.3	23.12	14.85
룩셈부르크	0.1	26	2	40914	64500	8	66	4.67	61511	84	90	494	17.8	12	76	2.4	78	81.8	50	6.7	61.6	6.1	2.45	14.7
멕시코	4.2	21	1	13655	9837	2.1	60	0.06	12850	75	43	417	15.1	14	75	1.5	91	74.1	59	5.9	33.9	23.4	3.27	13.83
네덜란드	0.3	22	2	27759	81271	5.2	73	1.6	51003	84	76	490	14.4	12	85	3.5	75	81.9	76	7.3	70.6	0.8	28.28	15.17
뉴질랜드	3.1	19	2.4	23213	31271	3.1	75	0.78	45183	93	74	519	17.9	9	94	1.3	78	81.4	80	7.4	64.4	0.44	12.8	14.87
노르웨이	0.3	23	2.4	33393	16630	4.9	75	0.41	51718	93	82	496	18	6	92	1.9	78	81.8	76	7.6	80.5	0.8	0.44	15.9
폴란드	3.1	18	1.1	17820	12902	1.5	63	3.26	23649	86	88	521	18	17	97	2.6	58	77.9	64	6	89.6	1	13.78	15.56
포르투갈	1.3	22	1.7	19882	29563	8.9	62	8.28	23977	85	43	488	17.9	12	86	2.1	56	80.8	46	5.1	69.2	0.9	7.25	14.42
슬로바키아	0.6	19	1.1	18534	8896	11.7	63	8.8	22151	92	91	472	17.4	16	89	1.2	59	77.1	66	6.2	62.1	0.4	9.77	14.72
슬로베니아	0.1	25	1.5	19130	17221	10.7	61	5.27	33068	92	86	499	16.2	14	81	2.9	52	80.8	61	6.2	83.9	0.4	6.23	14.92
스페인	0	23	1.9	22007	29819	5.2	57	12.92	36013	95	57	490	18.3	17	71	2.8	73	80.4	62	5.7	83.9	0.6	5.5	14.75
스웨덴	0	22	1.8	28859	68989	26.6	80	1.33	40994	93	86	482	17.7	12	95	2	86	83.2	72	6.4	81.6	0.4	5.61	15.93
스위스	0	21	1.8	35952	120285	5.2	80	1.71	57082	95	88	518	19.1	17	96	2.6	48	82.9	81	7.6	76.8	0.5	1.1	15.18
터키	7.6	19	1.1	13471	3986	9.1	50	2.04	15892	84	88	462	17.4	17	63	2.1	85	76.6	74	5.5	60.4	1.7	6.34	15.01
영국	0.4	23	1.9	26687	69927	5.7	73	1.55	41659	93	79	502	16.9	14	84	2.9	65	76.6	81	6.5	77.8	0.2	12.83	15.01
미국	0.1	19	2.4	41071	163268	5.7	68	1.42	41659	90	90	492	17.1	11	84	3.2	67	78.8	88	6.9	73.9	5.2	39.26	12.24
OECD-평균	2.1	21	1.8	29016	84547	6.3	66	2.58	40974	88	76	497	17.5	14	81	2.4	68	79.9	69	6.5	68.3	4.1	11.69	14.91

*자료: OECD Stat Extracts. www.stas.oecd.org/

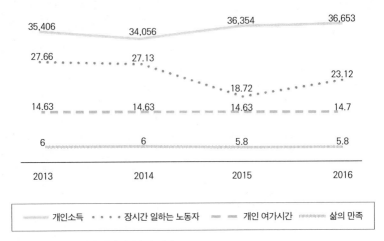

그림 9-2 한국의 연도별 번영지수의 변화

자료: OECD Statics, 2017, Better Life Index, stats.oecd.org.

들기는 하였지만 여전히 OECD의 2016년 평균인 13.02%에 비하면 한국의 많은 노동자들이 장시간 노동에 시달리고 있음을 알 수 있다.

2. 경제발전과 빈곤 그리고 생활만족

〈그림 9-3〉은 2003년부터 2015년까지의 국민 1인당 GDP와 절대적 빈곤율의 관계를 나타낸 것이다. 2003년을 기준으로 한국 국민의 1인당 GDP는 약 14,206달러에서 2015년에는 27,097달러로 약 두 배 이상 증가하였지만 빈곤율의 변화는 그다지 크게 나타나지 않았음을 알 수 있다. 물론 전체적으로 보면 빈곤율이 2003년 6.1%에서 2015년 5.2%로 약 0.9% 정도 하락하였지만 2007년과 2009년 사이에는 1인당 GDP가 큰 폭으로 하락하여 빈곤율이 7%를 유지하였고 2003년에서 2007년 사이에는 GDP가 지속적으로 상승하였지만 빈곤율 역시 하락하지 않고 지속적으로 상승하였다. 또한 2015년의 경우는 국민 1인당 GDP가 감소하였는데 빈곤율은 상승하지 않고 하락하는 경향을 보였다. 이런 점으

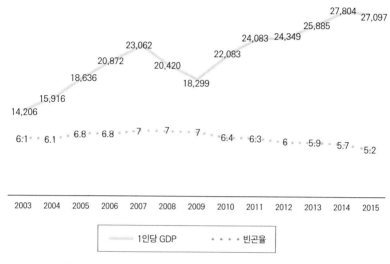

그림 9-3 1인당 GDP와 빈곤율(최저생계비 기준)의 관계
단위: 1인당 GDP = 달러, 빈곤율 = 절대적 빈곤율(%, 최저생계비 이하 인구비율)
자료: Kosis, 2017, 연간지표, 통계청, 한국보건사회연구원, 2016, 2016년 빈곤통계연보, 정책자료 2016-04

로 보아 한국의 경우 국민 1인당 GDP의 증가와 빈곤은 크게 연관이 있다고 볼 수 없다. 즉, 한국의 경우 국민 1인당 GDP의 상승이 곧바로 빈곤을 감소시키는 경향을 나타낸다고는 할 수 없음을 알 수 있다.

경제성장이나 소득의 증가와 빈곤이 크게 관련이 없음은 〈그림 9-4〉의 그래프를 보면 보다 확실히 알 수 있다. 〈그림 9-4〉는 한국의 대표적인 공적부조제도인 국민기초생활보장제도에 의해서 현금혜택을 받는 수급자들의 전체 인구대비 비율을 나타내준다. 그림을 통해서 알 수 있듯이 국민 1인당 GDP의 액수는 전체적으로 상승하였지만 생계보조비를 지급받는 절대빈곤자들의 비율은 여전히 같아 경제상장에 따른 부의 증대가 빈곤 감소에 직접적인 영향을 주고 있지 않았다. 이러한 현상은 곧 Easterlin의 역설이 한국의 상황에도 일정 부분 일치하고 있음을 나타내준다.

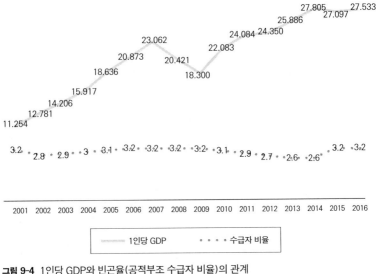

그림 9-4 1인당 GDP와 빈곤율(공적부조 수급자 비율)의 관계
자료: Kosis, 2017, 연간지표, 통계청, e-나라지표, 2017, 국민기초생활수급자현황, http://www.index.go.kr.

〈그림 9-5〉는 한국 국민이 인지하는 생활만족도(life satisfaction)를 2015년부터 가장 최근인 2017년까지 나타내준다. 단기간의 자료이긴 하지만 국민 1인당 GDP가 2015년에 27,097달러에서 2016년에는 27,533달러로 증액되었는데 그림을 보면 이 기간의 주민 생활만족도는 큰 폭으로 감소되었음을 알 수 있어 소득이나 경제성장과 생활만족도 역시 큰 연관이 나타나지 않음을 알 수 있다.

3. 복지관대성비율

복지관대성비율은 복지국가의 수준을 손쉽게 측정하기 위한 도구 역할을 한다. 특히 복지관대성비율은 노동시장구조적 측면에서의 실업률과 인구가족구조적 측면에서의 노인인구의 비율을 국가가 지출하는 총 사회적 지출과의 비교를 통해서 특정 국가들의 복지체제의 성격을 비교하는 데 중요

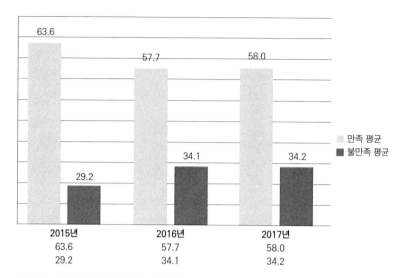

그림 9-5 2015~2017년의 주민 생활만족도
출처: JTBC-리얼미터 http://www.realmeter.net/

한 시사점을 제공한다. 〈표 9-7〉은 OECD 자료를 활용하여 계산한 복지
관대성비율을 나타낸다. 자료 분석이 가능한 OECD 국가는 총 34개국
으로 사회적 지출은 GDP 대비 사회적 지출 비율이며 노인인구는 전체
인구 대비 65세 이상 인구의 비율이고 실업률은 노동인구 중 15세 이상
인구의 실업률을 나타낸다. 복지관대성비율이 높으면 높을수록 국가의
실업과 노인에 대한 사회적 지출이 높다.

2015년을 기준으로 한국은 34개국 중 32위를 차지하여 복지관대성
비율이 매우 낮음을 알 수 있다. 한국보다 낮은 순위에 있는 나라는 그리
스와 라트비아이고 복지관대성비율이 가장 높은 복지국가는 2010년과
2015년 모두 오스트리아인 것으로 나타났다. 한국의 복지관대성비율은
2010년 0.55에서 2015년 0.63으로 약 0.08% 포인트 상승하였다.

표 9-7 복지국가별 복지관대성비율(2010~2015)

국가	사회적 지출		실업률		노인인구		복지관대성비율			
	2010	2015	2010	2015	2010	2013	2010	순위	2015	순위
호주	16.7	18.8	5.1	6	13.6	14.4	0.89	16	0.92	16
오스트리아	27.6	28	4.1	5.3	17.7	18.2	1.27	1	1.19	1
벨기에	28.3	29.2	8.4	8.6	17.1	17.7	1.11	7	1.11	7
캐나다	17.5	17.2	8.3	7.2	14.2	15.3	0.78	26	0.76	26
칠레	10.5	11.2	7.8	6.4	9	9.8	0.63	31	0.69	31
체코공화국	19.8	19.5	7.4	5.2	15.4	17.1	0.87	19	0.87	19
덴마크	28.9	28.8	7.6	6.3	16.6	18.1	1.19	3	1.18	3
에스토니아	18.3	17	17.2	6.5	17.4	18.2	0.53	33	0.69	33
핀란드	27.4	30.6	8.5	9.6	17.3	19.1	1.06	9	1.07	9
프랑스	30.7	31.7	9.3	10.5	16.9	17.9	1.17	5	1.12	5
독일	25.9	25	7.1	4.7	21	21.3	0.92	15	0.96	15
그리스	23.8	26.4	12.9	25.3	19.1	19.9 (2012)	0.74	27	0.58	27
헝가리	23	20.7	11.3	6.9	16.7	17.4	0.82	23	0.85	23
아이슬란드	17	15.7	7.9	4.2	12.1	13.1	0.85	21	0.91	21
아일랜드	22.4	17	14.1	9.7	11.3	12.4	0.88	18	0.77	18
이스라엘	16	16	6.8	5.3	9.9	10.6	0.96	13	1.01	13
이탈리아	27.6	28.9	8.5	12.1	20.1	20.9	0.97	12	0.88	12
일본	22.1	23.1 (2013)	5	3.4	23	25.1	0.79	25	0.81	25
한국	8.3	10.1	4.2	3.9	11	12.2	0.55	32	0.63	32
라트비아	18.7	14.4	19.9	10.2	18.2	18.7 (2012)	0.49	34	0.50	34
룩셈부르크	22.9	22.2	4.4	6.7	13.9	14	1.25	2	1.07	2

멕시코	7.5	7.5 (2012)	5.4	4.5	6.2	6.5	0.65	30	0.68	30
네덜란드	22.1	22.3	4.5	7	15.4	17.1	1.11	6	0.93	6
뉴질랜드	20.3	19.7	6.1	5.4	13	14.1	1.06	8	1.01	8
노르웨이	21.9	23.9	3.6	4.5	15	15.8	1.18	4	1.18	4
폴란드	20.6	19.4	9.8	7.6	13.4	14.5	0.89	17	0.88	17
포르투갈	24.5	24.1	11.4	13.1	18.5	19.6	0.82	24	0.74	24
슬로베니아	23.4	22.4	7.4	9.1	16.6	17 (2012)	0.98	10	0.86	10
스페인	25.8	25.4	20	22.2	17	17.9	0.70	28	0.63	28
스웨덴	26.3	26.7	8.8	7.7	18.3	19.9	0.97	11	0.97	11
스위스	18.4	19.6	4.9	5	16.9	17.6	0.84	22	0.87	22
터키	12.8	13.5 (2014)	12.3	10.5	7.1	7.6	0.66	29	0.75	29
영국	22.8	21.5	8	5.5	15.9	17	0.95	14	0.96	14
미국	19.3	19	9.6	5.2	13.1	14.1	0.85	20	0.98	20
OECD-평균	21.1	21	4.7	4.4	8.3	16.2	0.89		0.88	

자료: OECD data base, https://data.oecd.org/
*OECD 자료 중 가장 최신자료를 반영하여 적용함. 예를 들어 일본의 사회적 지출의 가장 최신
 자료는 2013년이며 노인인구의 국가별 자료는 2013년 자료가 최신자료임.
**복지관대성비율 계산에는 Castles(2004)의 공식을 적용하였음.

4. 한국 사회의 질

한국 사회의 질의 정도를 파악하기 위해서 본 연구에서는 이미 앞에
서 제시한 사회의 질을 구성하는 사회적 임금, 사회적 노동, 사회적 재생
산구조 그리고 사회자본을 중심으로 한 4개의 요소에 적합한 측정영역을
설정하여 수집 가능한 지표들을 중심으로 분석하기 위해 시도하였다. 〈표
9-8〉은 확보된 자료를 중심으로 한국 사회의 질의 수준을 측정영역별로

제시한 것이다.

표 9-8 한국 사회의 질 수준

사회의 질 구성요소	요소별 주요 측정영역	측정지표
사회적 임금	• 빈곤과 실업에 대한 소득보장 혜택 • 연금 및 건강서비스 혜택 • 최저소득보장 및 기타 사회서비스	• GDP 대비 가구당 사회적 혜택(social benefit, 현금+현물) • GDP 대비 공적지출에서 차지하는 가족혜택(family benefit, 현금+현물) • GDP 대비 질병, 장애 등에 대한 공적지출(public spending on incapacity) • GDP 대비 건강서비스에 대한 공적지출 • GDP 대비 실업혜택에 대한 공적지출 • GDP 대비 노동시장에 대한 공적지출
사회적 노동	• 자원봉사활동이나 기부 참여 • 노동조합 참여 • 시민운동 등의 참여	• 자원봉사활동 참여율 • 지난 1년간 기부 경험 및 기부지수 • 노동조합가입률 • 평화적 시위 참석 여부 • 사회적 노동을 위한 의지
사회적 재생산구조	• 공공 보육서비스의 국가제공 및 책임 • 교육보장 수준 • 장애인 및 노인들을 위한 돌봄서비스 혜택	• 문맹률 • 출산율, 노년부양비 • 사교육비 지출 정도 • 교육에 대한 국가의 지출 • 보육서비스에 대한 공적지출 • 일주일 평균노동시간 • 장시간 노동하는 노동자의 비율 • GDP 대비 돌봄서비스에 대한 공적지출 • 복지관대성비율
사회자본	• 친구, 동료, 이웃, 정부 등에 대한 신뢰(부패지수) • 밤거리 안전과 같은 사회안전도 • 이웃이나 친구, 친척과의 관계 • 사모임, 단체, 민간조직 등에의 참여 • 투표 참여	• 인구 10만 명당 자살률 • 부패인식지수 • 정부에 대한 신뢰의 정도 • 지역주민이나 이웃주민에 대한 신뢰의 정도 • 타인에 대한 신뢰의 정도 • 밤거리 안전에 대한 인식의 정도 • 투표 참여 여부 • 지원 또는 지지네트워크의 질

1) 사회적 임금

사회적 임금은 본 연구에서 "국가에 의해서 국민의 기본적 삶을 유지 보전하기 위하여 제공되는 혜택으로 국민이 노동을 통하지 않고 벌어들이는, 국가에 의해 국민에게 제공되는 사회복지재화와 서비스를 화폐의 가치로 환산하여 나타나는 소득"으로 정의하였다. 현 자료의 한계상 사회적 임금의 수준을 하나의 직접적 지표로 나타낼 수는 없다. 따라서 사회적 임금을 포함한 다양한 간접적 지표들을 활용하여 한국 사회의 질 수준을 평가하는 것이 차선책이다. 수집 가능한 객관적 지표들을 통해 확인한 한국의 사회적 임금의 수준은 매우 낮음을 알 수 있다.

• GDP 대비 가구당 사회적 혜택: GDP 대비 가구당 사회적 혜택은 가구에 제공되는 현금과 현물(서비스 포함)을 모두 포함한 것으로 현금은 사회보험에 대한 혜택과 공적부조 혜택 등을 포함하고 현물 및 서비스는 정부와 비영리조직들에 의해서 제공되는 혜택을 포함한다. 2014년을 기준으로 현금 및 현물서비스를 포함한 GDP 대비 가구당 사회적 혜택을 보면 정부는 약 5.1%를 지출하여 OECD 35개 국가 평균 12.1% 지출보다 두 배 이상 낮았다(OECD 35개 가입국 중 32위, https://data.oecd.org/).

• GDP 대비 공적지출에서 차지하는 가족혜택: GDP 대비 공적지출에서 차지하는 가족혜택(family benefit)은 가족과 아동에게만 제공되는 재정적 지원(가족수당과 아동수당 등)을 포함하며 한부모가정에 대한 지원금과 출산휴가에 대한 지원, 영유아 돌봄에 대한 현금과 서비스 혜택, 청소년 및 가족복지시설에 대한 지원금 그리고 가족에 대한 세금면제 혜택 등이 모두 포함된다. 2013년을 기준으로 현금 및 현물서비스를 포함한 GDP 대비 공적지출에서 차지하는 가족혜택을 보면 정부는 약 1.1%

를 지출하여 OECD 35개 국가의 평균 2.1% 지출보다 두 배 정도 낮았다(OECD 35개 가입국 중 32위, https://data.oecd.org/).

• GDP 대비 실업혜택에 대한 공적지출: 실직한 노동자들과 가정의 기본적인 생활을 보장하는 실업급여를 포함한 실업혜택은 가족 및 사회적 재생산을 위한 중요한 영역이다. 2013년을 기준으로 GDP에서 차지하는 실업혜택에 대해 정부는 약 0.3%를 지출하여 OECD 33개 국가의 평균 0.9% 지출보다 세 배 정도 낮았다(https://data.oecd.org/).

• GDP 대비 질병, 장애 등에 대한 공적지출: GDP 대비 질병, 장애 등에 대한 공적지출은 질병이나 장애 그리고 산업재해 등에 대해 국가가 지출하는 현금혜택으로 장애수당이나 장애인 돌봄 및 재가서비스와 같은 현물과 서비스도 포함된다. 2013년을 기준으로 GDP에서 차지하는 질병, 장애 등에 대한 공적지출로 정부는 약 0.6%를 지출하여 OECD 35개 국가의 평균 2.1% 지출보다 세 배 이상 낮았다(OECD 35개 가입국 중 33위, https://data.oecd.org/).

• GDP 대비 건강서비스에 대한 공적지출: GDP 대비 건강서비스에 대한 공적지출은 건강과 관련된 각종 혜택과 노인장기요양서비스 등을 모두 포함하여 정부가 지출하는 비용으로 요양을 포함한 건강서비스에 대한 국가지출의 정도가 높으면 높을수록 개인이나 가족의 가계부담은 경감되어 소비지출이 증대되는 효과를 가져다준다. 2014년을 기준으로 GDP에서 차지하는 건강서비스에 대한 공적지출로 정부는 약 4.0%를 지출하여 OECD 35개 국가의 평균 5.9% 지출보다 약 2% 정도 낮았다(OECD 35개 가입국 중 32위, https://data.oecd.org/).

• GDP 대비 노동시장에 대한 공적지출: GDP 대비 노동시장에 대한 공적지출은 국가가 제공하는 고용서비스, 직업훈련과 공공영역의 일자리 창출 그리고 실업급여를 모두 포함한다. 노동시장에 대한 국가의 공

적지출이 높으면 구직을 위한 가족 부담이 줄어들게 되어 가족 및 사회적 재생산구조의 안정화에 도움이 된다고 할 수 있다. 2015년을 기준으로 GDP에서 차지하는 노동시장에 대한 공적지출로 정부는 약 0.7%를 지출하여 OECD 33개 국가의 평균 지출인 1.4%의 절반 수준에 머물러 있었다(OECD 33개 가입국 중 20위, https://data.oecd.org/).

종합하여 보면 한국은 실업, 건강, 일자리 창출을 위한 노력과 직업훈련, 가족혜택 등에 대한 국가의 지출이 전반적으로 낮음을 알 수 있는데 이는 곧 사회적 임금을 구성하는 현금이나 현물혜택의 수준이 낮음을 나타내준다. 결국, 한국 사회는 사회적 임금을 결정짓는 다양한 자료들이 보여주는 바와 같이 사회의 질의 수준을 결정하는 요인으로서의 사회적 임금의 수준이 낮아 사회의 질이 전반적으로 낮을 수밖에 없음을 나타내준다.

2) 사회적 노동

사회적 노동은 본 연구에서 "공동체의식과 연대성에 기초하여 개인들의 역량강화를 통하여 자율적으로 실현되는 노동이자 노동시장에서 임금으로 지불되지 않는 노동으로 사회의 발전을 위하여 국민 개개인들이 사회에 직접 참여하는 사회참여노동이고 인간관계 지향적인 노동이며 인간의 상호행동과 상호이해를 바탕으로 하는 노동"으로 정의하였다. 사회적 노동을 위한 노력은 국민 개개인들의 기본적인 생활이 충족되어야 가능하다는 점에서 사회의 질의 수준을 결정하는 중요한 요소로 이해될 수 있다. 즉, 기부를 위한 행동이나 자원봉사활동 그리고 기타 연대와 공동체지향성을 위한 각종 단체행동들은 국민의 개인적 삶의 질뿐만 아니라 사회의 질을 향상시키는 중요한 요소이다.

• 자원봉사활동 참여율: 자원봉사활동 참여율과 관련된 OECD의 자료를 보면 한국 국민이 한 달에 1회 이상 참여하는 자원봉사활동의 비율은 11.8%로 OECD 가입국 중 자료를 수집한 28개 국가 중 21위를 차지하여 비교적 낮은 자원봉사참여비율을 나타냈다. 가장 높은 비율을 나타낸 국가는 미국으로 29.5%의 국민이 한 달에 1회 이상 자원봉사활동에 참여하는 것으로 나타났고 비슷한 경제 규모를 가진 뉴질랜드는 29.2%, 이스라엘은 17.4%, 스페인은 10% 그리고 이탈리아는 12.6%를 차지하였으며 OECD 국가의 평균은 18.9%로 나타났다(2012년 기준, OECD, 2017 Well-Being Index).

• 노동조합가입률: 노동조합은 노동자들의 연대와 공동체지향성을 추구하는 대표적인 조직이다. 따라서 노동조합가입률을 보면 간접적으로 우리나라 노동자들의 연대성에 기초한 행동의 성향을 예측할 수 있다. 결론적으로 보면 한국 노동자들의 노동조합가입률은 매년 조금씩 낮아지고 있으며 2015년을 기준으로 약 10.2%를 기록하여 매우 낮은 가입률을 나타내고 있음을 알 수 있다(고용노동부, 2016). 노동조합가입률의 국제비교를 보면 OECD 가입국들 중 한국의 노동조합가입률은 OECD 평균인 27.8%의 절반도 못 미치는 수준으로 29개 회원국 가운데 네 번째로 낮아 60%를 웃도는 북유럽 국가들에 비하면 한참 낮은 수준이었다(한겨레신문, 2016/10/26, http://www.hani.co.kr/arti/society/labor/767368.html#csidx70b9d1678c06f2a9b354b80487c10b0).

• 평화적 시위 참석 여부: 무작위로 추출된 1,200명의 응답자들을 대상으로 이루어진 2010년 세계가치조사의 결과를 보면 지난 1년간 한국 국민의 평화적 집회 참여 경험은 매우 높아 정치사회적 이슈에 대해 적극적인 의사를 표시하는 것으로 나타났다. 이러한 국민의 경험은 곧 사회변화와 사회문제에 대한 높은 의식을 나타내준다. 전체 응답자 중 조

사기간 전 1년의 기간 동안 평화적 집회에 한 번 이상 참석한 경험이 있는 사람들의 비율은 63.6%를 차지하였고 한 번도 참여한 경험이 없는 사람들의 비율은 27.7%였다(세계가치조사, 2016). 국제비교를 위해 세계 가치조사(2016)의 자료를 비교분석해보면 독일의 경우 한 번도 참여한 경험이 없는 사람들의 비율은 61.7%로 매우 높았고 미국은 45.6%, 스웨덴은 63.4%, 뉴질랜드는 52.5% 그리고 호주는 41.7%를 차지하였다(평균적으로 한 번도 참가하지 않은 사람들의 비율은 23.8%). 이같이 선진국들에 있어 평화적 시위 참여 경험이 낮은 것은 그만큼 사회적으로나 정치적으로 국민의 의사를 표시하여야 할 사회적 이슈가 없었음을 반증하는 것이기도 하다.

• 사회적 노동을 위한 의지: "사회를 위해 무엇인가를 하는 것이 중요하다"고 생각하는 사람들의 비율(74.5%)이 그렇지 않다고 생각하는 사람들의 비율(24.6%)보다 높음은 한국 국민이 사회발전과 사회변화 및 사회개선을 위한 사회적 노동의 필요성에 대해 높은 정도의 공감대를 형성하고 있는 것이라고 예측할 수 있다(세계가치조사, 2016). 하지만 국제비교를 해보면 한국 국민의 사회를 위한 책임의식의 정도나 사회적 노동을 위한 의지는 상대적으로 매우 낮은 수준임을 알 수 있다. 세계가치조사(2016)의 자료를 비교분석해보면 독일의 경우 사회를 위해 무엇인가를 하는 것이 중요하다고 생각하지 않는 사람들의 비율이 6.1%로 매우 낮고, 미국은 6.4%, 싱가포르는 6.0%, 스웨덴은 12.5%, 뉴질랜드는 6.4% 그리고 네덜란드는 8.9%를 차지하였다.

• 기부 노력: 기부란 직접 관계없는 개인이나 단체에 대하여 현금 또는 물품을 대가 없이 자발적으로 제공하는 것으로 빈곤가정, 노인, 장애인, 소년소녀가정, 결식아동 등에 대한 후원 및 공익사업단체에 대한 기부 등을 의미한다. 기부행위는 자원봉사활동과 함께 가장 적극적인 사회

적 노동의 일환으로 이해될 수 있다. 우리나라의 13세 이상 국민 중 지난 1년 동안 현금을 기부한 적이 있는 사람들의 비율은 2017년을 기준으로 전체 인구를 100으로 하였을 때 약 24.3%로 2006년의 31.6%, 2011년의 34.8%에서 약 10% 포인트 정도 감소하였다(통계청, e-나라지표). 국제비교를 위해 자선원조재단(Charities Aid Foundation)이 발표하는 세계기부지수(world giving index, WGI)를 살펴보면 2016년을 기준으로 한국은 139개국 중 62위(100점 만점에 34점), OECD 34개국 중에서는 21위를 차지하였다(CAF, 2017).[7]

결론적으로 보면 한국 국민의 사회발전을 위한 노동에 대한 그리고 지역사회의 연대나 공동체지향성을 추구하기 위한 행동으로의 참여를 나타내는, 임금이 지불되지 않는 인간관계 지향적인 사회적 노동에 대한 인식이나 참여의 정도는 대체적으로 OECD 국가들 중에서 중하위권에 머물러 있음을 알 수 있다. 사회적 노동은 사회에 대한 참여를 나타내는 노동으로 기본적인 삶의 질이 확보되어야 수행이 가능하다. 국민의 사회적 노동에 대한 인식이 높고 사회적 노동으로의 참여가 높으면 그만큼 사회의 질이 향상될 것이므로 이를 활성화하기 위한 정책적 노력이 필요하다.

3) 사회적 재생산구조
사회적 재생산구조는 본 연구에서 "사회를 유지 보전하기 위해 가족

....
7   세계기부지수는 3개의 요소로 구성된다. 각각의 요소는 100점이고 3개의 점수를 3으로 나눈 값이 개별국가들의 최종 기부점수이다. 세 구성요소는 이방인에 대한 도움, 현금기부 그리고 자원봉사 시간이다.

건강성을 보장하고 가족구성원들을 사회적 위험으로부터 보호하는 사회적 혜택을 제공하는 사회적 구조로 종의 유지(출산), 개개인들의 기본적 생존욕구의 해결(소비), 사회에 만연되어 있는 가치나 규범의 수용 등을 포함하는 직장이나 가족의 역할 등에 대한 준비나 자녀 보육 및 교육(사회화) 그리고 가족구성원인 노인이나 아이, 환자, 장애인 등을 돌보(돌봄)는 역할을 하는 사회구조"로 정의하였다.

　사회적 재생산구조의 정도를 파악하고 이해하기 위한 지표들은 다양한 분야에서 수집될 수 있다. 특히 가족의 재생산구조를 확인하기 위한 지표들로는 출산율을 비롯하여 아동수당과 같은 영유아 및 아동을 위한 돌봄 및 보육혜택과 출산휴가 그리고 가족 부담의 큰 축을 담당하는 노인이나 장애인 가족구성원을 위한 돌봄혜택 등이 대표적이다. 교육복지정책 역시 사회적 재생산구조를 확인하기 위해 필요한 분석 영역이다. 교육의 양이나 질을 측정하기 위해 가장 일반적으로 측정하는 문맹률 그리고 학교 중도탈락률이나 공적지출에서 교육에 지출하는 비용의 정도 등이 있다. 한국 사회의 사회적 재생산구조의 정도를 확인할 수 있는 자료들은 다음과 같다.

　• 복지관대성비율: 먼저 GDP에서 차지하는 사회적 지출을 노인인구비율과 실업률로 나눈 복지관대성비율은 .63으로 OECD 평균(.88, 34개국 중 32위)에도 한참 밑돌아 노인인구 및 실업문제에 대한 사회적 지출의 증대가 반드시 필요한 것으로 나타났다. 복지관대성비율이 낮다는 것은 증가하는 노인인구와 실업인구에 대한 사회적 지출이 낮아 이를 극복하기 위한 대책으로 개인이나 가족부담금이 증가한다는 것을 의미하는 것으로 사회적 재생산구조의 취약성을 의미한다.

　• 노동자의 생활: 2016년의 번영지수를 보면 장시간 노동을 하는 노

동자들의 비율은 약 23.12%(OECD 가입국 평균 13.02%)이다. 노동자들의 장시간 노동은 삶의 질에 부정적인 영향을 미치고 나아가 사회의 질을 구성하는 사회적 재생산에도 부정적인 영향을 미친다. 한국 노동자들의 평균 노동시간 역시 매우 높아(한국 노동자들의 연평균 노동시간은 2,069시간으로 OECD 35개 가입국 중 34위, 2017 OECD Labour Force Statistics)[8] 노동자들이 장시간 노동에 시달리고 있음을 알 수 있는데 이러한 장시간 노동은 사회적 재생산을 위한 가족생활뿐만 아니라 전체 사회의 질에 부정적인 영향을 미치는 주된 요인이라고 할 수 있다. 비슷한 경제 규모를 가진 스페인의 연평균 노동시간은 1,695시간, 이스라엘은 1,889시간, 뉴질랜드는 1,752시간 그리고 이탈리아는 1,730시간이었다.

• 교육: 교육은 사회적 재생산을 위해 매우 중요한 영역이다. 교육 불평등은 사회경제적 불평등을 낳는 가장 중요한 요인이므로 가족재생산구조에서 교육의 불평등구조가 재생산되지 않도록 제도적 노력을 반드시 갖추어야 한다. 교육에 대한 국가의 지출과 가구별 사교육비 지출 등은 교육불평등의 정도를 간접적으로 파악하기 위해 반드시 고려해야 하는 지표들이다. 또한 국민의 읽고 쓰는 능력 역시 교육을 통한 가족재생산구조의 확립을 위한 가장 기초적인 토대이다.

한국의 문맹률은 선진국들과 비슷한 수준으로 매우 낮다. 세계가치조사(2016)의 결과를 보면 읽고 쓰는 능력을 가진 한국 국민의 비율은 96.4%로 비교적 높은데 독일은 99.9%, 스웨덴은 98.4%, 스페인 100% 그리고 네덜란드는 100%를 차지하였다. 교육에 대한 공적지출 역시 OECD 국가들 중 평균 이상으로 지출하고 있지만(GDP 대비 11.2% 지

....

8   OECD 가입국들의 연평균 노동시간은 1,763시간이고 연평균 노동시간이 가장 긴 나라는 멕시코로 2,255시간을 노동한다.

출, OECD 평균은 8.2%) 이와는 대립적인 측면에서 사교육에 대한 가구
당 지출비용은 높은 것으로 나타났다(GDP 대비 4% 지출, OECD 평균은
3.6%).[9] 한국은 사회적 특성상 교육에 대한 관심이 어느 선진국가보다도
높은 편이다. 이는 교육이 이전 세대들이 경험한 여러 사회·경제적 불평
등을 타파하기 위한 도구로 활용되고 있는 측면이 작용한 결과이다.

• 보육: 보육서비스에 대한 국가적 대책은 한국의 저출산을 설명
하는 가장 결정적인 요인이다. 한국의 출산율(2016년 1.17명)은 프랑스
와 함께 OECD 국가들 중 가장 낮은 수준을 유지하고 있어 가족재생산
구조에 심각한 우려를 낳고 있는데 저출산의 여러 결정요인들 중 하나
가 바로 국가의 미흡한 보육서비스정책이다. 복지부의 2016년 보육실태
조사 자료를 보면 0세에서 5세 이하의 영유아를 둔 가구의 보육 및 교육
지출비용은 매년 조금씩 줄어들고 있지만 2015년을 기준으로 매월 약
188,200원을 지출하는 것으로 나타났고 보육에 대한 비용이 가계에 부
담이 된다고 응답한 사람들이 전체의 약 50.1%를 차지하여 여전히 보육
에 대한 지출이 가계에 경제적 부담으로 작동하고 있음을 알 수 있다(복
지부·육아정책연구소, 2016).

• 돌봄: 저출산과 함께 급격한 노인인구의 증가는 젊은 세대의 노년
부양비율[10]을 급속도로 증가시키고(2015년 17.5명, 2020년 21.8명, 통계
청 e−나라지표) 가구의 노인 돌봄에 대한 부담을 증가시켜 사회의 질 향
상에 부정적인 요소로 작동하고 있다. 특히, 노인성 질환을 가진 노인이

....

9   OECD data(https://data.oecd.org/)
10   노년부양비 = 고령인구(65세 이상) ÷ 생산가능인구(15~64세) ×100. 노년부양비는 생산가
     능인구(15~64세) 100명이 부양해야 할 65세 이상의 인구의 수를 의미하는 것으로 2015년에
     는 17.5명의 노인인구를 그리고 2020년에는 21.8명의 노인인구를 생산가능인구 100명이 부담
     하여야 한다.

나 중증질환자 또는 장애인을 가족구성원으로 둔 가정의 재생산구조는 매우 취약한 것이 현실이다. 물론 장애인돌봄서비스나 노인장기요양서비스가 2008년 이후 많은 가족들의 부담을 경감시키는 역할을 수행하고 있고 중증질환자들에 대한 의료비보장성이 조금씩 개선되고 있지만 여전히 건강한 가족재생산을 위한 기본적인 토대를 위협하는 요인으로 작동하고 있다.

가족구성원 중 아동돌봄에 대한 공적지출 비율의 경우 한국은 매우 낮아 아동돌봄에 대한 공적지출이 증가하여야 함을 나타내준다. GDP 대비 아동돌봄을 포함한 가족혜택(현금과 현물을 포함한 수치)에 대한 공적지출은 OECD 가입국들과 비교해서 매우 낮은 수준에 머물러 있다.

OECD 35개 가입국 중 GDP 대비 가족혜택을 위해 국가가 지출하는 공적지출의 비율은 1.1%로 32위를 차지하였다. OECD 국가의 가족혜택에 대한 평균 지출 비율은 GDP의 2.1%로 한국은 절반 정도 낮은 수준의 공적지출이 이루어짐을 알 수 있다(https://data.oecd.org/).

이는 중증질환자들의 건강보험보장 비율이 여전히 낮은 수준에 있음을 통해서도 확인할 수 있다. 그리고 일반 가구들의 민간보험 가입률이 평균 4.64건에 달하고 매달 평균 민간보험으로 가구당 월평균 34만 8천 원 정도의 비용을 노동력 및 가족재생산을 위해 지출하고 있음은 가족재생산구조에 있어 국가적 지원의 취약함을 드러내는 것이라고 할 수 있다. OECD의 건강관련 통계(OECD, 2017, Health statistics)를 분석해보면 국민 1인당 지출하는 의료비용에서 정부혜택은 약 56%를 차지하여 가족이나 개인 부담 의료비율이 매우 높았으며(2016년 기준으로 1인당 의료비 2,729달러에서 정부 부담은 1,538달러, 개인 또는 가족 부담은 1,191달러) 2015년을 기준으로 가구소득에서 차지하는 의료비 가족부담의 비율이 5.1%로 OECD 국가 중 스위스를 제외하고 가장 높았다.

2014년 자료를 기준으로 건강보호에서 OECD 국가의 GDP 대비 국가의 공적지출은 평균 6.5%이며 한국은 4%를 나타내어 35개 가입국 중 32위를 차지하였다. 건강에 대한 사적지출(개인이나 가족부담)의 2014년 자료를 보면 GDP 대비 국가의 사적지출은 평균 1.7%이며 한국은 2.6%를 나타내어 35개 가입국 중 스위스와 그리스에 이어 3위를 차지하여 매우 높은 사적지출이 있었음을 알 수 있다.

종합하여보면, 한국 사회의 재생산구조는 가족의 재생산을 포함한 사회적 재생산을 위한 기본적 틀이 OECD 국가들에 비해 상대적으로 취약함이 드러났다. 더 많은 사회적 지출을 요구하는 높은 복지관대성비율과 장시간 노동 그리고 돌봄 및 보육과 교육에 들어가는 가족의 부담 등은 모두 가족의 소비능력을 저해하는 요소이자 가족 간의 갈등을 유발하는 요소로 작동할 수 있으므로 보육과 돌봄 그리고 교육 등의 영역에서 보다 강화된 국가적 책임의 확대가 반드시 필요하다.

4) 사회자본

사회자본은 본 연구에서 "국민 간의 신뢰 향상과 공동체의식 함양에 기초가 되는 국민의 타인이나 조직 등에 대한 신뢰의 정도와 개인이나 집단들 사이의 상호행동을 지배하는 협력적 관계, 네트워크 그리고 태도와 가치"로 정의하였다. 한국 사회의 질을 구성하는 정부나 타인에 대한 신뢰 등과 같은 사회자본 요소 역시 한국 사회의 질의 수준을 평가하는 중요한 기준이다. 사회자본의 수준을 나타내주는 각종 자료들을 종합하면 한국 국민이 인식하는 사회자본의 수준은 대체적으로 낮았다.

- 인구 10만 명당 자살률: 2014년의 인구 10만 명당 자살 건수는 29

명으로 OECD 평균 12명의 두 배 이상이며 OECD 국가들 가운데 가장 높았다. 다른 나라들과 마찬가지로 남성이 여성보다 자살할 확률이 높은 데 한국은 거의 세 배 정도 높았다(OECD 평균의 네 배). 한국은 특히 노인 자살률이 높았는데 70~74세 노인인구 10만 명당 자살 건수가 105명, 85세 이상은 230명으로 OECD 평균보다 네다섯 배 정도 높았다(OECD, 2016, Society at a glance).

• 부패인식지수[11] : 한국은 국제투명성기구(Transparency International, TI)가 발표한 부패인식지수(Corruption Perception Index, CPI)의 2016년 조사 결과 조사대상국 176개국 중 52위에 해당하며 점수는 100점 만점에 53점을 취득하였다. 덴마크와 뉴질랜드는 최고점인 90점을 받아 공동 1위를 차지했으며 핀란드가 89점으로 3위, 스웨덴이 88점으로 그 다음 순위를 기록하여 유럽 국가들의 부패인식점수에 비해 한국은 매우 낮은 점수임을 확인할 수 있다. 부패인식지수는 70점을 넘어야 사회가 전반적으로 투명한 상태라고 평가받는데 한국이 위치한 50점대는 겨우 절대부패로부터 벗어난 상태를 의미한다. OECD 35개 가입국들 중에서는 29위를 기록하여 한국 국민이 인식하는 부패인식의 정도는 매우 높음을 알 수 있다(https://www.transparency.org/news/feature/corruption_perceptions_index_2016). 비슷한 경제 규모를 가진 이스라엘은 64점이었고 스페인은 58점이었다.

• 정부에 대한 신뢰의 정도 : 한국인을 대상으로 한 세계가치조사(2016)의 결과를 보면 한국 국민은 정부에 대한 신뢰의 정도가 낮은 것

....

11   부패인식지수는 공공부문의 부패에 대한 전문가, 기업인, 일반인의 주관적 평가로 산출된다. 다보스포럼으로 유명한 국제경영개발원이 매년 발표하는 "국가경쟁력보고서", 주요 수출국 기업들이 수출 대상국 공무원에게 뇌물을 줄 가능성을 설문조사한 "뇌물공여지수", 국민의 부패 경험과 인식을 조사한 "세계 부패바로미터" 등 12개의 원천자료가 활용된다.

으로 조사되었다. 즉, 정부에 대한 신뢰의 정도를 묻는 질문에 정부를 신뢰한다고 응답한 응답자의 비율은 49.5%였으며 신뢰하지 않는다고 응답한 응답자는 50.3%를 차지하였다. 이러한 비율을 다른 나라들과 비교하면 정부를 신뢰하지 않는다고 응답한 응답자의 비율이 스웨덴이 38.6%, 싱가포르 20.2%, 멕시코 61%, 미국이 65.3%로 한국 국민의 정부에 대한 신뢰의 정도는 유럽 국가들에 비하면 낮았지만 전체적으로는 중간 정도의 수준을 유지하고 있었다(World Values Survey, 2016). 하지만 2014년을 기준으로 OECD 가입국들을 대상으로 조사한 결과를 보면 한국 국민의 정부에 대한 신뢰의 정도는 28%로 매우 낮아 35개 가입국 중 30위를 차지하였다(OECD 가입국 평균 정부신뢰도는 42.3%, 2016년 Gallop World Poll). 그리고 2017년의 OECD의 번영지수를 보면 2016년을 기준으로 한국 국민의 정부에 대한 신뢰도는 26.2%로 33개 가입국 중 32위를 차지하여 슬로베니아를 제외하고는 가장 낮은 정부신뢰도를 나타내었다(OECD 가입국 평균 정부신뢰도는 37.6%). Gallop World Poll의 조사 결과를 보면 비슷한 경제 규모를 가진 스페인의 경우는 정부에 대한 신뢰도가 25%, 뉴질랜드는 63% 그리고 이스라엘은 44%이고 이탈리아는 29%로 한국과 비슷하였다.

• 지역주민이나 이웃주민에 대한 신뢰의 정도: 한국인을 대상으로 한 세계가치조사(2016)의 결과를 보면 한국 국민은 이웃주민에 대한 신뢰의 정도가 낮은 것으로 조사되었다. 즉, 이웃에 대한 신뢰의 정도를 묻는 질문에 타인을 신뢰한다는 응답자의 비율은 72.2%였으며 신뢰하지 않는다는 응답자는 27.6%를 차지하였다. 이러한 비율을 다른 나라들과 비교하면 이웃을 신뢰하지 않는다고 응답한 응답자의 비율이 스웨덴이 17%, 싱가포르 22% 등이었고 이민자들로 구성된 국가인 미국의 이웃에 대한 불신의 정도가 26.5%로 한국과 비슷하여 한국 국민의 이웃에 대

한 신뢰의 정도가 상대적으로 낮음을 알 수 있다(World Values Survey, 2016). 특히 '처음 만난 사람에 대한 신뢰의 정도'를 묻는 질문에서 신뢰한 다는 응답자의 비율은 19%였으며 신뢰하지 않는다는 응답자는 80.4%를 차지하였다. 이러한 비율을 다른 나라들과 비교하면 처음 만난 사람을 신뢰하지 않는다는 응답자의 비율이 스웨덴 40.5%, 싱가포르 67.8% 등이었고 이민자들로 구성된 국가인 미국의 처음 만난 사람에 대한 불신의 정도가 63.7%로 낮아 한국 국민의 처음 만난 사람에 대한 신뢰의 정도가 상대적으로 낮음을 알 수 있다(World Values Survey, 2016). 비슷한 경제 규모를 가진 스페인의 경우 지역주민이나 이웃주민에 대한 신뢰의 정도(79.6%)와 처음 만난 사람에 대한 신뢰의 정도(32.15%)는 우리보다 높았다.

또한 '타인에 대한 신뢰의 정도'를 묻는 질문에서 한국 국민의 타인을 신뢰한다는 응답자의 비율은 26.5%였으며 신뢰하지 않는다는 응답자는 73%를 차지하였다. 이러한 비율을 다른 나라들과 비교하면 타인을 신뢰하지 않는다는 응답자의 비율이 스웨덴 37.2%, 독일 53.8%, 싱가포르 62.5% 등이었고 미국의 타인에 대한 불신의 정도가 64.3%로 낮아 한국 국민의 타인에 대한 신뢰의 정도가 다른 나라들과 비교해서 상대적으로 낮음을 알 수 있다(World Values Survey, 2016).

• 밤거리 안전에 대한 인식의 정도: 세계가치조사(2016)의 결과를 보면 한국 국민의 경우 밤거리의 안전에 대한 인식에서 밤거리를 다니는 것이 안전하다고 생각한 응답자의 비율은 55.5%였으며 밤거리가 안전하지 못하다고 생각한 응답자는 44.4%를 차지하였다. 이러한 비율을 다른 나라들과 비교하면 밤거리가 안전하지 못하다고 생각한 응답자의 비율이 스웨덴 32.3%, 싱가포르 27.2% 등이었고 이민자들로 구성된 국가인 미국은 37.7%로 낮아 한국 국민의 경우 밤거리가 안전하지 못하다고 생각

한 응답자의 비율이 상대적으로 높음을 알 수 있다(World Values Survey, 2016). 또한 Gallop World Poll(2016)의 조사 결과 한국은 밤거리 안전에 대한 인식에서 63.9%가 안전하다고 응답하였는데 비슷한 경제 규모를 가진 국가와의 비교를 보면 이탈리아(58.3%)를 제외하고는 스페인(83.1%), 뉴질랜드(64.8%), 이스라엘(70.2%)보다 상대적으로 밤거리 안전에 대한 인식이 매우 낮음을 알 수 있다.

• 투표 참여 여부: 세계가치조사의 '투표 참여 여부'를 묻는 질문에 대한 결과를 보면 한국 국민 중 대체적으로 투표에 참여하고 있다는 응답자의 비율은 83.9%였으며 참여한 적이 없다는 응답자는 14.8%를 차지하였다. 이러한 비율을 다른 나라들과 비교하면 대체적으로 투표에 참여하고 있다는 응답자의 비율이 스웨덴 91.7%, 네덜란드 89.9%, 싱가포르 88.6% 등이었고 미국은 78.4%로 낮았으며 독일이 80.9%로 한국 국민의 경우 대체적으로 투표에 참여하고 있다는 응답자의 비율이 다른 일부 유럽 국가들을 제외하고는 선진국들과 비교하여 비슷한 수준인 것으로 나타났다(World Values Survey, 2016).

• 지원 또는 지지네트워크의 질: OECD의 사회동향 자료를 보면 한국의 경우 50대 이상의 61%만이 의지할 수 있는 친척, 친구가 있다고 응답하였는데, 이러한 결과는 OECD 평균인 87%보다 낮았으며 OECD 국가 중 가장 낮은 수치를 나타내었다. 30~39세 응답도 78%로 OECD 평균인 90%에 비해 낮고 30대 이하인 경우도 93%로 OECD 평균인 95%보다 낮아 사회적 네트워크의 질이 전반적으로 낮음을 알 수 있다(OECD, 2016, Society at a glance). 사회적 지지에 대한 OECD의 2017년의 번영지수를 보면 "어려운 경우에 의논할 친구나 친척이 있는가"에 대한 질문에서 한국은 75.9%만이 있다고 응답하였는데 이 비율은 OECD 가입국 평균인 88.6%(자료가 수집된 전체 33개국 중 33위)에 10% 포인트 이상

낮은 결과로 사회적 지지네트워크가 비교대상국들에 비해 낮음을 알 수 있다.

　종합하여 보면, 한국 국민의 사회자본의 수준은 매우 취약하다. 사회의 질이 향상되기 위해서는 사회구성원 사이의 신뢰와 정부에 대한 신뢰가 중요하지만 한국은 사회자본을 형성하는 주요 요소인 신뢰가 매우 낮음을 알 수 있었다. 지원이나 지지네트워크 역시 OECD 가입국들과의 상대적 비교 결과 허약하였고 부패인식지수 역시 매우 낮고 사회안전에 대한 인식 역시 매우 낮아 전반적으로 사회의 질을 향상시킬 수 있는 요소인 사회자본의 향상을 위한 정책적 노력이 매우 필요함을 나타내주고 있다.

제10장
결론 및 함의

1. 결론

    사회의 질은 복지국가의 발전 또는 사회발전을 위한 기본적인 토대로 작동한다. 사회의 질의 수준은 곧 사회구성원의 삶의 질이나 생활만족에 중요한 영향을 미치는 요소이다. 특히 사회의 질은 2000년대 이후 유럽 국가들을 중심으로 제시되어온 사회배제를 극복하기 위한 사회보호시스템 구축의 필요성을 사회정책적 어젠다의 우선순위로 결정하는 데 중요한 역할을 하였다. 1990년대 중반 이후 유럽 국가들은 사회의 질 개선을 중요한 사회정책의 목표로 설정하고 이를 위해 사회의 질에 대한 개념 및 사회의 질을 구성하는 요소 그리고 사회의 질을 측정하기 위한 노력들을 꾸준히 진행하여왔다. 이러한 노력의 결과로 사회의 질은 개념화되었으며 사회의 질을 측정하기 위해 사회의 질을 구성하는 요소들이 도출되었고 구성요소별 측정을 위한 객관적인 수량화된 지표들이 제시되었다. 사회의 질 측정에 대한 가장 대표적인 연구는 Beck과 동료들 (1997)에 의해서 이루어졌는데 이들은 사회의 질 측정을 위한 사회지표 들을 제시하였다. 그 후 Van der Maesen과 Walker(2012) 등이 제시한 사회의 질 측정도구는 Beck과 동료들(1997)의 연구보다 진일보하였지 만 여전히 사회의 질의 구성요소들에 대한 논의는 지속적으로 이루어지 고 있다.

이러한 의미에서 본다면 여전히 진행 중인 사회의 질에 대해 유럽 학자들이 제시한 측정의 틀을 무비판적으로 정치, 경제, 사회, 문화적인 측면에서 상이한 배경에 있는 아시아 국가들에 적용하는 것은 적절한 방 법이라고 할 수 없다. 하지만 국가적 특성에 부합하는 최적화된 사회의 질 측정 방법에 따라 국가별 사회의 질 수준을 파악하는 것은 현실적으로 매우 어려우며 사회의 질에 대한 명확한 기준 및 측정요소와 이를 측정할 수 있는 지표의 적절성 그리고 국가별 상대적 비교가 가능하기 위한 보다 객관화된 지표의 적용을 위해서는 객관화된 측정요소 및 지표에 대한 개 발과 논의가 우선이다.

객관화된 사회의 질의 측정요소 및 측정지표는 사회의 질 수준의 국 가별 상대적 비교를 위해서도 중요한 역할을 수행한다. 물론 번영지수나 행복지수, 삶의 질 지수 등과 같이 객관적으로 수량화된, 사회의 질을 측 정할 수 있는 간접적인 지수들이 개발되었지만 이들 지수들은 대부분 사 회구성원 개개인들에게 영향을 미치는 사회, 경제를 포함한 환경적 요소 들을 구성원의 개인생활 중심으로 측정하므로 사회 전반의 질 수준을 측 정하기에는 무리가 있다. 즉, 삶의 질 지수나 생활만족지수 그리고 행복 지수 등은 모두 개인적 수준에서 다양한 질문과 사회지표를 통해 특정 사회구성원의 행복의 정도를 측정한다. 물론 사회배제지수나 사회건강 성지수 등은 전체 사회구성원의 배제의 정도나 사회의 건강성 정도를 사회지표를 중심으로 측정하는 사회의 상태를 나타내주는 대표적인 사회지수이지만 사회의 질이라는 포괄적 측면의 사회적 상태나 조건을 포함하지는 못한다는 한계를 가진다.

본 저서는 위에서 지적된 사회의 질 연구에 대한 한계를 극복하기 위한 시도로 계획되고 연구되었다. 특히 한국 복지국가의 성격을 구명하고 이에 적합한 한국 사회의 질 수준을 이해하고 확인하기 위해 노력하였다. 한국 사회의 질을 규명하기 위한 본 저서의 노력은 아래와 같이 구분될 수 있다.

첫째, 한국 사회의 질을 확인하고 비교하기 위하여 우선적으로 사회의 질에 대한 문헌조사를 통해 기존 사회의 질에 대한 개념 및 구성요소에 대한 비판적 수용을 거쳐 한국 사회의 질 수준을 규명하였다.

둘째, 한국 사회의 질의 수준을 평가하고 규명하기 위해 본 연구는 복지국가 및 사회의 질을 설명해주는 이론적 틀을 설명하고 사회모델을 한국 사회에 적용하였다.

셋째, 사회의 질에 대한 개념 및 구성요소를 한국 사회에 맞게 수정 및 보완하여 사회의 질을 "개인적 정황과 맥락이 아니라 사회적 정황과 맥락에서 사회가 보다 좋은 사회로 발전하고 개선되기 위해서 필요한 수준"으로 정의하였으며 사회의 질을 구성하기 위한 조건적 토대, 즉 구성영역으로 사회적 임금, 사회적 노동, 사회적 재생산구조 그리고 사회자본을 제시하였다. 본 연구에서 사회적 임금은 "국가에 의해서 국민의 기본적 삶을 유지 보전하기 위하여 제공되는 혜택으로 국민이 노동을 통하지 않고 벌어들이는, 국가에 의해 국민에게 제공되는 사회복지재화와 서비스를 화폐의 가치로 환산하여 나타나는 소득"으로 정의하였다. 현 자료의 한계상 사회적 임금의 수준을 하나의 직접적 지표로 나타낼 수는 없다. 따라서 사회적 임금은 다양한 간접적 지표들을 포함한다. 본 연구에서 사회적 노동은 "공동체의식과 연대성에 기초하여 개인들의 역량강화를 통하여 자율적으로 실현되는 노동이자 노동시장에서 임금으로 지불되지 않는 노동으로 사회의 발전을 위하여 국민 개개인들이 사회에 직접 참여하는 사회참여노동이고 인간관계 지향적인 노동이며 인간의 상호행동과 상호이해를 바탕으로 하는 노동"으로 정의하였다. 사회적 노동을 위한 노력은 국민 개개인들의 기본적인 생활이 충족되어야 가능하다는 점에서 사회의 질의 수준을 결정하는 중요한 요소로 이해될 수 있다. 즉, 기부를 위한 행동이나 자원봉사활동 그리고 기타 연대와 공동체 지향성을 위한 각종 단체행동들은 국민의 개인적 삶의 질뿐만 아니라 사회의 질을 향상시키는 중요한 요소이다. 사회적 노동은 사회적 임파워먼트를 포함한 개념인데 이는 사회적 노동을 하기 위해서는 국민 개개인들의 노동력 탈상품화의 정도가 어느 정도 이루어져야 하며 개개인들의 역량강화가 필수적이기 때문이다. 본 연구에서 사회적 재생산구조는 "사회를 유지 보전하기 위해 가족건강성을 보장하고 가족구성원을 사회적 위험으로부터 보호하는 사회적 혜택을 제공하는 사회적 구조로 종의 유지(출산), 개개인들의 기본적 생존욕구의 해결(소비), 사회에 만연되어 있는 가치나 규범의 수용 등을 포함하는 직장이나 가족의 역할 등에 대한 준비나 자녀 보육 및 교육(사회화) 그리고 가족구성원인 노인이나 아이, 환자, 장애인 등을 돌보(돌봄)는 역할을 하는 사회구조"로 정의하였다. 본 연구에서 사회자본은 "국민 간의 신뢰 향상과 공동체의식 함양에 기초가 되는 국민의 타인이나 조직 등에 대한 신뢰의 정도와 개인이나 집단들 사이의 상호행동을 지배하는 협력적 관계, 네트워크 그리고 태도와 가치"로 정의하였다.

넷째, 한국 사회의 질에 대한 수준을 확인하고 평가하기 위하여 우선적으로 가장 객관화된 사회지표들을 수집하고 이 자료들을 중심으

로 내용분석과 이차자료분석 그리고 군집분석을 통해 한국형 복지국가
의 성격을 규명하였다. 연구 결과 한국은 멕시코, 칠레와 함께 가장 발전
이 더딘 복지국가의 유형에 속하였다. 내용적으로 보면 복지관대성비율
이 낮고 가족혜택에 대한 공적지출 수준이 낮다는 것은 그만큼 탈상품화
의 정도가 낮음을 의미하는 것이고 복지의 전 영역에 사회적 지출 수준
이 낮아 복지의 수준은 대체적으로 낮은 수준에 있었다. 하지만 칠레나
멕시코와는 달리 한국은 GNI나 GDP로 나타나는 경제 수준이나 경제적
발전단계가 높으므로 복지에 대한 국가적 지출 수준의 증액과 탈상품화
의 정도를 강화하기 위한 물적 토대가 멕시코나 칠레에 비해 우수하다는
점에 비추어보면 빠른 시간 안에 발전하는 복지국가로 진입할 가능성이
높은 국가라고 결론지을 수 있었다. OECD 가입국 중 한국과 비슷한 규
모의 GNI와 GDP를 가진 나라는 스페인과 뉴질랜드, 이스라엘 그리고
이탈리아가 대표적이다. 스페인과 이탈리아는 지중해연안국가 또는 남
유럽국가에 해당되고 뉴질랜드와 이스라엘은 자유주의 복지국가의 유형
에 속하는데 위의 분석 틀에 따르면 스페인과 이탈리아는 1집단에 그리
고 뉴질랜드와 이스라엘은 4집단에 포함된다. 결국 한국은 지금의 경제
적 수준으로 전체 사회복지 영역에 대한 지출을 OECD 평균 이상으로
지출하게 되면 1집단과 4집단으로 진입하여 안정적 복지국가로 발전할
수도 있는 여력이 충분한 국가라고 결론지을 수 있었다.

다섯째, 한국형 복지국가의 성격에 대한 연구결과를 토대로 한국 사
회의 질에 대한 성격 규명을 위해 사회의 질의 구성요소, 즉 측정영역에
적합한 측정 가능하고 객관화된, 상대적 비교가 가능한 지표들을 수집하
여 이를 중심으로 내용분석 및 이차자료분석을 시도하였다. 그 결과 한
국 사회의 질을 구성하는 사회적 임금의 측면에서 보면 한국은 실업, 건
강, 일자리 창출을 위한 노력과 직업훈련, 가족혜택 등에 대한 국가의 지

출, 즉 사회적 임금을 구성하는 현금이나 현물혜택의 수준이 낮았다. 또한 사회적 노동에 대한 인식이나 참여의 정도는 대체적으로 OECD 국가들 중에서 중하위권에 머물러 있음을 알 수 있었다. 사회적 노동은 사회에 대한 참여를 나타내는 노동으로 기본적인 삶의 질이 확보되어야 수행이 가능하다. 국민의 사회적 노동에 대한 인식이 높고 사회적 노동으로의 참여가 높으면 그만큼 사회의 질은 향상될 것이므로 이를 활성화하기 위한 정책적 노력이 필요하다. 그리고 한국 사회의 재생산구조를 보면 가족의 재생산을 포함한 사회적 재생산을 위한 기본적 틀이 OECD 국가들에 비해 상대적으로 취약함이 드러났다. 더 많은 사회적 지출을 요구하는 높은 복지관대성비율과 오랜 노동시간 그리고 돌봄 및 보육과 교육에 들어가는 가족의 부담 등은 모두 가족의 소비능력을 저해하는 요소이자 가족 간의 갈등을 유발하는 요소로 작동할 수 있으므로 보육과 돌봄 그리고 교육 등의 영역에서 보다 강화된 국가적 책임의 확대가 반드시 필요하다. 마지막으로 한국 국민의 사회자본의 수준 역시 매우 취약하였다. 한국은 사회자본을 형성하는 주요 요소인 신뢰가 매우 낮음을 알 수 있었으며 지원이나 지지네트워크 역시 OECD 가입국들과의 상대적 비교 결과 허약하였고 부패인식지수 역시 매우 낮고 사회안전 역시 매우 낮아 전반적으로 사회의 질을 향상시킬 수 있는 요소인 사회자본의 향상을 위한 정치적 노력이 매우 필요함을 나타내주었다.

2. 함의

한국은 저개발된 복지국가의 유형에 속하지만 한국 사회의 질에 대해 객관적으로 평가한 결과 사회의 질을 개선 및 향상시킬 수 있는 여력이 충분함이 입증되었다. 이는 한국 사회의 질이 비슷한 경제 규모를 가진 국가들에 비해 상대적으로 열악하였기 때문이다. 2015년을 기준으로 GNI나 GDP로 대변되는 한국의 경제적 수준을 보면 먼저 국민 1인당 GNI(34,515달러)와 국민 1인당 GDP(34,421달러)[1] 수준은 35개국 중 20위권 초반에 머물러 있으면서 OECD 가입국 중 스페인이나 뉴질랜드, 이스라엘 그리고 이탈리아 등과 비슷했지만 사회의 질을 구성하는 네 영역, 즉 사회적 임금, 사회적 노동, 사회적 재생산구조 그리고 사회자본의 측면에서 OECD 나라들과 비교해서 열악한 수준에 있었다. 특히, 사회적 임금과 사회적 노동 그리고 사회적 재생산구조가 상대 국가들에 비해 열악하였다. 물론 한국은 GDP 대비 사회적 지출에 들어가는 비용이 전체 OECD 가입국 중 멕시코를 제외하고 최하위를 기록하고 있으므로 전체적으로 사회의 질이 열악하다고 예측할 수 있지만 보다 구체적이고 정확하게 사회의 질 수준을 평가할 필요가 있었다. 사회의 질을 구성하는 요소인 사회적 임금, 사회적 노동, 사회적 재생산구조 그리고 사회자본의 수준을 나타내는 OECD 자료 등 객관적인 지표들을 중심으로 분석한 결과 한국은 경제 수준에 걸맞지 않은 매우 낮은 사회의 질을 구성하고 있는 것으로 나타났다.

먼저, 사회적 임금의 수준을 간접적으로 나타내주는 다양한 지표들을 합산해보면 한국 국민의 사회적 임금 수준이 OECD 가입국들 중 30위권 이하에 머물러 있었다. 두 번째로 사회적 노동을 나타내주는 자원봉사활동이나 사회기부지수 등도 OECD 국가들 중 20위권 이하인 중하위권에 머물러 있었다. 세 번째로 사회적 재생산을 위한 사회적 체계 역시 교육과 건강 그리고 돌봄 영역 등에서 개인이나 가족의 사적 지출이

....

1 OECD가 제시한 GNI와 GDP는 각국의 통화단위로 산출된 GNI와 GDP를 단순히 달러로 환산해 비교하지 않고 각국의 물가 수준을 함께 반영한, 즉 구매력평가지수(purchasing power parity)를 반영한 액수이다.

높았고 복지관대성비율을 포함한 대부분의 지표들이 가족의 소비능력과 재생산 기능을 저하시키는 허약한 구조임을 나타내었다. 또한 마지막으로 신뢰와 네트워크 그리고 안전과 관계 등 사회자본의 수준을 나타내주는 지표들인 부패인식지수나 타인이나 이웃에 대한 신뢰 그리고 친구나 가족과의 관계의 질 등을 OECD 국가들과 비교하였을 때 역시 중하위권을 나타내었다.

종합적으로 각종 자료를 비교분석한 결과 한국 사회의 질의 수준을 향상시키기 위한 사회적 임금 및 사회적 재생산의 수준 향상 그리고 사회적 노동과 사회자본 향상을 위한 국가의 정책적 노력이 더욱 필요함이 나타났다. 특히, 한국과 비슷한 수준의 경제력(GNI 및 GDP 기준)을 가진 나라인 스페인, 이탈리아, 이스라엘 그리고 뉴질랜드 등이 사회의 질 수준 향상을 위해 지출하는 사회적 지출 및 복비관대성비율이 한국과 비교하여 전반적으로 높다는 점은 한국 정부가 사회의 질 향상을 위한 정책적 노력을 현실화할 수 있는 '사회적 분야'로의 재정지출을 확장하여야 할 필요성이 있음을 나타낸다고 볼 수 있다.

참고문헌

국가통계포털. (2015). http://kosis.kr.

국민건강보험공단·한국보건사회연구원. (2014). 한국 의료패널 심층 분석 보고서.

국민의당 박주현 의원이 국세청으로부터 제출받은 '2008~2015년 통합소득(근로소득과 종합소득) 100분위 자료(www.yonhapnews.co.kr/bulletin/2017/10/11/0200000000AKR20171011156800002.HTML)

고용노동부. (2016). 2016년 고용노동통계.

권중돈. (2012). 노인복지론. 서울: 학지사

권혁태, 박상필, 박윤철. (2003). 아시아의 시민사회: 개념과 역사. 서울: 아르케

김수영, 모선희, 원영희, 최희경. (2009). 노년사회학. 서울: 학지사

김욱, 김정현, 박현식, 조성희. (2012). 노인복지론. 서울: 양서원

김연명. (2013). 한국 복지국가의 성격과 전망: 남부유럽복지체제와의 비교를 중심으로. 한국사회복지조사연구, 36(단일호), 27-59.

김홍규, 유현정. (2004). 한국 성인의 삶의 질 척도 개발. Andragogy Today: International Journal of Adult & Continuing Education, 7(3), 65-101.

남찬섭. (2002). 한국 복지체제의 성격에 대한 경험적 연구. 비판사회정책, (11), 163-202.

박상필, 장상철, 정원오, 조효제. (2002). 민주화와 이익집단-국가, 비영리조직, 사회적 자본. 동향과 전망, 156-185.

박상필, 유용원 (2012). 한국 시민사회 프로젝트. 한울: 파주.

박영신, 이승훈. (2010). 한국의 시민과 시민사회: 사사로운 개인에서 공공의 시민으로. 서울: 북코리아

보건복지부. (2012). 지역사회서비스투자사업안내.

보건복지부, (2014). 보육통계.

보건복지부. (2015). 노인복지시설현황

보건복지부·육아정책연구소. (2016). 2015년 전국보육실태조사-가구조사 보고.

백승호, 안상훈. (2007). 한국 복지국가의 구조와 성격에 관한 비교사회정책연구- 공공사회복지지출 분석을 중심으로. 사회복지연구, 35, 337-362.

서남규, 안수지, 황연희, 강태욱, 최정수. 정영호 외 (2013). 2013년 한국의료패널 심층분석보고서: 한국의료패널을 활용한 보건의료지표 개발연구. 서울: 국민건강보험공단 건강보험정책연구원, 한국보건사회연구원.

서울경제. 2017. 10. 12. http://www.sedaily.com/NewsView/1OM9XM1EMN

신계수, 조성숙. (2011). 베이붐 세대의 직업만족도와 경제적 은퇴준비 실태 분석. 한국엔터테인먼트산업학회논문지, 5(3), 41-50.

신미식. (2006). 일본노인교육의 현황, 특징, 문제점, 그리고 시사점. 한국동북아논총, 11(2), 225-248.

신미식. (2007). 평생교육으로서 한국노인교육의 발전방향. 평생교육학연구, 13(1), 1-24.

이경희. (2002). 노인복지관 사회교육 프로그램 참여 노인들의 교육욕구와 사회참여욕구.
　　박사학위논문, 이화여자대학교.
이지현, 김선우. (2012). 베이비부머세대 중년여성이 삶에서 추구하는 가치에 대한 질적 연구:
　　서울거주 중산층을 중심으로 Asia Marketing Journal, 14(2), 127-156.
임근식. (2012). 지역주민의 삶의 질 인식과 영향요인에 관한 연구. 한국행정과 정책연구, 10(1),
　　47-89.
정순둘, 이현희. (2012). 베이비붐세대의 삶의 만족도: 1998년과 2008년의 비교. 노인 복지연구,
　　55, 105-132.
정진성, 박경숙, 이재열, 장덕진, 장상철, 고형면, 안정옥. (2009). 사회의 질 동향.
정태석. (1994). 「한국의 시민사회 논쟁」, 한상진 외, 현대사회의 이해, 서울: 민음사
조영훈. (2001). 유럽통합과 복지국가 복지지출의 변화를 중심으로. 경제와사회, 52, 206-226.
주성수. (2001). 시민사회와 NGO 논쟁: 주요 개념, 모델 및 이론. 서울: 한양대학교 출판부
주성수, 정규호, 이선미, 조성미. (2008). 아래로부터의 시민사회: 시민활동가 30인에게 듣는다.
　　경기: ㈜창비
주성수. (2011). 시민사회의 영향력에 관한 경험적 분석: 정부와 시민사회 관계를 중심으로.
　　시민사회와 NGO, 9(1), 3-29.
지은구. (1991). 마르크스 빈곤론과 그 논쟁. *사회정책연구*. 13, 27-76.
지은구. (2003). 사회복지경제학 연구. 청목출판사: 서울.
지은구. (2005). 사회복지프로그램개발과 평가. 학지사: 서울.
지은구. (2006). 자본주의와 사회복지. 청목출판사: 서울.
지은구. (2007). 사회복지조직연구. 청목출판사: 서울.
지은구. (2010). 마르크스의 빈곤론. 빈곤이론과 빈곤정책. 고헌: 서울.
지은구. (2013). 사회복지경제분석론. 청목출판사: 서울.
지은구. (2016). 한국사회복지전달체계연구. 계명대학교 출판부: 대구.
지은구, 김민주. (2014). 복지국가와 사회통합. 청목출판사: 서울.
지은구, 김민주. (2015). 사회복지측정도구의 개발과 실제. 학지사: 서울.
지은구, 김민주. (2017). 사회서비스 성과관리 척도집. 학지사: 서울.
통계청. (2017). 연간지표.
한국사회복지관협회. (2016). 전국사회복지관현황 및 인사동향.
한국보건사회연구원. (2016). 2016년 빈곤통계연보.
한겨레신문. 2016/10/26.
http://www.hani.co.kr/arti/society/labor/767368.html#csidx70b9d1678c06f2a9b354b804
　　87c10b0).
한준상. 2002. 신고령사회 노인교육의 패러다임: 노인세력의 힘과 노인의 평생학습력.
　　International Journal of Adult & Continuing Education, 5(1), 1-21.
e-나라지표. (2017). 국민기초생활수급자현황. http://www.index.go.kr
JTBC-리얼미터. (2017). http://www.realmeter.net

Abbott, P., & Wallace, C. (2010). Explaining economic and social transformations in

Post-Soviet Russia, Ukraine and Belarus: The social quality approach. *European Societies, 12*(5), 653-674.

Abbott, P., Wallace, C., & Sapsford, R. (2011). Surviving the transformation: Social quality in central Asia and the caucuses. *Journal of Happiness Studies, 12*(2), 199-223.

Abbott, P., & Wallace, C. (2012). Social quality: A way to measure the quality of society. *Social indicators research, 108*(1), 153-167.

Abbott, P., & Wallace, C. (2014). Rising economic prosperity and social quality the case of New Member States of the European Union. *Social indicators research, 115*(1), 419-439.

Adler, P. S., & Kwon, S. W. (2002). Social capital: Prospects for a new concepts. *Academy of Management Review, 27*(1), 17-40.

Aghion, P., Alesina, A. F., & Trebbi, F. (2007). *Democracy, technology, and growth.* NATIONAL BUREAU OF ECONOMIC RESEARCH.

Alesina, A. F. (2007). *Political Economy.* NBER(National Bureau Of Economic Research)Reporter, 3, 1-5.

Akerlof, G. A. (1997). Social distance and social decisions. *Econometrica: Journal of the Econometric Society*, 1005-1027.

Alestalo, M., & Flora, P. (1994). *Scandinavia: Welfare states in the periphery-peripheral welfare states. The transformation in Europe.* Social conditions and consequences. Warsaw: IFiS Publishers.

Alkire, S., & Sarwar, M. (2009). Multidimensional measures of poverty & well-being. *OPHI Research in Progress,* (6a), 38.

Alkire, S., Roche, J. M., Ballon, P., Foster, J., Santos, M. E., & Seth, S. (2015). *Multidimensional poverty measurement and analysis.* Oxford University Press, USA.

Allardt, E. (1976). Dimensions of welfare in a comparative Scandinavian study. *Acta Sociologica, 19*, pp. 227-239.

Anand, P., Krishnakumar, J., & Tran, N. B. (2011). Measuring welfare: Latent variable models for happiness and capabilities in the presence of unobservable heterogeneity. *Journal of Public Economics, 95*(3), 205-215.

Angeles, L. (2011). A closer look at the Easterlin Paradox. *The Journal of Socio-Economics, 40*(1), 67-73.

Anheier, H. (2004). *Civil Society: Measurement, Evaluation, Policy.* London: Earthscan.

Atkinson, A. B. (1998). Social exclusion, poverty and unemployment. *Exclusion, employment and opportunity, 4.*

Atkinson, T., Cantillon, B., Marlier, E., & Nolan, B. (2002). *Social indicators: The EU and social inclusion.* OUP Oxford.

Baker, W. (1990). 'Market networks and corporate behavior'. *American Journal of*

Sociology 96(3), 589-625.

Bambra, C. (2005). Cash versus services: 'worlds of welfare'and the decommodification of cash benefits and health care services. *Journal of social policy, 34*(2), 195-213.

Bartolini, S., & Sarracino, F. (2014). Happy for how long? How social capital and economic growth relate to happiness over time. *Ecological economics, 108*, 242-256.

Barlösius, E. (2004). Habitusmodell und Feldtheorie von Pierre Bourdieu. In Kämpfe um soziale Ungleichheit (pp. 116-185). VS Verlag für Sozialwissenschaften.

Barr, N., & Whynes, D. K. (1993). *Current issues in the economics of welfare.* Macmillan.

Barry, B. (1965). *Political argument: a reissue with new introduction (No. 20).* Univ of California Press.

Bauman. (2008). *The Art of Life.* Cambridge: Policy Press.

Beauvais, C., & Jenson, J. (2002). *Social cohesion: Updating the state of the research (Vol. 62).* Ottawa: CPRN.

Beck, W. A., Van der Maesen, L. J. G. and Walker, A. C. (eds) (1997) *The Social Quality of Europe (The Hague, London and Boston: Kluwer Law International) and in paperback 1998.* Bristol: Policy Press.

Beck, W., van der Maesen, L. J., Thomese, F., & Walker, A. (2001). *Social Quality: A Vision for Europe.* The Hague.

Beck, W., van der Maesen, L. J., & Walker, A. (2012). *Theoretical foundations. Social Quality: From Theory to Indicators,* 44-69.

Beckert, J. & Streeck, W. (2008). *Economic Sociology and Political Economy.* A Programmatic Perspective. MPIfG Working Paper. Max-Planck-Institut for The Study of Societies.

Berger-Schmitt, R. (2000). *Social cohesion as an aspect of the quality of societies: Concept and measurement.* Mannheim: Social Indicators Department.

Berghman, J., Fouarge, D., & Govaerts, K. (1998). *Social protection as a productive factor.* Report on the request of the Commission of the EU^DG V, EISS.

Berman, Y., & Phillips, D. (2000). Indicators of social quality and social exclusion at national and community level. *Social Indicators Research, 50*(3), 329-350.

Besley, T., & Burgess, R. (2002). The political economy of government responsiveness: Theory and evidence from India. *The Quarterly Journal of Economics, 117*(4), 1415-1451.

Bhalla, A., & Lapeyre, F. (1997). Social exclusion: towards an analytical and operational framework. *Development and change, 28*(3), 413-433.

Bhandari, H., & Yasunobu, K. (2009). What is social capital?: A comprehensive review of the concept. *Asian Journal of Social Science, 37*, 480-510.

Bjørnskov, C. (2003). The happy few: Cross–country evidence on social capital and life satisfaction. *Kyklos, 56*(1), 3-16.

Blau, J. & Abramovitz, M. (2004). *The dynamics of social welfare policy*. New York: Oxford University Press.

Boeri, T. (2002, April). Let social policy models compete and Europe will win. In a conference hosted by the Kennedy School of Government. *Harvard University 11*(12), 22-28.

Bossert, W., D'AMBROSIO, CONCHITA, & Peragine, V. (2007). Deprivation and social exclusion. *Economica, 74*(296), 777-803.

Bouget, D. (2006). Convergence in social welfare systems: from evidence to explanations. *European Journal of Social Quality, 6*(1), 109-126.

Bourdieu, P., & Passeron, J. C. (1977). *Reproduction in society, education and culture*. Trans. R. Nice. London: Sage.

Bourdieu, P. (1985). *Handbook of Theory and Research for the sociology of education*. New York: Greenwood.

Bourdieu, P. (1986). *Handbook of Theory and Research for the Sociology of education*. New York: Greenwood Press.

Bourguignon, F., & Chakravarty, S. R. (2002). *Multi-dimensional poverty orderings*. Delta.

Bourguignon, F., & Chakravarty, S. R. (2003). The measurement of multidimensional poverty. *Journal of Economic inequality, 1*(1), 25-49.

Bourguignon, F. (2004). The poverty-growth-inequality triangle. *Poverty, Inequality and Growth, 69*, 342674-1206111890151.

Bourguignon, F., Bussolo, M., & da Silva, L. A. P. (Eds.). (2008). *The impact of macroeconomic policies on poverty and income distribution: macro-micro evaluation techniques and tools*. World Bank Publications.

Bourguignon, F., Bénassy-Quéré, A., Dercon, S., Estache, A., Gunning, J. W., Kanbur, R., ... & Spadaro, A. (2010). The Millennium development goals: an assessment. *Equity and growth in a globalizing world*, 17.

Bowels, S., & Gintis, H. (2002). Social capital and community governance. *The Economic Journal, 112*, 419-436.

Boxman, E. A., De Graaf, P. M., & Flap, H. D. (1991). The impact of social and human capital on the income attainment of Dutch managers. *Social networks, 13*(1), 51-73.

Bradshaw, J. (2004). *How has the notion of social exclusion developed in the European discourse?*. Social policy Research Unit, University of York, United Kingdom.

Brass, S. A. & Caro, F. G. (2001). *Procuctive Aging a Conceptual Framework*. In N. Morrow-Howell, J. Hinterlong & M. Sherraden(eds) *Productive Aging*: Concepts and Challenges, 37-78.

Brehm, J., & Rahn, W. (1997). Individual-level evidence for the causes and consequences of social capital. *American journal of political science*, 999-1023.

Brenner, J., & Laslett, B. (1986). Social reproduction and the family. *Sociology from crisis to science, 2*, 116-31.

Briggs, A. (1961). The welfare state in historical perspective. *European Journal of Sociology. 2*: 221-258.

Burch, H. A. (1999). *Social welfare policy analysis and choices (Vol. 1)*. Psychology Press.

Burchardt, T., Le Grand, J., & Piachaud, D. (1999). Social exclusion in Britain 1991-1995. *Social policy & administration, 33*(3), 227-244.

Burchardt, T., Le Grand, J., & Piachaud, D. (2002). *Understanding social exclusion: Introduction*. OXFORD University press.

Burt, R. (1992). *Structural Holes: The Social Structure of Competition*. Cambridge, MA: Harvard University Press.

CAF. (2017). CAF World Giving Index 2017.

Campbell, A., Converse, P. E., & Rodgers, W. L. (1976). *The quality of American life: Perceptions, evaluations, and satisfactions*. Russell Sage Foundation.

Castel, R. (1998). *As metamorfoses em questão social, Coleção Zero a Esquerda*. Petrópolis: Vozes.

Castles, F. G. (2004). *The future of the welfare state: Crisis myths and crisis realities*. Oxford University Press on Demand.

Chang, W. C. (2009). Social capital and subjective happiness in Taiwan. *International Journal of Social Economics, 36*(8), 844-868.

Chatterjee, P. (1996). *Approaches to the welfare state*. National Assn of Social Workers Press.

Clark, A. E., Diener, E., Georgellis, Y., & Lucas, R. E. (2008). Lags and leads in life satisfaction: A test of the baseline hypothesis. *The Economic Journal, 118*(529).

Cohen, D., & Prusak, L. (2001). *In good company: How social capital makes organization work*. Cambridge, MA: Harvard Business Press.

Coleman, J. S. (1988). Social capital in the creation of human capital. *American Journal of Sociology Supplementary, 94*, s95-s120.

Coleman, J. S. (1990). *Foundations of Social Theory*. Cambridge, MA: Harvard University Press.

Cusack, S. (1999). Critical educational gerontology and the imperative to empower. *Education and Ageing*, 14(1), 21-37.

Daly, M. (1997). Welfare states under pressure: cash benefits in European welfare states over the last ten years. *Journal of European Social Policy, 7*(2), 129-146.

DeNavais, C., Proctor, B., & Smith, J. (2011). *Income, poverty, and health insurance coverage in the United States: 2010*. US Census Bureau, September.

Diener, E., Horwitz, J., & Emmons, R. A. (1985). Happiness of the very wealthy. *Social indicators research, 16*(3), 263-274.

Deininger, K., Squire, L. (1996). A new data set measuring income inequality. *World Bank Econ. Rev. 10,* 565-591.

Diener, E., & Suh, E. (1997). Measuring quality of life: Economic, social, and subjective indicators. *Social indicators research, 40*(1), 189-216.

Diener, E., Suh, E. M., Lucas, R. E., & Smith, H. L. (1999). Subjective well-being: Three decades of progress. *Psychological bulletin, 125*(2), 276.

Dollar, D., & Kraay, A. (2001). *Trade, growth, and poverty.* World Bank, Development Research Group, Macroeconomics and Growth.

Doob, C. (2013). *Social inequality and social stratification in U.S. society.* Upper Saddle River, New Jersey: Pearson Education, Inc.

Doyal, L., & Gough, I. (1991). *A theory of human need.* Basingstoke: Macmillan.

Drèze, J., & Sen, A. (2013). *An uncertain glory: India and its contradictions.* Princeton University Press.

Duffy, K. (1995). *Social exclusion and human dignity in Europe.* Strasbourg: Council of Europe, 21-45.

Duffy, K. (1998). *Project on Human Dignity and Social Exclusion (HDSE): Opportunity and Risk: Trends of Social Exclusion in Europe.* Council of Europe.

DSS(Department of Social Security). (1999). *Opportunity for All: Tackling poverty and social exclusion.* Cm 4445, London: The Stationery Office.

Eberly, D. (1998). *America's Promise: Civil Society and the Renewal of American Culture.* Lanham: Rowman & Littlefield.

Engels, F. (1972) *The Origin of the Family, Private Property and the State.* London: Lawrence & Wishart.

Esping-Andersen, G., & Korpi, W. (1985). *Social policy as class politics in post-war capitalism: Scandinavia, Austria, and Germany.* Swedish Institute for Social Research.

Esping-Anderson, G. (1990). *Three Worlds of Welfare Capitaüsm.* Princeton University Press

Esping-Andersen, G. (1991). As três economias políticas do Welfare State. *Lua Nova: Revista de Cultura e Política,* (24), 85-116.

Esping-Andersen, G. (1999). *Social foundations of postindustrial economies.* Oxford University Press.

Esping-Andersen, G. (2000). Multi-dimensional decommodification: a reply to Graham Room. *Policy and Politics, 28*(3), 353.

Esping-Andersen, G., & Nedoluzhko, L. (2017). Inequality equilibria and individual well-being. *Social science research, 62(February)*, 24-28.

ESRC (Economic and Social Research Council). (2004). www.esrc.ac.uk (retrieved August).

Easterlin, R. A. (1974). Does economic growth improve the human lot? Some empirical evidence. *Nations and households in economic growth, 89*, 89-125.

Easterlin, R. A. (2005). Diminishing marginal utility of income? Caveat emptor. Social Indicators Research, 70(3), 243-255.

Estivill, J. (2003). *Concepts and strategies for combating social exclusion: an overview*. International Labour Organization.

European Council. (2004). Report on Presidency Activities: A Social Europe, Responsive to Change (Brussels: 14921/04/DGG11/EN, November).

European Commission. (2004). *Joint report on social inclusion*. Brussels: European Commission.

Evans, P., Bronheim, S., Bynner, J., Klasen, S., Magrab, P., & Ranson, S. (2002). *Social exclusion and students with special educational needs. Beyond Child Poverty: The Social Exclusion of Children*. The Institute for Child and Family Policy at Columbia University, New York.

Ferge, Z. (2001). *Welfare and 'ill-fare'systems in Central-Eastern Europe. Globalization and European welfare states: Challenges and change, 127-152.*

Ferguson, I., Lavalette, M., & Mooney, G. (2002). *Rethinking welfare: A critical perspective*. Sage.

Fisher, J., & Friedlander, W. J. (1955). The relation of age to metrazol activated EEGs. Electroencephalography and clinical neurophysiology, 7(3), 357-361.

Forrest, R., & Kearns, A. (2001). Social cohesion, social capital and the neighbourhood. *Urban studies, 38*(12), 2125-2143.

Friedland, W. A. (1995). *Intorudction of social welfare*. New York: Prentice Hall.

Friedland, R., & Sanders, J. (1986). Private and social wage expansion in the advanced market economies. *Theory and Society, 15*(1-2), 193-222.

Fukuyama, F. (1995). *Trust: The social virtues and the creation of Prosperity*. New York: Free Press.

Fukuyama, F. (1997). Social capital and the modern capitalist economy: Creating a high trust workplace. *Stern Business Magazine, 4*(1), 1-16.

Fukuyama, F. (1999). *The great disruption: Human nature and the reconstitution of social order*. London: Profile Books.

Fukuyama, F. (2002). Social capital and development: The coming agenda. *SAIS Review, 22*(1), 23-37.

Gallop World Poll(www.Gallop.com). 2016년 2월.

Gasper, D. (2008). From 'Hume's Law' to Policy analysis for Human Development-Sen after Dewey, Myrdal, Streeten and Haq, *Review of Political Econoy, 20*(2): 233-56.

Gilbert, N., Specht, H., & Terrell, P. (1993). *Dimensions of Social Policy*.

Gilbert, N., & Terrell, P. (2005). *Dimensions of Social Welfare Policy*. MA: Pearson Education.

Glenn, E. N. (1992). From servitude to service work: Historical continuities in the racial division of paid reproductive labor. *Journal of Women in Culture and Society, 18*(1), 1-43.

Gordon, D., Adelman, L., Ashworth, K., Bradshaw, J., Levitas, R., Middleton, S., ... & Williams, J. (2000). *Poverty and social exclusion in Britain.*

Gordon, D., van der Maesen, L.J.G., and A.C. Walker, (eds) (2005). 'Indicators of Social Quality: Application in Fourteen European Countries', European *Journal of Social Quality 5*(1/2): 1-300.

Gough, I. (1979). *The political economy of the welfare state.* Palgrave Macmillan.

Gough, I. (1997). Social aspects of the European model and its economic consequences. In W. Beck et al., (eds). *The Social Quality of Europe*, 79-96. London: Kluwer Law International.

Grafton, R. Q. (2005). Social capital and fisheries governance. *Ocean & Coastal Management, 48*(9), 753-766.

Granovetter, M. S. (1985). Economic action and social structure: The problem of embeddedness. *American Journal of Sociology, 91*, 481-510.

Greve, B. (2008). *What is welfare?.* Central European Journal of Public Policy, 2(1), 50-73.

Greve, B. (2013). *Is the welfare state dying out?.* ScienceNordic.

Grootaert, C. & Van Bastelare, T. (2002). *The role of social capital in development: An Empirical Assessment.* New York: Cambridge University Press.

Narayan, D., Grootaert, C., Jones, V. N., & Woolcock, M. (2004). *Measuring Social Capital. An Integrated Questionnaire.* In World Bank Working Paper No. 18. Washington D.C.: World Bank Publications.

Hagerty, M. R., & Veenhoven, R. (2003). *Wealth and happiness revisited–growing national income does go with greater happiness.* Social indicators research, 64(1), 1-27.

Harding, A. (1982). An introduction to the social wage. *Social Security Journal*, 13-21.

Healy, T. (2002). The measurement of social capital at international level. Social Capital: The Challenge of International Measurement Series of the Organisation for Economic Co-operation and Development (OECD). Paris: OECD. URL: http// www. oecd. org/dataoecd/1/60/2380281. pdf.

Herrmann, P. (2012). Social Empowerment. In Van der Maesen & Walker, *Social Quality.* Palgrave macmillan, London.

Helliwell, J. F., & Putnam, R. D. (2004). The social context of well-being. *Philosophical Transactions of the Royal Society B: Biological Sciences, 359*(1449), 1435.

Helliwell, J. F., Huang, H., & Wang, S. (2015). The geography of world happiness. *World happiness report*, 12-41.

Herrmann, P. (2012). Economic performance, social progress and social quality.

International Journal of Social Quality, 2(1), 41-55.

Hills, P., & Argyle, M. (2002). The Oxford Happiness Questionnaire: A compact scale for the measurement of psychological well-being. *Personality and individual differences, 33*(7), 1073-1082.

Hills, J., LeGrand, J. and Piachaud, D. (eds.) (2002), *Understanding Social Exclusion*. Oxford: Oxford University Press.

Hodgson, G. M. (2017). Karl Polanyi on economy and society: a critical analysis of core concepts. *Review of Social Economy, 75*(1), 1-25.

Holden, C. (2003). Decommodification and the workfare state. *Political Studies Review*, 1, 303-316.

Hou, J., & Neely, A. (2014). *Case studies: Analysing the effects of social capital on risks taken by supplieres in outcome-based contracts*. Cambridge: Cambridge Service Alliance.

Huxley, P., & Thornicroft, G. (2003). *Social inclusion, social quality and mental illness*.

Inglehart, R. (1997). *Modernization and postmodernization: Cultural, economic, and political change in 43 societies*. Princeton University Press.

Jenson, J. (1998). *Mapping Social Cohesion: The State of Canadian Research*. Study no. F/03. Ottawa: Canadian Policy Research Network.

Jones, C. M. (1990). *Promoting prosperity: The Hong Kong way of social policy*. Chinese University Press.

Jones, C. M. (2003). *Social Policy Reform in China*. Aldershot: Ashgate.

Keefer, P., & Knack, S. (1997). Does social capital have an economic payoff? A crosscountry investigation. *Quarterly Journal of Economics, 112*, 1251-1288.

Kelly, J. & Evans, M.D.R. (2017). The new income inequality and well-being paradigm. *Social Science Research*, 62, 39-74.

Kenworthy, L. (2016). *Is income inequality harmful*. The Good Society. Retrieved from lanekenworthy. net.

Keyes, L. C., Schwartz, A., Vidal, A. C., & Bratt, R. G. (1996). Networks and nonprofits: Opportunities and challenges in an era of federal devolution. *Housing Policy Debate, 7*(2), 201-229.

Knack, S. (1999). *Social capital, growth and poverty: a survey and extensions. Social Capital Initiative Working Paper, Social Development Department*. Washington, DC: World Bank.

Knack, S. (2003). Groups, growth and trust: Cross-country evidency on the Olson and Putnam hyptheses. *Public Choice, 117*, 341-355.

Knack, S., & Keefer, P. (1997). Does social capital have an economic payoff? A cross-country investigation. *The Quarterly Journal of Economics*, 1251-1288.

Kuhnle, S., & Alestalo, M. (2000). *Introduction: growth, adjustment and survival of European welfare states"*. W: S. Kuhne (ed), Survival of the European Welfare

State.

Lane, J. E. (2000). *New public management.* Taylor & Francis US.

Laslett, B., & Brenner, J. (1989). Gender and social reproduction: Historical perspectives. *Annual review of sociology, 15*(1), 381-404.

Laslett, P. (1991). *A fresh map of life: the emergence of the third age.* 2nd edition. Harvard University Press, Cambridge.

Leung, A., Kier, C., Fung, T., Fung, L., & Sproule, R. (2011). Searching for happiness: The importance of social capital. *Journal of Happiness Studies, 12*(3), 443-462.

Lessenich, S. (1995). Wohlfahrtsstaatliche Regulierung und die Strukturierung von Lebensläufen: Zur Selektivität sozialpolitischer Interventionen. *Soziale Welt,* 51-69.

Levitas, R., Pantazis, C., Fahmy, E., Gordon, D., Lloyd, E., & Patsios, D. (2007). *The multi-dimensional analysis of social exclusion.* department of Communities and Local Government (DCLG), UK

Lewis, M., & Gough, C. (1997). *Implementing the lexical approach: Putting theory into practice.* Hove: Language Teaching Publications.

Lin, N. (2001). *Social Capital: A theory of social structure and action.* Cambridge, MA: Cambridge University Press.

Lindenberg, S. (1986). Individual Economic Ignorance versus Social Production Functions and Precarious Enlightenment: Comment on Tullock's View of Rent Seeking in Dictatorships. *Journal of Institutional and Theoretical Economics (JITE)/Zeitschrift für die gesamte Staatswissenschaft, 142*(1), 20-26.

Lindenberg, S. (1991). *Social approval, fertility and female labour market.* In Female labour Market behaviour and fertility.

Lindenberg, S., & Frey, B. S. (1993). Alternatives, frames, and relative prices: A broader view of rational choice theory. *Acta sociologica, 36*(3), 191-205.

Litting, B. & Griebler, E., (2005). *Social sustainability: a catchword between political.* International Journal of Sustainable Development.

pragmatism and social theory. *International. Journal of Sustainable Development, 8,* 65-79

Lochner, K., Kawachi, I., & Kennedy, B. P. (1999). Social capital: A guide to its measurement. *Health & Place, 5*(4), 259-270.

Lockwood, D., Gough, I., & Olofsson, G. (1999). *Capitalism and social cohesion.* Palgrave macmillan.

Marshall, T. H. (1950). *Citizenship and social class (Vol. 11, pp. 28-29).* Cambridge.

Marshall, P. J. (1975). Economic and political expansion: The case of Oudh. Modern *Asian Studies, 9*(4), 465-482.

Martin, G. T., & Zald, M. N. (1981). *Social welfare in society.* Columbia University Press.

Marx, K. (1970). *Economic and philosophic manuscripts of 1844.* London: Lawrence and Wishart.

Marx, K., & Engels, F. (1969). *Wage-labour and capital (pp. 208-209)*. New York: International publishers.

Marx, K., & Engels, F. (1970). *The german ideology (Vol. 1)*. International Publishers Co.

Marx, K., & Engels, F. (2009). *The economic and philosophic manuscripts of 1844 and the Communist manifesto*. Prometheus Books.

Maslow, A. H. (1954). The instinctoid nature of basic needs. *Journal of Personality, 22*(3), 326-347.

May, J., & Hunter, N. (2004, May). Poverty, social policy and the social wage. *In conference on The Politics of Socio-Economic Rights in South Africa (Vol. 10)*.

McCracken, M. (1998). Social cohesion and macroeconomic performance. Centre for the Study of Living Standards(CSLS), *Conference: The state of living standards and the quality of Life* (pp.30-31). Ottawa, Canada: Ontario.

McClusky, H. Y. (1974). *Education for Aging: The scope of the field and perspectives for the future*. Washington D.C. : Adult Education Association of the U.S.A.

Meade, J. E. (1972). Poverty in the welfare state. *Oxford Economic Papers, 24*(3), 289-326.

Moody, H. (2001). *Productive Aging and the Ideology of Old Age*. In N. Morrow-Howell, J. Hinterlong, & M. Sherraden(eds) *Productive Aging*: Concepts and Challenges, 175-196.

Musschenga, A. W. (1997). The relation between concepts of quality-of-life, health and happiness. *The Journal of Medicine and Philosophy, 22*(1), 11-28.

Narayan, D., & Cassidy, M. F. (2001). A dimensional approach to measuring social capital: development and validation of a social capital inventory. *Current sociology, 49*(2), 59-102.

Narayan, D., & Pritchett, L. (2000). *Social capital: Evidence and implications*. Social capital: A multifaceted perspective, 269-295.

Neugarten, B. L. (1974). Age groups in American society and the rise of the young-old. *The Annals of the American Academy of Political and Social Science*, 415(1), 187-198.

Newton, K. (1997). Social capital and democracy. *American Behavior Scientist, 40*(5), 575-586.

Newton, K. (2001). Trust, social capital, civil society, and democracy. *International Political Science Review, 22*, 201-214.

Nielsen, R. W. (2016). Growth of the world population in the past 12,000 years and its link to the economic growth. *Journal of Economics Bibliography, 3*(1), 1.

Nordenfelt, L. (1993). *Quality of life, health and happiness*. Avebury.

North, Douglass C. (1990). *Institutions, Institutional Change, and Economic Performance*. New York Cambridge University Press.

Nussbaum, M., & Sen, A. (Eds.). (1993). *The quality of life*. Oxford University Press.

O'Connell, B. (1994). *People Power: Service, Advocacy, Empowerment.* New York: Foundation Center.

O'Connor, P. (1998). *Mapping Social Cohesion. Canadian policy Research networks.* CPRN Discussion Paper, No. F/01, Ottawa.

OECD. (2001). *The well-being of nations: The role of human and social capital.* Paris: Office of Economic Cooperation and Development(OECD).

OECD. (2014). Society at a glance.

OECD. (2015). How's life.

OECD. (2016). Better life index.

OECD. Benefit recipients Database(SOCR)

OECD. (2016). Education at a glance.

OECD. (2016). Society at a glance.

OECD. Stat Extracts. health data.

OECD. (2016). Income Distribution Database.

OECD. (2016). Society at a glance.

OECD. (2016). Social Expenditure Data Base(SOCX).

OECD. (2017). Health statistics.

OECD. (2017). Employment Outlook 2017

OECD. (2017). Well-Being Index.

OECD Statics. (2017). Better Life Index. stats.oecd.org

OECD data base. http://data.oecd.org/

OECD. https://stats.oecd.org. http://dx.doi.org/10.1787/888933405505

Offe, C. (1984). *The Future of the Labor Market.* Telos, 1984(60), 81-96.

Olson, M. (1982). *The rise and decline of nations: Economic growth, stagflation and social rigidities.* New Haven: Yale University Press.

ONS (2003) 2001 Census, Culture and Ethnicity. London: ONS, URL (consulted November 2005): http://www.statistics.gov.uk

Onyx, J., & Bullen, P. (2000). Measuring social capital in five communities. *The Journal of Applied Behavioral Science, 36*(1), 23-42.

Orloff, A. S. (1993). Gender and the social rights of citizenship: The comparative analysis of gender relations and welfare states. *American sociological review*, 303-328.

Orosz, Á. (2013). *Large-Scale Transformation of Socio-Economic Institutions- Comparative Case Studies on CEECs. Background Paper 2: Comparative Country Study-Hungary (No. 18).* WWWforEurope Working Paper.

Osberg, L. (1985). The measurement of economic well-being. *Approaches to economic well-being, 26*, 49-87.

Osberg, L., & Sharpe, A. (2001). *Comparisons of Trends in GDP and Economic Well-being-the impact of Social Capital. In The Contribution of Human and Social Capital to Sustained Economic Growth and Well Being.* Organization for

Economic Co-operation and Development and Human Resource Development Canada.

Ostrom, E. (2000). Social capital: a fad or a fundamental concept. *Social capital: A multifaceted perspective, 172*(173), 195-198.

Paldam, M. (2000). Social capital: one or many? Definition and measurement. *Journal of economic surveys, 14*(5), 629-653.

Pantazis, C., Gordon, D., & Levitas, R. (Eds.). (2006). *Poverty and social exclusion in Britain: The millennium survey.* Policy Press.

Paugam, S., & Russell, H. (2000). The effects of employment precarity and unemployment on social isolation. In D. Gallie & S. Paugam (Eds.). *Welfare regimes and the experience of unemployment in Europe* (pp. 243-264). Oxford: Oxford University Press.

Paxton, P. (1999). Is social capital declining in the United States? A multiple indicator assessment. *American Journal of sociology, 105*(1), 88-127.

Peace, R. M. (1999). Surface Tension: Place/poverty/policy: from" poverty" to" social Exclusion": Implications of Discursive Shifts in European Union Poverty Policy, 1975-1999 (Doctoral dissertation, University of Waikato).

Peace, R. (2001). Social exclusion: A concept in need of definition?. *Social Policy Journal of New Zealand,* 17-36.

Phillips, J., & Marks, G. (2008). Ageing lesbians: Marginalising discourses and social exclusion in the aged care industry. *Journal of Gay & Lesbian Social Services, 20*(1-2), 187-202.

Pierson, J. (2010). *Tackling Social Exclusion, 2nd ed.,* Routledge, London.

Pierson, J. (2014). Social Exclusion. In B. Greve (ed). *The routledge handbook of the welfare state.* London: Oxford University Press.

Polanyi, K. (1980). *The great transformation.* New York: Octagon.

Polanyi, K. (2001). The great transformation: the political and economic origins of our time Beacon Press. Boston MA.

Popple, P. R., & Leighninger, L. (2002). *Social work as a profession.* Social work, social welfare, and American society.

Portes, A. (1998). Social capital: Its origins and applications in modern sociology. *Annual review of sociology, 24*(1), 1-24.

Putnam, R. D. (1993). The prosperous community-social capital and public life. *American Prospect, 13,* 35-42.

Putnam, R. D. (1995). Bowling alone: America's declining social capital. *Journal of democracy, 6*(1), 65-78.

Putnam, R. D. (2000). *Bowling alone: The collapse and revival of american community.* London: Simon and Schuster.

Rankin, K. (1997). A new fiscal contract? Constructing a universal basic income and a social wage. *Social Policy Journal of New Zealand*, 55-65.

Ravallion, M. (2005). Externalities in rural development: Evidence for China. *Spatial inequality and development*, 137-62.

Reid, P. N. (1996). Social welfare history. In Richard L. Edwards (Ed.). *Encyclopedia of social work*, 19th ed. Washington D. C.: NASW Press.

Ringen, S. (1987). *The possibility politices*. Oxford: Oxford University Press.

Ringen, S. (1988). Direct and indirect measures of poverty. *Journal of social policy, 17*(3), 351-365.

Ringen, S. (2007). What democracy is for. On freedom and moral government. Princeton, NJ: Princeton University Press.

Rowntree Foundation. (1998). *The report of key indicators of poverty and social exclusion*. www.parliament.the-stationeryoffice.co.uk/pa/cm199798/cmselect/777/8060303.htm.

Robinson, L. J., Schmid, A. A., & Siles, M. E. (2002). Is social capital really capital? *Review of Social Economy, 601*, 1-21.

Rodriguez-Pose A., & Von Berlepsch, V. (2012). "*Social capital and individual happiness in Europe*". *Department of European Economic Studies*. Bruges European Economic Research Papers. 25/2012.

Rodríguez-Pose, A., & Von Berlepsch, V. (2014). Social capital and individual happiness in Europe. *Journal of Happiness Studies, 15*(2), 357-386.

Room, G. (1995). Poverty in Europe: competing paradigms of analysis. *Policy & Politics, 23*(2), 103-113.

Room, G. (2000). Commodification and decommodification: a developmental critique. *Policy & Politics, 28*(3), 331-351.

Rowe, J. W. & Kahn, R. L. 1998. Successful Aging. *The Gerontologist*, 37(4), 433-440.

Rozman, G. (1991). *The East Asian Region: Confucian Heritage and Its Modern Adaptation*. Princeton: Princeton University Press.

Ryan, A. S. (1981). Training chinese-american social workers. *Journal of contemporary social work, 62*(2), 95-105.

Saint Paul, G., & Verdier, T. (1996). Inequality, redistribution and growth: A challenge to the conventional political economy approach. *European Economic Review, 40*(3), 719-728.

Sapir, A. (2006). Globalization and the reform of European social models. *JCMS: Journal of Common Market Studies, 44*(2), 369-390.

Sarracino, F. (2010). Social capital and subjective well-being trends: Comparing 11 western European countries. *The Journal of Socio-Economics, 39*(4), 482-517.

Saunders, P. (2014). Poverty. In B. Greve (ed). *The routledge handbook of the welfare state*. London: Oxford University Press.

Saunders, P., Naidoo, Y., & Griffiths, M. (2008). Towards new indicators of disadvantage:

deprivation and social exclusion in Australia. *Australian Journal of Social Issues, 43*(2), 175-194.

Saunders, P., Wong, H., & Wong, W. P. (2014). Deprivation and poverty in Hong Kong. *Social Policy & Administration, 48*(5), 556-575.

Scrivens, K., & Smith, C. (2013). *Four interpretations of social capital: An agenda for measurement (No. 2013/6)*. OECD Publishing.

Scruggs, L., & Allan, J. (2006). Welfare-state decommodification in 18 OECD countries: a replication and revision. *Journal of European Social Policy, 16*(1), 55-72.

Scruggs, L. A., & Allan, J. P. (2008). Social stratification and welfare regimes for the twenty-first century: Revisiting the three worlds of welfare capitalism. *World Politics, 60*(4), 642-664.

Scruggs, L. (2014). *Social welfare generosity scores in CWED 2: A methodological genealogy*. CWED Working Paper Series.

Sefton, T. (2002). *Recent changes in the distribution of the social wage*. ESRC Research Centre for Analysis of Social Exclusion (CASE)

Sen, A. (1985). Well-being, agency and freedom: The Dewey lectures 1984. *The journal of philosophy, 82*(4), 169-221.

Sen, A. (1988). The concept of development. *Handbook of development economics, 1*, 9-26.

Sen, A. (1987). *The standard living*. Cambridge: Cambridge University Press.

Sen, A. (1992). *Poverty re-examined*. Oxford: Oxford University Press.

Sen, A. (1993). *Capability and Well-Being 73*. The quality of life, 30.

Sen, A. (1998). *Rural labour markets and poverty*. Empowering Rural Labour in India: Market State and Mobilisation, New Delhi, Institute for Human Development.

Sen, A. (1999). *Freedom as development*. Oxford University Press

Shaikh, A. M. and Tonak, E. A. (1994). *Measuring the Wealth of Nations*. Cambridge University Press.

Silver, H. (1995). *Reconceptualizing social disadvantage: Three paradigms of social exclusion*. Social Exclusion.

Sobel, J. (2002). Can we trust social capital? *Journal of Economic Literature, 40*(1), 139-154.

Social Capital Initiative. (1998). World Bank: The initiative on defining, Monitoring and measuring social capital. Overview and program description. *Social Capital Initiative working paper, No. 1*. Washington, D.C.: World Bank Publications.

Stiglitz, J., Sen, A., & Fitoussi, J. P. (2009). *The measurement of economic performance and social progress revisited. Reflections and overview*. Commission on the Measurement of Economic Performance and Social Progress, Paris.

Streeck, W. (2011). *Taking capitalism seriously: towards an institutionalist approach to contemporary political economy*. Socio-Economic Review(9), 137-167.

Taylor-Gooby, P. (1998). Commitment to the welfare state. British and European Social Attitudes, 57-76.

Taylor-Gooby, P. (Ed.). (2004). *New risks, new welfare: the transformation of the European welfare state.* Oxford University Press.

Therborn, G. (1983). When, how and why does a state become a welfare state?. Catholic University.

Thomas, C. Y. (1996). Capital markets, financial markets and social capital (an essay on economic theory and economic ideas). *Social and Economic Studies*, 1-23.

Townsend, P. (1979). *Poverty in the United Kingdom: a survey of household resources and standards of living.* Univ of California Press.

Tzanakis, M. (2011). Bourdieu's social reproduction thesis and the role of cultural capital in educational attainment: A critical review of key empirical studies. *Educate~, 11*(1), 76-90.

UN. (2008). The Millennium Development Goals Report 2007. In Bourguignon, F. et al., 2008. Millennium Development Goals at Midpoint: Where do we stand and where do we need to go? P, 5.

UNDP. (2000). *Human Development Report 2000: Human Rights and Human Development.* Oxford and New York, NY: Oxford University Press.

Ura, D. K. (2016). *Gross National Happiness, Values Education and Schooling for Sustainability. In Reorienting Educational Efforts for Sustainable Development (pp. 71-88).* Springer Netherlands.

Van Der Gaag, M., & Snijders, T. A. B. (2003). *A comparison of measures for individual social capital.* ICS Report. University of Groningen and Vrije Universiteit Amsterdam.

Van der Maesen, L. J., & Walker, A. C. (2005). Indicators of social quality: Outcomes of the European scientific network. *Indicators of Social Quality: Outcomes of the European Scientific Network, 5*(1), 8-24.

Van Der Maesen, L. J., & Walker, A. (Eds.). (2012). *Social quality: From theory to indicators.* Palgrave Macmillan.

Van Renswoude et al. (2012). *Development toward Sustainability.* The Need for a Comprehensive Conceptual and Methodological Framework for new Politics and Policies: A social quality perspective; A Report presented by the International Association on Social Quality (i.s.n.); The Hague.

Veenhoven, R. (2004). *World database of happiness. In Challenges for Quality of Life in the Contemporary World (pp. 75-89).* Springer Netherlands.

Ventegodt, S., Merrick, J., & Anderson, J. (2003). Quality of Life as Medicine: A Pilot Studyof Patients with Chronic Illness and Pain. *The Scientific World Journal, 3*, 520-532.

Walker, A., (1984). *Social Planning.* Oxford: Blackwell.

Walker, A., & Walker, C. (Eds.). (1997). *Britain divided: The growth of social exclusion in the 1980s and 1990s (No. 96)*. Cpag.

Walker, A., & Wong, C. K. (2005). Introduction: east Asian welfare regimes. *East Asian welfare regimes in transition*, 3-20.

Walker, A. (2009). The social quality approach: bridging Asia and Europe. *Development and Society, 38*(2), 209-235.

Wang, L, H. (2009). Asian social quality indicators: What is unique?. *Development and Society*, 38(2), 297-337.

WBS Database. (2016). http://www.worldvaluessurvey.org/wvs.jsp

White, G., & Goodman, R. (1998). Welfare orientalism and the search for an East Asian welfare model. *The East Asian Welfare Model, 3*, 24.

Wickenden, E. (1965). Social Welfare Law: The Concept of Risk and Entitlement. *U. Det. LJ, 43*, 517.

Winkelmann, R. (2009). Unemployment, social capital, and subjective well-being. *Journal of happiness studies, 10*(4), 421-430.

Willis, P. (1981). Cultural production is different from cultural reproduction is different from social reproduction is different from reproduction. *Interchange, 12*(2), 48-67.

Woolcock, M., & Narayan, D. (2000). Social capital: Implications for development theory, research, and policy. *The World Bank Research Observer, 15*(2), 225-249.

Woolley, F. (1998). Social cohesion and voluntary activity: Making connections. Center for the Study of Living Standards(CSLS), Conference: The State of Living Standards and the Quality of Life, October 30-31, 1998. Ottawa, Ontario: Canada.

World Bank. (2007). *Social capital for development*. Available at: http://www.worldbank.org/prem/poverty/scapital/.

World Bank (2011) *World bank social capital in operations*. Available online at http://go.worldbank.org/YUG88Z89S0 Accessed 15 March 2011

World Values Survey(Wave 6). http://www.worldvaluessurvey.org/WVSContents.jsp

Wu, M., Wang, M., & Huo, H. (2006). *Fuel-cycle assessment of selected bioethanol production pathways in the United States*. Argonne, Ill.: Argonne National Laboratory, ANL/ESD/06-7, 120.

Yang, K. (2007). Individual social capital and its measurement in social survey. *Survey Research Methods, 1*(1), 19-27.

Yee, J., & Chang, D. (2009). *Transparency, a key factor to improve social cohesion: A review of the Korean experience in the context of social quality research*.

https://www.transparency.org/news/feature/corruption_perceptions_index_2016

찾아보기

저자소개

지은구
계명대학교 사회과학대학 사회복지학과 교수

주요저서
지은구, 2003. 사회복지경제학연구. 청목출판사(문화관광부선정 우수학술도서).
지은구, 2005. 사회복지프로그램개발과 평가. 학지사.
지은구, 2005. 사회복지행정론. 청목출판사.
지은구, 2006. 자본주의와 사회복지. 청목출판사.
지은구. 2006. 사회복지조직연구. 청목출판사.
지은구. 2008. 사회복지평가론. 학현사.
지은구. 2010. 사회복지재정연구. 집문당.
지은구. 2012. 비영리조직 성과관리. 나눔의 집.
지은구. 2012. 비영리조직변화연구. 청목출판사.
지은구. 2013. 사회복지경제분석론. 청목출판사.
지은구. 2014. 사회복지경제와 측정. 도서출판 민주.
지은구. 2016. 한국사회복지전달체계연구. 계명대학교 출판부: 대구.

지은구 외. 2009. 지역사회복지론. 학지사.
지은구 외. 2009. 사회서비스사례조사연구. 청목출판사.
지은구 외. 2009. 사회복지서비스 재정지원방식. 청목출판사.
지은구 외. 2010. 사회복지서비스의 특성과 이용자재정지원(문화체육부 선정 우수학술도서).
　　　나눔의 집
지은구 외. 2014. 복지국가와 사회통합. 청목출판사.
지은구 외. 2015. 사회복지측정도구개발의 실제. 학지사.
지은구 외. 2015. 노인요양시설과 성과측정. 학지사.
지은구 외. 2015. 최신 사회문제론. 학지사.
지은구 외. 2016. 사회서비스와 성과측정. 학지사
지은구 외. 2017. 사회서비스와 성과관리 척도집. 학지사
지은구 외. 2018. 사회복지관 자기주도성 성과관리모형. 학지사

• 주요논문
Eun-gu Ji. 2006. A study of the structural risk factors of homelessness in 52 metropolitan areas in the U. S. *International Social Work* 49(1): 107-117 외 다수